多木浩二

建築と日常
別冊

[表紙] 写真：多木浩二肖像（提供＝青土社）代田の町家（撮影＝多木浩二）　デザイン＝大橋 修／ thumb M

[発行日] 2013 年 4 月 30 日 [編集・発行] 長島明夫 richeamateur@gmail.com [印刷・製本] ユアプレス

Printed in Japan ISBN978-4-9906610-1-4

●多木浩二と建築

「多木浩二と建築」というタイトルは一見漠然としすぎて、とりとめない印象を与えるかもしれない。だが実際にはこれでも乱暴なほど思い切って領域を切断している。多木浩二（1928-2011）の活動の特質は既存の便宜的なカテゴリーを超越したところにあり、ここで建築というジャンルに区切って取り上げるのは、この雑誌が拠って立つ場所の都合にすぎない。ところが一方で、そういった専門的な領域を超越した空間こそ、本誌が考える「日常」でもあるのである。多木の活動の幅広さは、実はこのひとつの空間にとどまり続けようとする意志の現れと言えるのではないだろうか。だから多木が思考した「建築」も、人間の生に根ざした脱領域的な存在だった。『建築と日常』はそこに敬意と共感を抱く。

多木が建築の領域で重要な仕事をしたことは事実である。しかしその重要性に比べ、現時点でそれらの仕事がアクセスしやすい位置にあるとは言えない。その原因は多木の活動が特定の専門領域の枠に収まらないこととも関係するが、より具体的に言えば、ひとつには書籍というかたちで確固た

る体系が築かれていないためである。建築に関わる多木のテキストは雑誌で発表されることが主であり、そのまま単行本に収録されずに時間の塵に埋もれてしまったものが極めて多い。また収録されたとしても、建築の分野に特化して本全体が編まれることは稀であり、そのことも建築界で広くテキストが定着することを遠ざけた。しかしこれは多木がなかば意図したことでもあるように思える。その背景には、自身の仕事に対するまなざしの厳しさとともに、多木の思想に一貫する確からしさへの疑念があっただろう。あらゆる書物や学界に必然的にそなわる体系性、権威性に疑いの眼を向けることは、多木の活動の内容とも通底する。

もうひとつ多木の仕事にアクセスしづらい理由を挙げるなら、それは多木の建築関連の仕事が偏っていることではないだろうか。多木は職業的な建築学者でも建築評論家でもなかったため、その思考の対象は自らが興味を持てる範囲のものに限られた。と言うよりむしろ、自らの実感に根ざした活動をするためにあえて自分をどこにも所属させなかったと言ったほうが正確かもしれないが、ともかくそのことによって、多木の意志とは正反対に、その仕事が私的で閉鎖的なものと見られるきらいがある。しかし当然ながらこうして得られた孤独は、公共に開かれた個人の自由な活動を保障するものにほかならない。

『多木浩二と建築』は、こういった多木の仕事を現在や未来、あるいは歴史に開くという問題意識を持っている。そのためにまず、その仕事を網羅的にリストアップし、それらを読むいくつかの視点を提供する。そして多木ととりわけ親交が深かった建築家・坂本一成との関係に焦点を絞り、多木の活動のひとつの軌跡を描いてみせる。

写真：谷川さんの住宅（篠原一男設計、1974）

[著作目録] 多木浩二の仕事 1955-2013

書籍編

編＝長島明夫

まず著作目録の書籍編では、多木の単著書および共著書の書誌情報を記した。書籍としては他に編書や訳書なども少なからずあるが、それらはここでは割愛し、続く網羅編で取り上げている。また例えば、⑦『GS file 欲望からの批評 I 視線の政治学』や、㊳『建築と写真の現在 vol.1』は書籍というより冊子というべきものかもしれないし、③『生きられた家』と⑤『生きられた家——経験と象徴』や、⑮『写真の誘惑』と㊱『死の鏡——一枚の写真から考えたこと』といった初版と改訂版を別個に数えてよいかどうかも判断を要する。そうした意味でも取捨選択の境界は曖昧であり、この著作目録書籍編が多木の著書リストの決定版というわけではない。それぞれの書籍に付した番号も、雑誌等で個別に発表された文章の収録情報を、網羅編で表記しやすくするための便宜的なものである。

※各書の目次を記載するにあたり、凡例・註・参考文献・初出一覧・索引などは省略した

※目次に振られていたルビは、本目録の文字サイズの都合上、〔 〕内に記した

①『ことばのない思考——事物・空間・映像についての覚え書』 田畑書店、1972.03.31

[1] 写真についてのイロニー {眼と眼ならざるもの | まなざしの厚みへ} [2] 断章 1 {写真に何が可能か | フォトモンタージュの復活 | 表現することと行為することのわかちがたさ——内藤正敏写真展 | 事故現場見取図——出来事の意味 | 来たるべきことばのために——中平卓馬写真集 | 反都市としての表現 | ゴダールの「ウィークエンド」} [3] ふたりの建築家 {篠原一男についての覚え書——「花山の家」まで | 虚像の行方——磯崎新論 | 意味の空間——再び篠原一男について | 他人のなかの自己の世界——磯崎新の小さな銀行} [4] 断章 2 {かたちの復権——建築におけるイコン | 具体物の輝き——あたらしい象徴 | 物質? 機能? 記号? | 中心への回帰——焦点のない遠近法へ | 「ケ」の世界——白井晟一「親和銀行本店」をみて | 表現の変質——スターリングの意図 | 合理的制度へのイロニー——倉俣史朗の仕事 | 機械の位置づけ——インスタント・シティ小論} [5] 空間・記号・イコン {「なにもない空間」と「ありすぎる空間」——現代建築への問い | 意味への渇き——ものと記号 | イコノロジーとメタ・イコノロジー | 「描かれた建築」と「描かれた書物」——ことばとまなざし} [-] あとがき

②『多木浩二対談集・四人のデザイナーとの対話』 新建築社、1975.03.05

[-] まえがき——多木浩二 [1] 住宅と都市——篠原一男＋多木浩二 [2] 図の宇宙誌——杉浦康平＋多木浩二 [3] なぜマニエラか——磯崎新＋多木浩二 [4] 事物の逆説——倉俣史朗＋多木浩二 [-] 余記——馬場璋造

※再録「住宅と都市」『建築家・篠原一男——幾何学的想像力』青土社、2007.07.20

※再録「事物の逆説」『1971 → 1991 倉俣史朗を読む』鹿島出版会、2011.12.20

③『生きられた家』 田畑書店、1976.09.25

※篠山紀信の写真集『家 meaning of the house』(潮出版社、1975.10.10)への寄稿文を全面的に改訂

※目次は本誌 p.125 を参照

※改訂版⑤『生きられた家——経験と象徴』青土社、1984.03.10

④『眼の隠喩——視線の現象学』青土社、1982.10.20

[-] はじめに——視線とテキスト [1] イメージの交通——象徴と地理的空間 [2] 人形の家——理性と遊戯性／経験の空間性｜趣味のユートピア——カタログの両義性 [3] 視線の政治学——眼の隠喩／視線の破砕 [4] ブルジョワジーの肖像——ある時代の神話｜測定する視線——十九世紀的「知」の断面 [5] 王の寝台——権力の舞台｜椅子の身体論——儀礼と快楽 [6] メトロポリスの神話学——虚構としての視線 [-] あとがき

※新装版『眼の隠喩——視線の現象学』青土社、1992.09.18／新版『眼の隠喩——視線の現象学』青土社、2002.06.20／文庫版『眼の隠喩——視線の現象学』ちくま学芸文庫、2008.12.10（解説＝内田隆三）

⑤『生きられた家——経験と象徴』青土社、1984.03.10　※③の改訂版

※目次は本誌 p.125 を参照

※再改訂版『生きられた家——経験と象徴』青土社、1993.03.25／新装版『生きられた家——経験と象徴』青土社、2000.03.30／文庫版『生きられた家——経験と象徴』岩波現代文庫、2001.02.16（解説＝大室幹雄）

⑥『「もの」の詩学——ルイ十四世からヒトラーまで』岩波現代選書、1984.11.22

[1] 身体の政治学——快楽と社会 {文化としての身体｜椅子の変貌｜儀礼と快楽｜家具の政治学｜象徴的身体} [2] ブルジョワジーの「時間」——フランス革命における美術館／博覧会 {コレクションとしての「もの」｜美術館と意味の生産｜革命の祝祭｜博覧会という祭り｜時間の政治学} [3] 虚構の王国——ルートヴィヒ二世の城 {フェイク・キャッスル｜幻想の政治学｜ディープ・プレイ} [4] ヒトラーの都市——モダニズムとファシズム {ファシズムとモダニズム｜生きられるファシズム｜「力」の仕掛け} [5]「もの」の詩学 [-] あとがき

※新編集版『「もの」の詩学——家具、建築、都市のレトリック』岩波現代文庫、2006.01.17 [1]「もの」と身体 {文化を創造する身体｜椅子の変貌｜儀礼と快楽｜家具の政治学｜象徴としての椅子} [2] コレクションから展示へ {「もの」を蒐集する｜美術館と「芸術」の発生｜革命の祝祭｜博覧会という祭り｜ブルジョワジーの時間} [3] 虚構の王国 {ルートヴィヒ二世の城｜一九世紀の帝国幻想｜蕩尽と聖なるもの} [4] ヒトラーの都市 {ナチズムとモダニズム｜独裁の現象と公理｜「力」の仕掛け} [-] 岩波現代文庫版のためのあとがき

⑦『GS file 欲望からの批評 I　視線の政治学』冬樹社、1985.07.20

[1] 隠喩としての「司法写真」[2]「大衆」の可視性 [3] 特徴をもつ「個人」[4] 監視の社会 [5] 見えない烙印 [6] 測定される空間 [7] 世界の鏡

⑧『モダニズムの神話』青土社、1985.09.30

[1] 写真史の周縁——その社会史 {メディアの祖型——十九世紀の写真の伝播｜ヴァニティ・フェアの誘惑——ファッション写真の成立} [2] モダニズムの神話——一九二〇～三〇年代のスケッチ {抽象とコラージュそして写真的知覚｜視覚言語と革命——ロシア構成主義のポスター｜イメージ機械——ベルリン・ダダのフォトモンタージュ｜『明日のメトロポリス』——ヒュー・フェリスの「テキスト」を読む} [3] 見えるものと語られるもの {「絵本」の詩学｜書物の形式｜トポロジーの認識——ある古地図にみる} [4] 都市の経験 {開化の記号論（視覚の近代／交通と空間の変化）｜「都市」のディスクール｜サブ・カルチュアという記号ゲーム（ある風変りな写真家の場合／「秋葉原」に戯れる)} [-] あとがき

⑨『欲望の修辞学』青土社、1987.07.25

[-] はじめに [1]「花」のざわめき｜刈られた木｜隠れたイメージ [2] 道化の階段〔ナレントレッペ〕｜グロテスクな「甥」｜かつらの呪力｜玉座と便器 [3]「布」のコスモス｜寄木細工の哲学｜「趣味」の商人 [4] 愛の小部屋〔ブドワール〕｜家族の肖像 [-] あとがき

※新版『欲望の修辞学』青土社、1996.06.20

⑩『比喩としての世界——意味のかたち』青土社、1988.02.15

[1] 視線の歴史あるいはアルケオロジー｜方法としての感情｜スティーグリッツの時代｜キリコの宿命——ファシズムと芸術｜崩壊するイコン｜ユーモアとしての神話——ミシェル・フォロン [2] 言語と歴史｜縮減模型の思考｜美術と博物学｜比喩としての自然と建築｜ル・コルビュジエの幾何学｜ヴィトルヴィウスの修辞学｜世阿弥のミメーシス論｜表情の生成——能面の比喩 [3] モデルとしてのスポーツ｜身体の道具化｜下着のポリティックス｜百科全書の図解｜描かれた革命——フランス革命と図像｜歴史の詩学 [-] あとがき

⑪『終末への予感——欲望・記号・歴史』対談＝中村雄二郎＋多木浩二、平凡社、1988.02.22

[1] 文化の現在 {いまなぜ「欲望」か｜ノイズの世界｜「もの」・生産・歴史} [2] 欲望の諸相 (1) {所有の欲望（生きられた家／クルマ／コレクション／性的欲望）｜眼差しと欲望（視線の歴史／写真というメディア／ビデオ)} [3] 欲望の諸相 (2) {食べる——飢えと飽食｜聞く——広がる音の世界｜触る——触覚と内触覚｜ふるまう——演じる} [4] 欲望の資本主義 {商品｜フェティシズム——物神崇拝｜欲望と権力｜新・新宗教} [5] 欲望と知 {アートの知｜言語の罠｜日本文化と欲望} [-] あとがき

⑫『天皇の肖像』岩波新書、1988.07.20

[-] はじめに [1] 見えない天皇から見える天皇へ [2] 和魂洋才と明治維新 [3] 巡幸の時代 [4]「御真影」の誕生 [5] 理想の明治天皇像 [6] 民衆と「御真影」[-] おわりに

※新編集版『天皇の肖像』岩波現代文庫、2002.01.16（解説＝大島洋）[-] はじめに [1] 見えない天皇から見える天皇へ [2] 和魂洋才と明治維新 [3] 巡幸の時代 [4]「御真影」の誕生 [5] 理想の明治天皇像 [6]「御真影」の生みだす政治空間 [-] おわりに

※イタリア語版『Il ritratto dell'Imperatore』Yosuke Taki 訳、Medusa、2005

※韓国語版『천황의 초상』박삼헌訳、소명출판、2007

⑬『絵で見るフランス革命——イメージの政治学』岩波新書、1989.06.20

[-] はじめに [1] 不安と笑い [2] 記録への情熱 [3]「それは革命です」——バスチーユの占拠 [4] フリジア帽とサン＝キュロット [5] 革命の自己表現 [6] 王の処刑 [7] シンボルの闘い——自由・平等・友愛 [8] 時間と空間の革新 [9] ギロチンの日々 [10] 革命と女性 [11] 革命の終焉 [12] イメージの政治学——エピローグ [-] あとがき

⑭『それぞれのユートピア——危機の時代と芸術』青土社、1989.12.15

[-] はじめに [1] きみは歴史のどこにいるのか——現代芸術からの問い {「鉛の本」まで——アンゼルム・キーファーの黙示録的世界｜メメント・モリ——ロバート・ロンゴの「メン・イン・ザ・シティーズ」} [2] 宿命としての時代 {ブレーカーの庭——精神と身体の政治学｜クライスト・シュトラーセでの対話——ユリウス・ポゼナーの建築思想｜フランクフルトの台所——二十世紀のイデオロギーとしての機能主義} [3] ノアの方舟 {ニューディール時代の視覚的表現——WPAとFSA｜あるイラストレーターの修辞学——ノーマン・ロックウェルとアメリカの「希望」｜グロスのベルリン｜ニューヨークのレーニン——ディエゴ・リベラのRCAビル壁画｜「メキシコ」の政治神話——エイゼンシュテイン、トロツキー、ブルトン｜ル・コルビュジエの一九三〇年代——芸術としての都市} [-] あとがき

⑮『写真の誘惑』岩波書店、1990.09.27

[-] はじめに [1] 一枚の写真 [2] 欲望と誘惑 [3] 自己の死 [4] 顔の体系 [5] 表象の支点 [6] 未完のテクスト [-] あとがき

※改訂版㊱『死の鏡——一枚の写真から考えたこと』青土社、2004.11.20

⑯『世紀末の思想と建築』対談＝磯崎新＋多木浩二、岩波書店、1991.01.18

[-]「死」の世代・「終焉」の世代（文＝磯崎新）[1] 六八年にすべての源があった！ [2] 宴の後に——七〇年代前半の模索 [3] 古典主義とポストモダニズム——「間」展から〈つくば〉へ [4] テクノロジーと形而上学〔メタフィジック〕[5] 創造の根拠はどこにあるか [-] ゲームとしての批評（文＝多木浩二）

※新版『世紀末の思想と建築』岩波人文書セレクション、2011.11.09（追記＝磯崎新「さらに二〇年後のいま——岩波人文書セレクションに寄せて」）

⑰『ヨーロッパ人の描いた世界——コロンブスからクックまで』岩波書店、1991.11.20

[0] 見ることと知ること——世界を可視化するプロジェクト [1] 見知らぬ海——かわりゆく地図の上の世界 [2] 最初の視覚的情報——一六世紀のアメリカのイメージ [3] 博物学としての世界——ファウナとフローラ [4] もうひとつの旅行記—挿絵——一七、八世紀のアジアへの旅 [5] 画家たちの航海——一八世紀の太平洋 [6] 他者の肖像——人間を見る眼の経験 [7] 世界—視覚情報の空間 [-] あとがき

⑱『ヌード写真』岩波新書、1992.01.21

[1] 性の政治学——ヌード写真をどう論じるか [2] 秘匿された情熱——ダゲレオタイプのヌード写真 [3] 写真が性をよこぎるとき——ヌード写真の社会学 [4] ヌード写真の氾濫——ゲームのパラドクス [5] 無性化する身体——性的衝動の排除 [6] 私的な視線によるヌード写真——ひとつの歴史のおわり [7] ヌード写真の変容——神話の誕生 [-] おわりに

⑲『神話なき世界の芸術家——バーネット・ニューマンの探究』岩波書店、1994.01.27

[-] 序 [1]「絵画」の発見——ブレーク・スルーの瞬間 [2] 不安な時代——三、四〇年代の時代精神と芸術家 [3] 探究の軌跡——『ワンメント・Ⅰ』から『Vir Heroicus Sublimis』まで [4] 答えのない問い——『ザ・ステーションズ・オヴ・ザ・クロス』[5] 色、光、そして空間——出来事の詩学 [6] 場所の感覚——マコムとツィツーム [-] あとがき

⑳『都市の政治学』岩波新書、1994.12.20

[0] 都市を考えるために [1] 都市の現在——ゼロをめぐるゲーム｛欲望のかたち｜あたらしき悪しきもの｜コンビニ繁盛記｜ユートピアなき文化｜物の世界｜危ない都市｝[2] 都市の政治学——ネーション・ステートの首都からの変貌｛ネーション・ステートの首都｜ユートピアが可能であったとき｜力の政治学｝[3] 都市の世界化——外部化される都市｛都市が混じり合う｜エアポートの経験｜巨大開発が進むとき｝[-] あとがき

㉑『スポーツを考える——身体・資本・ナショナリズム』ちくま新書、1995.10.20

[0]方法としてのスポーツ[1]近代スポーツはなぜイギリスで生じたか[2]近代オリンピックの政治学[3]スポーツのアメリカナイゼーション[4]スポーツの記号論[5]過剰な身体[6]三度目のスポーツ革命——女性の登場[7]スポーツの現在 [8] 理想は遠くに [-] あとがき

※部分転載（第7章第1節「ナショナリズム」）「スポーツとナショナリズム」『ちくま評論選 高校生のための現代思想エッセンス』岩間輝生・坂口浩一・佐藤和夫編、筑摩書房、2007.05.10

㉒『対話・建築の思考』対談＝坂本一成＋多木浩二、住まいの図書館出版局、1996.04.26

[-] 対話をはじめるにあたって（文＝多木浩二）[1] 建築としての独立住宅 [2] 都市と建築の政治学 [3] 崩壊する共同体での集合住宅 [-] 対話を終えて（文＝多木浩二）｜あとがき（文＝坂本一成）[-]「対話・建築の思考」に寄せて（文＝妹島和世）

㉓『思想の舞台』新書館、1996.07.15

[1] 写真家が見たダンサー{動きと静止|ダンサーと写真家の合作――バーバラ・モーガンとマーサ・グレアム|シュレンマーの道化――トリアディック・バレエ|シニフィアンとしての肉体――グリーンフィールドの『跳ぶ人』|世の始まりの大地と闇――ドラエーの『ピナ・バウシュ』|モード写真の修辞法――ダンスの応用|顔が踊る――ジョルジュ・ドン|人びとは踊る・人びとは観る|イメージとしてのダンス――ロイ・フラー|身体のメタモルフォーズ――ド・メイヤーによる『ニジンスキー』} [2] ダンスの誘惑{脚を痛めたライオン――マース・カニングハム|ダンス、それは世界の発見|『ALIE/N A(C)TION』――なんどめかのフォーサイス|幾何学のざわめき――フォーサイスの『エイドス:テロス』|「美しい」という言葉――イリ・キリアンに贈る言葉|恐怖を認識する想像力――ジョセフ・ナジ|快楽をひきおこす傷み――勅使川原三郎|可能性としての身体――ケースマイケルとローザス|世界への愛――ケースマイケル再び|歴史の愚かさ――レスキスの試み|都市の野生――SOAP} [3] 演劇の思考{ブルックの『テンペスト』――自由をめぐって|ピーター・セラーズの『ベニスの商人』――「声」の聞かせ方|劇場・I――それはいかなる空間か|劇場・II――都市の記憶、都市の忘却|聾者の演劇――IVTの『アンナ』|言葉にひらかれた身体――ハントケの無言劇|笑いという武器――グロックへのオマージュ|身体の幻――能へのまなざし|痴愚大全――狂言の面白さ} [4] 眼と耳{クレーメルとトンハーの対話する演奏|『ショア』のなかのふたつの歌|人類史の「声」――ギャヴィン・ブライヤーズ|隠された時間・永遠の時間――ソフィア・グバイドゥーリナとの対話|異常な速度――CG都市を見る速度|もうひとつの『ラス・メニナス』――ヘルムート・ニュートンの眼|繊細と幾何学――リチャード・ロング|人間の可能性としての美術|方法としての「退行」――芸術と歴史} [5] 旅あるいはツーリズム{旅行記と知の歴史|グリーニッチとテームズ河|漱石の『草枕』――旅で見る幻覚|知床への旅|平戸から長崎まで|ベルリンの壁が消えたあと|アウシュヴィッツ紀行・I――旅のはじまり|アウシュヴィッツ紀行・II――博物館|アウシュヴィッツ紀行・III――見すてられた都市|エアポート・ロビー|トランジット・ゾーン――ゼロの空間} [-] あとがき

㉔『知のケーススタディ』対談=多木浩二+今福龍太、新書館、1996.12.10

[-] 序にかえて――対話についての対話 [1] 動物 [2] 性 [3] スポーツ [4] 旅 [5] 廃墟 [6] 舌 [7] ミュージアム [8] 群島〔アーキペラゴ〕

㉕『シジフォスの笑い――アンセルム・キーファーの芸術』岩波書店、1997.06.25

[-] はじめに [1] 戦争 [2] 芸術と歴史 [3] 画家の想像力 [4] 蒐集、寓意、象徴 [5] ヨーロッパ人の画家たち [6] 本の文明 [7] カバラの詩学 [8] リリトとイアーソン [9] フランス革命の女性たち [10] シジフォスの笑い [-] あとがき

㉖『建築・夢の軌跡』青土社、1998.03.20

[-] 建築の思考――はじめに [1] 磯崎新:60年代の磯崎新――思考の戦略|篠原一男:幾何学的想像力と繊細な精神|安藤忠雄:ミニマリズムの建築――初期の方法|倉俣史朗:零への饒舌 [2] 伊東豊雄:不可能な都市に生きる夢/住宅から公共建築へ/せんだいメディアテーク覚え書/ひとつの建築が消えた日――Houses rise and fall...|坂本一成:どこかで見た、見たこともない町/文化サテライト――函館公立大学の計画案をめぐって|長谷川逸子:建築と社会|妹島和世:現在、建築をつくるとは [3] 夢の地図帖:アジェの旅するパリ|都市群島:帝国は朽ちはてる――フビライ汗の地図|方法としての都市:『パサージュ論』と認識――ベンヤミンと都市 [-] あとがき

㉗『船がゆく――キャプテン・クック 支配の航跡』新書館、1998.12.10

[-] プロローグ――船がゆく [1] 歴史のない海へ――エンデヴァー号の船出 [2]「ジェントルマン」がやってくる [3] 世界を作図する [4] 南海の島・タヒチ [5] 想像のアーキペラゴ [6] テクストとイメージ [7] 猛々しい人びと――ニュー・ジランド [8] 幻の「テラ・アウストラリス・インコグニタ」[9] 航海・そして神話の反覆 [10] 旅の終わり [-] エピローグ――死の船がゆく

㉘『戦争論』岩波新書、1999.09.20

[0]（序章）[1] 近代の戦争 [2] 軍隊国家の誕生――近代日本 [3] 死と暴力の世紀 [4] 冷戦から内戦へ [5] 二〇世紀末の戦争 [6]（終章）[-] あとがき

※韓国語版『전쟁론』지명관訳、소화、2001

㉙『ベンヤミン「複製技術時代の芸術作品」精読』岩波現代文庫、2000.06.16

[1] テクストの誕生 [2] 芸術の凋落 [3] 複製技術というパラダイム [4] アウラの消える日 [5] 知覚と歴史 [6] 芸術と政治 [7] 映画の知覚 [8] ミメーシスと遊戯空間 [9] 触覚の人ベンヤミン [-] ベンヤミン「複製技術時代の芸術作品」（訳＝野村修）[-] あとがき

㉚『20 世紀の精神――書物の伝えるもの』平凡社新書、2001.02.21

[-] はじめに [1] 無意識――フロイト『精神分析入門』[2] 言語――ソシュール『一般言語学講義』[3] 文明――T・S・エリオット『荒地』[4] 国家――カール・シュミット『政治的なものの概念』[5] 想像力――ベケット『ゴドーを待ちながら』[6] 人間――プリモ・レーヴィ『溺れるものと救われるもの』[-] おわりに

㉛『船とともに――科学と芸術 クック第二の航海』新書館、2001.07.10

[-] プロローグ [1] 再び航海に [2] ケープ・タウンへ [3] はじめての南極航海 [4] ダスキー地峡の魅惑 [5] マオリの人びと [6] 恐怖の体験 [7] 若い観察者たち [8] 天空の博物学 [9] ソサイエティ群島の日々 [10] 再び南極海へ [11] イースター島から再びタヒチへ [12] 旅の終わり――エピローグに代えて [-] あとがき

㉜『もし世界の声が聴こえたら――言葉と身体の想像力』青土社、2002.08.20

[-] プロローグ：世界の声――メレディス・モンク [1] ざわめく書物｛読書の夢想｜妄想の海――メルヴィル『白鯨』｜動物たちの越境――ロートレアモン『マルドロールの歌』｜皇帝と異邦人――イタロ・カルヴィーノ『見えない都市』｝[2] 言葉・身体・空間｛ベケット体験（はじめに／『クラップの最後のテープ』を観る――時間の幻覚／『ねえジョウ』を聴く――舞台空間からの演劇の解放／『しあわせな日々』――音のある日はしあわせな日／『クアッド I、II』――強度のカタストロフ／ベケットの劇の「声」――あるいは無意識）｜舞台の魅惑（さながらシャーマンのごとく――勅使川原三郎／二次元で踊る狂気――ニジンスキー／『春の祭典』は二十世紀の予告だった／神話的暴力――エウリピデスの『メディア』／「嵐の土地」から来た男――ジョゼフ・ナジ／ボレロ――ラヴェルとベジャール／Bella Figura ――イリ・キリアンの音楽への挑戦／ローザス・ダンス・ローザス――アンヌ＝テレサ・ド・ケースマイケルのフィルム）｝[3] 都市の経験――パサージュ論における、あるベンヤミン像｛グランヴィルの魔法｜事物の精神分析｜ボードレールへの道｜視線のない眼｝[-] あとがき

㉝『写真論集成』岩波現代文庫、2003.06.13

[-] まえがき [1] 写真を考える {写真になにが可能か | 眼と眼ならざるもの | まなざしの厚みへ | 来るべき言葉のために——中平卓馬の写真集 | 視線のアルケオロジー} [2] さまざまなる表象 {都市の歩行者——アジェ | 侵犯の遊戯——マン・レイ | ウォーカー・エヴァンズと大恐慌時代 | バーバラ・モーガンとマーサ・グレアム——ダンサーと写真家の合作 | 二十世紀の肖像を企てる——アウグスト・ザンダー | 東松照明の軌跡 (思想としての写真／TRACES OF TRACES) | 文明のタイポロジー——ベッヒャー夫妻『溶鉱炉』『給水塔』 | 見えないものが見えてくる——科学写真のパラダイム | 限りなく道化に近く——シンディ・シャーマン} [3] メディアの興亡 {メディアの発端——十九世紀の写真の伝播 | あるメディアの墓碑銘——『ライフ』の終焉} [4] モードの社会 {ファッション写真の誕生 (ヴァニティ・フェアからのメッセージ／肖像写真がファッション写真の下地になる／美しき日々の刻印——第一次大戦の終わる頃まで／新しい時代の幕明け——スタイケンと近代性／ファッションを着た女神たち／「リアリズム」というレトリック——三〇年代の新しい様相／新しい誘惑——カラー写真の経験／アヴァンギャルドとファッション写真／戦時下のファッション写真)} [-] あとがき

㉞『最後の航海——キャプテン・クック ハワイに死す』新書館、2003.10.15

[-] プロローグ [1] 三たび航海へ [2] ヴァン・ディーメン、ニュー・ジランドからトンガへ [3] 異文化体験 [4] ハワイ——はじめてのヨーロッパ人の訪問者 [5] 地球のはてまで [6] アラスカからベーリング海へ [7] 北極海に乗り入れる [8] クック、ハワイに死す [-] あとがき

㉟『雑学者の夢』岩波書店、2004.04.21

[0] (序章) [1] 記号と構造 {記号論との出会い——ロラン・バルトを読む | ソシュールの哲学 | 言語学者バンヴェニストの役割 | 初期ベンヤミンの言語論} [2] 記憶と歴史 {だれにでも埋もれている記憶——「一九〇〇年頃のベルリンの幼年時代」 | 書物を超えた書物——『パサージュ論』 | 「考えられなかったこと」の重要さ——フーコーの歴史 | (終章)}

㊱『死の鏡——一枚の写真から考えたこと』青土社、2004.11.20 ※⑮の改訂版

[-] はじめに [1] 一枚の写真 [2] 欲望と誘惑 [3] 自己の死 [4] 顔の体系 [5] 表象の支点 [6] 未完の言説 [-] あとがき

㊲『進歩とカタストロフィ——モダニズム 夢の百年』青土社、2005.05.20

[-] プロローグ [1] モダニストの挑戦 {芸術としての「宣言」——未来派の戦略 | まるで彗星のごとく——アントニオ・サンテリア | 「私は眼、機械の眼だ」——『カメラをもった男』ジガ・ヴェルトフ | もうひとつのバウハウス——ヴフテマス | 視覚と声のあいだ——エル・リシツキーのグラフィック | イル・リンゴット／フィアットの工場——資本主義と建築 | 狂い咲きの近代建築——ディエゴ・リベラとフリーダ・カーロの家} [2] 廃墟としての歴史 {封鎖都市のなかで——ひとりのユダヤ人の日記 | ヴィスコンチ街のバリケード——クリストのドラム缶 | 形而上的都市トリノ——ニーチェとキリコ | メキシコの女性シュルレアリストたちの魔術 | 街の名前——都市の言語化 | 時代遅れの室内——屍体が住むにふさわしいところ} [3] それでも今を生きる {物語る地図——バクミンスター・フラーのダイマクシオン・マップ | 神話と幾何学——リーベスキントの「マイクロメガス」 | 建築が変わるとき——伊東豊雄 | そこに風景があった——山本理顕 | 建築のロゴス——坂本一成とモダニズム} [-] あとがき

※再録「建築のロゴス——坂本一成とモダニズム」『坂本一成／住宅』新建築社、2008.10.02／本誌

㊳『建築と写真の現在 vol.1』TNプローブ／大林組、2007.04.27

[1] 建築と写真 {写真の発明から建築との関係 | 建築は、写真によって「見えるもの」となった | 記録として

の写真｜写真の眼差し｜写真の挑戦｜「それは、かつて、あった」ものなのか｜建築を世界に「存在させる」写真｜写真の未来／建築の未来｜建築と写真──まとめとして｝

㊴『建築家・篠原一男──幾何学的想像力』青土社、2007.07.20

[1] 篠原一男を憶う──坂本一成氏によるインタヴュー [-] 写真1 [2] 異端の空間 [3] 住宅と都市──篠原一男との対話 [4] 幾何学的想像力と繊細な精神 [-] 写真2 [5] エッセイ｛美しい宣言──デパートの中に建った2つの家｜仮象性の主張｜「意味」の空間｜ある建築の印象｝[-] あとがき

㊵『肖像写真──時代のまなざし』岩波新書、2007.07.20

[-] はじめに [1] ブルジョワの理想──ナダール｛カリカチュリストから写真家へ｜写真家としての出発｜十九世紀パリをつくった人びと｝[2] 二十世紀の全体像をめざして──アウグスト・ザンダー｛あらゆる階層の人びとを網羅する｜分類し、総合する｜ザンダーにとっての農民｜さまざまな人間たち｝[3] パフォーマンスの真実──リチャード・アヴェドン｛「借りた犬」｜顔とは何か｜アヴェドンの人間喜劇｜プライヴェート・パンテオン｝[4] 肖像写真と歴史 [-] あとがき

㊶『表象の多面体──キーファー、ジャコメッリ、アヴェドン、コールハース』

青土社、2009.03.11

[-] はじめに [1] キーファーの七つの塔──「天の王宮」[2] マリオ・ジャコメッリの詩的世界 [3] アヴェドンの肖像──ニューヨークのスノビスム [4] 波を上手に捉えるサーファー──レム・コールハースの疾走

㊷『トリノ──夢とカタストロフィーの彼方へ』多木陽介監修、BEARLIN、2012.09.30

[0] 都市について書くこと [1] トリノ──夢とカタストロフィーの彼方へ｛直交型都市にひそむもの｜グアリーノ・グアリーニ──都市の無意識をつかむ建築家｜巨大な空洞──モーレ・アントネッリアーナの狂気｜夢の原型としての都市──ニーチェとデ・キリコ｜二十世紀──資本がつくる新しい歴史｜夢とカタストロフィー｝[-] 監修者あとがき（文＝多木陽介）

㊸『視線とテクスト──多木浩二遺稿集』

多木浩二追悼記念出版編纂委員会編、青土社、2013.01.20

[-] 多木浩二氏を悼む──まえがきに代えて（文＝伊東豊雄）[1] 環境の原像──七〇年代建築・環境論｛空間か装置か｜時間をうけいれる建築｜場所の論理｝[2] ものと記号の軌跡──家具論｛椅子 その1｜椅子 その2｜テーブル｜ベッド｝[3] 書かれたことば──ヴィジュアル・デザインの意味論｛メディア＝もうひとつの幾何学1｜思考としての模型──メディア2｜終りのメモ──都市の記号学｝[4] デザインの地平──デザイン原論｛生きられた体系としての事物──ジャン・ボードリヤールの視点｜〈図〉と〈ことば〉のかなたを求めて｜イメージの合理的な部分──ジャック・ベルタンの「図」の記号学｜ネオキッチュとしてのデザイン──アブラム・A・モールのキッチュ論｝[5] 建築のレトリック──建築記号論｛「形式」の概念──建築と意味の問題｜意味の力学としての建築｜ラショナリスムとフォルマリスム｜ランガージュとしての建築──ことば・図・空間｜記号学の役割と限界｝[6] 都市の経験──歴史における都市論｛虚妄の都市1｜虚妄の都市2｜虚妄の都市3｝[7] 作家群像｛篠原一男についての覚え書き──「花山の家」まで｜合理的制度へのアイロニー──倉俣史朗の仕事｜反〈人間主義〉の視距離──ラディカリティの極北としてのマニエラと出来事としての建築─磯崎新論｜記号と記号のかなた──杉浦康平についての覚え書き｜イメージ〈読みとり〉の達人──木村恒久についての私的な感想｜「関係性」への構想──坂本一成論｜開かれたテクストに向かって──伊東豊雄論｜出来事としての建築──長谷川逸子の対話的プログラム｜大橋晃朗さんについて想うこと｝[-] 編者あとがき（文＝八束はじめ）

※2013年3月現在

［著作目録］多木浩二の仕事 1955-2013

網羅編

編＝長島明夫

網羅編では、基本的に紙媒体における多木の仕事——執筆・談話・編集・監修・翻訳・写真撮影などを手当たり次第に記載した。建築以外の分野まで含めることは本誌の使命を超えているとも思ったが、巻頭で書いたとおり多木の仕事は脱領域的であり、建築と建築以外の線引きが困難なものがあまりに多い。したがって、その都度恣意的な判断を重ねていくよりは、確認できたものすべてをリストアップするほうが、目録の資料的価値は高くなると考えた。また、おそらくこうした網羅的な多木の著作リストはこれまでに作られたことがなく、たとえこの目録が不十分なものだったとしても、情報を出し惜しみするより、すべてを提示したほうが遥かに意義深いことは疑いえない。

結果として件数は千数百件にのぼった。無念ながらそれでも漏れてしまった仕事は少なくないはずだが、この数ヶ月間、断続的に調査した実感からすれば、この数がここから 1.5 倍や 2 倍になるとは思えない。多木が活動したそれぞれの時代において、それなりの密度で情報を収集できたとは考えており、この目録をざっと眺めるだけでも、多木の活動の輪郭やその時々の関心が想像しうるのではないかと思う。またそのために、記事等のタイトルだけで分かりにくいものは、なるべくその内容や評論対象、あるいは特集名を括弧内［ ］に付記するようにした。

実際の調査方法としては、まずインターネット上の複数の検索システムで関連資料をリストアップした。有力だったのが国立国会図書館サーチ（http://iss.ndl.go.jp/）および CiNii（http://ci.nii.ac.jp/）で、そこで大雑把に 600 件程度の検索結果が得られる。その他、美術図書館横断検索（http://alc.opac.jp/）や「日本の古本屋」（http://www.kosho.or.jp/）のデータベースの類まで利用して情報を集めつつ、図書館などでそれらを確認・整理していった。もちろん各単行本の初出一覧も参照したが、初出の記載がない場合や雑誌の月号等が間違っている場合もあった。ともかくそうした作業によって徐々にリストが充実していくとともに、やはりデジタル化された情報だけでは不十分なため、主な建築雑誌や多木が常連的に関わっていた雑誌を通覧していった【00】。そのもろもろがとりあえず一段落したのが現状ということになる。なお、昨年の 6 月頃、『視線とテクスト——多木浩二遺稿集』（青土社、2013）の編纂のために初期段階のリストを提供しており、その際、同書の編者のひとりである八束はじめ氏ほか、沖健次氏および伏見佳子氏の作業がその時点のリストに反映されることになった。

目録の表記で注意を要するのはテキストの改訂についてである。本誌 p.214 で触れているように、多木のテキストは、初出媒体から単行本への収録等の際、改題を含む大幅な改訂がされることが多い。ただ、必ずしも単純に前者より後者のほうが「質が高い」わけではなく、また当然ながら、ほぼ初出時のまま収録されることもある。つまり「改訂」の幅は極めて広いのだが、今回はそこも割り切って、複数のテキストに一部であれ具体的な関係が見いだせる場合には、それをすべて矢印で結んで表記した（原形をとどめない改題の場合は、変更後のタイトルも記した）。それぞれ初版と改訂版を読み比べてみると、興味深い発見があるかもしれない。なお、註で示した多木の著作に対する書評等は、あくまで目に付いた範囲で、基本的に建築やデザインに関連するものを挙げている。

以上、長い前置きだが最後にもう 1 点、目録の誤りや抜けに気づかれた際にはぜひメール等でご一報いただきたい。確認の上、その都度本誌のホームページで情報を共有していけたらと考えている。

※基本的に雑誌媒体は出版社名の表記を省略した

【00】一定の期間にわたって通覧した雑誌は、『ガラス』『みんなのガラス』『デザイン批評』『デザイン』『季刊デザイン』『SD』『新建築』『インテリア』『建築文化』『アサヒカメラ』『美術手帖』『現代思想』『写真装置』『ユリイカ』『へるめす』『ダンスマガジン』『大航海』など。

▽ 1955
● 「井上長三郎論」『みづゑ』 1955.08【01】
▽ 1962
● 編集『ガラス』 1962.01? ～ 1971.01【02】
▽ 1964
● 編集『みんなのガラス』 1964.01 ～ 1972.10【03】
● 「VISUAL ARCHITECTURE へのアプローチ――建築と視覚デザインの結合・粟津潔の場合」『ガラス』 1964.01
● 「美しい宣言――デパートの中に建った 2 つの家―篠原一男展を見て」『ガラス』 1964.04 →㊴【04】
▽ 1965
● 「「美の終末」について」［水尾比呂志「美の終末」『展望』 1965.02］『ガラス』 1965.01
● 写真＋文「COLOR・LIGHT・GLASS」『ガラス』 1965.02
● 「ある疑問」［針生一郎「建築評論への不信」（『国際建築』 1965.02）について］『ガラス』 1965.02
● 写真＋文「光のあしおと」［写真：今井兼次《訪問童貞会修院（鎌倉）》］『ガラス』 1965.04
● 写真「フレームレス・ガラス・カーテンウォール」［三菱地所《旭硝子研究所ロビー》］『ガラス』 1965.05
● 文＋写真「ものとしての認識と透視性――ガラスのデザインへの可能性」『ガラス』 1965.05
● 写真＋文［マンフレッド・レームブルック《ヴィルヘルム・レームブルック美術館》］『ガラス』 1965.11
● 写真「L'ART DE VITRAIL」［シャルトル大聖堂、ノートルダム・ド・パリ、サン＝ドニ大聖堂、サント・シャペル、アミアン大聖堂、ボーヴェ大聖堂、サン・エティエンヌ・デュ・モン教会］『ガラス』 1965.12
● 「ステンドグラス――空間の芸術」『ガラス』 1965.12
▽ 1966
● 写真＋文「ヨーロッパの壁［1］」［《AGIP（燃料公社）ビル》、《イタリヤ放送局》、アンリ・ベルナール《メゾン・ド・ラ・ラジオ（RTF）》、ソンキニ《ガルバニ・ビル》、ヘントリッヒとペチュニッヒ《フェニックス・ラインロール》、カムロ、マイイ、ゼルフュス《国立工業技術センター（CNIT）》、ジャン・ド・マイイ《ショールーム（フィアット）のファサード》］『ガラス』 1966.01
● 「仮象の論理――カルロ・スカルパについての覚え書」『ガラス』 1966.01
● 写真＋文「ヨーロッパの壁［2］RTF のカーテンウォール」［アンリ・ベルナール《メゾン・ド・ラ・ラジオ》］『ガラス』 1966.02
● 写真＋文「壁の中の世界――三つの教会（文：三つの教会）」［ル・コルビュジエ《ロンシャンの教会》、エンリコ・カスティリオーニ《プロスピアーノの教会》、ジョバンニ・ミケルッチ《サン・ジョバンニ・バチスタ教会》］『ガラス』 1966.03

【01】多木の処女論文。第 2 回募集美術評論（美術出版社）佳作。一席は中原佑介「創造のための批評」、審査員は今泉篤男、瀧口修造、植村鷹千代。

【02】『ガラス』は旭硝子の広報誌。2003 年まで刊行されたが、60 年代前後には、多木が主宰する編集プロダクションの株式会社 arbo（あるぼ）が編集・発行をしていた。広報誌という媒体の性質上、特に初期の号は公共の図書館での所蔵も限られており、今回は通巻 35 号（1962.01）以降、arbo が編集・発行していた 143 号（1971.01）までを確認した（国立国会図書館蔵）。創刊から arbo の編集・発行であったかは不明だが、35 号の編集後記には「旭だよりをながいあいだご愛読下さったみなさまに、新しく『ガラス』をお送りいたします」とあり、34 号までは『旭だより』という誌名だった可能性がある。また、35 号から 46 号までは縦組みだった誌面が 47 号から横組みになり、59 号からは英文タイトル「GLASS & ARCHITECTURE」が追加されている。

『ガラス』の制作において、多木は企画・編集から文章の執筆、写真の撮影まで全面的に関わっていたというが、文章や写真には必ずしも記名があるわけではない。おそらく多木によると思われるものでも、T というイニシャルのみの場合や無記名の場合は多い。本目録ではそれらは割愛し、漢字もしくはアルファベットで記名があったもののみ記載している。なお、『ガラス』および後掲の『みんなのガラス』の調査にあたっては、当時 arbo のスタッフだった建築写真家の相原功氏および旭硝子の協力を得た。

【03】『みんなのガラス』は、『ガラス』と同時期に arbo が制作していた、もう一つの旭硝子の広報誌（1964.01-1974.12）。こちらはガラスの小売店・施工業者に向けた内容で、多木の関与は『ガラス』に比べて少ないようだが、初期には表紙などの写真の撮影はしていたという。1 号から 104 号（1972.10）まで arbo が編集制作・発行し、以降 130 号の終刊までは発行が arbo で、編集制作が有限会社界。

【04】記事に多木の記名はなく、文末にイニシャルの（T）と記載。

● 写真＋文「メカニックな領域―― glass in düsseldorf（文：Düsseldorf の建築）」［ヘントリッヒとペチュニッヒ《ティッセンハウス（フェニックス・ラインロール）》、シュナイダー・エスレーベン《マンネスマンビル》《コメルツバンク》、クレーマー《シュタットスパルカッセ》］『ガラス』1966.04

●「虚構・表現・形式主義」［現代建築関連］『ガラス』1966.05

● 写真＋文「glass and architecture in milan」［ジオ・ポンティ《トレ・ピレリ》、ガレリア、BBPR《カステル・スフォルツエスコ（改修）》《トレ・ヴェラスカ》、メルキオーレ・ベガ《トレ・ガルファ》ほか］『ガラス』1966.05

● 写真＋文「海外のガラス［5 ～ 19］」『みんなのガラス』1966.05 ～ 1967.07【05】

● 写真＋文「窓――歴史のなかの」［サン・ヴィターレ聖堂、パラッツォ・デイ・プリオリ、ノートルダム・ド・パリ、パラッツォ・ヴェッキオ、サン・ルフィーノ大聖堂ほか］『ガラス』1966.06

● 写真＋文「白の空間」［エンリコ・カスティリオーニ《ブストアルシージオの職業学校》］『ガラス』1966.07

●「東松照明論」『カメラ時代』1966.07 →「東松照明の軌跡――思想としての写真」㉝

● 文＋写真「〈もの〉と〈意識〉」［評論：アッキーレ＆ピエール・ジャコモ・カスティリオーニ《ガヴィナの展示場》］『ガラス』1966.08

● 写真「プロフィリット PROFILIT」［佐藤武夫《新橋駅前ビル》、《池田武邦邸》］『ガラス』1966.09

●「美術の機能」［大谷幸夫《国立京都国際会館》などをめぐって］『デザイン批評』1 号 1966.11

● 文＋写真「現代建築のステインドグラス・2 ――ル・ランシーのノートルダム」［設計＝オーギュスト・ペレ］『ガラス』1966.12

▽ 1967

● 文＋写真「原広司の〈有孔体〉」［空間から環境へ展の出品作］『SD』1967.01

●「空間のデザインとガラス［1］」『ガラス』1967.01

●「デザイン時代のデザイン不在」『造』1967.02

● 文＋写真「太陽の道の教会」［評論：ジョバンニ・ミケルッチ《サン・ジョバンニ・バチスタ教会》］『SD』1967.03

● 写真（文＝山口亘）「職人［1］鳶職」『ガラス』1967.03

●「映像の原点――東松照明〈われらをめぐる海〉の美学」『デザイン批評』2 号 1967.03

● 写真（文＝山口亘）「職人［2］石工」『ガラス』1967.04

● 写真＋文［アンジェロ・マンジャロッティ《バランザーテの教会》］『ガラス』1967.05

● 写真（文＝山口亘）「職人［3］大工（1）」『ガラス』1967.05

●「写真と環境の思想」『デザイン批評』3 号 1967.06

● 写真（文＝山口亘）「職人［4］大工（2）」『ガラス』1967.07

●「コミュニケーショナル・スペース」［評論：丹下健三《聖心女子大学管理棟》］『SD』1967.08

● 文＋写真「特集：expo67 ――モントリオール万国博とガラス」『ガラス』1967.09

●［無題（戦争体験について）］『日本』東松照明＝写真、写研、1967.09

●「映像の逆説――奈良原一高論」『デザイン批評』4 号 1967.10

▽ 1968

●「空間――空間の本質と媒介」『現代デザインを考える』林進編、美術出版社、1968.04

●「アマチュアリティについての覚え書」『フォト・CRITICA』2 号 1968.06

●「写真にとって美とは何か――「写真一〇〇年展」の明治百年克服の方法」『日本読書新聞』1968.06.17

【05】「海外のガラス」は巻末の 1 ページに写真と短い文章が載る事例紹介のコーナー（1966.01 ～ 1973.12、全 91 回）。多木の記名は第 15、16 回では文章に、それ以外の回では写真に付されているが、おそらくこれは表記方法のぶれであり、いずれの回も多木の撮影・執筆によると思われる。また第 5 ～ 19 回以外でも、ある時期までは記名がない回が多く、それらは多木が担当していた可能性がある。各回のタイトルは次の通り。5「イタリヤの窓」［カルロ・スカルパ《ガヴィーナ・ショールーム》］、6「フランス・ラジオ・テレビ局（パリ）」、7「ヴィルヘルム・レームブルック美術館」、8「イタリヤ放送局（ローマ）」、9「パリ大学のフレームレス窓」、10「アパートのプロフィリット」、11「ブスト・アルシージオの小学校（イタリヤ）」、12「ノートルダムのスティンドグラス（フランス）」、13「ユネスコ本部（パリ）」、14［無題（パリのシトロエンの展示場）］、15「ローマの終着駅」、16［無題（パリのガラスの噴水）］、17［無題（スーパーマーケットの大板ガラス）］、18「網入ガラスの手すり」、19［無題（ヴィトリオ・ヴィガーノ設計のマルキオンディ）］。

● 写真［篠原一男《鈴庄さんの家》］『インテリア』1968.07
●「異端の空間――篠原一男論」『新建築』1968.07 →㊴
●「EXPOSE・1968 なにかいってくれ、いまさがす批評」『デザイン批評』6 号 1968.07 →『われわれにとって万博とはなにか』針生一郎編、田畑書店、1969.05
●「生のための空間」［評論：エットレ・ソットサス Jr.《彫刻家アルナルド・ポモドーロの家》］『インテリア』1968.08
● 表紙構成［特集：われらが 100 年］『アサヒグラフ』増刊 1968.09.25
● 同人（中平卓馬・高梨豊・岡田隆彦、2 号から森山大道が参加）『プロヴォーク――思想のための挑発的資料』全 3 号 1968.11 ～ 1969.08 →復刻『The Japanese Box: Facsimile Reprint of Six Rare Photographic Publications of the Provoke Era』Steidl、2001.12
● 共著（中平卓馬）［無題（創刊の辞）］『プロヴォーク――思想のための挑発的資料』1 号 1968.11
● 写真＋文「1968・夏・1」『プロヴォーク――思想のための挑発的資料』1 号 1968.11
●「覚え書・1――知の頽廃」『プロヴォーク――思想のための挑発的資料』1 号 1968.11 →前掲『われわれにとって万博とはなにか』
● 写真「青年」［特集：写真――いま、ここに］『美術手帖』増刊 1968.12
▽ 1969
●「仮象性の主張」［評論：篠原一男《花山北の家》《花山南の家》］『インテリア』1969.01 →㊴
●「磯崎新論――虚像の行方」『デザイン批評』8 号 1969.01 →①
● 写真［篠原一男《花山南の家》］『新建築』1969.01
●「万博反対論――デザインにおける人間回復をめざす」『展望』1969.01 →前掲『われわれにとって万博とはなにか』
●「危機を芸術家に強制――参加と引きかえに支配に奉仕」［大阪万博について］『日本読書新聞』1969.01.27
●「ドキュメント」［写真関連］『デザイン』1969.02
● 写真「EROS」『プロヴォーク――思想のための挑発的資料』2 号 1969.03
●「芸術の不可能性――芸術の自律性を問う人のために」［大阪万博について］『日本読書新聞』1969.03.24
● 文＋写真「篠原一男の世界」［写真：《花山南の家》］『デザイン』1969.04 →「篠原一男についての覚え書――「花山の家」まで」①／㊸
●「根源への下降こそ必要である」［続・新しい写真表現について――コンポラかリアリズムかを読んで］『アサヒカメラ』1969.05
●「芸術は可能か――異型の美学のための序説」『建築年鑑 1969 予兆としての季節』宮内嘉久編、建築ジャーナリズム研究所、1969.05
● 装幀『われわれにとって万博とはなにか』針生一郎編、田畑書店、1969.05
● 座談（粟津潔・針生一郎・宮内嘉久）「参加者の論理と批判者の論理」『われわれにとって万博とはなにか』同上
●「想像力が構築する空間」［書評：坂崎乙郎『幻想の建築』］『新建築』1969.06
● 座談（安部久・小野雄一・針生一郎）「万国博批判――七〇年闘争の課題」『新日本文学』1969.06
● 文＋写真「アクリルショーケース」［評論：倉俣史朗《タカノ・フレッシュターミナル》］『デザイン』1969.07
●「闇――目にみえぬストラクチュアの幻覚」［評論：白井晟一《親和銀行本店》］『インテリア』1969.07 →「「ケ」の世界――白井晟一「親和銀行本店」をみて」①
● 文＋写真「ニューマチックファニチュア」『デザイン』1969.08 →「物質？ 機能？ 記号？」①
● 写真［無題］『プロヴォーク――思想のための挑発的資料』3 号 1969.08
●「編集後記」『プロヴォーク――思想のための挑発的資料』3 号 1969.08
● 文＋写真「ミニマル・インテリア」［評論：倉俣史朗《エドワーズ本社 1 階ショールーム》］『デザイン』1969.09
●「写真・表現・思想・方法」『デザイン』1969.09
●「デザインになにができるか＝粟津潔」［書評］『デザイン』1969.10
●「design［ウェルナー・パントン］product［トーネ社］」『デザイン』1969.11

●「映像の構造自体の虚構化——非日常的現象のもつ衝撃力が」[評論：ジャン＝リュック・ゴダール『ウィークエンド』]『日本読書新聞』1969.11.03 →①

●「アーキズームの 4 つの照明器具」『デザイン』1969.12

▽ 1970

●「変身する建築［1］序章」『デザイン』1970.01

●「親和銀行本店を飾る銅の内装・外装」[設計＝白井晟一]『銅』20 号 1970.01

●「東松照明写真集「おお！新宿」」『デザイン』1970.02【06】

●「変身する建築［2］形の復権」『デザイン』1970.02 →①

● 共編（中平卓馬）『まずたしからしさの世界をすてろ——写真と言語の思想』田畑書店、1970.03

●「写真になにが可能か——序にかえて」『まずたしからしさの世界をすてろ』同上→①／㉝

● 写真「Provoke 4」『まずたしからしさの世界をすてろ』同上

●「眼と眼ならざるもの」『まずたしからしさの世界をすてろ』同上→①／㉝

● 写真（森山大道）「Provoke 5」『まずたしからしさの世界をすてろ』同上

●「映像という言葉をなくせ」『デザイン』1970.03【06 と同じ】

●「変身する建築［3］記号か、フェティシズムか」『デザイン』1970.03 →「具体物の輝き——あたらしい象徴」①

●「ヴィヴィッドな生の復権——仮象的なものの有効性—建築の新たな地平での展開」『日本読書新聞』1970.03.09

● 写真＋文「新しいマチエール——磯崎新の作品より」[《福岡相互銀行大分支店》《同・大名支店》《岩田学園》]『アサヒカメラ』1970.04

●「ヌード写真における性と生」『デザイン』1970.04【06 と同じ】

●「変身する建築［4］空間か、装置か——環境の原像 1」『デザイン』1970.04 →「中心への回帰——焦点のない遠近法へ」①／㊸

●「仮象性へ向かって走れ」『デザイン批評』11 号 1970.04

●「フォトモンタージュの復活」『デザイン』1970.05 →①【06 と同じ】

●「変身する建築［5］時間をうけいれる建築——環境の原像 2」『デザイン』1970.05 →㊸

●「「生」の復権をめざすヴェクトル——コミュニケーショナルな相を都市に」『グラフィケーション』1970.06 →「機械の位置づけ——インスタント・シティ小論」①

●「モノローグをさがせ」[写真集の自費出版をめぐって]『デザイン』1970.06【06 と同じ】

●「変身する建築［6］場所の論理——環境の原像 3」『デザイン』1970.06 →㊸

●「表現することと行為とのわかちがたさ」[展評：内藤正敏写真展]『デザイン』1970.07 →①【06 と同じ】

●「変身する建築［7］表現の変質」『デザイン』1970.07 →①

●「近代の終末」[特集：噫！万博]『季刊 KEN』1 号 1970.07

●「映像と言語」『季刊フィルム』6 号 1970.07

●「表現の歴史性——個にとっての映像の意味」『日本読書新聞』1970.07.13

●「万博は縁日か？」『SD』1970.08

●「表現における歴史性」[原爆関連の写真をめぐって]『デザイン』1970.08【06 と同じ】

●「変身する建築［8］原空間と様式——表現の変質 2」『デザイン』1970.08

●「遊撃者の二重性を生きよ」[書評：『針生一郎評論 6』]『美術手帖』1970.08

●「記録写真と歴史性」[『生の証人たち——川上重治写真集』について]『デザイン』1970.09【06 と同じ】

●「変身する建築［9］自然か反自然か——表現の変質 3」『デザイン』1970.09

●「事故現場見取図集」[書評：海老原暎『事故現場見取図集』]『デザイン』1970.10 →①【06 と同じ】

● 写真（対談＝磯崎新・篠原一男）「広場と住宅の思想 1 広場をめぐって」[写真：磯崎新《福岡相互銀行大分支店》《同・大名支店》]『デザイン』1970.10

●「事実性と表現」[栗原達男『写真報告 オキナワ 1961 ～ 1970』、吉岡攻『沖縄 69-70』について]『デザイン』

【06】執筆者名は根岸順。『デザイン』1970.02 ～ 1971.02 には根岸順名義の文章が 12 本掲載されているが、そのうち 4 本が多木の著書『ことばのない思考』（1972）に収録されているため、根岸順は多木のペンネームと思われる。

1970.11【06 と同じ】

● 写真（対談＝磯崎新・篠原一男）「広場と住宅の思想 2 住宅産業をめぐって」［写真：篠原一男《未完の家》《篠さんの家》］『デザイン』1970.11

●「来るべき言葉のために」［書評：中平卓馬『来たるべき言葉のために』］『デザイン』1970.12 →①／㉝【06 と同じ】

●「変身する建築［10 完］かくれた次元への照合」『デザイン』1970.12

▽ 1971

●「合理的制度へのアイロニー」［倉俣史朗の仕事］『SD』1971.01 →①／『1971 → 1991 倉俣史朗を読む』鈴木紀慶編著、鹿島出版会、2011.12 ／㊸

● 文＋写真「続・篠原一男論——〈意味〉の空間」［写真：《未完の家》《篠さんの家》］『新建築』1971.01 → 英語版「Significant Spaces」『The Japan architect』1971.04 ／①／㊴

●「記号へのたわむれ——コミュニティと意味論的体系」『SD』1971.02

●「永遠の昨日」［書評：アサヒカメラ増刊『木村伊兵衛の眼』］『デザイン』1971.02【06 と同じ】

石堂 威 ［私のこの 1 作］

●『建築家・篠原一男——幾何学的想像力』（青土社、2007）

多木浩二と篠原一男

多木浩二と篠原一男、それに雑誌『新建築』とのつながりが強まったのは 1971 年 1 月号のある「事件」からと言えるだろう。「事件」というのは大げさすぎるが、私にはそれに近い認識がある。このときに多木と建築界のパイプが確立したからである。多木自身は、建築についてはあくまでも自らの評論活動の一部だと常に話していたが、建築とつながることで自分のなかに何かが広がることを求めていたように思う。

その「事件」とは、多木が撮った写真を『新建築』が建築写真として正式に用いたことである。この決断は当時の馬場璋造編集長が最終的に下したものだが、それにはそれなりの熟慮を必要とした。この決断のあと、すぐに写真部から強い抗議があり、また外部の建築写真家からも批判の声が相次いだ。このことは建築雑誌における建築写真家の強い自負を物語るものとして私の記憶に残っている。

当時、『新建築』は掲載作品の多くを社内カメラマンが撮影しており、建築専門ではないカメラマンの出番はなかった。多木は文筆を主としながら写真家としても独自の活動をしていたが、ただし建築はその範囲外であった。まずは今回の決定が限定的であることを内外に告げた。一方、多木は主に 35mm カメラを用いて撮影していたが、大型カメラを常態とする建築カメラマンにとっては、35mm カメラの許容は職業的危機感を惹起するものでもあった。さまざまなアレルギーへの配慮が必要だったのである。

ところで、先に記した「事件」が内包する問題点について、ここで明らかにしておこう。けっしてスムーズに《未完の家》《篠さんの家》が作品として世に送り出されたのではなかった、ということを。

＊

1970 年夏、大阪では日本初の万博が大人気で賑々しく開催されていた。そのころ編集部

●「物と記号の軌跡［1］」『デザイン』1971.02

● 翻訳（文＝チャールズ・ジェンクス）「記号論的分析」［評論：J・スターリング《セント・アンドリュース大学寄宿舎》］『SD』1971.03

●「ものと記号の軌跡［2］椅子 1」『デザイン』1971.03 →㊸

● 写真［篠原一男《花山南の家》《鈴庄さんの家》《篠さんの家》《未完の家》、篠原一男肖像］『篠原一男——16の住宅と建築論』美術出版社、1971.03

●「組織の変遷を語り——未知の視野への手がかりとして」［書評：利光功『バウハウス——歴史と理念』］『日本読書新聞』1971.03.08

●「ものと記号の軌跡［3］椅子 2」『デザイン』1971.04 →㊸

●「ものと記号の軌跡［4］地図 1」『デザイン』1971.05

●「牙のない若ものたち」［書評：牛腸茂雄・関口正夫『日々』］『SD』1971.06

の面々は、篠原からの連絡で、都内にある《未完の家》を取材に出かけた。しかし、往きの勢いとは違い、帰りの車中では誰もが無言であった。新しい作品に圧倒されたというものではなく、篠原の変貌ぶりにショックを受けたのである。それまで見せてきた期待に応える予定調和の世界から一転して、篠原建築の変化の事実をまずは受け止めることに精一杯であった。それほど現場で感じたものは、従来の刺激的で心地よい篠原作品とは隔絶するものとしてあり、好意的に解釈する気持ちも起きず、掲載すべきかどうかが目前のテーマとしてあった。

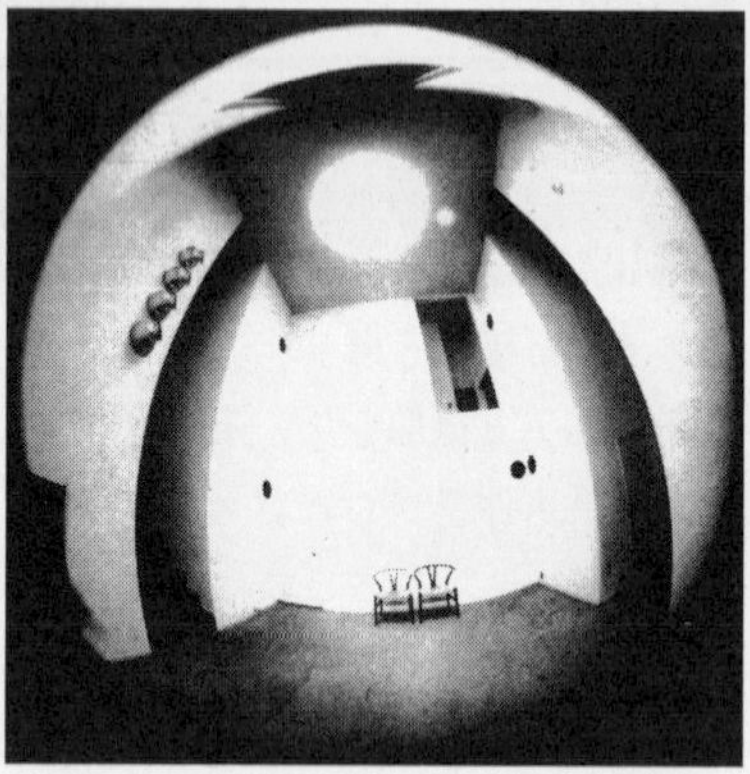

未完の家　撮影＝多木浩二

取材の現場でそれまでになかった編集の反応を見て、篠原自身も大いに考えたのだと思う。かなりの期間を経て、篠原は緊張した面持ちで二袋の写真を抱えて編集部に現れた。最初は、定評のある建築写真家が撮影した写真を取りだして見せた。そこにはわれわれが現場で感じた素っ気ない空気、表情がそのままに表れていた。写真家の責任ではないと思うと同時に、これではページがつくれないとそこに居合わせた者だれもが思った。つぎに篠原はおもむろにもう一袋の写真を取りだして見せた。入口から入って狭い亀裂の先にある背の高い、しかしそう広くはない空間を35mmカメラの自由さで、さまざまにとらえていた。

篠原が開拓した新たな抽象空間、新たな建築の方向性を、われわれは多木の写真を通して感じ取った。それはまた、住宅の設計を通してたえず建築のテーマを追い続ける篠原の真摯な姿勢を信じていたがゆえに、われわれも安堵した瞬間であった。

このときの写真は、多木がそれまでにスナップ的に撮った写真を篠原が見ていて確信をもち、正式に多木に依頼したものだった。結果として建築写真家・多木浩二を一時的にも成立させることになったこの時の篠原の決断がなかったならば、《未完の家》は未完のまま発表に至らず、篠原のその後にも影響を与えることになったかもしれない。このときの篠原は大きな賭をしたのだと思う。

- 「ものと記号の軌跡［5］地図 2」『デザイン』1971.06
- 写真「跡地」『デザイン』1971.06
- 「状況論から芸術は生まれない」［展評：第 10 回現代日本美術展］『SD』1971.07
- 「ものと記号の軌跡［6］テーブル」『デザイン』1971.07 →㊸
- 「ものと記号の軌跡［7］かたちのシンタックス」『デザイン』1971.08
- 編集・執筆担当（東松照明・内藤正敏）『日本写真史 1840 － 1945』日本写真家協会編、平凡社、1971.08
- 座談（倉俣史朗・北原進・羽原粛郎）「方向の探索」『インテリアの時代へ――日本のインテリア・デザイン 2』日本インテリアデザイナー協会著、鹿島出版会、1971.09
- 「ものと記号の軌跡［8］ベッド」『デザイン』1971.09 →㊸
- 「他人の中の自己の世界」［評論：磯崎新＋六角正広《福岡相互銀行東京支店》］『新建築』1971.09 →①
- 「都市と表現［上］反都市としての表現――存在のリアリティの復権」『日本読書新聞』1971.09.06 →①

ところで《未完の家》で篠原が意図したことは、新たな機能空間の現出、新たな思想の展開の礎を盛り込むことであった。すなわちそれは、《白の家》を代表とする安定した日本的空間の世界から離脱を図り、第 2 ステージへの展開を明確に表明する機会となるもので、篠原にとってきわめて記念的な性格をもつものとして自ら位置づけていたものであった。とくに雑誌掲載をもって作品の完成とする作家スタイルを貫いてきた篠原にとって、雑誌発表は欠かすことのできないイベントであった。

雑誌掲載にあたって編集部は篠原の願いを受け入れて、外観写真および内部、中央ホール以外の各部屋の写真は扱わなくともよい、とした。理由は、作品のタイトル《未完の家》の由来にもつながるが、篠原の言葉を借りれば、家具に対して建築家の思いが果たせず、ゆえに特定の家具を必要としない中央の吹き抜け空間のみを多木が撮影の対象としたからである（撮影時、撮影用に Y チェアが 2 脚用意された）。この決定は異例な譲歩であったが、この時点では編集部もこの作品の重要性を認識できていた。

＊

多木と篠原の出会いは、1964 年デパート主催による篠原一男と舞台美術家・朝倉摂による住宅展を、多木がある企業誌で取り上げ批評したことに始まる。篠原からの呼びかけで交流は始まり、やがて多木が東工大篠原研究室にもよく出入りするまでになっていた。1968 年に多木が『新建築』に書いた「異端の空間――篠原一男論」は最初の論文で、その頃の密な関係を垣間見ることができるし、篠原の良き理解者として多木の存在が大きくなっていたこともよく感じられる。しかもこの篠原一男論は篠原の変化の予兆を感じさせるものだった。そうした多木の洞察に、《未完の家》を世に出すために、篠原は賭けたのである。いわば起死回生の撮影依頼が篠原の次なるステップを保証することとなった。

ところでこのとき、掲載にあたって編集部は篠原に前提条件を示し了解を得ていた。すなわち先に示したように、多木の写真については限定的な措置であること、作品の掲載位置は号の最後とする、篠原の論文執筆は当然のことだが、多木にも求めることとした。篠原はこれらを受け入れた。したがって 2 編の論文と、もう一つの作品《篠さんの家》を含めた 2 題の作品が多木の写真を用いて 32 ページからなる一括りの特集として巻末に納まることに

●「都市と表現［下］複製的環境と政治性——固有の宇宙を構築しつつ」『日本読書新聞』1971.09.13
●「〈解釈〉と〈構成〉を結ぶ象徴論」［書評：エルヴィン・パノフスキー『イコノロジー研究——ルネサンス美術における人文主義の諸テーマ』浅野徹ほか訳］『SD』1971.10 →「イコノロジーとメタ・イコノロジー」①
●「ものと記号の軌跡［9］窓」『デザイン』1971.10
●「ことばのない思考」『アサヒカメラ』1971.11
●「ものと記号の軌跡［10］ファサード」『デザイン』1971.11 →「「描かれた建築」と「描かれた書物」——ことばとまなざし」①
●「強制される死のなかで発見された肉体」［書評：『怨恨のユートピア——宮内康建築論集』］『日本読書新聞』1971.11.01
●「ものと記号の軌跡［11 完］箱」『デザイン』1971.12
▽ 1972
●「それは〈意味の奪回〉だろうか——〈物化された意味の体系〉—制度と〈拒絶する精神〉—想像力とのは

なった。読者がこれらの措置をどう感じたか定かではないが、当時、巻頭を飾ることの多かった篠原作品を巻末に置いたことを含めて、全体が奇異なこととして大方は受け取ったようであった。多木による粗い粒子の、上を見たり下を見たりの写真、そして垂直水平の写真を扱うことを基本とするレイアウトを無視した構成に、まず戸惑いをもって受け取られたのは確かであったろう。しかし、決して奇をてらったものではない全体構成には好意的な反応もあった。

*

後日談であるが、このときの編集の方針に対して読者の反応は大きな反発というほうへは向かわず、個人個人が静かに受け止めたようであった。その後、多木撮影の写真がときに誌面を飾ることもあったが、多くて数点にとどまり、一作品すべてということにはならなかった。また 35mm カメラ撮影の写真については建築家自身の写真を含め、この後しばしば現れるようになり、多木写真の影響が感じられた。社内の写真部員にはしばらくしこりが残っていたが、これを契機にすべての掲載作品を自分たちが撮りきる、という覚悟に変わり、新建築写真部の質的な向上につながったと私は思っている。そして編集も、とりわけ私は、常に変化のなかにいること、それを自覚することを学んだ。こうした影響や教訓をもたらした異例の多木浩二写真、掲載の決断は、やはり「出来事」というよりも「事件」であったと今も思う。

《未完の家》以後、篠原がつくりつづけた話題作、たとえば《直方体の森》《谷川さんの住宅》《上原通りの住宅》などから多くの建築家が刺激を受けたこと、そして同じく刺激を受けた多木の言葉を通して、篠原よりも若い世代の建築家たちが学んだことも、「事件」が及ぼしたプラスの側面なのである。

多木の著書のなかから何を推すかという問いに対しては、《未完の家》前後に書かれた 2 編の論文（「異端の空間——篠原一男論」『新建築』1968.07、「続・篠原一男論——〈意味〉の空間」同誌 1971.01）や、一緒に収録されている対談、エッセイなどに篠原作品の変遷、そして多木の批評、分析等が明快に整理されていることから、青土社発行の『建築家・篠原一男』を挙げておきたい。（編集者、1942 年生まれ）

てしなき闘い」『SD』1972.01 →「「なにもない空間」と「ありすぎる空間」──現代建築への問い」①
● 「書かれたことば［1］」『デザイン』1972.01 →「意味への渇き──ものと記号」①
● 「芸術写真」『美術手帖』1972.01
● 「まなざしの厚みへ」『アサヒカメラ』1972.02 →①／㉝
● 「書かれたことば［2］書物の空間 1」『デザイン』1972.02 →「「描かれた建築」と「描かれた書物」──ことばとまなざし」①
● 写真［篠原一男《同相の谷》］『新建築』1972.02
● 「語りえぬものを言葉に」［特集：文化叛乱／いま］『美術手帖』1972.02
①『ことばのない思考──事物・空間・映像についての覚え書』田畑書店、1972.03【07】
● 「書かれたことば［3］書物の空間 2」『デザイン』1972.03
● 文＋写真「現代の造形［1］直線の位相／建築＝篠原一男」［《直方体の森》《同相の谷》］『朝日ジャーナル』1972.03.17
● 「異相スケールの相関──ヒューマン・スケールと巨大建築の融合」［評論：日建設計《日本 IBM 本社ビル》］『インテリア』1972.04
● 「書かれたことば［4］書物の空間 3」『デザイン』1972.04
● 「書かれたことば［5］複製される世界 1」『デザイン』1972.05
● 文＋写真「かたちのないものにかたちを」［展評：倉俣史朗個展］『デザイン』1972.05
● 文＋写真「現代の造形［8］流れる／デザイン＝倉俣史朗」［アクリルの照明器具］『朝日ジャーナル』1972.05.05
● 「反〈人間主義〉の視距離──ラディカリティの極北としてのマニエラと出来事としての建築」［評論：磯崎新］『SD』1972.06 →㊸
● 文＋写真「大分県医師会館新館の場合」［設計＝磯崎新］『SD』1972.06

八束はじめ ［私のこの 1 作］

● 「ものと記号の軌跡」（『デザイン』1971.02-12、全 11 回）

連載第 6 回「テーブル」誌面

多木さんは、批評家としてのほぼ 40 年のキャリアの中で、絶えず新たな関心を開拓し続け、最後までパワーが落ちなかった希有の存在でした。しかし、それでもごく初期の仕事には、迷路めいた思考の襞がとりわけ鮮烈な軌跡を描いていたように考えます。この連載は、その後も対象をずらしながら再論することになる、多木さんとしてもこだわりの深いジャンルであった家具論で、古代から現代までを縦横に駆け巡る評論ですが、弁証法的な展開よりも細部への耽溺の方に傾斜しがちな多木さんの面目躍如たるテクスト群であると思います。膨大な図版ともどもに全貌を見るには元の連載を当たるしかありませんが、『デザイン』誌はなかなか目にしづらい。ただし、今度私も関わって公刊される本（『視線とテクスト──多木浩二遺稿集』多木浩二追悼記念出版編纂委員会編、青土社、2013）の中で一部が再録されますので、一旦を垣間見ることは出来ます。

（建築家、1948 年生まれ）

［編註］上記の書籍で八束氏は編纂および「編者あとがき」の執筆を担当。またそれ以前に下記の 2 つの追悼文をインターネット上で発表している。

・「追悼－多木浩二」ART iT（2011.04.16）http://www.art-it.asia/u/admin_ed_columns/1WKacuACqdhVY4x9sRjt

・「多木浩二さん追悼再論：建築論を通して」10+1 web site（2011.06）http://10plus1.jp/monthly/2011/06/yatsuka.php

【07】書評：中原佑介「実践的イコノロジーの書」『デザイン』1972.10

● 座談（高梨豊・中村立行・渡辺勉）「話題の写真をめぐって」『アサヒカメラ』1972.06
●「書かれたことば［6］複製される世界 2」『デザイン』1972.06
●「常識をつきぬけた認識」［書評：中原佑介『見ることの神話』］『日本読書新聞』1972.06.05
● 鼎談（中村立行・渡辺勉）「話題の写真をめぐって」『アサヒカメラ』1972.07
●「書かれたことば［7］描かれた人間――肖像の記号学」『デザイン』1972.07
● 文＋図版構成（木村恒久）「隠れた説得者」［特集：写真と記録――イメージ操作の構造］『美術手帖』1972.07
● 文＋写真「現代の造形［17］水平線のかたち／設計＝吉村順三」［《戦没船員の碑》］『朝日ジャーナル』1972.07.07
● 座談（中村立行・高梨豊・渡辺勉）「話題の写真をめぐって」『アサヒカメラ』1972.08
●「書かれたことば［8］描かれた人間――かくれた幾何学」『デザイン』1972.08
●「デューラーの〈顔〉」『海』1972.08
● 文＋写真「現代の造形［23］風防のある家／設計＝原広司」［《粟津邸》］『朝日ジャーナル』1972.08.18
● 座談（中村立行・高梨豊・渡辺勉）「話題の写真をめぐって」『アサヒカメラ』1972.09
●「書かれたことば［9］メディア――もうひとつの幾何学 1」『デザイン』1972.09 →㊸
● 座談（中村立行・高梨豊・渡辺勉）「話題の写真をめぐって」『アサヒカメラ』1972.10
●「書かれたことば［10］思考としての模型――メディア 2」『デザイン』1972.10 →㊸
● 座談（中村立行・高梨豊・渡辺勉）「話題の写真をめぐって」『アサヒカメラ』1972.11
● 文（写真＝森山大道・北井一夫・中平卓馬）「「表現」のラディカリスムはどこへ行く。」『アサヒカメラ』1972.11
●「書かれたことば［11 完］終りのメモ――都市の記号学へ」『デザイン』1972.12 →㊸
● 文＋写真「現代の造形［39］アングラ・デザイン」『朝日ジャーナル』1972.12.08

▽ 1973

●「装飾の相の下に［1］反自然のかたちをとる自然――ホモ・オルナンス」『SD』1973.01
● 座談（深瀬昌久・中村立行・渡辺勉）「話題の写真をめぐって」『アサヒカメラ』1973.01
● 文＋写真「現代の造形［43］マヌカン」『朝日ジャーナル』1973.01.05-12
●「装飾の相の下に［2］ふちかざり――境界のロゴス」『SD』1973.02
●「インスティテューショナルなものと文化のあいだ」［評論：川崎清＋財団法人建築研究協会《栃木県立美術館》］『インテリア』1973.02
● 司会（座談＝木村恒久・中原佑介・中平卓馬・針生一郎）「映像の帝国」［特集：著作権裁判をこえて］『美術手帖』1973.02
●「装飾の相の下に［3］同化と異化――レトリックの構造」『SD』1973.03
● 座談（岩宮武二・中村立行・渡辺勉）「話題の写真をめぐって」『アサヒカメラ』1973.03
● 文＋写真「現代の造形［50］ガラスのオブジェ／デザイン＝横山尚人」『朝日ジャーナル』1973.03.02
● 共著？「都市［1～52］」『朝日ジャーナル』1973.03.16 ～ 1974.03.15【08】
●「存在の根源を問う姿勢をもつ――〈私性〉の概念を思考の中心に据えながら」［書評：『なぜ、植物図鑑か――中平卓馬映像論集』］『日本読書新聞』1973.03.26
●「装飾の相の下に［4］空間を測深する言語――リズムとステレオタイプ」『SD』1973.04
●「孤独な人間の後ろ姿」［評論：桑原甲子雄《東京 1930 ～ 1940》］『アサヒカメラ』1973.04 →『東京昭和十一年』桑原甲子雄著、晶文社、1974.04
● 座談（柳沢信・中村立行・渡辺勉）「話題の写真をめぐって」『アサヒカメラ』1973.04
●「記号と記号のかなた――杉浦康平についての覚え書」『季刊デザイン』1 号 1973.04 →㊸
●「物体と死――ホラインの反ユートピア的企て」『SD』1973.05
●「あるメディアの墓碑銘」［『ライフ』廃刊について］『美術手帖』1973.05 →㉝

【08】連載の誌面に記名はないが、倉石信乃「『中平卓馬展 原点復帰―横浜』の概要と構成」（中平卓馬『原点復帰』オシリス、2003）に次の記述がある。「『都市』は、中平と、評論家の多木浩二、グラフィック・デザイナーの木村恒久、建築家の磯崎新の共同ディレクションにより、都市を構成する様々な要素を微細に分析したものだった。［…］山田脩二、荒木経惟、中川道夫らのクレジットを持つ写真が散見されるが、おそらく中平を含めた企画者が交替で執筆した文章にはクレジットがない」。

●「装飾の相の下に［5］シンメトリー——生の開示としての均衡」『SD』1973.06
●「スペクタクル・シティ——都市の見世物的構造について」『同時代演劇』1973.06
● 対談＋図版構成（木村恒久）「記号とメディア」『美術手帖』1973.06
●「装飾の相の下に［6］装飾としての機械——主観的システムのエロス」『SD』1973.07
●「「見せる」論理の破綻——「見ない」広告にしてやられたリアリズム」『アサヒカメラ』1973.07
● 座談（荒木経惟・中村立行・渡辺勉）「話題の写真をめぐって」『アサヒカメラ』1973.07
●「言葉の記憶を求めて」『季刊デザイン』2 号 1973.07
●「装飾の相の下に［7］記憶と記録の狭間——時間のレトリックとしての装飾」『SD』1973.08
●「不可視な都市を読みわける——新しい感性で切口を」『東京——荒木経惟写真集 3』複写集団ゲリバラ 5、1973.08【09】
●「装飾の相の下に［8］装飾の中の自然——自然と文化の分節点」『SD』1973.09
● 座談（北井一夫・中村立行・渡辺勉）「話題の写真をめぐって」『アサヒカメラ』1973.09
●「装飾の相の下に［9］身振り——肉体にあらわれた装飾」『SD』1973.10
● 座談（植田正治・中村立行・渡辺勉）「話題の写真をめぐって」『アサヒカメラ』1973.10
● 文＋写真「都市と造形」［写真：新宮晋《星の生れるとき》（近鉄百貨店上本町店ショーウインドー）、脇田愛二郎「西武劇場・ロビー壁面と緞帳」、横尾忠則・篠田守男・田中一光・島州一・福田繁雄「ヤマギワ・ウインドーディスプレイ」、倉俣史朗「キロニー・インテリアインのショールーム」、高橋秀「ボウリング場壁面」］『季刊デザイン』3 号 1973.10
●「空間の分節構造からみた現代建築のコンテクスト——特集〈トポロジック・ビルディングまたは自由場へ〉に関連して」『SD』1973.11
● 鼎談（森山大道・渡辺勉）「話題の写真をめぐって」『アサヒカメラ』1973.11
●「複製時代の都市像」『続・複製時代の思想』グラフィケーション別冊、富士ゼロックス、1973.11
●「イメージ合成術——都市の生んだレトリック」［特集：フォトモンタージュ］『美術手帖』1973.11
●「装飾の相の下に［10 完］なぜ装飾なのか——結局は否定の機能か」『SD』1973.12
●「木村伊兵衛のまなざし——写真を意味で充満させる」『アサヒカメラ』1973.12 →補筆「身振りとまなざし——木村伊兵衛の息づかい」『アサヒカメラ』増刊 1974.08
● 座談（浅井慎平・中村立行・渡辺勉）「話題の写真をめぐって」『アサヒカメラ』1973.12

▽ 1974

●「映像の社会学［1］なぜ「社会学」か」『アサヒカメラ』1974.01
●「ロスタの窓から——構成主義のポスターをめぐって」『芸術倶楽部』7 号 1974.01-02 →⑧
●「ことばからの自立は神話である——映像のパラドックス」『朝日ジャーナル』1974.01.25
● 写真［篠原一男《成城の住宅》《久が原の住宅》］『新建築』1974.02
●「映像の社会学［2］「顔写真」の軌跡」『アサヒカメラ』1974.02
● 談「撮られる立場の“関係”を考える——街頭の三分間写真による実験」『アサヒカメラ』1974.02
●「装飾は「構造」の一種——空間格子という構造概念の筋を貫き」［書評：海野弘『装飾空間論——かたちの始源への旅』］『日本読書新聞』1974.02.04
●「映像の社会学［3］イメージのレトリック」『アサヒカメラ』1974.03
● 座談（針生一郎・磯崎新・宇波彰・山口勝弘）「意味作用か社会的機能か」［特集：芸術のレクチュール——ワークショップに向けて］『美術手帖』1974.03
●「映像の社会学［4］メディア自身のメッセージ」『アサヒカメラ』1974.04
●「時代のかくれた意味をさぐる人々——「見る見られる関係」をめぐって」『アサヒカメラ』増刊 1974.04
●「イメージ〈読みとり〉の達人——木村恒久についての私的な感想」『季刊デザイン』5 号 1974.04 →㊸
●「デザインの地平［1］生きられた体系としての事物——ジャン・ボードリヤールの視点」『季刊デザイン』5 号 1974.04 →㊸

【09】新聞紙面と思しき原稿がそのまま表紙に掲載（初出不明）。

● 座談（宇波彰・針生一郎・山口勝弘）「視覚芸術とレトリック」［芸術のレクチュール［2］］『美術手帖』1974.04
●「文化のシステムと建築」［特集：断片としてのデザイン――川崎清とその作品］『近代建築』1974.04
●「映像の社会学［5］都市と写真」『アサヒカメラ』1974.05
●「成立しなかった〈地〉と〈図〉」［評論：倉俣史朗《池坊専永展のディスプレイ》］『インテリア』1974.05
●［無題］『Harley-Davidson. 森山大道版画展』JUN アートギャラリー、1974.05［未確認］
●「映像の社会学［6］なぜ「自然」であり、なぜ「太陽」なのか」『アサヒカメラ』1974.06
●「感性の脈絡――写真の構造とその意味について」［《写真についての写真》展に向けて］『美術手帖』1974.06
● 図版構成（荒木経惟）「作品構成」［《写真についての写真》展に向けて］『美術手帖』1974.06
●「私自身のアルバム」［《写真についての写真》展に向けて］『美術手帖』1974.06
●「シーニュとしての芸術――アプローチへの二、三の疑問と展望」［芸術のレクチュール［3］］『美術手帖』1974.06
●「映像の社会学［7］「客観性」という神話」『アサヒカメラ』1974.07
●「「写真についての写真展」を終わって」『アサヒカメラ』1974.07
●「デザインの地平［2］〈図〉と〈ことば〉のかなたを求めて」『季刊デザイン』6 号 1974.07 →㊸
● 座談（磯崎新・宇波彰・針生一郎・山口勝弘）「なぜ〈芸術〉にこだわわるか」［芸術のレクチュール［4］］『美術手帖』1974.07
●「映像の社会学［8］事物とイメージのあいだ――カタログの写真」『アサヒカメラ』1974.08
● 座談（大辻清司・中村立行・渡辺勉）「話題の写真をめぐって」『アサヒカメラ』1974.08
●「身振りとまなざし――木村伊兵衛の息づかい」『アサヒカメラ』増刊 1974.08
●「磁場としての写真集『off』」『美術手帖』1974.08
●「映像の社会学［9］技術とイメージ――機械がもたらした思考の変化」『アサヒカメラ』1974.09
●「受容から孤立へ――革命の波間を「生き」て」［特集：マレーヴィッチ――絵画の無化をめざして］『美術手帖』1974.09
●「映像の社会学［10］美術と写真のあいだ」『アサヒカメラ』1974.10
●「片山利弘の造型」『季刊デザイン』7 号 1974.10 →『片山利弘作品集』鹿島出版会、1981.03
●「デザインの地平［3］イメージの合理的な部分――ジャック・ベルタンの「図」の記号学 1」『季刊デザイン』7 号 1974.10 →㊸
●「映像の社会学［11］ピンナップとアルバム――写真の個人的な消費」『アサヒカメラ』1974.11
●「単純化されたサンボリズム」［評論：白井晟一＋竹中工務店《ノア・ビル》］『インテリア』1974.11
●「映像の社会学［12］メッセージとしての写真」『アサヒカメラ』1974.12
●「世界的規模の文化革命志向」［書評：ヴィクター・パパネック『生きのびるためのデザイン』阿部公正訳］『美術手帖』1974.12

▽ 1975

● 共著（鈴木志郎康・中平卓馬）「新説・写真百科［1］」『アサヒカメラ』1975.01
●「デザインの地平［4］ネオ・キッチュとしてのデザイン――アブラム・A・モールのキッチュ論」『季刊デザイン』8 号 1975.01 →㊸
●「鏡の中の世界」［評論：磯崎新《群馬県立近代美術館》］『新建築』1975.01 →英語版「World in a Mirror［1 ～ 2］」『The Japan architect』1976.03 ～ 04
● 共著（鈴木志郎康・中平卓馬）「新説・写真百科［2］」『アサヒカメラ』1975.02
● 共著（鈴木志郎康・中平卓馬）「新説・写真百科［3］」『アサヒカメラ』1975.03
●「物の構造」［連載特集：日本のインダストリアル・デザイン①］『インテリア』1975.03
②対談（篠原一男・杉浦康平・磯崎新・倉俣史朗）『多木浩二対談集・四人のデザイナーとの対話』新建築社、1975.03【10】→篠原対談「住宅と都市」㊴／倉俣対談「事物の逆説」前掲『1971 → 1991 倉俣史朗を読む』

【10】書評：東孝光「言葉の世界と活字の世界」『新建築』1975.05
・石井和紘「〈白け〉に挑戦する、言語の解析的可能性」『建築文化』1975.06
・木村恒久「トリックスターの「転倒の論理」」『季刊デザイン』10 号 1975.07
・山口勝弘「推理を拒む言葉の壁と隠されたバネ」『美術手帖』1975.07

● 文＋写真「痴の考古学［1］人工と自然」『知の考古学』1975.03-04

● 共著（鈴木志郎康・中平卓馬）「新説・写真百科［4］」『アサヒカメラ』1975.04

●「三つの話題をめぐって――週刊朝日連載・「わが家のこの一枚」に見る日本百年　木村恒久氏の仕事　木村伊兵衛写真集「パリ」について」『アサヒカメラ』増刊 1975.04

●「デザインの地平［5］」『季刊デザイン』9 号 1975.04

●「あいまいさの空間」［特集：新宿はだれの都市〔まち〕か］『朝日ジャーナル』1975.04.04

● 共著（鈴木志郎康・中平卓馬）「新説・写真百科［5］」『アサヒカメラ』1975.05

●「痴の考古学［2］平面のなかの世界」『知の考古学』1975.05-06

● 共著（鈴木志郎康・中平卓馬）「新説・写真百科［6］」『アサヒカメラ』1975.06

● 鼎談（大辻清司・渡辺勉）「木村伊兵衛とはなにか」『アサヒカメラ』1975.06

● 鼎談（黒川雅之・豊口協）「生活空間と物」［連載特集：日本のインダストリアル・デザイン②］『インテリア』1975.06

●「消費の記号学」『展望』1975.06

●「ホモ・シグニフィカンスのまなざし」［書評：宮川淳『引用の織物』］『美術手帖』1975.06

● 共著（鈴木志郎康・中平卓馬）「新説・写真百科［7］」『アサヒカメラ』1975.07

●「1910・20・30 年代の衣服」［展評：「現代衣服の源流」展］『季刊デザイン』10 号 1975.07

●「デザインの地平［6］生きられた家」『季刊デザイン』10 号 1975.07 →『家 meaning of the house』篠山紀信＝写真、潮出版社、1975.10 ／③／⑤

●「建築を読みとる位相」『現代詩手帖』1975.07

● 共著（鈴木志郎康・中平卓馬）「新説・写真百科［8］」『アサヒカメラ』1975.08

● 共著（鈴木志郎康・中平卓馬）「新説・写真百科［9］」『アサヒカメラ』1975.09

● 共著（鈴木志郎康・中平卓馬）「新説・写真百科［10］」『アサヒカメラ』1975.10

●「デザインの地平［7 完］生きられた家 2」『季刊デザイン』11 号 1975.10 →前掲『家』／③／⑤

●［無題］『家 meaning of the house』篠山紀信＝写真、潮出版社、1975.10 →③／⑤【11】

● 写真［篠原一男《谷川さんの住宅》］『新建築』1975.10

●「ノイズとパターン――生きられた都市の構造」『現代思想』1975.10

● 共著（鈴木志郎康・中平卓馬）「新説・写真百科［11］」『アサヒカメラ』1975.11

● 対談（篠山紀信）「紀信快談」［篠山紀信『家 meaning of the house』について］『アサヒカメラ』1975.11 →『紀信快談――篠山紀信対談集』朝日新聞社、1976.11

●「生産する「眼」」［書評：粟津潔『造型思考ノート』］『美術手帖』1975.11

● 共著（鈴木志郎康・中平卓馬）「新説・写真百科［12］」『アサヒカメラ』1975.12

▽ 1976

●「装飾とものの悦楽」［評論：白井晟一《親和銀行本店・懐霄館》］『インテリア』1976.01

● 構成＋文（研究グループ（図示表現）＝真壁智治・入江経一・片倉保夫・鈴木明・伊藤善康・田中政明）「都市の経験――〈記号分析学〉の次元として」『新建築』1976.03

●「作者・篠山紀信をこえる写真機能の衝撃力」『アサヒカメラ』増刊 1976.04

●「零への饒舌」『倉俣史朗の仕事 The Work of Shiro Kuramata 1967-1974』鹿島出版会、1976.04 →㉖／前掲『1971 → 1991 倉俣史朗を読む』

●「6 つの建築について――磯崎新の「群馬県立近代美術館」から「Y 邸」まで」『新建築』1976.04

●「磯崎新の「住宅建築」」［評論：《Y 邸》］『美術手帖』1976.04

● 鼎談（大辻清司・中村立行）「話題の写真をめぐって」『アサヒカメラ』1976.05

●「指先のたどる風景」［評論：真壁智治「都市のフロッタージュ」］『美術手帖』1976.06

●「沈黙の身振りだけが残った」［特集：ロシア構成主義――芸術の革命と革命の芸術］『美術手帖』1976.07

●「デパートという空間」『TOWN9 ――公園がある。美術館がある。ここは街です。』田中一光監修、西武百

【11】書評：磯崎新「家の記号学」『新建築』1976.02

貨店文化事業部、1976.07

●「建築と他領域のふれあい」［書評：磯崎新『建築および建築外的思考』］『美術手帖』1976.08

● 講演「計画されない都市からの教訓」『Chamber』293 号 1976.09 →『都市の復権』山崎正和・黒川紀章・上田篤編、河出書房新社、1977.08

● 座談（黒川紀章・祖父江孝男・永井陽之助・小松左京）「都市の生活」『Chamber』293 号 1976.09 →『都市の復権』同上

③『生きられた家』田畑書店、1976.09 →⑤【12】

●「イメージと記憶」［特集：引用の文化──創造と再生のパラドックス］『美術手帖』1976.09

●「「村へ」におけるまなざし」［特集：北井一夫「村へ」］『アサヒカメラ』増刊 1976.10

●「食の空間」『季刊デザイン』15 号 1976.10

● 写真［篠原一男《直方体の森》《同相の谷》《空の矩形》《成城の住宅》《谷川さんの住宅》《上原通りの住宅》］『篠原一男 2 ── 11 の住宅と建築論』美術出版社、1976.10

●「建築のレトリック［1］「形式」の概念──建築と意味の問題」［評論：坂本一成《代田の町家》、伊東豊雄《中野本町の家》］『新建築』1976.11 →㊸／本誌（部分）

● 写真［伊東豊雄《中野本町の家》、坂本一成《代田の町家》］『新建築』1976.11

● 鼎談（大辻清司・中村立行）「話題の写真をめぐって」『アサヒカメラ』1976.12

▽ 1977

●「イメージの劇場［1］何が変わったか──高梨豊の「街」シリーズについて」『アサヒカメラ』1977.01

●「建築のレトリック［2］意味の力学としての建築」『新建築』1977.01 →㊸

●「イメージの劇場［2］都市と家を通過する肉体──篠山紀信の「家」「パリ」について」『アサヒカメラ』1977.02

●「イメージの劇場［3］肉声が聞こえる風景──北井一夫の「村へ」について」『アサヒカメラ』1977.03

●「建築のレトリック［3］ラショナリスムとフォルマリスム」『新建築』1977.03 →㊸

●「イメージの劇場［4］つくりものに似せた現実性──沢渡朔について」『アサヒカメラ』1977.04

● 対談（大辻清司）「それぞれの状況のなかで生きる写真家」『アサヒカメラ』増刊 1977.04

●「詩が言語のコードを開くように空間を開く形式」［評論：伊東豊雄《中野本町の家》《上和田の家》《S 計画》］『インテリア』1977.04【13】

●「思考の形式を記述」［書評：レイナー・バンハム『第一機械時代の理論とデザイン』石原達二・増成隆士訳］『美術手帖』1977.04

●「イメージの劇場［5］食卓の修辞学──大倉舜二の「料理写真」について」『アサヒカメラ』1977.05

●「建築のレトリック［4］ランガージュとしての建築──ことば・図・空間」『新建築』1977.05 →㊸

●「表面にはびこる夢── Serial Essay［5］装飾」『SD』1977.06

●「イメージの劇場［6］雑草の歌──橋本照嵩の「草むら」について」『アサヒカメラ』1977.06

●「多様さと単純さ」［評論：長谷川逸子《焼津の家 2》］『インテリア』1977.06 →抄録：『SD』1985.04

●「イメージの劇場［7］女の子ってなんだ──篠山紀信の「激写」シリーズについて」『アサヒカメラ』1977.07

●「装飾と想像の空間」［特集：チャールズ・レニー・マッキントッシュ］『インテリア』1977.07

●「書物〔テクスト〕としての都市」『現代詩手帖』1977.07

●「芸術の概念を提示」［展評：「引用と暗喩の建築──磯崎新の建築作品 1960-1977」展］『美術手帖』1977.07

●「建築の現在──アイゼンマン、ロッシを中心に」『みづゑ』1977.08

【12】関連テキスト：
・堀江宗正「ラディカルな〈建築〉批判」『READINGS:1 建築の書物／都市の書物』INAX 出版、1999.10
・竹内昌義「なんでだろう？　できが良くても、居心地が悪い建築」『AXIS』103 号 2003.05-06
・服部一晃「大衆のための建築」［連載：Library for Architectural Theories］10+1 web site、2011.06
・難波和彦「『生きられた家』の可能性の中心──機能主義 2.0」［連載：Library for Architectural Theories］10+1 web site、2011.07
・長谷川豪・能作文徳・長島明夫「『生きられた家』再読」『建築と日常』2 号 2011.12
【13】反応：伊東豊雄「文脈を求めて」『新建築』1977.06 →『風の変様体──建築クロニクル』伊東豊雄著、青土社、1989.04／新装版：青土社、2000.01

●「イメージの劇場［8］出来事のかたち――山田脩二の「日本村」について」『アサヒカメラ』1977.08 →『山田脩二 日本村 1969 - 1979』三省堂、1979.11
●「建築のレトリック［5完］記号学の役割と限界」『新建築』1977.08 →㊸
● 図版構成＋文（レイアウト＝中垣信夫）「アール・デコのイコノロジー」『美術手帖』1977.08
● 談「新宿・やわらかい街」『草月』113号 1977.08
●「デザインのレトリック――ガラスの椅子とスーパーカー」［評論：倉俣史朗］『みづゑ』1977.09
●「イメージの劇場［9］見ること見えないこと――土田ヒロミの「パーティー」について」『アサヒカメラ』1977.09
●「都市の読解――イタロ・カルヴィーノの「マルコ・ポーロの見えない都市」」『みづゑ』1977.10
●「イメージの劇場［10］現実世界へのかかわり――秋山亮二の写真について」『アサヒカメラ』1977.10
●「記号と記号のかなた」［特集：文化の記号論］『思想』1977.10 →『別冊國文學・知の最前線――文化記号論 A-Z』山口昌男・前田愛編、学燈社、1984.10
●「メディアの系譜学――ツェーラムの「映画の考古学」を見る」『みづゑ』1977.11
●「イメージの劇場［11］類似にたわむれる写真師――須田一政の写真について」『アサヒカメラ』1977.11

伊東豊雄 ［私のこの1作］

● 『生きられた家』（田畑書店、1976）

中野本町の家　撮影＝多木浩二

『生きられた家』再考

『生きられた家』の初版が出版されたのは1976年9月である。その3ヶ月前、私は篠原一男氏の《上原通りの住宅》のオープンハウスで初めて多木浩二氏に会った。さらに翌月、多木氏は私の設計した《中野本町の家》を訪れ、信じ難い程の写真を撮影してくれた。

ちょうどその時期が坂本一成氏の《代田の町家》の完成と重なったこともあって、多木氏の仕事場となっていた祐天寺のアパートで、我々3人は度々夜を徹して話し合うようになった。話し合うといっても勿論中心は多木氏で、私はほとんど聞き役であった。

そんなある日、『生きられた家』を多木氏から直接手渡され、驚いた。この書で語られている内容は、それまでの我々の会話にもあまり登場しなかったし、抽象的な現代建築の空間を考えることで、頭がいっぱいだった私には、「生きられた家」は日常の設計行為とはほとんど無縁に感じられた。当時は、篠原氏の作品の強い影響もあって、生活感を消した抽象的な空間を考えることが自分の考えるべきことだと思っていた。

60年代末の大学紛争や70年の大阪万博を境に、70年代は右肩上がりの60年代への反動の時代であった。私の周囲の建築家達は都市や社会に背を向け、内向的な作品をつくる傾向が強かった。

そんななかにあって、とりわけ篠原一男氏のつくる住宅作品は、自立した芸術作品の色合いが濃厚であった。生活色を消して、極力抽象的で美しい空間をつくることに全神経が注がれていた。環境や社会とのコンテクストを断ち切った地点で「作品」としての住宅を成立させようと試みていたのであろう。

●「〈仮面性〉と現実性」［評論：石井和紘］『インテリア』1977.11
● 対談（磯崎新）「現代建築の主張」『世界』1977.11 →「レイト・モダンの状況―― 1976」『ポスト・モダンの時代と建築』磯崎新著、鹿島出版会、1985.02
●「空間と制度――建築のパラドクス」『みづゑ』1977.12
●「イメージの劇場［12］写真家の肉体とリズム――篠山紀信の「カーニバル」について」『アサヒカメラ』1977.12
●「あらたな「知」の発芽」［展評：「今日の写真・展 77」］『美術手帖』1977.12
▽ 1978
● 鼎談（磯崎新・篠山紀信）「建築写真の今日的な意味を考える――建築家と写真家との触れ合いが……。」『Commercial Photo Series 建築写真・表現と技法』玄光社、1978.01
●「デザインにおける理論の探究とは――社会学からの試み」『みづゑ』1978.01
●「見慣れた世界のもう一つの顔――秋山亮二、土田ヒロミ、須田一政の三人」『アサヒカメラ』1978.01
●「再読かノスタルジーか――建築を動かすもの― OMA ほか」『みづゑ』1978.02
●「象徴的なるものの役割」［現代建築関連］『SD』1978.03
●「建築家のドローイング――詩としての意味」『みづゑ』1978.03
● 対談（伊東豊雄）「建築を、文化の文脈に」［伊東豊雄《ホテル D》］『新建築』1978.03
●「ネガティブな象徴性に輝くドキュメント」［特集：アッジェ再発見］『アサヒカメラ』1978.04
●「近代写真の開花――一九三〇年代「社会化される」写真」『アサヒカメラ』増刊 1978.04
● 共編著（坂本一成、図版構成＝鈴木明・前田昭則・横畠啓介）「特集：Language of Architecture〈柱〉――その意味と構造」『インテリア』1978.04
●「柱が意味を産みだすとき」『インテリア』1978.04

そんな時期に、突如『生きられた家』が登場したのだから、衝撃的であった。ここではすべてが「人間の営みの痕跡としての家」と我々建築家が考える「作品としての家」が対照的に描かれている。最も鮮やかな描写の一部を取り出してみよう。

> ――家は内面からも外面からも人間の行為と社会的な関係に織りあげられ、人間と社会の像を自らのなかに目に見えぬ文字のように織りこんでいる。家はそれ自体さまざまな語りである。(p.12)
>
> ――生きられた家は全く世俗の世界に属している。現実を超えようとする自由な意志を示すのではなくて、現実そのものを構成している。それは大体において紋切型である。この俗なる家と建築家の作品のあいだには埋めがたい裂け目がある。(p.12)
>
> ――建築家がつくりだす空間は現実に生きられた時間の結果ではないし、一方、生きられた家は現在の行きつく果てをあらかじめ読みとって構成されるわけではないからである。それらはおそらく空間の現象のふたつの極を示しているにちがいない。(pp.12-13)

当時の多木氏は、これらふたつの家が対極を示すものであることを指摘しても、決して建築家のつくる作品としての家を否定することはなかったように思う。むしろその対立軸を際立たせることによって、当時の我々の建築的思考を肯定していたように感じられる。その頃の我々は、家が象徴性を持つこと、生活の臭いや色が空間に浸透することを警戒していた。過去との関係を断って新しい空間を生むことに我々はエネルギーを注いでいたのである。

しかし『生きられた家』の初版が出版されて以来 30 数年、いま読み返してみると私達が固執していた「新しさ」は、近代主義の建築が求めていたものであったように思われる。即

●「ポール・ブーイサック著『サーカス』」『現代思想』1978.04
●「ペレックの小説『物の時代』——文化のテロリスム」『みづゑ』1978.05
●「コスモロジカルな思想の把握」[書評：山口勝弘『環境芸術家キースラー』]『美術手帖』1978.05
●「表層化としての建築」[評論：伊東豊雄《PMT ビル》]『SD』1978.06
●「写真の限界——スーザン・ゾンタークの批判」『みづゑ』1978.06
●「体内から湧き宇宙にひろがる沈黙の声」[特集：藤原新也]『アサヒカメラ』増刊 1978.06
●「実体と虚構のあいだ」[評論：長谷川逸子《焼津の文房具屋》]『建築文化』1978.06 →再録：『SD』1985.04
●「装飾とコラージュ」[評論：富永譲《香取ビル》]『建築文化』1978.06
●「写真から絵画へ」[特集：アルフォンス・ミュシャ]『美術手帖』1978.06
●「まなざしの痕迹」[特集：壁]『デザイン』増刊 1978.07
● 図版構成＋文（レイアウト＝中垣信夫、マンガ＝伊東章夫）「空想のブリコラージュ」[特集：影の宇宙誌——SF イラスト考]『美術手帖』1978.07
●「正統的な議論のまっとうさと限界」[書評：『デザイン思考——阿部公正評論集』]『SD』1978.08
●「リビング・システムとリゾーム——市川浩の〈身〉の分析」『みづゑ』1978.08
●「批評の先駆性」[書評：宮川淳『美術史とその言説〔ディスクール〕』]『インテリア』1978.08
●「欠けていた批評性」[懸賞募集「写真評論」発表]『アサヒカメラ』1978.09
●「差異のたわむれ」[評論：磯崎新《神岡町役場》]『建築文化』1978.09
●「視覚の近代」『明治大正図誌』第 2 巻、前田愛・小木新造編、筑摩書房、1978.10 →⑧
● 共編著（坂本一成、図版構成＝鈴木明・前田昭則・横畠啓介・片倉保夫・保世辺寺二）「特集：Language of Architecture〈部屋〉——その意味と構造」『インテリア』1978.11

ち「生きられた家」と対立し、融和し得なかったのは近代主義の建築であったと言うことができる。

確かに近代主義の建築は「歴史性」や「地域性」を排除して成立し得た。そしてその排除した「歴史性」や「地域性」こそが、これからの建築を考える時に最も重要な問題のように思われる。私が 3.11 以降関わっている「みんなの家」は、正しくここにその核心がある。端的に言えば、「みんなの家」において私達は、「生きられた家」を再現できるのだろうかという問題である。何故なら被災地の人々は、ともに集まる場を失ったとは言っても、単に物理的に集まることのできる家を求めているのではない。彼らは失われた自らの歴史や場所の記憶を回復する家、つまり「生きられた家」の再生を求めているのである。

一体それが可能か否かはわからないが、私はこの機に、このテーマを徹底して考えてみたいと思っている。歴史や場所の記憶を継承する家に建築家は建築家として取り組むことができるのかと…。

私達は一旦建築家というこれまでのポジションをとり下げない限り無理だろう。デザインするという行為自体が近代の規範にとりこまれているからである。しかし行き詰まった近代主義の建築から逸脱するためには、この問題を考えざるを得ないだろう。

いずれにせよ、多木浩二氏の『生きられた家』は 30 数年前と全く異なる視点から新たな問題提起を迫ってくる。（建築家、1941 年生まれ）

[編註] 伊東氏は『現代思想』2011 年 6 月号で追悼文「多木浩二氏を悼む」を発表している（収録：『視線とテクスト——多木浩二遺稿集』多木浩二追悼記念出版編纂委員会編、青土社、2013）。

● 「沈黙と語り――テキストとしての部屋」『インテリア』1978.11
● 「チャールズ・イームズ――ある近代の「記号」」［追悼］『美術手帖』1978.11
▽ 1979
● 「アルド・ロッシについて」『a+u』1979.01
● 「装飾の逆説――ホフマンにみる近代」［特集：ウィーン 1898-1918 ――分離派の都市空間］『美術手帖』1979.01
● 「選評」［『美術手帖』創刊三十周年記念芸術評論選考結果発表］『美術手帖』1979.01
● 「丸山真男と小林秀雄」『現代思想』1979.03
● 「ふたつの軸」［特集：もうひとつの建築論――建築における構造主義］『建築雑誌』1979.04
● 「抽象とコラージュ」［特集：1920 年代の光と影］『現代思想』臨時増刊 1979.06 →⑧
● 「イコンと象徴――建築の神話力をめぐって」『白井晟一研究 II』南洋堂出版、1979.06 →⑤
● 「都市と生活［1］多様性と画一性」『公明』1979.07
● 「いま、広告写真とは何か」『広告批評』1979.07
● 「ダダのフォトモンタージュ」『週刊朝日百科 世界の美術』1979.07.22 →⑧
● 「都市と生活［2］象徴化された自然」『公明』1979.08

鈴木 明 ［私のこの 1 作］

● 『生きられた家』（田畑書店、1976）

『生きられた家』初版

本書、1976 年初版、田畑書店刊をひさしぶりに書棚から取り出しページを繰った。ゆえあって多木浩二さんから直に頂戴したもので、署名までいただいた本であるにもかかわらず角は丸くなり、それどころかところどころに傍線を引いてしまっている。学生時分から幾度も読み返すこと 30 有余年、あまねく理解したつもりだが、今でもすいすいと読み進むことはとてもできない。ひとつひとつの語と文が指し示していること意味するものを飲み込もうとあれこれ思いを巡らせている間に、目はうつろ頭はページを離れはるか虚空を漂い、ふと気付くともはや本の内容から離れずいぶん時間が経っていたりする。この経験はひさしぶり、だが愉しい。

『生きられた家』のタイトルは本書の出自に関わる。1975 年出版の篠山紀信写真集『家』（潮出版社）に寄せた著者テキストに基づくものである。しかし本書は同じ主題「家」にはじまるが、その対象は夢や記憶を辿り、現代建築や都市にひろがると同時に室内と家具に思いを馳せ、はては西洋と同時にわが国文化の基層にまで遡る。その一方で人間の実存と認知、さらには空間と時間の交差する哲学まで深く掘り下げる。「はじめに」で、著者が断りを入れているとおり「相互に矛盾し、断片化しながら、遠いところでひとつのまなざしに結びつくような主題」とその視野と方向をさししめすものである。

主題が遠く難解だからといって取りつく島がないわけではない。たとえば「空間の発生」については出来事にそって発生する空間を、鴨長明の『方丈記』に描かれた庵のまぼろしのごときしつらいに見ると同時に、バシュラール言うところの家の内密な片隅にひそんだ大きな宇宙と対比させる。つまり身振りからはじめながらも西欧建築の基層となる空間のありかたをも対比して考える基盤を示す。さらにパウル・フランクルの建築史概説『Principles of

●「認識の手段としてのカタログ」『朝日ジャーナル』1979.08.03

●「都市と生活［3］情報の意味と選択」『公明』1979.09

●「時代意識か時代の無意識か？」『流行通信』1979.09

● 鼎談（吉田光邦・東野芳明）「図示表現の意味——認識と伝達機能の位相」『美術手帖』1979.09

●「都市と生活［4］環境の質と奥行き」『公明』1979.10

●「テレビ——テレビの両義性」「美術館・画廊——現代美術とその「場」」「都市——解読装置としての芸術」「表層の文化」［特集：大衆文化のなかの現代美術］『週刊朝日百科 世界の美術』1979.10.07

●「キッチュ文化としてのナチス文化」［書評：草森紳一『絶対の宣伝——ナチス・プロパガンダ 4 文化の利用』］『SD』1979.11

●「都市と生活［5］神話的思考の復権」『公明』1979.11

●「壁や塀は界隈の中にあり奥には人がいる」［特集：生き残る写真、「木村伊兵衛を読む」］『アサヒカメラ』増刊 1979.12

●「都市と生活［6］情報と現実の狭間」『公明』1979.12

▽ 1980

Architectural History』の概念である「分割と付加」を引くことで、このような見方を明確化する。「おもてとうら」では伝統的な住まいと生活に根付く「ハレとケ」や「おもてとうら」の概念を、家を組織化するコードと読み、わが国現代都市にまで通じるパラダイム、セミ・ラティスの構造を読みとるのである。それは著者が MoMA（ニューヨーク近代美術館）開催「都市の経験」展（1975.12-1976.03）のために現代の新宿のまちを読み込むうちに発見したリアルな構造でもあった。

わたくしは学生時分、「多木ゼミ」と勝手に呼んだ読書会や展覧会準備に参加する幸運に恵まれた。その過程で学んだ建築史観や機能主義的都市論に親しんでいたこともあり、伝統的な家やふるまいをいったん相対化する考え方に共感する。しかしこのような理解は、本書の一面的な理解に過ぎなかったのではないかと、今あらためて思う。

本書出版当時、著者は、篠原一男や磯崎新などほんの限られた建築家以外をけっして語らなかった。建築専門誌にちょくちょく寄稿するようないわゆる批評家・評論家ではけっしてなかった。建築界では 3、40 代の若手建築家が世代交代を画策していたが、その手段は遅かれ早かれポストモダニズム思想に基づいた建築形式であった。

『生きられた家』は建築論ではないと、著者がはじめに断っているのにもかかわらず、本書が出版されてすぐさま知的な刺激と興奮を覚えたのはこのような若い建築家や学生だった。次代を担うことになる若手建築家はこの本の出現に驚かされた。従前の建築思潮やアカデミックな建築史や建築論を敷衍するわけでなく、本格的かつ深い思想と認識によって立つ建築哲学と知の突然の登場と見えたのだろう。本書を何度も読み返すことで、自らの建築思考の道標とした建築家も多かったと思う。たとえば、「空間は出来事にそって構造化された場所になり、あるいは物は人間の振舞いのなかに吸収され見えかくれする」（p.69）など、80 年代以降現在に至るまで、「流動的」「開放的」な空間を前提とする日本の現代建築の基盤となる認識を予見した物言いではないか。

しかし、このように理解され、日本の現代建築の認識として獲得され、あるいは実現され

●「アイゼンマンをめぐる対話」『a+u』1980.01

●「都市と生活［7］映像の表層と深層」『公明』1980.01

● 文（構成＝中垣信夫）「部屋と絵画」［特集：アート＆イリュージョン——絵画の生成＝空間への視座］『美術手帖』1980.01

●「部屋・都市・絵画」［特集：アート＆イリュージョン——絵画の生成＝空間への視座］『美術手帖』1980.01

●「民衆画のもつシンボリズムの解明」［書評：コルネリウス・アウエハント『鯰絵——民俗的想像力の世界』小松和彦訳］『みづゑ』1980.02

● 共編著（大橋晃朗）「特集：家具」『インテリア』1980.02

●「複合体としての家具」『インテリア』1980.02

●「都市と生活［8］場所の記憶と構成」『公明』1980.02

●「都市と生活［9］不透明な防御機構」『公明』1980.03

た空間と建築が、はたして本当に「生きられている」と言えるのだろうか。

このような認識が（建築界で）一般化される一方、本書が対象とした「生きられた家」と呼べるような家あるいは住宅や空間が、もはやわれわれの周りから消え去ってしまっているではないか。それにも増して危惧を抱かざるを得ないのは、その時代、かろうじて残っていた家や空間の記憶やわれわれのふるまいが、現在どこを見回しても残っていないことである。

ポスト・モダンな都市は、本書のなかで繰りひろげられた思索を受け止める闇一切を残さず、一方の現代建築の何もない白く境界を持たない空間のなかに取り残されたわれわれは、なにを手がかりに家について考えていったらよいのだろうか？

つい先頃出版された、多木浩二さんの遺著『トリノ——夢とカタストロフィーの彼方へ』（BEARLIN）では、現代都市に取り残された痛々しい痕跡のような異物たちを探し出し、そこに深く共感しながらも思索をつづけることで、相反する「夢とカタストロフィー」を見出している。

そういえば建築家レム・コールハースも、同じようにニューヨーク・マンハッタンに建築の夢とカタストロフィーを見つけ出していた。『Delirious New York（錯乱のニューヨーク）』である（ちなみに出版年は1976年）。しかし、レムの楽天的かつ大都市建築の可能性を見出そうとした書とくらべると、『トリノ』の語り口はあまりにも重い。

じつは、『生きられた家』においても、身体にはじまりふるまいやしつらいのなかに論理や構造を読み取り、空間と出来事につなげていく構築的かつ明快な思考の背後に、つねに夢と呼んだり感覚と呼んだりするような曖昧な世界を策定しなかったか…。

家と都市、つまり大小両極にある身体と空間にこだわり続けた著者による、ほぼ最初と最期に書かれたふたつの本を目の前にして、その示された方向と視野が持っている広がりを見失ってはいけない。本書をさらに読み直すことで、ますますカタストロフィーから目を反らすわけにはいかなくなっている私たちの、世界を切り開くための手がかりを見出していく方法を探さなくては、と思う。（建築デザイン評論・編集、1953年生まれ）

［編註］鈴木氏は自身が運営するウェブサイト telescoweb で下記の追悼文を発表している。

・「追悼、多木浩二さん」（2011.04.16）http://event.telescoweb.com/node/12487

●「都市と生活［10］時間の流れと情報」『公明』1980.04

● 対談（藤枝晃雄）「解体と創造――前衛主義を超えて」［特集：高松次郎］『みづゑ』1980.05

●「都市と生活［11］神話と現実の織物」『公明』1980.05

●「リアリズムの衣裳――ブルジョワジーの世紀」［特集：ファッション――十九世紀浪漫］『美術手帖』1980.05

●「都市と生活［12 完］現実の厚みを読む」『公明』1980.06

●「「視線」の破砕」［特集：ロラン・バルト］『現代思想』1980.06 →④

●「ファッション写真の歴史［1］序・ファッションと写真」『流行通信』1980.06 →⑧／㉝

●「ファッション写真の歴史［2］写真以前のモード情報」『流行通信』1980.07 →⑧／㉝

●「視線とテクスト［1］家具の政治学 1」『現代思想』1980.07 →④

●「象徴の模索」［展評：フランク・ステラ展］『美術手帖』1980.07

●「「物」と記憶」『遊学大全』遊塾生編、工作舎、1980.07

●「いまこそ、建築固有の文化の論理を――アンケートの回答を読んで」［特集：住宅に見る建築家と社会の構図］『新建築』1980.08

●「視線とテクスト［2］椅子の身体論――家具の政治学 2」『現代思想』1980.08 →④

●「ファッション写真の歴史［3］十九世紀のポートレイト――ファッション写真の下地」『流行通信』1980.08 →⑧／㉝

●「視線とテクスト［3］趣味のユートピア――家具の政治学 3」『現代思想』1980.09 →④

●「ファッション写真の歴史［4］美しき日々の刻印――第一次大戦の終る頃まで」『流行通信』1980.09 →⑧／㉝

●「美術史の新しいひろがり」［書評：ニコラウス・ペヴスナー『美術・建築・デザインの研究』全 2 巻、鈴木博之・鈴木杜幾子訳］『SD』1980.10

●「ドームと塔」［特集：建築のルネサンス――フィレンツェのブルネレスキ］『みづゑ』1980.10

●「イデオロギー批判の限界」［書評：ジャン・ボードリヤール『消費社会の神話と構造』今村仁司・塚原史訳］『インテリア』1980.10

●「ファッション写真の歴史［5］新しい時代の幕開け――スタイケンと近代性」『流行通信』1980.10 →⑧／㉝

●「視線とテクスト［4］イメージの交通――象徴と地理的空間」『現代思想』1980.10 →④

●「ファッション写真の歴史［6］ファッションを着た女神たち」『流行通信』1980.11 →⑧／㉝

●「視線とテクスト［5］スペクタクルの神話――イメージの交通 2」『現代思想』1980.11 →④

● 座談（市川浩・前田愛・中村雄二郎）「象徴と空間――バリ島のコスモロジー」『現代思想』1980.11

●「ファッション写真の歴史［7］現実の風に吹かれて――三十年代の新しい様相」『流行通信』1980.12 →⑧／㉝

●「視線とテクスト［6］スペクタクルの神話（続）――イメージの交通 3」『現代思想』1980.12 →④

▽ 1981

●「〈花山第 4 の住宅〉を見て」［評論：篠原一男《花山第 4 の住宅》（家具＝倉俣史朗）］『インテリア』1981.01

●「視線とテクスト［7］目の隠喩」『現代思想』1981.01 →④／「視線の政治学」『別冊國文學・知の最前線――テクストとしての都市』前田愛編、学燈社、1984.05

●「書物の世界［1］奇妙な本」『本』1981.01 →⑧

●「ファッション写真の歴史［8］新しい誘惑――カラー写真の経験と三十年代」『流行通信』1981.01 →⑧／㉝

●「都市はパノラマ――パリの一世紀」『写楽』9 号 1981.02

● 対談（石山修武）「幻想を捨てて、町へ出よう――大衆消費社会の住宅設計を考える」『新建築』1981.02

●「ファッション写真の歴史［9］アヴァンギャルドとファッション写真」『流行通信』1981.02 →⑧／㉝

●「視線とテクスト［8］ブルジョワの肖像」『現代思想』1981.02 →④

●「書物の世界［2］描かれた本」『本』1981.02 →⑧

●「ファッション写真の歴史［10］戦時下のファッション写真」『流行通信』1981.03 →⑧／㉝

●「視線とテクスト［9］破壊と歴史」『現代思想』1981.03 →④

●「書物の世界［3］本のための家具」『本』1981.03 →⑧

●「ファッション写真の歴史［11］束の間の聖像〔イコン〕」『流行通信』1981.04

●「視線とテクスト［10］科学的なまなざし」『現代思想』1981.04 →④

●「書物の世界［4］文字と絵の分離」『本』1981.04 →⑧

●「視線とテクスト［11］もうひとつの意味」『現代思想』1981.05 →④

●「書物の世界［5］「頁」の空間」『本』1981.05 →⑧

●「柔かな、かたちのない〈建築〉」［評論：坂本一成《祖師谷の家》］『新建築』1981.06 →本誌

●「ファッション写真の歴史［12］すべて「ファッション写真」——アーヴィング・ペン」『流行通信』1981.06

●「視線とテクスト［12］隠喩としての建築 1」『現代思想』1981.06

●「空間そのものへ」［展評：桑山忠明展］『美術手帖』1981.06

●「書物の世界［6］装飾の戯れ」『本』1981.06 →⑧

● 鼎談（浅井慎平・ミミ／好奇心旺盛な美少女）「すべての写真はポルノである」『モノンクル』1 号 1981.07

●「写真とことば」『早稲田文学』1981.07

●「ファッション写真の歴史［13］物言う「身振り」——リチャード・アヴェドン」『流行通信』1981.07

●「書物の世界［7］「目次」の意味」『本』1981.07 →⑧

●「書物の世界［8］文字の装飾性」『本』1981.08 →⑧

● 講演「記号としての建築」『説き語り記号論』山口昌男監修、日本ブリタニカ、1981.09 →新装版：国文社、1983.08 ／⑤

●「書物の世界［9］「書物」の隠喩」『本』1981.09 →⑧

●「現実を見るまなざしを」［有田泰而の写真「百花繚乱——日本の家」に寄せて］『写楽』17 号 1981.10

●「書物の世界［10］書物の社会学」『本』1981.10 →⑧

● 座談（篠山紀信・中原佑介）「美術をリードしはじめた写真の現在」『朝日ジャーナル』1981.10.02

● 談「人間の全体性を取りもどす」［特集：絵本表現の現在］『季刊絵本』2 号 1981.11

●「書物の世界［11］書物と読者」『本』1981.11 →⑧

● 対談（今村仁司）「消費社会と欲望の現象学」『週刊読書人』1981.11.02

●「書物の世界［12 完］「書物」の破壊」『本』1981.12 →⑧

▽ 1982

●「視線とテクスト［2-1］人形の家 1」『現代思想』1982.01 →④

●「視線とテクスト［2-2］人形の家 2」『現代思想』1982.02 →④

●「身体の政治学——家具というテキストを読む」『叢書文化の現在 2 身体の宇宙性』大江健三郎・中村雄二郎・山口昌男ほか編、岩波書店、1982.02 →⑥

●「風景写真の社会学」『写真装置』4 号 1982.03

●「視線とテクスト［2-3］人形の家 3」『現代思想』1982.03 →④

●「視線とテクスト［2-4］近代の塔 1」『現代思想』1982.04 →④

●「視線とテクスト［2-5］近代の塔 2」『現代思想』1982.05 →④

●「映画の図像学 1」『ユーロスペース 021「ある道化師」』欧日協会、1982.05

●「戦争写真への潜在的欲求の意味」『写真装置』5 号 1982.06

●「シミュレーションとしてのメディア——メディア『日本国憲法』が現前させたもの」『現代詩手帖』1982.06

●「モダニズムのイコン」［特集：ナチズム——ワイマールからナチスへ］『パピエ・コレ』1 号 1982.07

●「視線とテクスト［2-6］都市の経験 1」『現代思想』1982.07

●「侵犯の遊戯——マン・レイの写真」『ユリイカ』1982.09 →㉝

④『眼の隠喩——視線の現象学』青土社、1982.10 →新装版：青土社、1992.09 ／新版：青土社、2002.06 ／文庫版：ちくま学芸文庫、2008.12

●「十九世紀写真史ノート［1］」『写真装置』6 号 1982.11 →⑧／㉝

●「ロラン・バルトの『エッフェル塔』——記号のユートピア」『白井晟一研究Ⅳ』南洋堂出版、1982.11

● 対談（岩本憲児）「ヴェルトフとロシア・アヴァンギャルド」『イメージフォーラム』1982.12 →『ロシア・

アヴァンギャルドの映画と演劇』岩本憲児著、水声社、1998.03

▽ 1983

● 「映画の図像学 2」『ユーロスペース「鉛の時代」』欧日協会、1983.01 →⑤

● 「「絵本」の詩学へのこころみ」『子どもの館』1983.02 →⑧

● 「視線とテクスト［2-7］大地のエクリチュール——都市の経験 2」『現代思想』1983.02 →「トポロジーの認識——ある古地図にみる」⑧

● 対談（前田愛）「遊び——やわらかい文化」『現代思想』1983.02

● 対談（柄谷行人）「陰喩としての建築」『ユリイカ』1983.03 →『思考のパラドックス』柄谷行人著、第三文明社、1984.05 ／『ダイアローグ 2』柄谷行人著、第三文明社、1990.06

● 「虚構の王国——バイエルンの城」『ユリイカ』1983.03

● 「視線とテクスト［2-8］大地のエクリチュール——都市の経験 3」『現代思想』1983.03

● 対談（三浦雅士）「写真論の変容」『写真装置』7 号 1983.04

● 「視線とテクスト［2-9］大地のエクリチュール——都市の経験 4」『現代思想』1983.04 →「「都市」のディスクール」⑧

● 「視線とテクスト［2-10］大地のエクリチュール——都市の経験 5」『現代思想』1983.05

● 「Oppositions: the intrinsic structure of Kazuo Shinohara's work」『Perspecta』20 号 1983.06 →日本語版「主題の変遷と基本的構造——篠原一男論・序説」『建築文化』1988.10 ／「幾何学的想像力と繊細な精神」㉖／㊴

● ［無題］『王の夢・ルートヴィヒ II 世』篠山紀信＝写真、小学館、1983.06

● 「世界像としての〈写真装置〉」『現代詩手帖』1983.06

● 「視線とテクスト［2-11］虚妄の都市 1——都市の経験 6」『現代思想』1983.07 →㊸

沖 健次 ［私のこの 1 作］

● 「零への饒舌」（『倉俣史朗の仕事 The Work of Shiro Kuramata 1967-1974』鹿島出版会、1976）

小さな物一つのデザインのなかに潜在している世界をさまざまな側面で解き明かしてきた多木の論考は、数多くの人々に深い影響を与えてきた。なかでも私自身の直接の師であった倉俣史朗を論じたこの言説は、単なる作家論にとどまることなく、デザイナーが直感したデザインのカタチに潜む時代の感覚や、社会の抱く意識的、無意識的な策略やその社会の感受性を言葉によってあらわした初期の代表的考察の一つである。

多木はこの文章を執筆する以前から、モノが人々や社会の無意識とどう関係し、デザイナーがそれをどうカタチにしてきたのかに関心を持ち、歴史を背景に身体と空間における関連性を象徴論（記号論）的側面から解き明かしていた。特に家具についての考察、なかでも椅子という実体の変化は、いくつかのタイプ（元型＝図式）から派生する無数のトークン（形態）であり、そこに身体の快楽や技術が大きく作用しているとする考え方をしめし、デザインを志す者にとって方法論的な家具理解への指針となっていた。

倉俣についてのこの文章も、一人のデザイナーのイメージの底に潜む記憶や経験、意識や無意識をその時代に最も有効な視点と切口で考察したものであり、いわば多木という思考体が倉俣のデザインを選び、社会や時代にひそむ矛盾や問いかけを言葉によってあらわしたものである。

多木は倉俣のデザインには知的なシンタックスによってアイロニーやパラドックスなどの

● 談（聞き手＝編集部）「槇文彦と安藤忠雄の建築に見る現代の［アーキテクトとビルダー］」［評論：槇文彦《電通大阪支社》、安藤忠雄《九条の町屋》］『新建築』1983.07 →英語版「Architects and Builders: The Works of Fumihiko Maki and Tadao Ando」『The Japan architect』1983.11-12
●「芸術の始源と想像力の回復をはかる知の組みかえ」［書評：増成隆士『思考の死角を視る——マグリットのモチーフによる変奏』、ピエール＝マクシム・シュール『想像力と驚異』谷川渥訳］『朝日ジャーナル』1983.07.29
● 談「映画と写真」『國文學——解釈と教材の研究』1983.08
● 談（聞き手＝編集部）「学校のつくる宇宙」［評論：象設計集団《宮代町立笠原小学校》］『新建築』1983.09
●「視線とテクスト［2-12］虚妄の都市 2——都市の経験 7」『現代思想』1983.09 →㊸
● 対談（東野芳明）「アンフラマンス解読——世界認識の新展開」［特集：マルセル・デュシャン］『ユリイカ』1983.10
●「十九世紀写真史ノート［2］」『写真装置』8 号 1983.10 →⑧／㉝
●「美術と写真」『現代の眼（東京国立近代美術館ニュース）』1983.10
●「視線とテクスト［2-13］虚妄の都市 3——都市の経験 8」『現代思想』1983.10 →㊸
●「視線とテクスト［2-14］虚妄の都市 4——都市の経験 9」『現代思想』1983.11
● 談（聞き手＝編集部）「安定／流動をめぐって——現代を横断する建築家の視野」『新建築』1983.12
●「視線とテクスト［2-15］虚妄の都市 5——都市の経験 10」『現代思想』1983.12
▽ 1984
●「視線とテクスト［2-16］ブルジョアのまなざし 1——都市の経験 11」『現代思想』1984.01
● 対談（篠山紀信）「シノラマ論」『流行通信』1984.02
●「視線とテクスト［2-17］ブルジョアのまなざし 2——都市の経験 12」『現代思想』1984.02
● 談「現代のラビリンス」［特集：ニュー・ペインティング現象］『美術手帖』1984.02

レトリックが潜んでいることを解き明かし、また、モノは空間という上位の構造体に吸収されながらも分節や分化によってあらたなカタチをともない、一つのデザインとなってあらわれる、と言及していた。

この分節化という思考方法（言語学、記号論）を多木はしばしば用いている。すなわち一つに組み込まれたあるイメージ（物や建築などの対象物）を細かく分節化して解き明かしていくことである。デザインの世界において言語学的、記号論的考察など全く見られなかった時代、特にインテリアデザインの分野において、物の意味や概念形成そしてデザインの認識に対して大きな影響を与えた。

そして、次世代のポストモダニスト達に断続的に接続されていったが、デザインの現象はむしろ反対に向い、ナラティブな傾向や軽く開放的で超感覚的側面など相反する多様な展開は、視覚的な目新しさと刺激を競いあう時代を生んでいった。このような社会の変容にともなう感受性の変化を多木は柔軟に受けとめてはいたが、70 年代後半からごく一部のアートや建築をのぞいて、物について言及することはほとんどなくなっていた。

最大の理由は多木の関心が変化したことによるが、自分の考察方法で言及したい物がなくなったことも大きいだろう。倉俣的な言い方をすれば「視覚の向こう側」（目にみえない世界）へ誘ってくれる物がなくなり、視覚の手前で現象としてフワフワと立ち現れては消えていくデザインもデザイナーも、時代に翻弄される道化としか映らず、その笑いや哀しさは余興であって考察の対象とはならなかったのか。

あるいは「歴史的意識」（過去と現在をむすぶ同時的な意識）をもった「まなざし」を大

●「家の幻──立ちあらわれる隠喩」『is』24 号 1984.03
● 文＋図版構成「バロック──あるいは変幻の詩学」『ユリイカ』1984.03
● 鼎談（若桑みどり・池内紀）「肖像写真の遠近法」『写真装置』9 号 1984.03
⑤『生きられた家──経験と象徴』青土社、1984.03 →再改訂版：青土社、1993.03 ／新装版：青土社、2000.03 ／文庫版：岩波現代文庫、2001.02
●「高松伸の印象」『WORKS 高松伸 THE ARCHITECTURAL OF SHIN TAKAMATSU』グラフィック社、1984.04
● 対談（中村雄二郎）「うろつく眼差し──写真からの問い」『ユリイカ』1984.04
● 対談（清水徹）「世界像の転換と世紀末」［特集：世紀末都市］『現代詩手帖』1984.04
● 談（聞き手＝編集部）「多様なものへの期待── 2001 年の様式への見解」『新建築』1984.05
●「視線とテクスト［2-18 完］ブルジョアのまなざし 3 ──都市の経験 13」『現代思想』1984.05
●「表層の遊戯──対象のない写真」［評論：シンディ・シャーマン］『現代思想』1984.06 →⑧／㉝
● 対談（磯崎新）「コズミック・ジャンプの衝動でさえも」『美術手帖』1984.06 →「ポスト・モダンの状況── 1984」前掲『ポスト・モダンの時代と建築』
●「精神のエコロジー──都市へのもうひとつのアプローチ」『季刊自治体学研究』22 号 1984.10
●「ハンド・バッグ──生活を演じる小道具」『DRESSTUDY 服飾研究』6 号 1984.10
⑥『「もの」の詩学──ルイ十四世からヒトラーまで』岩波現代選書、1984.11 →新編集版『「もの」の詩学──家具、建築、都市のレトリック』岩波現代文庫、2006.01
● 対談（槇文彦）「時代の感性──藤沢市秋葉台文化体育館をめぐって」『新建築』1984.11
●「Minimalism or Monotonality ?: A Contextual Analysis of Tadao Ando's Method」『TADAO ANDO: Buildings Projects Writings』Rizzoli International、1984.11 →日本語版「ミニマリズムの建築──初期の方法」㉖

切にする多木が、もっとも強い共感をもっていたベンヤミンの言葉を借りて、「形象というものはなによりもある特定の時代においてはじめて解読可能なものとなる［…］『解読可能』となるということは、形象の内部で進展する運動が、特定の危機的な時点に至ったということなのである」［*1］とするなら、この時代のデザインの運動的価値やその危機的地点への見きわめなど最初からすでにできていた、ということなのかもしれない。

物についての言説をくりかえした 60 〜 70 年代における多木の本質は「既存の思考によるのではなく、別の方法で考えることがどのように可能かを知る企て以外のなにものでもない」［*2］時期であり、また、この倉俣の論考のなかで書いた「存在しない（見えない）零の世界へ入っていき、できるならば、そこで物を構造化したいというかれの意図、衝動は、おそらくかれのデザインのなかを流れるもっとも強い欲望かもしれない」［*3］という一文にこそ、それまで見えていなかったことを言語によって構築しようとした多木自身の強い欲望や企てを見ることができるのである。

生産と消費、機能や造形がデザインの価値を決めていた時代、その背後に潜む歴史と現在の意識や無意識、社会の欲望など、見えないすがたをあきらかにする「意味」という認識を持ちえるものこそがすぐれた作品である、ということをデザインを志す者達に教えてくれるテキストであった。（インテリアデザイナー、1950 年生まれ）

［*1］多木浩二『雑学者の夢』岩波書店、2004、p.129（原典：ヴァルター・ベンヤミン『パサージュ論』［N3, 1］）

［*2］前掲『雑学者の夢』pp.158-159（多木がミシェル・フーコーにとっての哲学を指した言葉）

［*3］「零への饒舌」『建築・夢の軌跡』青土社、1998

● 鼎談（磯崎新・大岡信）「都市論の現在」『へるめす』創刊記念別巻 1984.12
● 対談（磯崎新）「生産／消費の芸術回路—— 20 〜 30 年代の文化とデザイン」『ユリイカ』1984.12
●「デザイン」『講座美学 4 芸術の諸相』今道友信編、東京大学出版会、1984.12
▽ 1985
●「美術のメタ・レヴェル」［展評：「現代美術への視点——メタファーとシンボル」展］『現代の眼（東京国立近代美術館ニュース）』1985.01
●「交通と近代」『夜想』14 号 1985.02 →⑧
●「都市の博物学」『現代思想』1985.02 →「サブ・カルチュアという記号ゲーム—— 2「秋葉原」に戯れる」⑧
●「数学の痕迹」『数学セミナー』1985.03
● 鼎談（蓮實重彥・今村仁司）「光の人 ベンヤミン」『現代思想』1985.03
● 聞き手（談＝長谷川逸子）「建築のフェミニズム」『SD』1985.04【14】
● 聞き手（談＝大橋晃朗）「文化の錯綜体としての家具」『SD』1985.05 →『トリンキュロ——思考としての家具』大橋晃朗著、住まいの図書館出版局、1993.04 ／『タッチストン——大橋晃朗の家具』TOTO 出版、2006.09
● 対談（若桑みどり）「食卓の図像学——「最後の晩餐」からファースト・フードへ」『is』28 号 1985.06
●「ユーモアとしての神話」『J-M. フォロン展』毎日新聞社、1985.06 →⑩
⑦ 談『GS file 欲望からの批評 I 視線の政治学』冬樹社、1985.07
● 企画委員（槇文彦・原広司・石山修武）「特集：2001 年の様式」『新建築』臨時増刊 1985.07
●「崇高な部分の存在、いま時代を象徴して、ここに……」『新建築』臨時増刊 1985.07
● 対談（石山修武）「〈2001 年の様式〉が誘起し、そして、結果させたもの」『新建築』臨時増刊 1985.07
●「欲望というキーワード——凡庸な写真家達の一九〇〇年」『写真装置』11 号 1985.08
●「視線の考古学〔アルケオロジー〕——絵画と写真、あるいは構造から欲望へ」『へるめす』1985.09 →⑩／㉝
● 談「物質的想像力——「彫刻の見かた」の一助として」『アトリエ』703 号 1985.09
⑧『モダニズムの神話』青土社、1985.09
●「身体の道具化」『職人のミクロコスモス——仕事場と道具』INAX、1985.09 →⑩
●「「趣味」の商人——十八世紀のキャビネット・メーカー」『現代思想』1985.10 →⑨
●「「見えるもの」と「語られること」——『フランス百科全書絵引』に読む十八世紀の精神」『月刊百科』1985.12 →⑩
●「パトス／現実〔レエル〕／想像的〔イマジネール〕なもの——『明るい部屋』を読む」［特集：ロラン・バルト］『現代詩手帖』臨時増刊 1985.12 →「方法としての感情」⑩
▽ 1986
●「いまなぜ写真について書くか」『写真装置』12 号 1986.01
●「都市——ユートピアまたは哲学の冒険」『新・岩波講座哲学 12 文化のダイナミックス』大森荘蔵ほか編、岩波書店、1986.01
●「欲望のエステティーク［1］寄木細工の哲学」『現代思想』1986.01 →⑨
●「天皇の肖像——図像の政治学への試み・明治期前半における」『思想』1986.02 →⑫
● 座談（杉本貴志・戸田正寿・伊東順二）「デザイン評論の可能性を問う」『たて組ヨコ組』11 号 1986.02
●「隠喩としての「世紀末」」『すばる』1986.03
●「欲望のエステティーク［2］「布」のコスモス」『現代思想』1986.03 →⑨
●「欲望のエステティーク［3］「花」のざわめき」『現代思想』1986.04 →⑨
● 司会（鼎談＝石山修武・伊東豊雄・高松伸）「建築家を演じる建築「家」たち」『美術手帖』1986.04
●「記憶と忘却」『アート・ギャラリー 現代世界の美術 17 デ・キリコ』峯村敏明編、集英社、1986.05
●「欲望のエステティーク［4］道化の階段〔ナントレッペ〕」『現代思想』1986.05 →⑨
● 談（聞き手＝編集部）「資本主義のモデルとしてのスポーツ」『現代思想』1986.05
●「欲望のエステティーク［5］「眼」が消える」『現代思想』1986.06

【14】誌面にインタヴュアーの記名はないが、長谷川氏の証言による。

●「欲望のエステティーク［6］愛の小部屋〔ブドワール〕」『現代思想』1986.07 →⑨
● 鼎談（東野芳明・中原佑介）「美術出版社創業 80 周年記念「芸術評論」選考座談会」『美術手帖』1986.07
●「欲望のエステティーク［7］家族の肖像」『現代思想』1986.08 →⑨
● 対談（今村仁司）「理性と欲望の政治学——かくれた政治を読むために」『現代思想』1986.08
●「現実のなかの虚構——伊東豊雄についての覚書」『SD』1986.09 →書籍化『現代の建築家 伊東豊雄——風の変様体』鹿島出版会、1988.5
●「欲望のエステティーク［8］グロテスクな「甥」」『現代思想』1986.09 →⑨
●「虚構化された現実」［特集：「近代の見なおし——ポストモダンの建築 1960-1986」展 II］『現代の眼（東京国立近代美術館ニュース）』1986.09
●「欲望のエステティーク［9］歴史と空間」『現代思想』1986.10
● 鼎談（大岡信・阿部良雄）「日本モダニズムとは何か」『現代詩手帖』1986.10
●「欲望のエステティーク［10］かつら——フェティシズムのない呪物」『現代思想』1986.11 →⑨
● 対談（樺山紘一）「歴史という織物は裂ける」『現代思想』1986.11
●「ファシズムと芸術——デ・キリコを手がかりにして」『へるめす』1986.12 →⑩
●「欲望のエステティーク［11］刈られた木——あるいは庭園の逆説」『現代思想』1986.12 →⑨
▽ 1987
●「長谷川スタイルの魅力」［評論：長谷川逸子］『建築文化』1987.01
●「欲望のエステティーク［12］玉座と便器」『現代思想』1987.01 →⑨
●「欲望のエステティーク［13］隠れたイメージ」『現代思想』1987.02 →⑨
● 対談（武満徹）「音の象徴・音の都市」『is』35 号 1987.03
●「スティーグリッツの時代」『ART VIVAN』24 号 1987.03 →⑩
●「欲望のエステティーク［14 完］欲望の美容術——おわりに」『現代思想』1987.03
●「言語と歴史」『思想』1987.04 →⑩
●「実践のセミオティーク」『現代思想』1987.05
● 対談（丸山圭三郎）「修辞学的プラティックのために」『現代思想』1987.05
●「模型的思考——「縮減」の概念をめぐって」『小さな建築——模型のトポロジー』INAX、1987.06 →⑩
●「比喩としての自然と建築」『建築雑誌』1987.06 →⑩
●「変容する〈イコン〉」『現代のイコン——かみとひとともののときのなかに』埼玉県立近代美術館、1987.06 →⑩
● 共訳（持田季未子）＆「訳者あとがき」『1930 年代の美術——不安の時代』E・ルーシー＝スミス著、岩波書店、1987.07
⑨『欲望の修辞学』青土社、1987.07 →新版：青土社、1996.06
●「楠本正明」『Masaaki Kusumoto: New Painting』アキライケダギャラリー、1987.08
●「フランス革命の詩学」『へるめす』1987.09 →⑩
●「立体格子のような世界」［追悼 前田愛］『現代思想』1987.09
●「下着のポリティックス」『is』37 号 1987.09 →⑩
● 対談（中沢新一）「立ちあがる近世」［特集：江戸ラビリンス——日光東照宮］『美術手帖』1987.10
●「形の意味——ある建築の印象」［評論：篠原一男《東京工業大学百年記念館》］『東京新聞』夕刊 1987.11.14 →㊴
● 対談（八束はじめ）「都市と建築のエクリチュール」『ユリイカ』1987.12
▽ 1988
● 鼎談（中村雄二郎・山口昌男）「脱領域の知性を讃えて——前田愛氏の仕事をどう継承するか」『へるめす』創刊 3 周年記念別巻 1988.02
⑩『比喩としての世界——意味のかたち』青土社、1988.02
⑪ 対談（中村雄二郎）『終末への予感——欲望・記号・歴史』平凡社、1988.02
●「建築のノスタルジア」『CEL』5 号 1988.02

● 談（聞き手＝編集部）「見えないものが見えてくる――科学写真のパラダイム」『ユリイカ』 1988.03 →㉝

● 共編（十川信介）＆「編集後記」『文学テクスト入門』 前田愛著、ちくまライブラリー、 1988.03 →『増補文学テクスト入門』 ちくま学芸文庫、 1993.09

● 聞き手＋図版構成（談＝アルノ・ブレーカー、訳＝田村都志夫）「ブレーカーの庭――精神と身体の政治学」『現代思想』 1988.03 →⑭

● 対談（今村仁司）「宿命のファシズム」『現代思想』 1988.03

●「1920 年代と物の世界」『1920 年代・日本展――都市と造形のモンタージュ』 朝日新聞社、 1988.04

● 対談（伊東豊雄）「内なるイメージよりの出発」『KAWASHIMA』 25 号 1988.04

●「都市の政治学」『IBA ベルリン国際建築展――都市居住宣言』 日本建築学会、 1988.05

●「Fragments and Noise: The Architectural Ideas of Kazuo Shinohara and Toyo Ito」『Architectural Design』 1988.05-06

●「グロスのベルリン」『ART VIVAN』 29 号 1988.07 →⑭

⑫『天皇の肖像』 岩波新書、 1988.07 →新編集版：岩波現代文庫、 2002.01

●「ミニマリズムの美学――自転車の形態学」『自転車――機械の素』 INAX、 1988.07

● 対談（浅田彰）「ファシズムの美学はよみがえる――ポストモダンに通底する〈空虚な壮大〉への欲望」『朝日ジャーナル』 1988.07.01

●「ニューヨークのレーニン」［ディエゴ・リベラの RCA ビル壁画］『現代思想』 臨時増刊 1988.08 →⑭

●「暴力あるいは絵画の物質性―― A・キーファーの黙示録的世界」『へるめす』 1988.09 →⑭

●「「関係性」への構想」［評論：坂本一成《House F》］『建築文化』 1988.09 →㊸／本誌

● 談「清潔な食事」［特集：料理――食のエステティーク］『現代思想』 1988.09

●「絵画というものの探求」『靉光――青春の光と闇』 土方明司・大井健地編、練馬区立美術館、 1988.09

●「主題の変遷と基本的構造――篠原一男論・序説」『建築文化』 1988.10 →「幾何学的想像力と繊細な精神」㉖／㊴

●「力と浮遊するもの」［評論：篠原一男《糸島の住宅》《ハウス イン ヨコハマ》《東京工業大学百年記念館》］『建築文化』 1988.10

● 編集委員（土肥美夫・阿部良雄・海老坂武・轡田収・藤枝晃雄・池田浩士・三島憲一・桑野隆・八束はじめ・谷川渥）『講座 20 世紀の芸術』 全 9 巻、岩波書店、 1988.11 ～ 1990.09

●「メン・イン・ザ・シティーズ――ロバート・ロンゴのアンチ・クライマックス」『へるめす』 1988.12 →⑭

● 共編（八束はじめ）「特集：ル・コルビュジエ」『ユリイカ』 臨時増刊 1988.12

● 対談（八束はじめ）「〈ル・コルビュジエ〉とはなにか？――現時点のとらえ方の枠組をめぐって」『ユリイカ』 臨時増刊 1988.12

● 鼎談（伊東豊雄・八束はじめ）「ル・コルビュジエと現代建築――ヴァナキュラー・クラシシズム・ユートピア」『ユリイカ』 臨時増刊 1988.12

● 座談（杉本俊多・高松伸・中川武）「日本建築への新しい視点」『建築雑誌』 1988.12

● 対談（富山太佳夫）「人種主義の系譜」『現代思想』 1988.12

● 講演「機能と形式の意味」『IBA ベルリン国際建築展報告――都市居住宣言』 日本建築学会、 1988［発行月不明］

▽ 1989

● 責任編集（八束はじめ）『講座 20 世紀の芸術 4 技術と芸術』 土肥美夫ほか編、岩波書店、 1989.01

●「芸術と社会的生産様式」『講座 20 世紀の芸術 4』 同上

● 座談（伊藤俊治・篠原資明・八束はじめ）「テクノロジーと芸術の変容」『講座 20 世紀の芸術 4』 同上

●「夢の投影機――大衆コンフォルミズムとロックウェルの政治学」『美術手帖』 1989.02 →⑭

● 編集委員（十川信介・吉田凞生）『前田愛著作集』 全 6 巻、筑摩書房、 1989.03 ～ 1990.04

●「一九世紀都市と視線」『講座 20 世紀の芸術 1 芸術の近代』 土肥美夫ほか編、岩波書店、 1989.04

●「「文化資本」化する「都市」」『福岡国際建築家会議 '89』 福岡国際建築家会議実行委員会、 1989.05

●「フランクフルトの台所――二〇世紀のイデオロギーとしての機能主義」『へるめす』 1989.05 →⑭

●「ウィトゲンシュタインの家について」『ウィトゲンシュタインの建築』 バーナード・レイトナー著、磯崎

新訳、青土社、1989.05 →新版：青土社、2008.07

● 対談（福井憲彦）「歴史を動かすものはなにか」『現代思想』1989.05

●「メキシコの誘惑―― 1930 年代の「外国人」たち」『メキシコ・ルネサンス展――オロスコ、リベラ、シケイロス』「メキシコ・ルネサンス展――オロスコ、リベラ、シケイロス」実行委員会、1989.05 →⑭

⑬『絵で見るフランス革命――イメージの政治学』岩波新書、1989.06

● 対談（磯崎新）「世紀末の思想風景［1］68 年に全ての源があった！」『へるめす』1989.07 →⑯

● 対談（川崎和男）「機能主義とハンディキャップ」『ノーマライゼーションへのデザイン――多様な人々への多様なデザイン』INAX、1989.07

●「デコダージュ――都市への感受性」［特集：Metropolis: Paris 2000 ――メトロポールの明日］『プロセスアーキテクチュア』1989.07

●「権力と文化」『岩波講座 転換期における人間 10 文化とは』宇沢弘文ほか編、岩波書店、1989.08

●「建築の新しいパラダイムを求める建築家」［書評：スティーブン・グラボー『クリストファー・アレグザンダー――建築の新しいパラダイムを求めて』吉田朗・長塚正美・辰野智子訳］『SD』1989.09

● 対談（磯崎新）「世紀末の思想風景［2］宴の後に―― 70 年代前半の模索」『へるめす』1989.09 →⑯

●「エッフェル塔――かたちの記憶」『エッフェル塔 100 年のメッセージ――建築・ファッション・絵画』中山公男監修、エッフェル塔 100 周年記念展実行委員会・群馬県立近代美術館、1989.09

● 対談（内田隆三）「モードの資本論」『現代思想』1989.10

●「「食」の修辞学」『CEL』11 号 1989.10

● 鼎談（伊藤俊治・紀国憲一）「新しいミュジオロジーを探る――西武美術館からセゾン美術館へ」『ART VIVAN』35-36 合併号 1989.10

● 対談（磯崎新）「世紀末の思想風景［3］古典主義とポストモダニズム――「間」展から〈つくば〉へ」『へるめす』1989.11 →⑯

● 対談（伊東豊雄）「建築をつくる根拠への問い」『建築文化』1989.11

●「写真のモダニズム」『講座 20 世紀の芸術 3 芸術の革命』土肥美夫ほか編、岩波書店、1989.11

●「修辞／実践――蓮實重彦『凡庸な芸術家の肖像』を読む」『文藝』1989 冬季号 1989.11

⑭『それぞれのユートピア――危機の時代と芸術』青土社、1989.12【15】

▽ 1990

●「イメージの政治学」『imago』1 号 1990.01

● 対談（磯崎新）「世紀末の思想風景［4］テクノロジーと形而上学〔メタフィジック〕――八〇年代に何が見えてきたか」『へるめす』1990.01 →⑯

● 対談（川端香男里）「対話の修辞学」［特集：バフチン］『現代思想』1990.02

●「キュビスムの方法論――換喩的生成についての覚書」『美術手帖』1990.02

● 対談（倉光弘己）「家は人に生きられる空間なのです」『CEL』12 号 1990.02 →『時代の散歩道――倉光弘己対談集』KBI 出版、1990.09

● 聞き手（＋八束はじめ）「インタビュー［2］エリア・ゼンゲリス、エレーニ・ジガンテス」『SD』1990.03

● 対談（磯崎新）「世紀末の思想風景［5 完］創造の根拠はどこにあるか―― 20 世紀の終焉、21 世紀への展望」『へるめす』1990.03 →⑯

● 対談（松岡心平）「世阿弥の身体性」『國文學――解釈と教材の研究』1990.03 →『世阿弥を語れば』松岡心平編、岩波書店、2003.12

● 責任編集（藤枝晃雄）＆「序文」『講座 20 世紀の芸術 7 現代芸術の状況』岩波書店、1990.03

● 聞き手（＋八束はじめ）「インタビュー［3］ピーター・ウィルソン」『SD』1990.04

●「理論家としての前田愛」『前田愛著作集 第 6 巻』筑摩書房、1990.04

● 責任編集（阿部良雄・藤枝晃雄・三島憲一・八束はじめ）＆「序文」『講座 20 世紀の芸術 8 現代芸術の焦点』岩波書店、1990.05

【15】書評：難波和彦「歴史の無意識にいかに触れるか」『SD』1990.03

● 司会（座談＝藤枝晃雄・阿部良雄・近藤譲・三島憲一・八束はじめ）「芸術の臨界点」『講座 20 世紀の芸術 8』同上

●「人体－人形－マネキン　生けるものとその模擬物」『マネキン——笑わないイヴたち』INAX、1990.06

● 鼎談（八束はじめ・伊藤俊治）「デザインのリビドー——電子メディア環境の修辞学」『imago』9 号 1990.09

⑮『写真の誘惑』岩波書店、1990.09 →㊱

●［書評：伊藤俊治『愛の衣裳——感情のイコノグラフィーII』］『マリ・クレール』1990.09

●「アルヴィン・ボヤースキー追悼」『テレスコープ』5 号 1990.10

●「Portlait de l'empereur」『La Recherche PHOTOGRAPHIQUE』9 号 1990.10［未確認］

●「Tokyo: Post-urban society and architecture」『Sites』23 号 1990.10［未確認］

●「他者の肖像——旅行画家たちの経験」『へるめす』1990.11

●「揺れる空間のかなた」『MASAAKI KUSUMOTO』ヒルサイドギャラリー、1990.11

●「共犯の政治学」［特集：開かれた天皇 !? ——その欺瞞と陥穽］『情況』1990.12

▽ 1991

●「Vers un texte ouvert. Sur l'œuvre et la pensée de Toyo Ito」『Monographies d'architecture: Toyo Ito』Editions du Moniteur、1991.01 →日本語版「開かれたテクストに向かって——伊東豊雄論」『建築文化』1991.12 ／「不可能な都市に生きる夢」㉖／㊸

●「差異のかなたの差異——芸術空間としての平面と立体」『ANEMOS』1 号 1991.01

長谷川逸子 ［私のこの 1 作］

● 『写真論集成』（岩波現代文庫、2003）

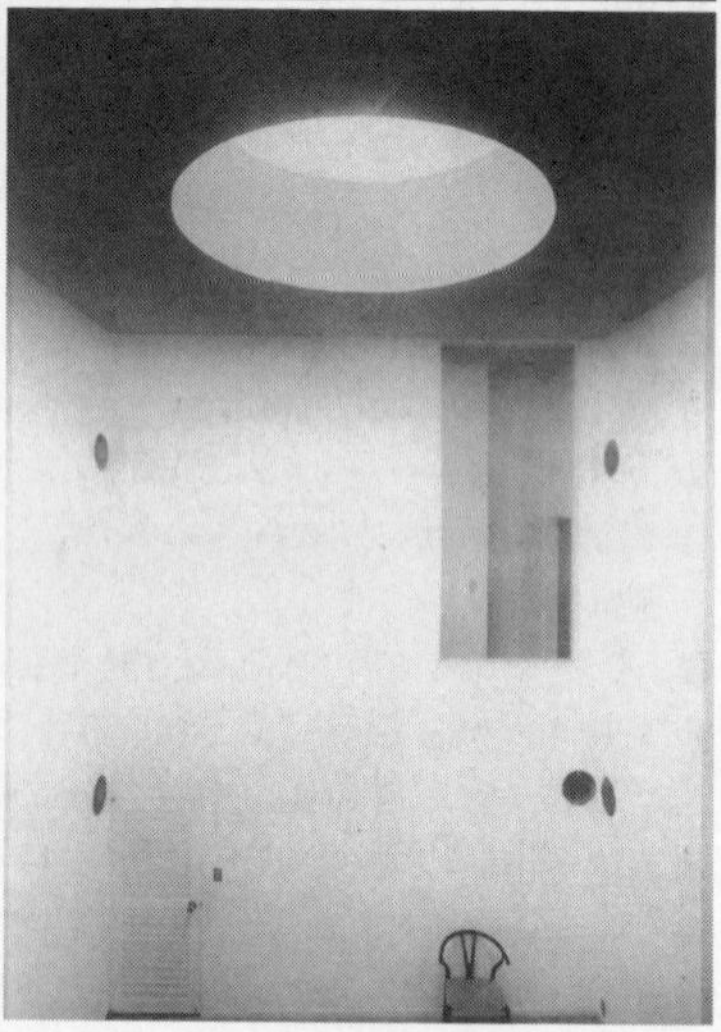

未完の家　撮影＝多木浩二

建築と写真

——「言語」であろうと「写真」であろうと、すべての表現活動は、結局、ふたしかな現象の膜を自らの肉体でとおりぬけながら、真の実在とはなにかを見出そうと努力することであり、さらに煎じつめていえば、いまわれわれが日常的にふれている構造をこえてあらたな構造を見出そうとすることにつながっている。それはわれわれの全存在の活動であるが、同時に、われわれは、見出そうとするものが常に現実にのりこえられてしまっているように思えるのであり、表現という意味作用も、この目に見えぬ現実をたえまなく目に見えるものにおきかえていくことなのである。しかも、それは目に見えているものを、いいかえるなら世界をたえず風化し、虚構化し、かなたへ送り去ってしまうことができるようにするだけのことかもしれない。目に見えるもの、日常を構成するもの、現実と思えるもの——それらのいかにも確からしく見える世界から、まだ自分の肉体が適応できないような世界へ、表現の行為とはこのような移行である。どのような新しそうなことをいっても、いかにも確からしく見える世界への安住を否定しないかぎり、「言語」も「写真」も、それが果しうるかもしれない既存の世界の超越——殻と化した世界を風化することもありえないのである。ことわっておくが、われわれは「主体

● 対談（長谷川逸子）「建築の公共性・社会性――湘南台文化センターをめぐって」『SD』1991.01
● 「他者の肖像――旅行画家たちの経験［中］」『へるめす』1991.01
⑯ 対談（磯崎新）『世紀末の思想と建築』岩波書店、1991.01 →新版：岩波人文書セレクション、2011.11【16】
● 「建築におけるイメージ」『CEL』15 号 1991.01
● 講演「近代建築と「建築の建築性」」『都市・空間・建築の根拠をさぐる――空間の存在論へ』飛鳥建設株式会社開発事業部、1991.02
● 座談（太田省吾・山崎泰孝）「「使用する＝行為」による批評」［評論：長谷川逸子《藤沢市湘南台文化センター》］『SPACE MODULATOR』77 号 1991.03
● 「他者の肖像――旅行画家たちの経験［下］」『へるめす』1991.03
● 「モダニズムからファシズムへ――二つの大戦間の時代」『子どもの本・1920 年代』日本国際児童図書評議会、1991.04
● 談「自由について――今、身体をどう語るべきか」［特集：ハイパー都市――遊戯空間の身体論］『現代思想』1991.04
● 「ル・コルビュジエの絵画／建築」『季刊みづゑ』1991.06
● 「内／外の消滅する空間」『ダンスマガジン』1991.07
● 「近代における死の図像学」［書評：『Sleeping Beauty: Memorial Photography In America』］『デジャ＝ヴュ』5

性」を主張しているのではない。むしろ、いまわれわれの関心のなかでは主体的なものは主題ではない。また、「写真」にあまりにも過大な期待をよせているわけでもない。「言語」と「写真」というふたつの記号領域のみならず、もっと多くの、物質それ自身まで含めた多様な領域のなかでしか、世界の全体は像をあらわさないことも事実である。だが、このような全体化をはじめからえらびとることがわれわれの課題だろうか。（多木浩二「写真になにが可能か」『写真論集成』、初出：『まずたしからしさの世界をすてろ』田畑書店、1970）

［多木さんとの出会い］ 篠原先生の「民家はきのこ」という言葉に惹き付けられた私は、その思想の実現である《白の家》（1966）の雑誌発表を見て篠原研究室で学ぶことを選んだ。入学後はすぐ、地域に根ざした全国の民家を見歩き、そこから住宅を学ぶことをスタートさせていった。久しぶりに研究室に出向くと、多木さんによる《未完の家》（1970）の撮影の立ち会いを篠原先生から頼まれた。篠原先生にとっては、日本の伝統との関わりから移行し、次の展開のスタートを切った最初の仕事で、正方形のコンクリートの箱の真ん中に小さな正方形とスリット状の亀裂空間が導入された、閉じた白い空間。先生の実作で最初に拝見したのが《未完の家》で、まだ設計に参加していなかった私はその空間に驚きを隠せなかった。その日はじめて多木さんにお会いした。その後、12 年も在籍してしまったのだが、その間先生と多木さんが議論を交わすたび、立会人の様に同席をさせられてきた。会話の内容は万博の賛否、確かさと不確かさ、都市と住宅、多木さんの写真についてなど様々だったが、二人の議論は最終的に噛み合ないまま終わることが多かった。振り返るに篠原先生は常に次の建築のことを考え、建築そのものを変えてゆく事しか考えていなかったのに対して、多木さんは言葉を以て世界を変えようとしたところに衝突の原因があったのだと思う。

篠原研へ行く直前まで在籍していた菊竹事務所でも村井修さんの撮影に立ち会った事があったが、村井さんが生き生きと楽しそうに撮影していたのに対して、多木さんは撮影中ど

【16】書評：小林康夫「生き延びる〈建築〉」『SD』1991.05

号 1991.07

● 対談（富山太佳夫）「見えない顔を読む」『現代思想』1991.07

●「行為としての空間」『ダンスマガジン』1991.08

● 談（聞き手＝今野裕一）「言語・写真・身体」［特集：写真の 60-70 年代］『WAVE』30 号 1991.08

●「解けていく空間」『ダンスマガジン』1991.09 →「ベルリンの壁が消えたあと」㉓

●「抽象の同時代を求めて［1］桑山忠明――「面」の思考」『季刊みづゑ』1991.09

●「建築を見る速度」『ダンスマガジン』1991.10 →「異常な速度―― CG 都市を見る速度」㉓

●「国のない大使館」『ダンスマガジン』1991.11

⑰『ヨーロッパ人の描いた世界――コロンブスからクックまで』岩波書店、1991.11

●「抽象の同時代を求めて［2］ウォルター・デ・マリア――「ブロークン・キロメートル」の詩学」『季刊みづゑ』1991.12

こか不機嫌で、撮っている姿を見られたくないとばかりの様子だったので、私は１日中体を固くして遠くに居た。中心から外光のさす空間は何処かで見た光の差す中庭のようで、快適ささえ感じていた。「難しい、難しい」とおっしゃりながら「何故私に写真を撮らせようとするのか、本当のところ分からない」、「別にいい写真を撮ろう、なんて思っているのではない。眼に見えるものだけなく、読み込めるものを写真にしたい、と願ってカメラを覗いている」というような言葉を投げかけられた。多木さんは目の前にある空間を撮ろうと構えているというより、空気の動き・外光の変化を撮ろうとしている様だった。ディテールも置かれた家具をも撮る事なくそこにあった時間、いや、流れている時代を写し撮ろうとしているようだとさえ感じさせられた。私も想っていた先生の作品と全く異なった空間の中で、多木さんの言うような空間の質を体で感じとりたいという思いにさせられていた。

当時から建築写真というものは、記録する作業に徹したものが多く、週刊誌等では消費材料のように扱われる事さえあった。しかし、私は多木さんの撮影した《未完の家》の写真と出会って初めて、写真は硬直した現実なのではなく、現実を乗り越えたものを写し出せるという事を知る。乗り越え否定しているような、現実を越える表現の可能性に魅せられたのだった。その後も多木さんの写真《篠さんの家》(1970)、《谷川さんの住宅》(1974) そして《上原通りの住宅》(1976) などの写真に魅せられてきた。しかしその抽象性故に雑誌社などは多木さんの写真を問題にするようなこともあった。撮ってもらう事で新しい問題を浮上させることを望む篠原先生とあくまでも言葉で表現したい、撮りたくないと主張する多木さんとは、次第に話が噛み合わなくなっていった。その後、私たちは建築の表現方法を課題にしてビデオ撮影にも挑戦した。東工大近くに住む篠田正浩映画監督にビデオの撮り方を学んでいく中で、撮り手の個性が表れる事を学ぶことができたが、なかなか新しい表現に持ってゆくまでにはたどり着かず、流れる映像と１枚の写真の強さについて議論していくうちに放棄した。写真機というツールは、確かに現実をリアルに写し出しているように感じられるものだが、そこには少なからず写真家自身の生きて来た過程や、思考が入り込んでくるものだと思う。多木さんの写真は見たことのなかったもので、独特で、空間のエッジの線は飛ばしているため、建築が抽象化し、全く新しいものになって見えた。

● 座談（伊東豊雄・マニュエル・タルディッツ・塚本由晴・曽我部昌史）「メタファーとしての建築を超えて」［特集：シミュレイテド・シティの建築／伊東豊雄］『建築文化』1991.12

● 「開かれたテクストに向かって——伊東豊雄論」『建築文化』1991.12 → 「不可能な都市に生きる夢」㉖／㊸

● 「Imagination and Excess（想像力あるいは過剰のゲーム）」［日英併記］『Osaka Follies 大阪フォリー』Architectural Association Publications、建築・都市ワークショップ、1991.12

▽ 1992

● 「神話なき世界の芸術家［1］ブレークスルー・イン・モダンアート」『へるめす』1992.01

● 「劇場建築を考える」『ダンスマガジン』1992.01 → 「劇場・Ⅰ——それはいかなる空間か」㉓

⑱『ヌード写真』岩波新書、1992.01

● 談「電子都市という複雑」『都市空間の感性』内田洋行知的生産性研究所編、ティビーエス・ブリタニカ、1992.01

● 「歴史と神話の入り込む空間を経験する」『ダンスマガジン』1992.02

「表現はひとによって様々であるべきだ」というのが彼の考え方で、「写真表現の多様性が失われると、この先の建築文化には厚みがなくなっていくだろう」とさえ話し合っていた。そのころから建築写真のあり様が見直され、そういった考え方を建築の書籍や雑誌が積極的に追求していたら、建築はもっと広く芸術として人々に広報され、建築の質さえもまた違った方向に向かって広がっていったかもしれない。

多木さんの書かれた文章から知るに、彼は目に見えない思考をモノに託して、写真表現によって視覚化された新しい知として扱おうとしていたと思う。写真家でもあり、哲学者で評論家でもあった多木さんはモノを通して世界を論じる事を好んだ人だった。その時代の家具や食べ物、ファッションなど生活の現れとしてモノをトータルに感じ取って、その上で、次の時代に向かう思考を写真の中に見出していたと考える。それは、同じ様に写真を媒介としながら、近代の社会と文化を思想として展開したスーザン・ソンタグとも異なる世界の見方だったのだと思っている。

［写真の生み出す新しいリアリティ］　多木さんは、時代の産物を独自の視点から写し出し、それによって世界の見え方を変えようとしていた。本人の「人類史上の意義は…」とか「世界の不確実性を…」というような語り口からは、非常に大きなものを背負っているように感じられた。

多木さんは、東大の美学を出てから写真を撮り始めた方で、もともとはデザイン・クラフトの写真を撮っていた。『ガラス』という雑誌の編集長を務め、その後篠原さんや磯崎さんと交流するようになった。そのような経緯があるので、多木さんは特にモノを通して時代、人々の生活、社会を写し出し、世の中の世界観自体を更新しようとしたのだと思う。

建築家の職能は、生活、日常に与しない芸術としての空間を創ることだと主張する篠原さんや磯崎さんたちの世代にとって、『生きられた家』（田畑書店、1976）は受け入れられなかった。それに対して、私たち下の世代は『生きられた家』の考え方に惹かれ、生活を豊かにするような衣食住の細部に価値を見出して私たちの生命活動を支援し、活性化する方向性を見出そうとすることで、新しい建築の時代が生まれてきた。こうして振り返ってみると、多木さんは若い世代に常に新しい目を開かせてくれる、次の世代をリードする存在だった。

● 「「場所」について再確認する意味」［書評：ジェイ・ファーブスタイン、ミン・カントロウイッツ『場所との対話——人間の空間を理解するための42章』高橋鷹志訳］『建築文化』1992.02
● 「神話なき世界の芸術家［2］バーネット・ニューマンの言語」『へるめす』1992.03
● 「伊東豊雄のイメージ空間」［展評：「Visions of Japan」展］［『ダンスマガジン』1992.03
● 「抽象の同時代を求めて［3］マーク・ディ・スヴェロ——見えない重心の探究」『季刊みづゑ』1992.03
● 「ベッヒャーのアルケオロジー——給水塔」『給水塔』ベルント/ヒラ・ベッヒャー著、大貫敦子訳、リブロポート、1992.03 →㉝
● 「ベッヒャーのアルケオロジー——溶鉱炉」『溶鉱炉』ベルント/ヒラ・ベッヒャー著、大貫敦子訳、リブロポート、1992.04 →㉝
● 「空間経験の錯綜」［評論：ヘルムート・ニュートン《セルフ・ポートレイト、妻、モデルとともに》］『ダンスマガジン』1992.04

私の初期の仕事の一つ、《焼津の三角形の家》（1977）を撮ってくれたのは藤塚光政さん、《焼津の文房具屋》（1978）は大橋富夫さんで、まさに二人の写真によって自分の設計がよく読みとってもらえた事が嬉しくて、ずっと二人に撮ってもらいながらやってきた。初期の住宅作品は小規模ローコストのガランドウで何もないと言ってもよい仕事。大橋さんはその建築のまわりの状態を重ねる事で環境としての建築を撮り、都市の建築をつくってくれる。藤塚さんの写真はそうした環境の写真もあるが、特にプリントにしてみると非常に豊かな表現となっている。《湘南台文化センター》（1990）や《すみだ生涯学習センター》（1994）を撮ってもらった山田脩二さんの写真は、まさに日本の風景が写り込み、過剰さとエネルギーに溢れるものだ。写真というものは空間を切り取るものであり、本当は実際の建築空間からなにかを削ぎ取っているはずなのに、現実よりもリッチなものとして現れてしまう。そのことには時々戸惑った。実際何もない素朴な空間なのに、写真によって迫力を得る事が起こる。特に私にとって嬉しい写真は、利用する人たちが写っている生き生きとした元気な写真。

＊

私が設計した《緑が丘の住宅》（1975）を『新建築』の月評の関係で見に来てくださった吉阪先生が早大の方々大勢の見学会を開いてくれた。その日、もっと私の世代の仕事を見たいと言われたので、私は坂本さんと伊東さんに声をかけて《中野本町の家》（1976）でレクチャーをしてもらった。伊東さんが図学で使う三角柱などにスポットをあて、クライアントであるお姉さんの亡くなった旦那さんのお墓や記念館のように説明する。軸線とか形態とか非常に内的で概念的な思想を方法論として語って、集まった人たちはそこにある空間とのずれを感じてしまった。私は、多木さんなら伊東さんの説明を超えてあるものを浮上させられると確信していたので、多木さんに撮って上げて欲しい話をして、《上原通りの住宅》の竣工式の日に、二人は初めて会った。

実際、伊東さんも《中野本町の家》は多木さんが写真を撮る事によって建築そのものが変化したと語っている。多木さんの写真表現によって、重さが軽さへ、そして他の雑誌写真と違って人が生きてきた過程が込められているようにさえ見えた。リアリティを超えて世界に別の視点を導入し、新しい建築を浮上させてしまったほどのこととなった。《中野本町の

● 「神話なき世界の芸術家［3］世界をつくるプロセス── Vir Heroicus Sublimis まで」『へるめす』1992.05
● 「「妥協」の産物としての建築」［評論：レム・コールハース］『ダンスマガジン』1992.05
● ［展評：美しい光の流るる處──福原信三・福原路草写真展 1913-1941 年］『太陽』1992.05
● 「変化への期待──くまもと・アート・ポリス」『ダンスマガジン』1992.06
● 「抽象の同時代を求めて［4］フランク・ステラ──ストライプの時代」『季刊みづゑ』1992.06
● 責任編集（内田隆三）＆「あとがき」『零の修辞学──歴史の現在』リブロポート、1992.06
● 共著（内田隆三）「序──零の修辞学について」『零の修辞学』同上
● 「デザインの社会」「スポーツという症候群」『零の修辞学』同上
● 「神話なき世界の芸術家［4］答えのない問い──『ステーションズ・オブ・ザ・クロス』」『へるめす』1992.07
● 「ゲリラとしての芸術家」［アンセルム・キーファー『民族と空間』をめぐって］『ダンスマガジン』1992.07
● 「どこかで見た　見たこともない町──星田の経験を分析する」［評論：坂本一成《コモンシティ星田》］『建

中野本町の家　撮影＝多木浩二

家》のイメージは多木さんによる新しい視線の介入がなければ生まれてこないものだった。

建築を学ぶようになっていろいろ社会に訴える力を持った写真に出会った。例えば丹下さんのピースセンターや代々木体育館の写真など、日本の新しい時代を告げるものとして見たことを思い出す。そして多木さんの撮った《中野本町の家》以降、決定的な写真は見出せなかった。社会が予測可能な分かりやすい建築を期待するようになったためか、世界を変えるような写真が出にくくなっている。そんななかで、『El Croquis』の鈴木久雄さんが撮ったヘルツォーク＆ド・ムーロンの初期作品《ゲーツ・コレクション近代美術ギャラリー》(1992) の写真に私は惹き付けられたことを覚えている。建築におけるミニマリズムの火付け役の様な写真。実物を訪ねた時も木立の中で弱い光線に包まれ、建築は輝いていた。鈴木さんは建築とその周辺環境との連続を写真に写し出す方だが、日本の環境とヨーロッパのそれとは違う事を感じる。私自身、ヨーロッパに何度も出向くが、空も光も風も日本の空気と全く違う。アジアの湿度は皮膚感覚から色彩感覚まで影響する。さらに山田脩二さんや森山大道さんの撮る写真が訴えるように、日本というまちは、様々な要素が混ざり合っていて、カオチックで、整然とした都市美はない。作品ではなく「正確」な記録としての写真を残したいという鈴木さんが捉えるものは、ヨーロッパ的な情景であり空や光、大地で、建築と共にある。日本とは異なった状態の中で、新しい環境を新しい風景として記録し、静寂を湛えた幻想的写真を介して建築を発表する。そして新しいリアリティが創造され、次の世代へと進んでゆく。私は今、周辺の環境も建築と一体に設計する事でランドスケープアーキテクチュアを、そして都市に「第２の自然」を立ち上げ、新しい建築の可能性を目指したいと考えている。(建築家、1941 年生まれ)

築文化』1992.07 →㉖／本誌

●「イメージとしての家族」『ファミリー・アルバム――変容する家族の記録』東京都文化振興会・東京都写真美術館、1992.07

●「エアポート・ロビー」『ダンスマガジン』1992.08 →㉓

●「神話なき世界の芸術家［5］表象の崩壊――『アンナの光』」『へるめす』1992.09

●「音楽の空間」［評論：アルディッティ弦楽四重奏団など］『ダンスマガジン』1992.09

● 談（聞き手＝編集部）「新機軸の地域開発「くまもとアートポリス」を検証する」『テレスコープ』8 号 1992.09

● 対談（大室幹雄）「天の座」［特集：玉座］『家具言語』1 号 1992.09

● 監修＆「言説としてのポーゼナー（はじめに）」『近代建築への招待』ユリウス・ポーゼナー著、田村都志夫訳、青土社、1992.10【17】

●「日常的／非日常的な「場所」――場所の喪失と芸術の意味」［特集：「劇場」の発見］『MUSIC TODAY』17 号 1992.10

●「桑山忠明新作によせて」『桑山忠明展 5 Metallic Colors』佐谷画廊、1992.10

● 監修『20 世紀の歴史 11 芸術［上］1900 ～ 1945 伝統への反逆』ロナルド・タムプリン編、井上健監訳、平凡社、1992.11

●「日本の 20 世紀の芸術――（1）」『20 世紀の歴史 11 芸術［上］』同上

●「実践としての歴史」［書評：マンフレッド・タフーリ『球と迷宮――ピラネージからアヴァンギャルドへ』八束はじめ・石田壽一・鵜沢隆訳］『SD』1992.11

● 共著（長尾重武）「アメリカの建築と都市」『USA GUIDE 9 Arts アメリカの芸術――現代性を表現する』藤枝晃雄編、弘文堂、1992.11

●「新しい表象＝写真」『USA GUIDE 9 Arts』同上

●「神話なき世界の芸術家［6 完］場所の感覚――建築と彫刻への展開」『へるめす』1992.11

●「文体からの逸脱――サン・クルーの住宅」［評論：レム・コールハース《ヴィラ・ダラヴァ》］『ダンスマガジン』1992.11

●「社会現象の形式――建築の場合」『ダンスマガジン』1992.12 →「知床への旅」㉓

●「八束はじめに関する 4 つの描写」『八束はじめ』六耀社、1992.12

▽ 1993

● 監修『20 世紀の歴史 12 芸術［下］1945 ～ モダニズムを超えて』ロナルド・タムプリン編、畑長年監訳、平凡社、1993.01

●「日本の 20 世紀の芸術――（2）」『20 世紀の歴史 12 芸術［下］』同上

●「動きと静止――写真からダンスへ」『ダンスマガジン』1993.01 →㉓

●「出来事としての建築――長谷川逸子の対話的プログラム」『建築文化』1993.01 →英語版「A Dialogue-Based Programme」『Architectural Monographs No.31: Itsuko Hasegawa』Academy Editions、1993.12 ／㊸

● 対談（藤枝晃雄）「ポロック再考――いま抽象表現主義が意味するもの」『ユリイカ』1993.02

●「選考所感」［『BT ／美術手帖』創刊 650 号記念｜第十一回芸術評論募集｜審査結果］『美術手帖』1993.02

●「ダンスが記憶されるとき」『ダンスマガジン』1993.03 →「バーバラ・モーガンとマーサ・グレアム――ダンサーと写真家の合作」㉓／㉝

●「デッサンの思惟、あるいは解放のための反復」［評論：ロバート・ウィルソン「浜辺のアインシュタイン」東京公演］『美術手帖』1993.03

●「生命の物語り」『Masaaki Kusumoto: OCEANCREATURE』ヒノギャラリー、1993.03

● 編集協力（伊東豊雄・坂本一成）＆「家具を彷徨った人」『トリンキュロ――思考としての家具』大橋晃朗著、住まいの図書館出版局、1993.04【18】

● 談（聞き手＝安達史人）「思想としての家具あるいは思想としての表現」『武蔵野美術』88 号 1993.04

●「分散の歴史学へ」［書評：エドワード・W・サイード『始まりの現象――意図と方法』山形和美・小林昌夫

【17】書評：八束はじめ「「近代建築」の最良の同伴者」『SD』1993.02
【18】書評：沖健次「「伝統」「引用」「批評」「身体」――問いつづけた「家具とは何か……」」『SD』1993.08

訳]『早稲田文学』1993.04

● 「絵画・歴史・言語」[評論：マティス]『へるめす』1993.05

● 「シュレンマーの道化——群れなす幾何学」『ダンスマガジン』1993.05 →㉓

● 鼎談（伊東豊雄・坂本一成）「禁欲から解放へ」[特集：家具のオデッセイ——大橋晃朗の全仕事]『SD』1993.06

● 「シニフィアンとしての肉体——「跳ぶ人」」[写真＝ロイス・グリーンフィールド]『ダンスマガジン』1993.06 →㉓

● 「灰と鉛のフーガ」『メランコリア－知の翼－アンゼルム・キーファー』セゾン美術館、1993.06

● 「世界中の物を包んでしまう」[展評：CHRISTO: WORKS FROM THE 80S AND 90S]『へるめす』1993.07

● 「この世の始まりの闇」[評論：ギイ・ドラエー『ピナ・バウシュ』]『ダンスマガジン』1993.07 →㉓

● 司会（トーク＝アンゼルム・キーファー＋マーク・ローゼンタール）「芸術の力——アイロニー、悲劇、そして笑い」[特集：アンゼルム・キーファー]『ユリイカ』1993.07

● 鼎談（浅田彰・岡﨑乾二郎）「物質的アレゴリー——キーファーを神話化から奪回する」『ユリイカ』1993.07 →『20世紀文化の臨界』浅田彰著、青土社、2000.05

● 対談（富山太佳夫）「歴史のメタフィジックス」[特集：日本の一九二〇年代]『現代思想』1993.07

● 「モードのためのダンス」[評論：ジョージ＝ホイニンゲン・ヒューネ]『ダンスマガジン』1993.08 →「モード写真の修辞法——ダンスの応用」㉓

● 「顔が踊る」[評論：ジョルジュ・ドン]『ダンスマガジン』1993.09 →㉓

● 談（聞き手＝編集部）「建築の可能性に向けて」『GA JAPAN』5号 1993.10

● 座談（大島洋・飯沢耕太郎・八角聡仁）「現代写真の位相——『プロヴォーク』以降」『デジャ＝ヴュ』14号 1993.10

● 談「未熟だった「写真と言語の思想」」『デジャ＝ヴュ』14号 1993.10

● 「キーファーの芸術における写真」『デジャ＝ヴュ』14号 1993.10

● 「観客のまなざし」『ダンスマガジン』1993.11 →「人びとは踊る・人びとは観る」㉓

● 「身体、なぜ？」[特集：ダンス最前線]『アートエクスプレス』1号 1993.12

● 「アメリカ文化と「291」」[特集：オキーフとスティーグリッツ——ふたつのアメリカ]『美術手帖』1993.12

● 「写真家の誕生——発明家から写真家へ」『写真家の時代 1 写真家の誕生と19世紀写真』大島洋編、洋泉社、1993.12

▽ 1994

● 対談（ピーター・ウィルソン）「conversation with peter wilson」『El Croquis』67号 1994

● 「変容していくイメージ——ロイ・フラーのダンス」『ダンスマガジン』1994.01 →㉓

⑲『神話なき世界の芸術家——バーネット・ニューマンの探究』岩波書店、1994.01

● 「ニジンスキー——身体のメタモルフォーズ」[写真＝バロン・アドルフ・ド・メイヤー]『ダンスマガジン』1994.02 →㉓

● 「歴史の深みの女たち——キーファーの『フランス革命の女性たち』」『へるめす』1994.03

● 「身体が消失するとき」『ダンスマガジン』1994.03 →「身体の幻——能へのまなざし」㉓

● 「地理学の時代」[特集：カント]『現代思想』臨時増刊 1994.03 →「旅行記と知の歴史」㉓

● 「マース・カニングハム——脚を痛めたライオン」『ダンスマガジン』1994.04 →㉓

● 「欲望のかたちとしての都市」『住まいとまち』48号 1994.04

● 談（聞き手＝編集部）「批評の実践について」『美術手帖』1994.04

● 編集委員（八束はじめ）「特集：ノン・カテゴリーシティ——都市的なるもの、あるいはペリフェリーの変容」『10+1』1号 1994.05

● 「風景の修辞学[1]「夢」の地図帖——アジェの旅するパリ」『10+1』1号 1994.05 →㉖／「都市の歩行者」㉝

● 座談（青木淳・入江経一・吉松秀樹）「建築は何処へ——多摩ニュータウンと快適性をめぐって」『10+1』1号 1994.05

● 「移り変わるパリの市壁」「夢の終わるところ」[多木浩二・八束はじめ「言説としての境界」]『10+1』1号 1994.05

● 「「NOIJECT」——快楽をひきおこす傷み」[ダンス＝勅使川原三郎]『ダンスマガジン』1994.05 →㉓

● 「エヴァンズの方法」『ウォーカー・エヴァンズ——アメリカ』リブロポート、1994.05 →㉝

● 「身体が現象する――ケースマイケルのダンス」『ダンスマガジン』1994.06 →㉓
● 「方法としての都市――『パリ――一九世紀の首都』から『パサージュ論』へ」[特集：ヴァルター・ベンヤミン]『思想』1994.06 →㉖
● 「都市を忘れる空間 都市を記憶する空間」『ダンスマガジン』1994.07 →「劇場・II――都市の記憶、都市の忘却」㉓
● 翻訳＆「訳者あとがき」『デザインの自然学――自然・芸術・建築におけるプロポーション』ジョージ・ドーチ著、青土社、1994.08 →新装版：青土社、1997.06／新版：青土社、1999.11
● 談「写真を超えた時代の語り部」[特集：アウグスト・ザンダー――地形図としての肖像]『デジャ＝ヴュ』17号 1994.08
● 「死の都市への旅――アウシュヴィッツにて」『へるめす』1994.09 →㉓
● 「フラクタルな都市の幾何学」『ダンスマガジン』1994.09
● [無題（英文／日本語冊子付）]『TADAAKI KUWAYAMA: past through present eye』gallery yamaguchi、1994.09
● 「身体のエクスタシー」[サッカーについて]『ダンスマガジン』1994.10
● 編集委員（八束はじめ）「特集：制度／プログラム／ビルディング・タイプ」『10+1』2号 1994.11

上野俊哉 [私のこの3作]

● 『雑学者の夢』（岩波書店、2004）
● 『20世紀の精神――書物の伝えるもの』（平凡社新書、2001）
● 「編集後記」（『文学テクスト入門』前田愛著、ちくまライブラリー、1988）

書物のなかのビルディング・タイプ、読みのなかのプロット

多木浩二から何冊か選ぶとしたら？　本読みが稼業だから、それに関係する本を3冊あげてみる。

学生時代から多木浩二の本はほとんど買って読んでいた。といって、わたしはあまりよい読者ではなかった。建築と都市論の雑誌『10+1』の編集企画会議のために一時期は会う機会が多かったのだが、どこか多木さんとの間には居心地の悪い空気があった。その雑誌は八束はじめ氏との共同編集委員体制で発行されていた。わたしは3番目の影法師のような編集委員として協力していたのだった。そもそも雑誌の名前も、「十月革命」や雑誌の『OCTOBER』をのりこえるという意味あいで3人の合議、お喋りから決まった。判型がNYの雑誌と同じになったのは全くの偶然からだ。

あまりよい読者ではなかった理由は何だろうか。わたしにとって多木さんは『provoke』に関わった批評家／写真家であり、60年代後半の同時代の運動としては、パリのシチュアシオニストに比肩する運動や活動のただなかにいた書き手として見えていた。今となってはよくわかるが、それは多木さんにとってはとんだ勘違いにすぎなかった。そんなわけで、なかなか問題意識を共有することができなかった。

すこし関係のモードが変わったのは、やはり同じ雑誌の誌上で今福龍太さんと3人でトラヴェローグ、汀、渚……といったことがらをめぐって鼎談したときからだろうか（「ゆらめく境界あるいはトラヴェローグをめぐって――渚にて」『10+1』No.8、1997.03）。湘南の海の記憶や映像のなかの汀を語るうちに、これまでとは違った皮膚感覚で多木さん本人にも、そのテクス

● 「風景の修辞学［2］寓意の帝国──イタロ・カルヴィーノの言葉の都市」『10+1』2号 1994.11 →㉜
● 鼎談（内田隆三・八束はじめ）「《プログラム》──あるいは空間の言説と思考をめぐって」『10+1』2号 1994.11
● 共著（大澤真幸）「エアポート」『10+1』2号 1994.11 →『帝国的ナショナリズム──日本とアメリカの変容』大澤真幸著、青土社、2004.11
● 司会（対談＝今福龍太・吉見俊哉）「移動とツーリズム」『10+1』2号 1994.11
● 「欲望の変質──コンビニとファースト・フードの出現」『10+1』2号 1994.11
● 「パサージュ──一九世紀が生んだ都市のビルディング・タイプ」『10+1』2号 1994.11
● 「勅使川原三郎」［特集：身体｜パフォーマンス］『インターコミュニケーション』11号 1994.11
● 「大いなるゼロの侵入」『ダンスマガジン』1994.11 →「歴史の愚かさ──レスキスの試み」㉓
● 「知の外部──ゲームの二重化へ」［特集：フーコーの遺産──歿後10年］『思想』1994.12
⑳『都市の政治学』岩波新書、1994.12【19】
▽ 1995
● 対談（伊東豊雄）「a conversation with toyo ito」『El Croquis』71号 1995 →日本語版「住宅から公共建築へ」㉖
● 「加害者のメモワール──SSのアウシュヴィッツ体験」『現代思想』1995.01

トにもふれるようになった。

多木さん自らが「幼稚なもの」と呼んだ『provoke』のマニフェストにおける発想はしかし、その後の著作のなかで掘り進められていったことが今にして納得できる。状況を直接に、無媒介に語る言葉は、かならずしも状況に批評＝批判的に介入できない。そんな呼吸をいつの間にか、多木さんの遺した多くのテクストから今も学び、また学び逸れている。

多木さんの批評があまりにも多様な言及対象をもっていたことも、15、6年前にはよく理解できていなかった。キーファー、メイプルソープ、ニューマン、ベケット、エリオット、ベンヤミン、カルヴィーノ……よく言えばその縦横無尽さ、悪く言えば趣味という原則の希薄さをいぶかしく思い、同世代の批評家や研究者ともこの点を語りあったこともある。

しかし、そこにはある一貫した問いがあった。比喩や概念の接続によって、言葉に表象やイメージ、身ぶりのようなものをたくしこむこと、あるいは見いだすことと言ってよい。そのとき、歴史や物語においては「プロット」（筋のかたち）が問われ、建築や都市空間においては「ビルディング・タイプ」に焦点があてられる。

かならずしも建築をめぐる本ではなく、また主著や代表作と目される作品でもなく、一見かるい書物論や、他の著者の遺稿を編集したさいの解説をベスト3にあげるゆえんである。決して個々の建築や意匠に還元されない空間の機能、また物語をイデオロギーや分類のカテゴリーに収めて安住しえない言葉のトポスが、上記のテクストでは掘りすすめられている。むろん、これらのテクストに表立った「プロット」論はないし、建築における「ビルディング・タイプ」という概念が使われているわけではない。しかし、多木浩二の軌跡を、ありうべき「教養小説」として生きなおす課題を引き受けたとき、上記のテクストはわたしたちに歴史や空間をいくつかのパターンで見つめながら、なおかつそれぞれの特異性や唯一性を見落とさない姿勢を教えてくれる。

こうした読みの姿勢はきっと、多木浩二が「幼稚さ」と呼んだものの「死後の生」を引き受ける、読者としての使命なのだ。（批評家、1962年生まれ）

【19】書評：隈研吾「「見えない都市」との総括」『SD』1995.04

●「私に一冊の本を書かせた一枚の写真——ロバート・メープルソープ《セルフ・ポートレイト》1988」『芸術新潮』1995.01
●「巨大災害にもろい現代都市」『読売新聞』夕刊 1995.01.26
●「世界を浮上させる回路」『ダンスマガジン』1995.02 →「ダンス、それは世界の発見」㉓
● 対談（今福龍太）「スキゾフレニック・サッカー」『大航海』2 号 1995.02 →㉔
●「ジェノサイドはなぜ起こるか——アウシュヴィッツからルワンダまで」『へるめす』1995.03
●「自らの歴史を物語る」『ダンスマガジン』1995.03 →「聾者の演劇—— IVT の『アンナ』」㉓
●「恐怖を認識する力」［評論：ジョセフ・ナジ『野獣の解剖学』］『ダンスマガジン』1995.04 →㉓
● 編集委員（八束はじめ）「特集：ノーテーション／カルトグラフィ」『10+1』3 号 1995.05
●「風景の修辞学［3］妄想の海——メルヴィルの『白鯨』」『10+1』3 号 1995.05 →㉜
● 対談（中村桂子）「生命誌への想像力——中村桂子氏に聞く」『10+1』3 号 1995.05
●「身体のカルトグラフィ」『10+1』3 号 1995.05
●「変容する「声」」『ダンスマガジン』1995.05 →「ピーター・セラーズの『ベニスの商人』——「声」の聞かせ方」㉓
●「世界史のなかの戦後日本と文化」『戦後文化の軌跡 1945-1995』目黒区美術館ほか編、朝日新聞社、1995.05
●「笑いという武器」［道化師グロックについて］『ダンスマガジン』1995.06 →㉓
● 対談（今福龍太）「パスポートが作る王国」『大航海』4 号 1995.06 →㉔
●「探りえぬ深い記憶のうちに」『ダンスマガジン』1995.07 →「『ショア』のなかのふたつの歌」㉓
● 共訳（持田季未子・梅本洋一）＆「解説」『ベルリン——芸術と社会 1910-1933』E・ロータース編、岩波書店、1995.07
● 対談（上村忠男）「歴史と証言」［特集：ショア——歴史と証言］『現代思想』1995.07
● 談「モダニズム論［1］」『武蔵野美術』97 号 1995.07
●「演説のレトリック」『ダンスマガジン』1995.08
●「劇場——「現在」の強度」『ダンスマガジン』1995.09 →「クレーメルとトンハーの対話する演奏」㉓
● 談「ナショナリズムと暴力」［特集：貨幣とナショナリズム］『現代思想』1995.09
● 談「謎としての身体」『うつしとられた身体』萩原朔美監修、愛知芸術文化センター企画事業実行委員会、1995.09
㉑『スポーツを考える——身体・資本・ナショナリズム』ちくま新書、1995.10 →部分転載「スポーツとナショナリズム」『ちくま評論選 高校生のための現代思想エッセンス』岩間輝生・坂口浩一・佐藤和夫編、筑摩書房、2007.05
●「スポーツはネーションを超えて」『ダンスマガジン』1995.10
● 対談（今福龍太）「動物が新しい思想史をつくる」『大航海』6 号 1995.10 →㉔
● 談「モダニズム論［2］」『武蔵野美術』98 号 1995.10
● 編集委員（八束はじめ）「特集：ダブルバインド・シティ——コミュニティを超えて」『10+1』4 号 1995.11
●「風景の修辞学［4］動物たちの越境——ロートレアモン『マルドロールの歌』」『10+1』4 号 1995.11 →㉜
●「都市、それとも社会？」『10+1』4 号 1995.11
● 対談（内田隆三）「危機的都市をめぐって」『10+1』4 号 1995.11
● 対談（長谷川逸子）「形式としての建築から公共としての建築へ」『SD』1995.11
●「封鎖都市のなかで——ワルシャワ・ゲットオの日記より」『へるめす』1995.11 →㊲
●「「美しい」という言葉」［評論：イリ・キリアン］『ダンスマガジン』1995.11 →㉓
●「人間存在の強度」『ダンスマガジン』1995.12 →「都市の野生—— SOAP」㉓
●「方法としての「退行」——芸術と歴史」［評論：アンゼルム・キーファー］『思想』1995.12 →㉓
● 対談（今福龍太）「なぜ二つの性があるか？」『大航海』7 号 1995.12 →㉔
▽ 1996
● 対談（妹島和世）「Conversation [with Kazuyo Sejima]」『El Croquis』77 号 1996 →日本語版「現在、建築をつくるとは」㉖／『El Croquis』77+99 号 2001

●「逸脱する身体」［評論：ウィリアム・フォーサイス『ALIE/N A(C)TION』］『ダンスマガジン』1996.01 →㉓
● 座談（妹島和世・曽我部昌史・塚本由晴・西沢立衛）「新しい「抽象」の獲得」［特集：妹島和世 1987-1996］『建築文化』1996.01
●「沈黙する言葉」『ダンスマガジン』1996.02 →「言葉にひらかれた身体──ハントケの無言劇」㉓
● 対談（今福龍太）「遺跡が未来になるとき」『大航海』8 号 1996.02 →㉔
●「死と生の記譜法」『ダンスマガジン』1996.03 →「世界への愛──ケースマイケル再び」㉓
●「建築のリアリティと展覧会のリアリティ」『TN Probe vol.3 世界の建築美術館・ギャラリー』TN プローブ／大林組、1996.03
●「歴史としての「声」」『ダンスマガジン』1996.04 →「人類史の「声」──ギャヴィン・ブライヤーズ」㉓
㉒ 対談（坂本一成）『対話・建築の思考』住まいの図書館出版局、1996.04【20】
● 対談（米内山明宏）「ろう演劇と言葉」『現代思想』臨時増刊 1996.04 →『ろう文化』青土社、2000.03
● 対談（今福龍太）「言語、身体、文化──舌の千年」『大航海』9 号 1996.04 →㉔
● 構成・共著（笠原美智子・大島洋）「20 世紀の風景［1］Love's Body ラヴズ・ボディ」『へるめす』1996.05
●「繊細と幾何学」［評論：リチャード・ロング］『ダンスマガジン』1996.05 →㉓
● 共訳（的場昭弘）&「訳者あとがき」『建築家ルドゥー』ベルナール・ストロフ著、青土社、1996.05
●「ゼロの空間──定住を逸脱した人びと」『CASA BRUTUS』1996.05 →「トランジット・ゾーン──ゼロの空間」㉓
●「野蛮人が劇場に行くとき」『ダンスマガジン』1996.06
● 対談（今福龍太）「ミュージアムの想像力」『大航海』10 号 1996.06 →㉔
●「桑山忠明のニュー・プロジェクト」『桑山忠明 プロジェクト '96』川村記念美術館・千葉市美術館、1996.06
● 構成・共著（笠原美智子・大島洋）「20 世紀の風景［2］Todesfuge 死のフーガ」『へるめす』1996.07
●「幾何学のざわめき」［評論：ウィリアム・フォーサイス『エイドス：テロス』］『ダンスマガジン』1996.07 →㉓
㉓『思想の舞台』新書館、1996.07
● 写真［篠原一男《花山南の家》《未完の家》《篠さんの家》《同相の谷》《谷川さんの住宅》《上原通りの住宅》］『篠原一男』TOTO 出版、1996.07
●「空虚とエクスタシー」［評論：ラ・ラ・ラ・ヒューマン・ステップス］『ダンスマガジン』1996.08
●「モデルとしてのスポーツ」『日本体育学会大会号』47 号 1996.08
● 対談（今福龍太）「見えない海を航海する」『大航海』11 号 1996.08 →㉔
● 構成・共著（笠原美智子・大島洋）「20 世紀の風景［3］Let Us Now Praise Famous Men 100 年の顔」『へるめす』1996.09
●「限りなく現在を問う──ジェンダー展によせて」『ジェンダー──記憶の淵から』東京都歴史文化財団・東京都写真美術館、1996.09
●「寓意としての世界」『ダンスマガジン』1996.09 →「「嵐の土地」から来た男──ジョゼフ・ナジ」㉓
● 監修&「序にかえて」『歴史の天使』ワタリウム美術館、1996.09
●「美的に定義された身体」［「芸術スポーツ」について］『ダンスマガジン』1996.10
● 対談（上村忠男）「歴史の詩学と精神分析」『現代思想』1996.10
● 構成・共著（笠原美智子・大島洋）「20 世紀の風景［4］On road, on street 道が歴史を覚えていた」『へるめす』1996.11
●「神話的思考」［評論：トリン・T・ミンハ］『ダンスマガジン』1996.11
●「20 世紀日記抄［20］ヒレル・ザイトマン『ワルシャワ・ゲットオでの日記』」『This is 読売』1996.11 →『20 世紀日記抄』博文館新社、1999.03
●「身体の始源へ」『ダンスマガジン』1996.12
㉔ 対談（今福龍太）『知のケーススタディ』新書館、1996.12
▽ 1997
● 対談（長谷川逸子）「A conversation with Itsuko Hasegawa」『Itsuko Hasegawa』Birkhäuser Verlag、1997 →日

【20】書評：五十嵐太郎「資本主義時代に建築の構成を問う──「わかりにくい建築家」の思考の過程を結晶化」『図書新聞』1996.09.14 →『建築・都市ブックガイド 21 世紀』五十嵐太郎編、彰国社、2010.04

本語版「建築と社会」㉖
● 構成・共著（笠原美智子・大島洋）「20 世紀の風景［5］Men in Dark Times 暗き時代の人々」『へるめす』1997.01
●「踊るは自動詞か」『ダンスマガジン』1997.01
●「詩的な迷路」『ダンスマガジン』1997.02 →「「嵐の土地」から来た男――ジョゼフ・ナジ」㉓
● 鼎談（今福龍太・上野俊哉）「ゆらめく境界あるいはトラヴェローグをめぐって――渚にて」『10+1』8 号 1997.03
● 構成・共著（笠原美智子・大島洋）「20 世紀の風景［6］Oh Les Beaux Jours 崩壊の日々」『へるめす』1997.03
●「愛の領域」［評論：アンヌ＝テレサ・ド・ケースマイケル『ホップラ！』］『ダンスマガジン』1997.03
● 聞き手（談＝桑山忠明）「桑山忠明との対話」『採蓮――千葉市美術館研究紀要』1 号 1997.03
●「恋愛の心理的近さ」［評論：ジョン・ノイマイヤー］『ダンスマガジン』1997.04
● 構成・共著（笠原美智子・大島洋）「20 世紀の風景［7］Stars and Stripes Forever！アメリカの 20 世紀」『へるめす』1997.05
●「身体が可能にする世界」［評論：ジョン・ノイマイヤー『椿姫』］『ダンスマガジン』1997.05
●「印象深かった「道を急ぐことはない」」［追悼：岡田隆彦］『美術手帖』1997.05
●「彼にとっての身体とはなにか？」［展評：ユルゲン・クラウケ展「幻影の戯れ」］『美術手帖』1997.05
㉕『シジフォスの笑い――アンセルム・キーファーの芸術』岩波書店、1997.06
●「ダンスは空間から生まれる」［評論：シルヴィ・ギエム『エヴィダンシア』］『ダンスマガジン』1997.06
● 座談（内田隆三・大澤真幸・吉見俊哉）「20 世紀の思想風景［1］歴史意識について」［冒頭、多木による「討議のための報告」］『思想』1997.06
●「キャプテン・クック［1］未知なる歴史の海へ」『大航海』16 号 1997.06 →㉗
● 構成・共著（笠原美智子、写真＝大島洋）「20 世紀の風景［8 完］砂のコレクション」『へるめす』1997.07
●「ギエムの誘惑する身体」［評論：シルヴィ・ギエム『白鳥の湖』］『ダンスマガジン』1997.07
●「Form and Program」『Itsuko Hasegawa: Selected and Current Works 1976-1996』Images Publishing、1997.07 →日本語版「形式とプログラム」『世界の建築家シリーズ 10 選 ITSUKO HASEGAWA・長谷川逸子』メイセイ出版、1997.08
●「世界は破綻している」［評論：勅使川原三郎『HERE TO HERE』］『ダンスマガジン』1997.08
●「キャプテン・クック［2］「ジェントルマン」がやってくる」『大航海』17 号 1997.08 →㉗
●「今を認識する可能性」［評論：フランソワ・ラフィノ『アデュー』、エルヴェ・ロブ『V.O』］『ダンスマガジン』1997.09
● 座談（内田隆三・大澤真幸・吉見俊哉）「20 世紀の思想風景［2］探偵小説という形式」『思想』1997.09
●「身体に刻まれた歌」［評論：タンゴ・ピアソラータ］『ダンスマガジン』1997.10
●「ベンヤミン・ノート［1］」『思想』1997.10
●「キャプテン・クック［3］世界を作図する」『大航海』18 号 1997.10 →㉗
● 編集協力（吉見俊哉）「特集：新しい地理学」『10+1』11 号 1997.11
● 座談（水内俊雄・大城直樹・吉見俊哉）「「新しい地理学」をめぐって――地図の解体、空間のマッピング」『10+1』11 号 1997.11
●「ベケットの想像力」『ダンスマガジン』1997.11 →「『しあわせな日々』――音のある日はしあわせな日」㉜
● 共編（大島洋）『世界の写真家 101』新書館、1997.11
● 共著（大島洋）「写真史としての写真家」『世界の写真家 101』同上
●「デュカン」「カーティス」「ヴァン・デァ・ジー」「モーガン」『世界の写真家 101』同上
●「印刷以前の写真のためのメディア」「思想としての写真論」『世界の写真家 101』同上
● 日本語版編集（可児弘明・河合秀和・佐藤文隆・佐和隆光・徳丸吉彦・中村雄二郎・山内昌之）『岩波＝ケンブリッジ 世界人名辞典』デイヴィド・クリスタル編、日本語版編集主幹＝金子雄司・富山太佳夫、岩波書店、1997.11 → CD-ROM 版：岩波書店、1998.07
●「ベンヤミン・ノート［2］願望の形象」『思想』1997.11 →㉜
●「ボレロに潜む神話」『ダンスマガジン』1997.12 →㉜

●「キャプテン・クック［4］南海の島・タヒチ」『大航海』19号 1997.12 →㉗
▽ 1998
●「世界の夜を生きる」『ダンスマガジン』1998.01 →「世界の声――メレディス・モンク」㉜
●「ベンヤミン・ノート［3］弁証法の場としての室内」『思想』1998.01 →㉜
●「ベケット体験のコレオグラフ」『ダンスマガジン』1998.02 →「『クアッドⅠ、Ⅱ』――強度のカタストロフ」㉜
●「60年代の磯崎新」『ネオ・ダダ Japan 1959-1998――磯崎新とホワイトハウスの面々』大分市教育委員会、1998.02 →㉖
● 座談（吉見俊哉・内田隆三・大澤真幸）「20世紀の思想風景［3］「アメリカ」――文化の地政学」『思想』1998.02
●「ベンヤミン『複製技術時代の芸術作品』」「ベンヤミン『パサージュ論』」「多木浩二『眼の隠喩』」「多木浩二『生きられた家』」「多木浩二『「もの」の詩学』」「多木浩二『天皇の肖像』」『社会学文献事典』見田宗介ほか編、弘文堂、1998.02
●「キャプテン・クック［5］想像のアーキペラゴ――ポリネシアの発見」『大航海』20号 1998.02 →㉗
●「演劇は言葉を純粋化する」［評論：サミュエル・ベケット『ねえ、ジョー』］『ダンスマガジン』1998.03
㉖『建築・夢の軌跡』青土社、1998.03
●「ベケットと声」『ダンスマガジン』1998.04
●「「理性のヒト」」［特集：徳川慶喜］『太陽』1998.04
●「キャプテン・クック［6］帝国の予兆――航海記の政治学」『大航海』21号 1998.04 →㉗
●［無題］『KURACHI KUMIKO［倉智久美子］1994-1998』私家版（リーフレット）、1998.04
●「3人の画家たち――リベラ、カーロ、オゴルマン」『SD』1998.05
● 対談（今福龍太）「ラテンアメリカのモデルニスモ」『SD』1998.05
●「モダニズム展望」［ホアン・オゴルマン《カーロとディエゴの家》などについて］『ダンスマガジン』1998.05
●「特権化された脚」［アイリッシュ・ダンスについて］『ダンスマガジン』1998.06
●「ベンヤミン・ノート［4］不機嫌なアレゴリー」『思想』1998.06 →㉜
●「人類学的知の形成」［特集：文化節合のポリティクス――文化人類学の新しい階段］『現代思想』1998.06
●「キャプテン・クック［7］猛々しい人びと――ニュー・ジランド」『大航海』22号 1998.06 →㉗
●「キリアンのまなざし――身体の原像」［評論：イリ・キリアン『スタンピング・グラウンド』］『ダンスマガジン』1998.07
●「生命の秘密に触れるために」［ダンス関連］『ダンスマガジン』1998.08
●「フェティシズムの彼方へ」『河口龍夫――封印された時間』水戸芸術館現代美術センター、1998.08
●「キャプテン・クック［8］幻の南方大陸」『大航海』23号 1998.08 →㉗
●「解きがたい無意識をダンスで探る」［評論：モーリス・ベジャール『バレエ・フォー・ライフ』］『ダンスマガジン』1998.09
●「ベンヤミン・ノート［5］歴史の空間」『思想』1998.09 →㉜
●「身体の動く平面の創造」『ダンスマガジン』1998.10 →「二次元で踊る狂気――ニジンスキー」㉜
●「キャプテン・クック［9］旅の終わり」『大航海』24号 1998.10 →㉗
● 鼎談（貫成人・三浦雅士、司会＝尼ヶ崎彬）「身体への思索――哲学から見た舞踊」『舞踊學』21号 1998.10
●「絶対の空虚から思考をはじめる」［評論：サミュエル・ベケット］『ダンスマガジン』1998.11
●「ジョルジュ・ブラック――描かれた詩［上］『仮象』から『現実』へ」［評論：《女の頭》］『中日新聞』夕刊 1998.11.04【21】
●「二つの身体の位相から生まれる始源性」［評論：メリル・タンカード『フューリオソ』、ドミニック・ボワヴァン『ワタシなりのダンスの歴史』］『ダンスマガジン』1998.12
●「ベンヤミン・ノート［6完］寓意と歴史」『思想』1998.12
㉗『船がゆく――キャプテン・クック 支配の航跡』新書館、1998.12
▽ 1999

【21】［中］［下］は別の執筆者による。

● 「Maturity and Freedom」『Toyo Ito: Blurring Architecture』Charta、1999 →日本語版「成熟と自由」[「伊東豊雄：Blurring Architecture ――透層する建築」展（TN プローブ、1999.11.17 ～ 12.23）のために発行された日本語逐次通訳版]
● 「モダニズムの極致――カニングハムの抽象」『ダンスマガジン』1999.01
● 「建築を甦らせたケースマイケルのダンス」『ダンスマガジン』1999.02 → 「ローザス・ダンス・ローザス――アンヌ＝テレサ・ド・ケースマイケルのフィルム」㉜
● 「TRACES OF TRACES」『日本列島クロニクル――東松照明の 50 年』東京都写真美術館、1999.02 →㉝
● 対談（三浦雅士）「キャプテン・クックと資本主義」『大航海』26 号 1999.02
● 「キリアンが試みる音楽との新たな関係」『ダンスマガジン』1999.03 →㉜
● 「「春の祭典」と二十世紀の神話」『ダンスマガジン』1999.04 →㉜
● 「キャプテン・クック＊第二の航海 [1] 二隻の船の旅立ち」『大航海』27 号 1999.04 →㉛
● 「開かれた「意味」の領域」[評論：イリ・キリアン『ワン・オヴ・ア・カインド』]『ダンスマガジン』1999.05
● 「美術館はどうなる」『現代思想』1999.06
● 「記憶と想像力――書物についての覚え書」『D-ZONE ――エディトリアルデザイン 1975 - 1999』戸田ツトム著、青土社、1999.06 →㉜
● 「身体の廃墟とダンスの快楽」[評論：ウィリアム・フォーサイス]『ダンスマガジン』1999.06
● 「キャプテン・クック＊第二の航海 [2] 氷海に近づく」『大航海』28 号 1999.06 →㉛
● 談「デザイン――バウハウスは近代をデザインした」『広告批評』1999.06-07
● 「古典バレエの演劇性の発見」[評論：ロイヤル・バレエ団『マノン』]『SD』1999.07
● 「日常という文化を撮り続けたまなざし」[特集：木村伊兵衛の眼〔レンズ〕]『太陽』1999.07
● 「バレエにとって演劇性とは何か」[評論：ロイヤル・バレエ団『マノン』]『ダンスマガジン』1999.07
● 「歴史の無意識が身体を呼び醒ます」『ダンスマガジン』1999.08
● 「キャプテン・クック＊第二の航海 [3] 南極航海」『大航海』29 号 1999.08 →㉛
● 「世界認識に貢献したクック」『週刊朝日百科 世界の文学』3 号 1999.08.01
㉘『戦争論』岩波新書、1999.09
● 「二十世紀が遭遇する神話的暴力」[評論：ギリシャ国立劇場『メディア』]『ダンスマガジン』1999.09 →㉜
● 「ダンスが導くもうひとつの場所」[評論：勅使川原三郎『Absolute Zero』]『ダンスマガジン』1999.10 →「さながらシャーマンのごとく――勅使川原三郎」㉜
● 「キャプテン・クック＊第二の航海 [4] ダスキー湾の魅惑」『大航海』30 号 1999.10 →㉛
● 「他者のシステムを変質させる巧みな手法」[評論：アルヴィン・エイリー・アメリカン・ダンス・シアター]『SD』1999.11
● 「現代のシャーマン――異界を媒介するダンス」[評論：勅使川原三郎『Absolute Zero』]『ダンスマガジン』1999.11 →「さながらシャーマンのごとく――勅使川原三郎」㉜
● モデレーター（内田隆三）『TN Probe Vol.8 PROBE|01 シンポジウム・シリーズ：現代都市ドキュメント 第 1 回 [世界化する都市と建築]』TN プローブ、1999.11
● 講演「「PROBE|01 世界化する都市と建築」を始めるにあたって」『TN Probe Vol.8』同上
● 講演「プログラム A 建築家はいかなる場所と空間を開きうるのか――イントロダクション」『TN Probe Vol.8』同上
● 座談（槇文彦・伊東豊雄・山本理顕・内田隆三）「プログラム A 建築家はいかなる場所と空間を開きうるのか――セッション」『TN Probe Vol.8』同上
● 講演「プログラム B 世界化する都市の存在論――都市ははたして想像力の場所たりうるか」[今福龍太に代わり]『TN Probe Vol.8』同上
● 座談（見田宗介・鷲田清一・内田隆三）「プログラム B 世界化する都市の存在論――セッション」『TN Probe Vol.8』同上
● 座談（伊東豊雄・山本理顕・鷲田清一・内田隆三）「プログラム C「都市」という概念は生き延びるか――

セッション」『TN Probe Vol.8』同上
●「他者のゲームに戯れる――創造のメカニズム」［評論：アルヴィン・エイリー・アメリカン・ダンス・シアター］『ダンスマガジン』1999.12
●「キャプテン・クック＊第二の航海［5］画家の経験――未知と恐怖に向き合うホッジズ」『大航海』31号 1999.12 →㉛
▽ 2000
● 談「新しい戦争」［特集：戦争］『月刊百科』2000.01
●「都市を実践する観客という共同体」『ダンスマガジン』2000.01
●「百科で見る二〇世紀――文化・芸術」『世界大百科事典 第二版スペシャル（「百科で見る二〇世紀」ディスク内）』平凡社、2000.02 →『月刊百科』2000.05
●「始源のダンスのコスモロジー」『ダンスマガジン』2000.02
●「キャプテン・クック＊第二の航海［6］マオリの人びと――発見する者と発見される者」『大航海』32号 2000.02 →㉛
●「“ユダヤ人絶滅”への官僚的忠実さ――生み出した巨大な悪―映画「スペシャリスト」をみて」『しんぶん赤旗』2000.02.16
●「都市の共同体を生む舞踊」［評論：勅使川原三郎『アブソルート・ゼロ 99年版』］『SD』2000.03
●「トリノの魔力」『文藝春秋』特別号 2000.03 →「都市について書くこと」㊷
●「観客という想像的身体」『ダンスマガジン』2000.03
●「ワイマール共和国とバウハウス」『バウハウス展――ガラスのユートピア』読売新聞社・美術館連絡協議会、2000.03
● 対談（中ザワヒデキ）「抑止と加担――戦争と向き合う芸術のヤヌス」『インターコミュニケーション』32号 2000.04
●「キャプテン・クック＊第二の航海［7］天空の博物学――ホッジズのあたらしい経験」『大航海』33号 2000.04 →㉛
㉙『ベンヤミン「複製技術時代の芸術作品」精読』岩波現代文庫、2000.06
●「キャプテン・クック＊第二の航海［8］画家とは何する人ぞ――ホッジズの冒険」『大航海』34号 2000.06 →㉛
●「いま、戦争写真とはなにか」『太陽』2000.07
●「キャプテン・クック＊第二の航海［9］フォルスター父子」『大航海』35号 2000.08 →㉛
● 対談（河合隼雄）「芸術と心理療法のあいだ」『心理療法とイメージ』河合隼雄編、岩波書店、2000.10 →『心理療法対話』河合隼雄著、岩波書店、2008.03
●「溶解する東京」『現代思想』2000.10
●「キャプテン・クック＊第二の航海［10］再び氷海を目指して」『大航海』36号 2000.10 →㉛
●「今日は死ぬのにもってこいの日」『朝日新聞』夕刊 2000.11.29 →『一語一会 人生に効く言葉』朝日新聞社編、亜紀書房、2005.05
▽ 2001
●「L'architettura non è più "l'architettura": Water cube - Sendai Mediathèque e oltre」『Toyo Ito: le opere i progetti gli scritti』Electa、2001 →英語版「Architecture is No Longer "Architecture": Water Cube - Sendai Mediathèque and Beyond」『TOYO ITO: works projects writings』Electa architecture、2002
●「キャプテン・クック＊第二の航海［11］イースター島」『大航海』37号 2001.01 →㉛
㉚『20世紀の精神――書物の伝えるもの』平凡社新書、2001.02
● 対談（藤枝晃雄）「モダニズム俯瞰――芸術の神話／歴史／現在」『武蔵野美術』120号 2001.04
●「キャプテン・クック＊第二の航海［12完］複数の想像力」『大航海』38号 2001.04 →㉛
●「Sur la Maison SA」『MAISONS/HOUSES 1969-2001: VERS L'ESPACE OUVERT/TOWARD OPEN SPACE』Kazunari Sakamoto 著、Éditions du Moniteur、2001.04-05
● 仏訳（文＝坂本一成）「De l'Espace Ferme a l'Espace Ouvert et l'Espace Libre」『MAISONS/HOUSES 1969-2001』同上
㉛『船とともに――科学と芸術 クック第二の航海』新書館、2001.07
● 談（聞き手＝三浦雅士）「知の航海学」『大航海』39号 2001.07
●「空間の思考［1］電子テクノロジー社会と建築――伊東豊雄「せんだいメディアテーク」」『ユリイカ』2001.08

●「空間の思考［2］日常性と世界性――坂本一成の「House SA」と「Hut T」」『ユリイカ』2001.09 →「構成を求めて」&「「House SA」と「Hut T」――日常性と世界性」『坂本一成 住宅―日常の詩学』TOTO 出版、2001.11 ／「建築のロゴス――坂本一成とモダニズム」㊲／『坂本一成／住宅』新建築社、2008.10 ／本誌
●「本は他者との対話の場である」［長谷川宏・多木浩二・大西廣「共同討議 本はどこで生まれるか［1］」］『季刊 本とコンピュータ』第 2 期 1 号 2001.09
●「空間の思考［3］そこに風景があった――山本理顕『埼玉県立大学』について」『ユリイカ』2001.10 →㊲
●「キャプテン・クック＊第三の航海［1］運命の船出」『大航海』40 号 2001.10 →㉞
●「空間の思考［4］ノイズレス・ワールド――妹島和世『岐阜県営住宅ハイタウン北方 南ブロック妹島棟』」『ユリイカ』2001.11
● 講演「秋季シンポジウム報告――戦争論の現在」［パネリスト＝鹿野政直・大越愛子・多木浩二、司会＝持田季未子］『女性・戦争・人権』4 号 2001.11
● 談「たえず変化する枠組み――世界を認識する方法としての地図」『たて組ヨコ組』56 号 2001.11
●「正体不明の現実のなかで知をいかに生みだすか」［大西廣・長谷川宏・多木浩二「共同討議 本はどこで生まれるか［2］」］『季刊 本とコンピュータ』第 2 期 2 号 2001.12
●「私にとって科学とはなにか」『科学』2001.12
▽ 2002
●「キャプテン・クック＊第三の航海［2］宴の日々――ニュー・ジランドからトンガへ」『大航海』41 号 2002.01 →㉞
●「時代を映す本屋という社会空間」［多木浩二・大西廣・長谷川宏「共同討議 本はどこで生まれるか［3］」］『季刊 本とコンピュータ』第 2 期 3 号 2002.03
●「キャプテン・クック＊第三の航海［3］トンガとタヒチの民俗に触れる」『大航海』42 号 2002.04 →㉞
● 鼎談（大西廣・長谷川宏）「自分のなかに新しい読者を発見する」［「共同討議 本はどこで生まれるか［4］」］『季刊 本とコンピュータ』第 2 期 4 号 2002.06
●「キャプテン・クック＊第三の航海［4］太平洋を横切る旅」『大航海』43 号 2002.07 →㉞
㉜『もし世界の声が聴こえたら――言葉と身体の想像力』青土社、2002.08
●「バフチンにおける言語・社会・歴史――表現の存在論に向けて読む」『思想』2002.08
● 講演「「対テロ戦争」の仮面をはがす――報復の連鎖を断つ戦争論を探る」『国連・憲法問題研究会報告集』27 集 2002.10
●「市川浩さんの哲学」［追悼・市川浩］『現代思想』2002.10
●「キャプテン・クック＊第三の航海［5］地球のはてまで――地理学的発見と人種論」『大航海』44 号 2002.10 →㉞
●「空間の思考［5］建築あるいは非建築――伊東豊雄＋セシル・バルモンド『サーペンタイン・ギャラリー・パヴィリオン』」『ユリイカ』2002.11 →「建築が変わるとき――伊東豊雄」㊲
● 対談（今福龍太）「山口昌男を読み直す」『ちくま』2002.12
● 対談（吉増剛造）「言葉の閃光を摑まえる――ベンヤミンという〈経験〉をめぐって」『ユリイカ』2002.12 →『静かなアメリカ』吉増剛造著、書肆山田、2009.11
●「空間の思考［6］神話と幾何学――ダニエル・リーベスキント（1）「マイクロメガス」」『ユリイカ』2002.12 →㊲
▽ 2003
●「空間の思考［7］歴史認識から建築へ――ダニエル・リーベスキント（2）「ユダヤ博物館」」『ユリイカ』2003.01
●「キャプテン・クック＊第三の航海［6］最後の大航海 I アラスカからベーリング海まで」『大航海』45 号 2003.01 →㉞
●「空間の思考［8］出来事の空間――クリスト／ジャンヌ＝クロードのドラム缶のバリケード」『ユリイカ』2003.02 →㊲
● 座談（奥山信一・安田幸一・坂牛卓）「建てるということ――多木浩二と若い建築家 3 人との対話」『建築技術』2003.02
● 対談（田中純）「歴史と建築の臨界をめぐって」［特集：ダニエル・リベスキンド――希望としての建築］

『ユリイカ』2003.03
● 「空間の思考［9］物語る地図――バックミンスター・フラーのダイマクシオン・マップ」『ユリイカ』2003.03 →㊲
● 「空間の思考［10］星とひまわり――アンゼルム・キーファーの最近のシリーズ」『ユリイカ』2003.04
● 「キャプテン・クック＊第三の航海［7］最後の大航海 II ベーリング海・シベリア・北極海」『大航海』46号 2003.04 →㉞
● 「空間の思考［11］都市の夢――デ・キリコの「形而上学的絵画」の場合」『ユリイカ』2003.06 →㊲
㉝『写真論集成』岩波現代文庫、2003.06
● 「歴史への視線」『米田知子――記憶と不確実さの彼方』資生堂文化デザイン部、2003.06
● 「空間の思考［12］場所と境界――ベンヤミン『一九〇〇年頃のベルリンの幼年時代』」『ユリイカ』2003.07 →「時代遅れの室内――屍体が住むにふさわしいところ」㊲
● 「キャプテン・クック＊第三の航海［8 完］クック、ハワイに死す」『大航海』47 号 2003.07 →㉞
● 「空間の思考［13 完］街の名前あるいは都市の言語化――ベンヤミンにおける固有名詞」『ユリイカ』2003.08
● 「青と赤の家――フアン・オゴルマンの夢想」「女性シュルレアリストたちの魔術的実験」［特集：森村泰昌が語る 伝説の女性画家 フリーダ・カーロのざわめき］『芸術新潮』2003.09 →㊲
● 「喫煙者アンケート――煙草とエクリチュール」『ユリイカ』2003.10
㉞『最後の航海――キャプテン・クック ハワイに死す』新書館、2003.10
● 談「言葉の運動／記号の運動――ロラン・バルトを読む快楽」『ユリイカ』臨時増刊 2003.12
▽ 2004
● 談（聞き手＝三浦雅士）「キャプテン・クックとモーツァルト――『最後の航海――キャプテン・クック ハワイに死す』を読む」『大航海』49 号 2004.01
㉟『雑学者の夢』岩波書店、2004.04
● 「近代国家とモダニズム」『再考：近代日本の絵画―美意識の形成と展開』セゾン現代美術館、2004.04
● 「未来派という現象［1］最初の宣言まで――『ポエジア』から『フィガロ』へ」『大航海』50 号 2004.04
● 「未来派という現象［2］すべては動く、すべては走る、すべては変わる」『大航海』51 号 2004.07
● 「オリンピックの憂鬱」『朝日新聞』夕刊 2004.08.05
● 談（聞き手＝成実弘至）「20 世紀のアートとデザインを考える意味」『diatxt.』13 号 2004.09
● 談（聞き手＝五十嵐太郎）「批評とは何か」『建築雑誌』2004.09
● 「「ヴフテマス」――もう一つのバウハウス」『バウハウス』エクスナレッジ、2004.10 →㊲
● 「未来派という現象［3］マリネッティの詩法」『大航海』52 号 2004.10
㊱『死の鏡――一枚の写真から考えたこと』青土社、2004.11
▽ 2005
● 対談（伊東豊雄）「A Conversation with Toyo Ito」『El Croquis』123 号 2005
● 「未来派という現象［4］建築が変わるとき――アントニオ・サンテリアの軌跡」『大航海』53 号 2005.01 →「まるで彗星のごとく――アントニオ・サンテリア」㊲
● 「未来派という現象［5］マニフェストのネットワーク」『大航海』54 号 2005.04 →「芸術としての「宣言」――未来派の戦略」㊲
㊲『進歩とカタストロフィ――モダニズム 夢の百年』青土社、2005.05 →再録「建築のロゴス――坂本一成とモダニズム」『坂本一成／住宅』新建築社、2008.10 ／本誌
● 「未来派という現象［6］ボッチョーニのダイナミズム――未来派にもたらした諸概念」『大航海』55 号 2005.07
● 対談（八束はじめ）「人間のための住宅を考える――『生きられた家』をめぐって」『昭和住宅メモリー』エクスナレッジ、2005.08
● 講演「リシツキーと二〇世紀」『エル・リシツキー――構成者のヴィジョン』寺山祐策編、武蔵野美術大学出版局、2005.10 →㊲
● 「未来派という現象［7］雑音〔ノイズ〕が音楽を変える――バリッラ・プラテッラとルイジ・ルッソロ」

『大航海』56 号 2005.10

● 談（聞き手＝小林晴夫）「B ゼミを訪れたアーティストたち」『B ゼミ「新しい表現の学習」の歴史 1967-2004』BankART 1929、2005.10

▽ 2006

● 「未来派という現象［8］未来派とファシズム」『大航海』57 号 2006.01

● 「写真家山田脩二 はるばると……」『山田脩二の軌跡—写真、瓦、炭…展』兵庫県立美術館・神戸新聞社、2006.02

● 「自由の可能性——「QUICO 神宮前」をめぐって考えたこと」［評論：坂本一成《QUICO 神宮前》］『新建築』2006.03 →本誌

● 「未来派という現象［9］未来派の起源にある詩——マリネッティの初期の詩」『大航海』58 号 2006.04

● 「見えない都市」『Kobe 1995: The Earthquake Revisited』宮本隆司＝写真、BEARLIN、2006.06

● 共監（伊東豊雄・坂本一成）『タッチストン——大橋晃朗の家具』TOTO 出版、2006.09

● 「大橋晃朗さんについて想うこと」『タッチストン』同上→㊸

入江経一 ［私のこの 1 作］

● 「写真家とは誰か」（『写真空間 1』青弓社、2008.03）

——われわれは情報の息の根を止めるような写真を見たいのです。［…］私は写真家が危機的な状況にあるとは思っていません。しかし人間にとっての写真の役割ははっきり見定めておく必要は感じています。相貌的知覚などをもちだしたのは、意外なほど、人間が世界を認識する仕方が理解されていないからです。表現の問題に限定しすぎていると思われるかもしれません。もちろん写真の効用は膨大な広がりがあることはわかっています。しかし写真家という問題が生じてくるのは、表現という領域だけです。そのとき今日、写真のみならずあるゆるジャンルの表現との、厳密な隔てが必要かどうかは疑問です。それよりもまず向き合っている世界をどうとらえるかに、独自な方法を考えることが重要です。写真家とは、カメラを介してそれをやってのける人です。ボバーグのような方法が絶対ではありません。写真家とはそれぞれの時代のなかから生み出されてきます。そのことを自覚しているかどうかはかなり大きな違いを生み出すでしょう。すでにやられたことを反復するのではなく、自分が独りで危ないところに投げ出されていることから始まるのです。それが奇妙な結果を生もうが、挫折しようが、それは知ったことではない、と思います。（多木浩二「写真家とは誰か」）

晩年の数年間、私は仲間たちと一緒に多木さんを囲んだ研究会のようなものをしていました。そのなかで、手術をされ、動けなくなり、とうとう亡くなられましたが、最後までアート、特に写真については、深く愛されていました。2007 年の夏、写真雑誌からの依頼で、写真家についての原稿を書かれて、ご自身の関心の中心とその限界について話されたのを鮮明に記憶しています。このころの多木さんのいくつかの著作は、対象世界の広がりとともに読むことの楽しみにおいて、きわめて平明な文章ですが深さがありました。『プロヴォーク』からはじまり、ベンヤミンや肖像写真、バルトの写真論など、写真については多くの名著がありますが、この文章は短いけれども多木さんの到達されていた地点の光をよく伝えてくれます。（建築家、1950 年生まれ）

●「江成さんのこと」『生と死の時』江成常夫＝写真、ニコン・ニッコールクラブ、2006.09
●「生命とテクノロジー」『伊東豊雄　建築｜新しいリアル』建築・都市ワークショップ編、伊東豊雄展実行委員会、2006.10
▽ 2007
●「七つの塔とメルカーバー――アンセルム・キーファーの近年の仕事」『大航海』61 号 2007.01
㊳ 講演『建築と写真の現在 vol.1』TN プローブ／大林組、2007.04
●「建築家とはなにか――レム・コールハースの疾走」『大航海』62 号 2007.04 →㊶
● 談（聞き手＝坂本一成）「篠原一男を憶う」『ka』31 号 2007.06 →㊴
㊴『建築家・篠原一男――幾何学的想像力』青土社、2007.07【22】
㊵『肖像写真――時代のまなざし』岩波新書、2007.07
● 共監（藤枝晃雄）『日本近現代美術史事典』東京書籍、2007.09
●「美術と天皇制――総説」「美術と天皇制――御真影」『日本近現代美術史事典』同上
▽ 2008
●「写真家とは誰か」『写真空間 1』青弓社、2008.03
●「マリオ・ジャコメッリの詩学」『マリオ・ジャコメッリ』ニューアートディフュージョン、2008.03 →㊶
● 講演「キャプテンクックの航跡」『大学授業がやってきた！知の冒険――桐光学園特別授業』桐光学園中学校・高等学校編、水曜社、2008.05
●「都市の神話」『森山大道論』東京都写真美術館企画・監修、淡公社、2008.06
▽ 2009-
㊶ 講演『表象の多面体――キーファー、ジャコメッリ、アヴェドン、コールハース』青土社、2009.03
● 共編（飯島洋一・五十嵐太郎）『現代建築家 99』新書館、2010.03
㊷ 講演『トリノ――夢とカタストロフィーの彼方へ』多木陽介監修、BEARLIN、2012.09【23】
㊸『視線とテクスト――多木浩二遺稿集』多木浩二追悼記念出版編纂委員会編、青土社、2013.01【24】
㊹『映像の歴史哲学』今福龍太編、みすず書房、2013.06［予定］

【22】書評：入江経一「多木浩二による篠原一男」『建築技術』2007.10
【23】書評：鈴木明［無題］telescoweb、2012.11.14
【24】書評：
・鈴木明「建築とデザインにそそぐまなざしを感じ取るために」Amazon カスタマーレビュー、2013.02.01
・高島直之「「もの」に探る人間の意味」『東京新聞』2013.03.03
・塚原史「知の巨人の構想力の全容が浮かびあがる――現代なお先端的なテーマの数々」『週刊読書人』2013.03.29
【多木浩二関連テキスト】
・瀧口範子「この人さえ信じれば大丈夫――建築・デザイン―多木浩二」『BRUTUS』1994.01.01-15
・大島哲蔵「隠喩としてのテクスト――多木浩二の病理的ゲーム」『10+1』12 号 1998.02
【追悼文・追悼記事】
・鈴木明「追悼、多木浩二さん」telescoweb、2011.04.16
・八束はじめ「追悼－多木浩二」ART iT、2011.04.16
・三浦雅士「視線の政治学の豊穣――生きている多木浩二」『週刊読書人』2011.05.06
・高島直之「人間の根源とは何かを問い続けた」『図書新聞』2011.05.07
・梅本洋一「多木浩二追悼」nobodymag、2011.05.08
・高山宏「前衛と求道――多木浩二先生追悼」『現代思想』2011.06
・伊東豊雄「多木浩二氏を悼む」『現代思想』2011.06
　→『視線とテクスト――多木浩二遺稿集』多木浩二追悼記念出版編纂委員会編、青土社、2013.01
・上村忠男「ヘテロトピア通信［21］追悼・多木浩二」『みすず』2011.06
・八束はじめ「多木浩二さん追悼再論：建築論を通して」10+1 web site、2011.06
・田中純「歴史空間の航海者」10+1 web site、2011.06
・大澤真幸「多木浩二先生を悼む――零の淵源」10+1 web site、2011.06
・大島洋「視線を通し世界を考察」『毎日新聞』2011.06.05
・大西若人「物事の根っこ問い続けた「根源丸」」『朝日新聞』夕刊 2011.06.25
・持田季未子「追悼 多木浩二――「世界とは何か」を探究する眼」『美術手帖』2011.07
・阿久根佐和子「真の評論家が世界に残してくれたもの。」『Casa BRUTUS』2011.07

建築論 『生きられた家』を起点に

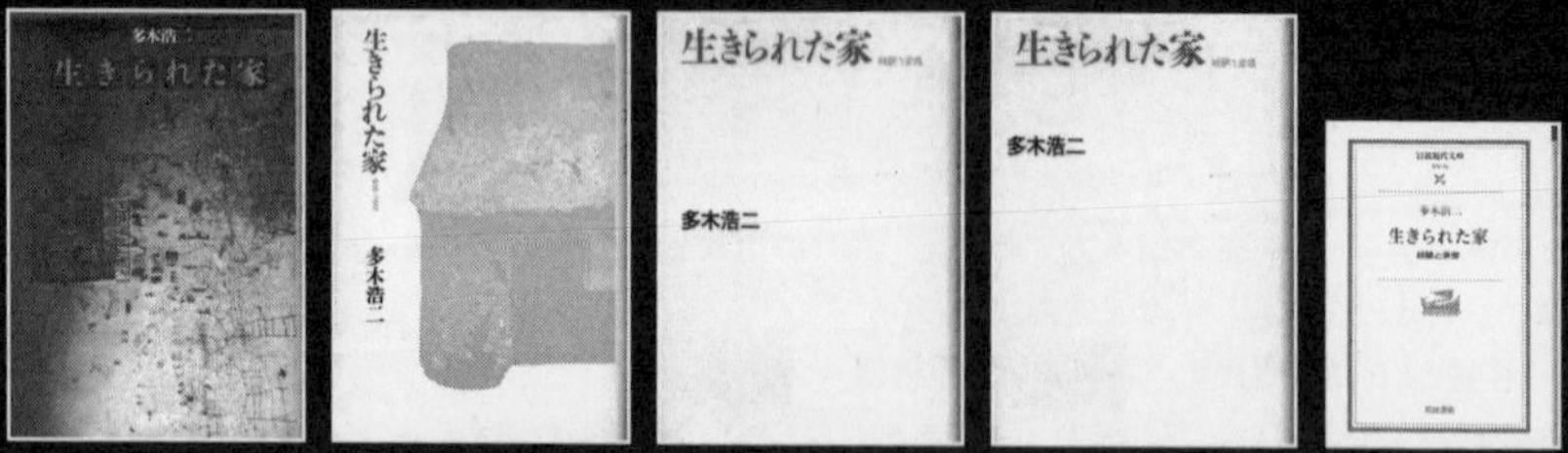

［左から］『生きられた家』（田畑書店、1976）／改訂版『生きられた家――経験と象徴』（青土社、1984）／再改訂版（青土社、1993）／新装版（青土社、2000）／文庫版（岩波現代文庫、2001）

倫理学としての『生きられた家』

中井邦夫

多木浩二の主著のひとつである『生きられた家』は、1975年に篠山紀信の写真集『家 meaning of the house』（潮出版社）のために書かれたエッセイをまとめ直して1976年に単行本としたものである。その後、1984年に大幅な改訂版、1993年に再改訂版が出版されている。本書はひとことでいえば、ごくありふれた「家」の観察を通して、人間の生きる世界を論じたものである。また度重なる改訂という点で、「家」のみならず建築やものから世界を捉える多木の思考の変遷が読み取れる本でもある。以下では本書や他での多木の記述や発言などからそうした軌跡を追いつつ、本書が現代に生きる私たちに投げかけている問題について考えてみたい。

〈生きられた家〉とは、人が住む（あるいは住んでいた）、どこにでもある家を指している。それは古い民家だったり、建売住宅だったり、建築家の設計した住宅かもしれないが、それはここでは問題ではない。どのような家であれ、人が住む家には、その住人の生活を物語るさまざまな痕跡が残される。ある家の室内写真を見たとき、住人を一切知らなくても、その人の暮らし方や趣味、性格まで想像できたりする。それはときには住人自身も気づいていない、その人の生活や思想についての表現になっている。またそれは個人的な事柄とは限らない。たとえば日本人の住まいと他国の人の住まいとでは、明らかに様相が異なることは誰もが知っている。つまり人が住む家は、住人のもつ個性や文化が入り混じりながらつくられた、ひとつの世界とみることができる。多木はさまざまな家の様相を丹念に拾い上げ、それをテクストとして読み込むことで、私たちが普段気づかないでいるが、たしかにそこにあるはずの世界をつかみ取ろうとするのである。そしてそれらの断片的な観察の連なりは、家にまつわる人間の営みに関するより一般的な思考へと深化する。『生きられた家』は84年の改訂版で「経験と象徴」というサブタイトルが追加されているが、本書で引用されているハイデッガーの「建てること、住むこと、考えること」（1951年講演）をやや図式化していえば、「住むこと」とは人々の日々の営みそのものの「経験」であり、それは時間的に継続していく。その時間のなかで「建てること」はもの的、空間的に、また「考えること」は意味的、記号的に、家を人々の営みをあらわす「象徴」的な世界として構成していくということである。こうした世界を表象した家は、その住人と一体化した場所であるはずだ。あるいは実際の住居にかぎらず、そういう場所を私たちは「家」と喩えることもある。多木がバシュラールの「もしも家がなかったならば、人間は錯乱した存在となるだろう」という言葉を引いているように（文庫版 p.12）、家には、私たちが生きていくための根拠ともいうべき質が備わっているのである。

こうした、一種の懐かしさすら感じさせるような、家と人間の生との本来的な関係が息づく世界についての多木の細やかな考察は、それ自体たいへん興味深いものである。だが、それは本書の主題の一面にすぎない。むしろ多木は、社会構造の変化等に伴って、家も人の生活も大きく変わり、「共同体を喪失し、個人個人が断片化され、コミュニケーションが断たれていく」（文庫版 p.238）現代においても、かつての家が持っていたような、私たちが生きるための根拠となるような世界が存在するのか、存在するとしたらどのようなかたちで、どこに潜んでいるのかを問おうとしている。その問いは、現代を過去の象徴論の世界へ引き戻すことではなく、むしろいま私たちが生きている社会へと思考を開き、私たちが現代においてどのように考え、また建てるべきなのかを確かめることでもある。

『生きられた家』が改訂されてきた過程は、そうした問いにこたえるべく、現代の世界を理解する方法を多木が模索してきた軌跡でもある。後の多木自身の記述や発言によると、この模索とは、象徴論から記号論へ、あるいは隠喩から換喩へのシフトであった。少々抽象的な説明だが、この隠喩／換喩とは、言語学者のヤコブソンが言語以外のことば＝ディスクール、たとえば文学や芸術、建築などを論じる概念として提示したものである。すなわち隠喩型のディスクールとは、記号論でいうところの範列（相似）的連想が強いもので、たとえばデ・キリコが描く街の風景のようなシュールレアリスム絵画などに顕著である。『生きられた家』で論じられている概念の多く、たとえば「アーキタイプ」や「空間図式」などは、どちらかというと隠喩的といえるのだが、隠喩は相似に基づくため、メタ的なひとつのパターンに収束する傾向がある。それは、家の外形についての人々の隠喩的なイメージが、三角屋根と田の字窓で描かれるような、いわゆる「家形」に収束するのと同じだ。つまり『生きられた家』の隠喩的な見方に基づく象徴論は、ひとつの世界に閉じてしまいかねないのである。一方換喩型のディスクールとは、統合（隣接）的連想が勝っているもの、たとえば見える構図をそのままに描く写実主義絵画や、一見無関係なものを隣り合わせるコラージュなどが例として挙げられる。つまりある要素に隣接する何かに着目すればよいので、多様な展開の可能性がある。『生きられた家』の改訂版と同じ84年に出版された『「もの」の詩学――ルイ十四世からヒトラーまで』（岩波現代選書）では、こうした換喩的な方法に基づく思考が示されている。すなわちものを、歴史的、文化的、日常的なあらゆる出来事の換喩的表現として位置づけ、そこからさまざまな世界を読み取るのである。

こうした方法は、多様で多元的な秩序が相互に絡み合い、複雑さを増す現代の社会における建築やもののあり方を示唆していた。そしてこうした多木の思考のシフトに呼応するように、現代建築は、歴史や地域などに根差した隠喩的表現を標榜したポストモダン建築の後、とくにコールハース以降、都市、周辺環境、プログラム、自然気候、コミュニティなどといったさまざまな問題との関係から論じられる傾向が強くなった。それは、建築という一分野でみれば、その外側の諸条件との関係による換喩的表現を突き進み、まさに現代の多元的な秩序を直接的に空間化してきたと読むことができる。それは今日でも十分刺激的な試みであり続けていることは確かだが、しかし一方でその傾向が一種のオートマティズムに陥ると、建物の正当性の根拠を外側の条件に依存しすぎたり、その条件が都合のよい理由づけに使われたりするというようなこともみられるようになってきた。たとえばいわゆる「エコ建築」のなかには、環境が本当に問題なのか、それとも意匠のための理由づけにすぎないのかよくわからないものもある(念のために書くが、筆者は建築の環境問題はとても重要だと思っている)。

このように、現代建築の潮流においては、建築をとりまくさまざまな条件による建築の正当性への強い意識とは裏腹に、建築そのものがどことなく空虚になり、改めて建築の根拠が何なのかと考えさせられてしまうような状況が生じている。そして2005年の対談において、こうした状況を批判的に述べる八束はじめの発言を受けて、多木はこう述べている。

> **倫理学というのをどう考えるかということは、非常に大きな問題としてありながら抜けているのです。建築家も人間の生きていくうえでの倫理というのを、どういうふうに自分の視野に取り入れるのか考えなければいけない。[…] 集合的な状態で生きることを否応なく人間の条件として持っている以上、その集合のなかでの倫理といいますかね。それは明らかにあると思うんです。[*1]**

多木のこの発言は、建築の根拠、ひいては私たちが生きていくための根拠の所在を考えるうえで見逃せない意見の表明と思える。だがここでの倫理とは何だろうか。倫理学について詳しく論じた和辻哲郎が『人間の学としての倫理学』(岩波書店、1934)において興味深い定義をしている。すなわち「倫理とは芸術や歴史に表現せられ得る人間の道であって、理論的に形成せられた原理ではない」というのである[*2]。考えてみれば私たちは倫理を、たとえば「人を傷つけてはいけない」とか「親を大切にするべき」などといった言葉や理念で理解しようとしていないだろうか。しかし和辻のいう倫理とはそうした言葉で表わされるたぐいの道徳や善のことではない。それは空間性・時間性をもつ人間共同態のあり方、つまり長い時間をかけてかたちづくられてきた、日常生活における私たちのふるまいや、ものの扱い方、空間のあり方そのものである。人間や歴史、芸術に対する和辻の考え方は、まったく同じではないにせよ、多木のそれに通じる部分がある。『生きられた家』には、先客が新たな来客に座布団を差し出すときに、自分が座っていた座布団を裏返して差し出すという作法に関する記述がある。これは昔ながらの慣習的なひとつの例だが、より一般的に、こうしたものの取り扱い方自体、さらにそれを包含する座敷などの室や空間、さらにそれを含む家そのもののあり方自体に倫理の表れが含まれているのである。そうしてみるならば、実はこの例に限らず、『生きられた家』に描かれた家の具体的な諸相のほとんどが、この倫理の表れにほかならないことに気づく。

本書には、多木がこうした〈生きられた家〉に潜む、ものや空間そのものの質を、別の言葉を用いて、現代建築の問題へと開こうとしていたのではないかと思わせる記述がある。たとえば本書冒頭の「生きられた家」の節には「建築家の作品は生きられた家のなまなましさのかなたに、生きられた家々自身が気づかないでいる『建築性』という概念――自己自身に言及する概念をそこからひきだしてなりたつのである」(文庫版 p.7) という文章がある。この「建築性」は、〈生きられた家〉と建築家の作品とを区別するための、自律的な建築言語の体系を指す概念として読まれがちであるが、むしろ筆者が注目したいのは、建築家の作品を成り立たせる「建築性」が、〈生きられた家〉から「ひきだされる」という多木の書き方である。これと上で述べた〈生きられた家〉に潜む倫理の表れとを重ね合わせると、筆者には「建築性」という言葉が、そうした建築の倫理を自覚し、それを現代建築へと受け継いでいくための概念でもあるのではないかと思える。多木が何人かの建築家たちの概念、たとえば磯崎新の「手法」、篠原一男の伝統から抽象された「空間」、坂本一成の「構成」などに関心を示していたのも、一見建築固有の形式のみを指すように見えるそれらの概念の奥底に、建築の倫理が潜んでいると感じていたからではないだろうか。多木にとっては〈生きられた家〉であれ建築家の作品であれ、上述したような倫理の表れが、実体や空間そのものによるテクストとして読める限りにおいて興味の対象となり得た。そうしたテクストを読むということは、すなわち建築の倫理を問うことでもあるのだ。建築家は「建築性」の自覚がなくとも設計はできる。しかし「建築性」への問いなしには、私たちは人間との関わりにおける建築の根拠を自覚できず、建築の外側の問題が何であるかを相対化できず、結局のところ、現代社会における建築の実践の意味すらも見失いかねないであろう。

84年改訂版のエピローグでは、やや唐突にピグミー族の話が出てくる。これは83年の雑誌連載の一部が組み込まれたものであり [*3]、これまで述べてきたような多木の思考の軌跡を端的に示すと同時に、私たちが現代という複雑極まりない世界をどのように生きていくべきかを示唆するものである。つまり、さまざまな状況において集合離散し流動的に暮らすピグミー族の生き方は、本論の前半で述べた、多元的な外側の条件との換喩的な関わりのなかで柔軟に生きる可能性を示している。だが同時に忘れてはならないのは、ピグミーが生きていく基盤に、彼らの本来の家ともいえる森の存在がつねにあるということである。森はピグミーの生きるための根拠なのだ。私たちにとって、倫理を含む「建築性」とは、いわばこのピグミーにとっての森のようなものである。こうした、いわば私たちの無意識に潜んでいる存在の根拠への自覚を踏まえ、かつ現代の社会へと開かれた思考こそ、多木が「芸術」あるいは「詩学」という言葉で表現しようとした、空間やもののあり方そのものの更新による世界へのはたらきかけなのではないだろうか。それはいまを生きる私たちが実践すべき課題なのである。

76年の初版からある以下の記述には、現代においてもなお〈生きられた家〉を考えることの意義がすでに示唆されている。

> 現代建築のさまざまな方法は、古い倫理性への回帰ではなく、また新規な物の添加でもなく、現在の諸矛盾に養われ、それを逆に意味の形成要素に転化する探究である。それは直接間接に、いまわれわれが人間という種が生み出してしまった複雑な網目のなかにあることを認識し、またその複雑性はネガティヴなもの、一見退行的と見えるものも必要としていることの自覚にほかならない。それらは、生きられた家のなかに含まれ、ひそんでいる。このような家は、さまざまな意味において社会や文化の矛盾の指標、狂気を含む人間の複雑さのメタファーとしてあらわれるのである。(文庫版 p.32)

つまり〈生きられた家〉とは、一見不合理にみえたり、ときには胡散臭くもみえるかもしれないが、たしかに私たちの世界の奥底に潜んでいる、空間やものの倫理学の隠喩である。それは、私たちが生きていくための根拠が見えにくい現代の多元的な秩序のなかで、私たちが顧みるべき思考の原基として、その重要性を一層増しているように思える。

(建築家、1968年生まれ)

[*1] 多木浩二・八束はじめ「人間のための住宅を考える——『生きられた家』をめぐって」『昭和住宅メモリー』エクスナレッジ、2005

[*2] 和辻哲郎『人間の学としての倫理学』岩波文庫、2007、p.16

[*3]「視線とテクスト第2部第12回 虚妄の都市(2)都市の経験七」(『現代思想』1983.09)の第14章「小さな劇場」を改訂。『生きられた家——経験と象徴』93年版では「演劇本能あるいはやわらかな宇宙」として第6章第4節に収録。

[論考] 多木浩二を読む

建築評論 単行本収録作を起点に

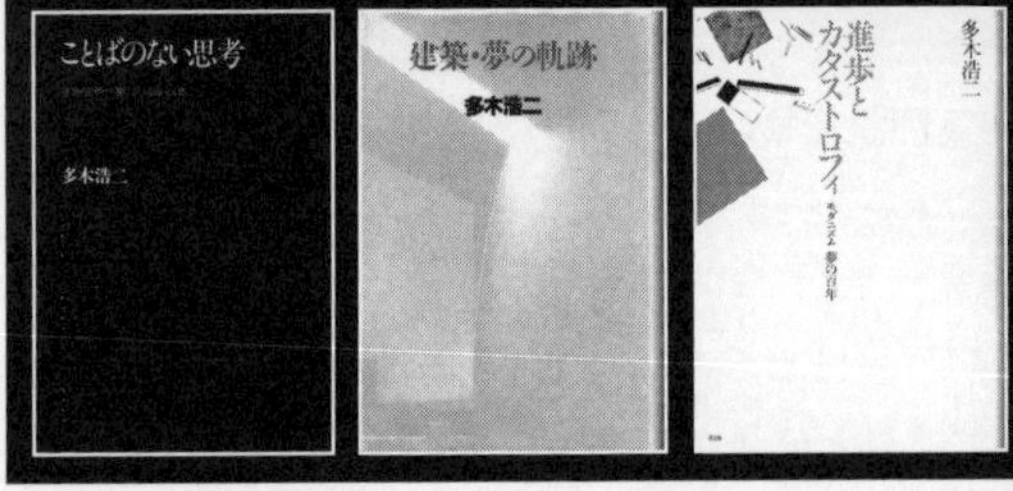

[左から]
『ことばのない思考——事物・空間・映像についての覚え書』(田畑書店、1972) ／『建築・夢の軌跡』(青土社、1998) ／『進歩とカタストロフィ——モダニズム 夢の百年』(青土社、2005)

建てることと住むことをつなぐ回路の探求

安森亮雄

建てることと住むこと

多木浩二は1960年代から建築評論を始め、晩年に至るまで40余年にわたりその作業は続けられた。主に雑誌で発表されたそれらの文章は何度か単行本にまとめられており、そのように再録され、場合によって改訂された評論は、何らかの重要性をもって位置づけられたものと考えられる。本稿の限られた誌面で多木の膨大な業績を網羅することは困難だが、ここでは、それらの比較的多くの読者に読まれた建築評論を中心に論じていきたい。

多木の建築評論に通底する思想を捉えるには、個別の言説を見る前に、まず、多木が建築作品を批評する際の姿勢を確認しておく必要がある。それには、建築家の手によらない無名の建築を論じた『生きられた家』(初版1976) の冒頭を見ればよい。

> この俗なる家と建築家の作品のあいだには埋めがたい裂け目がある。[…] 建築家がつくりだす空間は現実に生きられた時間の結果ではないし、一方、生きられた家は現在の行きつく果てをあらかじめ読みとって構成されるわけではないからである。それらはおそらく空間のテキストのふたつの極、詩的言語とコード化された言語というふたつの極を示しているにちがいない。その対立と相関のあいだに、われわれの空間についての思考のすべて、空間言語の多様さの一切が生じ、関係しあっている。[*1]

ここで述べられているように、多木が批評を展開した「建築家の作品」は、普通の人が生活し経験する「生きられた家」と常に対置されていた。この対立は、「知的創造／普通の人間の生活」[*2]、「ロジック／レーベン」[*3] などと言葉を変えながら反復される問題意識であり、「建てること、住むこと、考えること」(ハイデッガー、1951年講演) の関係が近代になって分離したことを背景としている。注意したいのは、両者は相交わらないものと捉えられがちであるが、多木は、対立するだけでなく相互に関係するとしており、「このような人間が本質を実現する『場所』をあらかじめつくりだす意志にこそ建築家の存在意義を認めなければならない」[*4] と述べていることである。それから20余年を経て建築評論をまとめた『建築・夢の軌跡』(1998) でも、現代では、「現象学的経験を無視せず、生きられた世界から建築家は思考を引き出さねばならなくなった」[*2] と明言している。このように多木は、「建てること」に関わる創造の論理と「住むこと」を通した経験について、両者の分離を認めつつ、それらをつなぐ回路を探求していたと考えられる。以下では、この回路を仮説として、大きく3つの時期にわけて代表的な建築評論を検証していきたい。

芸術としての建築

建築評論を始めた1960年代に多木が最初に注目したのは、篠原一男と磯崎新という2人の建築家であった。1972年にまとめられた『ことばのない思考』では、両者のために「ふたりの建築家」という章を設けている。彼らに対する関心は共通している。この時代を教科書的に振り返れば、東京オリンピック (1964) や大阪万博 (1970) などの国家プロジェクトを背景に、丹下健三やメタボリズム・グループが活躍する一方で、パリで起こった学生運動 (1968) が日本に飛び火し、社会情勢が流動化していた。そうした中、技術、コミュニティ、国家、未来といった、建築にとっての「外在性の論理」[*5] が崩壊しつつあった空気をいち早く捉え、個人の知覚に基づく空間に表現を求めたのが、この2人の建築家であった。

同書に収められた「篠原一男についての覚え書――『花山の家』まで」[*6] では、《から傘の家》(1961) から《白の家》(1966)、《花山南の家》(1968) に至る初期の篠原作品が取り上げられている。そこで多木は、合理主義に基づく社会構築の手段として建築を考える当時の潮流に対して、篠原の住宅に「非合理性も含めたひとりの人間の『生』の具体性からはじまって普遍的な価値にいたる空間」の意味を見出す。また、「虚像の行方――磯崎新論」[*7] では、《N邸》(1964) や《大分県立図書館》(1966) を世に出した磯崎について、「世界とかれ自身が直接かかわりあう地点――たとえば知覚から、可能なかぎり緻密に意識化された論理をひろげている」とし、その空間を「経験に従って構造化される。いいかえれば構成原理としての肉体の復権」と評している。美術と哲学の世界からやってきて建築評論を始めた多木は、当時の建築が民衆のため社会のために「建てること」に邁進する中で忘れていた、個人の生命を受け止める空間とそこで経験される「住むこと」の本質に着目し、そこに立ち返って「建てること」を位置づけ直そうとする彼らを見出したのである。しかしそれゆえ、これらの建築は、後年多木が回想するように、「ほかの芸術同様に、現代の社会文化に対するラジカルな批評」[*8] であり、社会と切断されることにもなった。人間の生命の本質を抽出しながら社会に対して批評を成立させるこのメカニズムを芸術と言うならば、ここでの多木の批評は「芸術としての建築」を位置づける作業であったと言える。

形式の分析

個人の生命の本質を受け止める「芸術としての建築」を論じた多木は、建築作品の読解を深めていく。1976年からその翌年まで『新建築』誌に5回にわたり連載された「建築のレトリック」は、いち早く吸収した記号論をもとに展開された建築作品の分析である。多木は生前この連載を単行本に収録していないが、遺稿集『視線とテクスト』(青土社、2013)には収められ、代表的な建築評論のひとつと言える。

初回の「『形式』の概念——建築と意味の問題」は、『新建築』1976年11月号の巻頭論文として掲載され、そこで論じられている伊東豊雄の《中野本町の家》(1976)と坂本一成の《代田の町家》(1976)も同じ号で発表された。また、それらの住宅を多木が撮影した写真も掲載されており、2つの住宅と多木の論文は相互に補完しあう表現となっている。ここで多木が行っている作業は、多木自身の言葉を借りれば、「できあがった建築の形式、つまり物や空間の結合組織を分析することによって、その形式を、それをうみだした『地』としての思考のなかへひらくこと」である。建築家が書いた文章やインタヴューの発言ではなく、建築の形式から建築家の思考を読み取るのである。これによって、建築家の中でまだ言葉になっていない方法や、意識に上っていない意味すらも、多木を通して言語化されることになる。建築家にとって、これが次の創作につながる役割を果たしたことは想像に難くない。

具体的に見てみよう。多木はここで、ロラン・バルトの記号論や、ヤコブソンの文化表現の分類を背景にしながら、パラディグム(要素の選択)とシンタグム(要素の統合)という言語の2つの軸に沿って、坂本と伊東の住宅を対比的に分析している。まず、《代田の町家》について、「坂本の関心は、さしあたり、建築をまったくちがった構成におくことではなく、あたりまえの構成材の関係である」と述べている。坂本の探求は、大理石の床、白ペンキが塗られた縁甲板の壁、屋根の勾配といった構成材の選択(パラディグムの軸)に現れる。そこに「意味の排除」という消費社会への批評を読み取るとともに、それらの構成材が天井の高さや壁のプロポーションにより関係づけられることで、「ある種の親近性」や「身体の空間」が形成されるとする。そしてこうした総体によって、「空間のゼロ度に、ものがあらわれてきてあたらしい日のように存在しはじめる世界」が成立することを指摘する。これに対して、《中野本町の家》における馬蹄形の平面は、「これまでの平面計画が成立つ論理的なマトリックスの変化」すなわち「トポスの変化」であると述べる。その中で、直角の壁、円形のテーブル、蛍光灯の線といった幾何学的な形態が統合されることで(シンタグムの軸)、「ひびきあう集合論的空間」による「感覚的な世界」が成立すると指摘する。こうして、形式の分析を通して2人の建築家の方法の違いが見事に言い当てられ、それぞれの方法によって生成する空間の意味が論じられる。言い換えれば、建築家が設計に用いた「建てること」のロジックの分析から、建築家が思考した「住むこと」の意味が抽出される。2人の建築家は、その後、集合住宅や公共建築などの都市的な建築を手がけるようになるが、そこでの展開もまるで予見されているようである。

こうした形式分析が行き着くのが、1983年にイェール大学の建築雑誌のために篠原一男について書いた「幾何学的想像力と繊細な精神」[*9]である。篠原の住宅が二項対立という形式のもとにダイヤグラムを添えて解剖され、そこから篠原の思考が立ち上がっていく様子は、形式分析による建築評論の到達点と言えるだろう。また、こうした建築作品の形式の読解が、『生きられた家』における経験の世界の著述と同時期に行われていたことも、多木の思想の振幅を示している。

社会における建築

形式分析による建築の意味の読解を深めた多木は、徐々に、建築家の活動や建築作品を広範な都市や社会の中で捉えるようになる。こうした姿勢と軌を一にして、言説の対象は広がりを見せ、芸術、文化、社会などに関して多くの論文や単行本を発表していく。その一方で「私が建築に持つ関心と、建築家が建築について抱く思想とは、必ずしも重なってこないことがよくわかってきました。[…] あえて言いますと、個別の建築家あるいは建築がいいか悪いかはたいして問題でなくなった」[*10] という発言が示すように、多木の活動の中で建築評論の比重は小さくなっていく。

そうした中で晩年のまとまった評論となるのが、2001年から雑誌『ユリイカ』に連載された「空間の思考」であり、その多くが20世紀という時代の考察を通してまとめられた『進歩とカタストロフィ』(2005) である。そこでは、建築を「建てること」の意味がより広い社会の中で捉えられるようになっている。例えば伊東豊雄の《せんだいメディアテーク》(2001) について、「私はまず自分がこれまでに書いた『せんだいメディアテーク』論をまず誤解に基づくものとして捨て去ることから始めねばならない」とする。その上で、公共建築を作っていく過程で、「形式(表現)を認識した上で、建築は建築家だけが考えることでは完結しないものであることが見えてくるのではなかろうか」と述べ、建築の社会性に言及する [*11]。また、山本理顕の《埼玉県立大学》(1999) を取り上げ、「ここには一人の建築家の企みや野心を超えて建築が存在し、建築とともにそこに風景が生まれていた」と述べ、その風景を生み出す架構のシステムを通して「失われたと思ってきた共同性」に言及する [*12]。こうした認識の変化は、多木が論じてきた建築家が設計対象を住宅から公共建築に展開したこととも並行しており、もはや多木の「空間の思考」は、建築家の内面に留まらず、建築に関わる具体的な他者を含めた共同性や社会の中で把握すべきものになっていく。多木は建築の意味の読解を続けながら、「建てること」と「住むこと」の座標を建築を取り巻く社会の中に置くようになっていくのである。

思考としての建築をこえて

こうして多木の建築評論は、建築家の営みに個人の人間の生を受けとめる芸術を見出し、また形式の分析から建築家当人さえまだ言葉にしていない建築の意味を抽出し、その先に建築を社会の中で捉えるようになった。そこには形を変えながら「建てること」と「住むこと」をつなぐ回路が通底していた。最後に私たちは、多木が建築作品から読み取った思考の枠組みと、私たちが展開すべき可能性を見定めなければならない。

まず、多木が問題にしたのは「現実としての建築」の向こうにある「思考としての建築」であったということである。多木の言葉によれば、「私の意識・無意識のなかで立ち上がってくるものは実体的な建築ではなく、それらを立ち上げている思考や無意識の衝動なのである」[*2]。それは、これまでの日本の建築家の「個人を社会化するのでなく、社会を個人的な想像力でとらえる傾向」[*13] とも連動しており、言い換えれば、社会に対する批評としての建築を前提としていた。また、そのようにして建築を読み解き、建築家の思考を理解する作業は、多木が「その理解から本来、線状の言語しか持っていない私自身が、自己の哲学のなかに空間的思考を取り込むのである」[*2] と述べているように、多木自身の思考の形成と不可分であった。つまり、ここまで見てきた「建てること」と「住むこと」の読解は、多木自身が「考えること」の基盤となっていたのである。

多木の建築評論は、このような枠組みを前提としながら、晩年はより広い社会の中で、「建築家の作品」も「生きられた家」も同一の地平で捉えるような視野を用意しつつあったように思える。私たちは、グローバル化、情報化され、高度に構築された社会システムが大災害によって喪われることもある現代において、人が生活し経験を重ねて「住むこと」と、知的な創造として「建てること」の関係を、もう一度見直さなければならない局面に立っている。多木は震災が起きた1ヶ月後に亡くなり、今となってはその思考の行き先を知るべくもない。しかし、いま多木が建築から紡ぎ出した言葉を読むこととは、この回路を開かれた可能性のテクストとして捉え、「思考としての建築」の先にある私たちの実践の問題として読むことであるべきではないだろうか。(建築家、1972年生まれ)

[*1]『生きられた家——経験と象徴』岩波現代文庫、2001、pp.6-7

[*2]「建築の思考——はじめに」『建築・夢の軌跡』青土社、1998

[*3]「形式とプログラム」『世界の建築家シリーズ 10選 ITSUKO HASEGAWA・長谷川逸子』メイセイ出版、1997

[*4] 前掲『生きられた家——経験と象徴』p.13

[*5]「異端の空間——篠原一男論」『新建築』1968.07 (収録：『建築家・篠原一男——幾何学的想像力』青土社、2007)

[*6] 初出：「篠原一男の世界」『デザイン』1969.04 (収録：『視線とテクスト——多木浩二遺稿集』多木浩二追悼記念出版編纂委員会編、青土社、2013)

[*7] 初出：「磯崎新論——虚像の行方」『デザイン批評』8号 1969.01

[*8] インタヴュー「批評とは何か」聞き手＝五十嵐太郎、『建築雑誌』2004.09

[*9] 初出：「Oppositions: the intrinsic structure of Kazuo Shinohara's work」『Perspecta』No.20、1983.06。日本語版：「主題の変遷と基本的構造——篠原一男論・序説」『建築文化』1988.10、その後「幾何学的想像力と繊細な精神」として前掲『建築・夢の軌跡』および『建築家・篠原一男』に収録。

[*10] インタヴュー「建築の可能性に向けて」聞き手＝編集部、『GA JAPAN』5号 1993.10

[*11]「建築が変わるとき——伊東豊雄」『進歩とカタストロフィ——モダニズム 夢の百年』青土社、2005

[*12]「そこに風景があった——山本理顕『埼玉県立大学』について」『ユリイカ』2001.10 (収録：前掲『進歩とカタストロフィ』)

[*13]「不可能な都市に生きる夢」、前掲『建築・夢の軌跡』(日本語版初出：「開かれたテクストに向かって——伊東豊雄論」『建築文化』1991.12、収録：前掲『視線とテクスト』)

[論考] 多木浩二を読む

家具論 『「もの」の詩学』を起点に

[左から]『「もの」の詩学——ルイ十四世からヒトラーまで』(岩波現代選書、1984) /新編集版『「もの」の詩学——家具、建築、都市のレトリック』(岩波現代文庫、2006)

家具に内在する身体と社会

安森亮雄

『「もの」の詩学』(1984) は、家具から都市に至るまでの「もの」の歴史を通して、人間の社会や文化を論じた本である。2006年の文庫版のあとがきで多木自身が述べているように、本書の第1章のテーマである家具論は、「その後の思想を展開する上でもっとも重要な出発点」となった [*1]。ここでは、家具についての多木の思考を追跡しつつ、それが現在の私たちに意味することを考えてみたい。

*

家具について多木が問題にするのは、現在、雑誌やインテリアショップに氾濫する趣味嗜好や、人間工学による機能的な使い易さではなく、また、それを可能にする技術や素材の開発でもない。多木の視野に捉えられているのは、家具に関わる人間の身体と、そこから広がる社会である。私たちはまず、この家具にまつわる深さと広がりを認識しなければならない。

多木はまず、家具を身体との相互作用において捉える。多木が家具を論じる際に、繰り返し引用するメルロ＝ポンティの身体論の一節がある。「身体の空間と外面的空間とはひとつの実践的体系をなしており、そのうち前者はわれわれの行動の目標として、対象がその上に浮き出してくる地」(文庫版 p.4) というものである。ゲシュタルト心理学の「図」と「地」の関係を想定すれば、「図」は家具やものであり、「地」は身体であり、両者の実践的な関係として空間が位置づく。また、人間は身体の機能を拡張するために道具をつくり出し、「文化的世界 (道具的世界)」を形成する。その先には、所作 (身振りの型) や姿勢といった、家具を介した身体と社会の関係が浮かび上がってくる。多木は、マルセル・モースやルロワ＝グーランらの思想を引き合いに出しながら、このような認識を論じ、「ある文化の家具の歴史は、その文化の身体の歴史を素描する」と述べ、「家具と身体の相互関係の読み」(文庫版 p.8) を展開していく。

そこで中心的に分析されるのは、西洋の椅子の歴史である。17世紀の宮廷社会における、玉座に代表される椅子の形態の変化が追跡される。例えば、背もたれの傾きや柔らかいクッションの座面など、この時代に現れる椅子の変化は身体の生理的な休息の欲求からくるもので、「快楽の身体」に基づいている。また同時に、玉座に座って威厳ある姿勢を維持するのは、社会に向けた対他的な「儀礼的身体」に基づくことである。多木は、ノルベルト・エリアスの宮廷社会の分析を援用しながら、家具を通してこの２つの身体をあぶり出してゆく。そして、ベルサイユ宮殿において、王の寝台（ステート・ベッド）が据えられた寝室が建物の中心に移行する過程が、絶対王政の成立と軌を一にし、王の身体が国家を体現するという、家具を媒介にした社会の構造を読み解くのである。

*

こうして多木は、『「もの」の詩学』の中で、身体の深さと社会の広がりにおいて家具を歴史上に位置づける。では、現代の家具はどう捉えられるのか。多木は、歴史的な家具に留まらず、当時、新しい潮流になりつつあったイタリアのデザイナーの家具を論じたり、イームズとウェグナーの椅子を比較した明晰な分析を行ったりしており、現代の家具にも目を向けていた。ここでは特に、多木と同時代に生きた倉俣史朗（1934-91）と大橋晃朗《てるあき》（1938-92）という二人の家具デザイナーについての評論に着目してみたい。

『「もの」の詩学』の前に書かれた『生きられた家』（田畑書店、1976）の「小さな世界」という章に、倉俣との関係を示すエピソードがある［*2］。多木はまずこう述べている、「生きられる家のなかで、人間による直接の働きかけによって生じる小さな世界の意味は、まず動作の結びつく部分やスケールにあらわれやすいように思われる」。このような人間の身体と密接に関わる家具は、『生きられた家』を構成する重要な要素であった。その上で、古い商家などに見られる階段と戸棚が一体化した箱階段の魅力を語り、「友人のデザイナー」から教わった家具についての認識を紹介している。「かれは抽出しはなにかを入れておくところというより、見知らぬものをさがすイメージをもっているのだと私に語った。［…］友人が語ったのは収納という機能をもった事物の精神分析であり、それは、事物とのかかわりが、直接にはあらわれていない世界に触れることも含んでいることを理解させたのである」。ここで登場する「友人のデザイナー」は倉俣史朗のことであり、この引き出しの話は多木と倉俣の対談でも話題にされている［*3］。『生きられた家』において人間の精神や身体の動作と関わる「もの」の世界は、同時代の創作の問題とも地続きであったのである。

さらに倉俣の作品集に寄せた文章では、倉俣作品に家具と身体の関係による空間を見出している。「かれのデザインする物は空間を地にしてはじめて成り立つ。［…］物はつねに隠された空間を『地』としてもつ『図』である。かれの椅子は［…］むしろこの隠れた空間を発見させ、ひいては人間にただひとつの椅子の座りごこちでなく、自らの身体の織る空間の全体を発見するように導くのである」［*4］。歴史上の家具と、現代のデザイナーによって生み出される家具が、身体という同一の地平で捉えられるのである。

*

倉俣史朗の家具が身体に基づくのに対して、大橋晃朗の家具はまず社会との関わりにおいて表れる。ここでいう社会とは、必ずしも現在という時間や此処という場所に限定されない、家具から広がる歴史や文化を含んだ総体といってよい。多木と大橋の関係は、二人の思考が共振していく点で、倉俣とは違った様相をみせる。その具体例が、『インテリア』1980年2月号の「家具」特集における共同作業である。この特集では、多木による「複合体としての家具」という文章と、大橋の繊細な線画による多くの家具の図版が一体的な誌面で構成され、古今東西の家具を捉えるパースペクティヴが二人の間で共有されていたことがよく分かる。多木は1970年代に、『デザイン』誌の連載［*5］などを通して家具や室内についての論考を展開している。その10年余りの思索をまとめたのが、大橋と共同作業したこの特集号であり、文中、多木自身が「文章の長さに制約があるのでエスキスに終らざるをえなかった」と述べているように、そこでの数多くの論点は数年後に『眼の隠喩——視線の現象学』（青土社、1982）や『「もの」の詩学』の家具論に結実することになる。こうした家具の歴史と文化についての読解を、多木と大橋は共有していく。

そのひとつの具体例が、家具の類型（ステレオタイプ）についての認識である。「家具の図式的な構成は、可能な限り抽象化してみると、台型と箱型というふたつのタイプに限定されてしまう。テーブルも椅子も台であり、チェストもカップボードも箱である」（「複合体としての家具」）。このように多木は、古今東西の夥しい家具の読み取りから、家具に通底する類型を取り出す。この認識をもとに、大橋は《椅子または台のようなイス／椅子ミリ》（1975）と、それに続くスチールパイプの椅子のシリーズ（1978）を製作し、これらの椅子のいずれにも、「台」としての構成と歴史上の家具の形態が埋め込まれている。また大橋は、それに続く「ボード・ファニチュア」のシリーズ（1979-84）で使い手が安価に購入・制作できる家具システムを試みたが、こうした社会における家具のあり方を考えるのも、多木との関連なしにはありえなかった。実際のところ、多木と大橋の家具についての認識は、どちらが先行していたか定かではなく、それほどに二人の思考は共振していく。大橋が急逝した後に編纂された言説集のあとがきで多木は、「私は彼がデザインする度に、それが長いあいだ家具の歴史についてともに話しあってきた私へのメッセージであるような気がしていた。歴史はいわば彼の家具の隠し味であった」［*6］と述べたほどである。

＊

多木は二人の家具デザイナーの作品論で、倉俣にも社会に対する批評を見ているし、大橋の家具にも、床座をする日本人が椅子に座る際の曖昧な姿勢といった身体の側面を見出している。したがって、上で述べた切り分けは、実際には一義的ではなく輻輳しているのだが、いずれにせよ多木は、歴史上の家具と現在のデザイナーの家具を横断し、家具に内在する身体の深さと社会の広がりを読み解いた。しかし、倉俣や大橋が活躍し、多木が精力的に家具について論じたのは、1970年代から1990年代前半までである。それから20年を経た現在、多木の思考を通して家具をどう捉えられるだろうか？　それにはまず、倉俣と大橋の試みの限界を見定める必要がある。

その限界とは、二人の家具デザインは、結局のところ「芸術としての家具」にならざるを得なかったことである。多木は二人を評してこう言っている。倉俣について、「かれはいつか道具が真に人間に奉仕する日を夢みている。しかし、かれは倖せな時代に生まれた倖せな職人ではない。人間と世界とのあいだの深い亀裂に目をつぶっていることもできない」と[*4]。また大橋について、「家具を作る絶対の基盤がなくなっていることを感じはじめたのである」、「かつて機能とか、工法とか、素材とかによって合理化されて存在してきた美的な『もの』が、いまや何の確かさもないものになってしまったのではないか」と[*7]。二人の置かれたその状況のなかで、倉俣の家具デザインは、家具の機能や存在根拠の根本に立ち返って、そのあり方を転倒させる「アイロニー」の概念操作にもとづくものであったし、大橋の家具デザインは、多木とともに学んだ家具の歴史を背景に、「文化の錯綜体」として家具の形態を編集する文化的な「ゲーム」となっていった[*8]。『「もの」の詩学』の家具論は最後に、家具が、家や都市、宇宙といったコスモロジーを体現するという、『生きられた家』と相似形の象徴論に帰着する。かつての家具にあった象徴性が消失し、家具の存在根拠が見出しにくい時代に、二人のデザイナーは、アイロニーやゲームによる批評すなわち芸術として家具デザインを位置づけた。あるいは、現代において、家具が人間の身体や社会との関係を取り結ぶことを真摯に模索したが故に、そうせざるを得なかった。1990年代前半に同じくして急逝する二人のデザイナーの家具は、今でも私たちに新鮮な感覚を呼び覚まし、回顧展の開催や書籍の出版が近年なされていることからしても、世代を超えて私たちを惹きつける何かがある。しかし、それは私たちの身の回りにある家具ではなく、「芸術としての家具」の試みであった。そして、多木が家具の分析の対象にしたのも、『「もの」の詩学』での玉座に代表されるように、多くが西洋の歴史における「大文字の家具」であった。

*

そして現在では、彼らが立脚した批評としての芸術的なデザイン行為も、急速にリアリティを喪いつつある。私たちは多木の膨大な思索を経て、象徴性なき時代、批評なき時代において、家具からどのような思考を展開すればよいだろうか。そこでは、今後の家具デザインの行方は？といった問いはあまり意味をなさない。なぜなら、多木が見ていたのは家具や「もの」自体ではなく、それらを通して見える身体の深さと社会の広がりであったからである。書名の「『もの』の詩学」と同じタイトルが付けられた初版の終章は、文庫版では「蛇足」として削除されたが、当時の多木による主旨説明あるいは自作解題となっている。そこでは、多木が見ていた「もの」とは、「人間のさまざまな活動と結びつき、生成される文化の、あまり眼にとまらないところに沈んでいるもの」、すなわち「文化の無意識のようなもの」（初版あとがき）であったことが述べられている。つまり、「もの」を通して、それに関連する「問題群（プロブレマティック）」を考えることが多木の主題であった。

そうであるとすれば、いま私たちが問題にすべきなのは、一層複雑になり断片化している現代の社会や文化、またその中で普段は無意識になっている私たちの身体、およびそれらの相互作用であろう。そこで前提としなければならないのは、現代における家具が、かつてのような生活や生産の確かさによって形態化したものではなくなり、また、私たちが古今東西の家具を取捨選択しながら使っているように、時代の身体や社会を表象し内在するものではなくなったことである。すなわち、家具を通して身体や社会を見るのではなく、かつて家具が担っていたような身体と社会をつなぎとめる何かを模索するという困難な回路を強いられることになる。

しかし、いくつかの考えるべき状況や手がかりはあるように思える。例えば、グローバル化や郊外化、情報化による場所の喪失が一層進んだ現代の社会における、私たちの身体の位置づけである。均質に向かう実空間と膨張を続ける仮想空間を行き来することが日常になった私たちの身体を、どのように定位することができるか。もはや家具ではつなぎとめられない空間のあり方が問われることになる。また、例えば若い世代に、リノベーションやユーズドの服、古民家カフェなどの時間の蓄積されたものへの関心が醸成されていることはどうか。これは趣味や流行として現れているが、多木が『「もの」の詩学』で扱った内容には、このようなキッチュになりかねないが無意識に人間の文化の一部を形成しているものも含まれていた。こうした現象をより大きな歴史の中で位置づけることも問われるだろう。

多木の視点が「歴史的に変容する『もの』の様態と変化のあらわれる特異点」(文庫版p.308)にあったとすれば、現在をその特異点あるいはそれに至る過程として捉え、今の「問題群」を関係づける思考が必要となる。多木の家具論における身体の深さと社会の広がりを伴う空間のパースペクティヴは、現代において、私たちの身体と社会を関係づける所作や身振りをどのように空間として構築しうるか?という問いを私たちに投げかけている。

[*1]『「もの」の詩学』の第1章「『もの』と身体」(初版タイトル「身体の政治学――快楽と社会」)は、『叢書文化の現在 2 身体の宇宙性』(岩波書店、1982)に収められた「身体の政治学――家具というテキストを読む」をもとに書かれていることが初版のあとがきに記されている。

[*2] 引用文は後年の改訂版『生きられた家――経験と象徴』(岩波現代文庫、2001) pp.127-128 より

[*3] 倉俣史朗・多木浩二「事物の逆説」『多木浩二対談集・四人のデザイナーとの対話』新建築社、1975(再録:『1971 → 1991 倉俣史朗を読む』鹿島出版会、2011)

[*4]「零への饒舌」『建築・夢の軌跡』青土社、1998(初出:『倉俣史朗の仕事 The Work of Shiro Kuramata 1967-1974』鹿島出版会、1976。再録:前掲『1971 → 1991 倉俣史朗を読む』)

[*5]「ものと記号の軌跡」『デザイン』1971.02 〜 12、全11回。第2回「椅子その1」、第3回「椅子その2」、第6回「テーブル」、第8回「ベッド」が『視線とテクスト――多木浩二遺稿集』(青土社、2013)に収録。

[*6]「家具を彷徨った人」『トリンキュロ――思考としての家具』住まいの図書館出版局、1993

[*7]「大橋晃朗さんについて想うこと」『タッチストン――大橋晃朗の家具』TOTO 出版、2006(再録:前掲『視線とテクスト』)

[*8] 大橋晃朗インタヴュー「家具ゲーム、文化ゲーム――文化の錯綜体としての家具」聞き手=多木浩二、『SD』1985.05(収録:前掲『トリンキュロ』『タッチストン』)

［論考］多木浩二を読む

都市論　『都市の政治学』を起点に

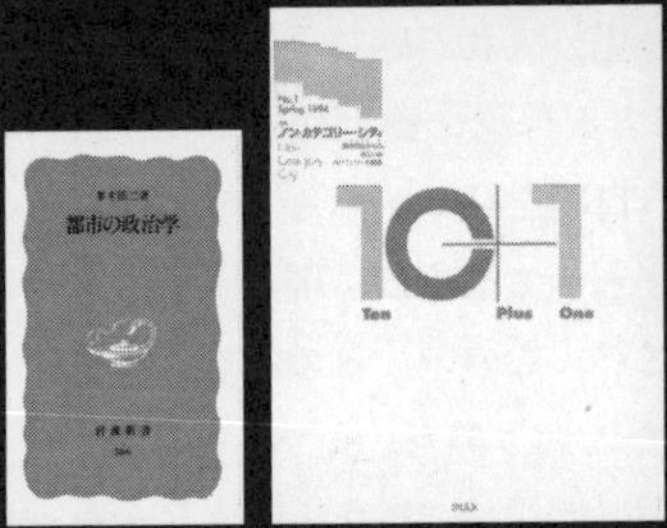

［左から］
『都市の政治学』（岩波新書、1994）／『10+1』No.1（INAX、1994.05）

「人間学」「現象学」「政治学」としての都市論の眼差し

青井哲人

『都市の政治学』は、あとがきによれば1993年末にその草稿が書き始められ、1994年末に刊行されている。バブル崩壊後、阪神淡路大震災前の作品だ。一言でいえば現代都市論であるが、より限定していえば東京論である。だが、近代という海を泳ぐうちに「異様な変化」(p.192) を来してしまった国内外のあらゆる都市（あるいは都市的断片）と、そこでの人間の生のありようを捉えるうえで、いまなお重要なマイルストーンであることは疑いない。

それでは、東京のような都市に生じた「異様な変化」とは、一体どのようなものか？

旧来の結合から解き放たれた男と女が子供をもうけるという、生々しい性的結合としての核家族の「私性」が露骨に透けて見えてしまう多摩ニュータウン。時空間的に細分化され個人化していく都市生活をコモディティ（日用品）のレベルで住居から集合的に外化したかのようなコンビニエンス・ストア。カーニヴァルでシステム全体が再活性化できるようなコンパクトな共同体であることをやめた都市を、ひっきりなしに揺さぶり続けるためにバラバラの核家族や個人を方々で無根拠に集めてやまないイベントやテーマ・パーク……。これらの何が「異様」なのか。いまとなっては分かりにくい気もする。

1994年といえば、多木自身が八束はじめと始めた季刊誌『10+1』の創刊の年でもある。『都市の政治学』はともするとさらりと「読めてしまう」本だが、とくに若い読者には、同時期に多くの建築家や社会学者たちとの共同作業として編まれたこの分厚い雑誌とじっくり照らし合わせながら読むと、当時の多木の問題関心がもう少しゴツゴツとした手触りとともに理解されるだろう。実際、多木はつねに現代都市の兆候的現象を、そのなかで構造づけられ、変質してゆく人間のありようとともに把捉するような「人間学」を追い求めていたし、都市についてはこれ以前にも多くの論考をものしていたにもかかわらず、また、建築家たちと交わる機会をつねに持ち続けていたにもかかわらず、あらためて「新しい都市論」を生み出すための場を持とうとした。

たとえば『都市の政治学』の第一章に出てくる多摩ニュータウンは、『10+1』では創刊号の特集「ノン・カテゴリー・シティ」で多角的な作業を通して吟味されている。同特集中のディスカッション「建築は何処へ——多摩ニュータウンと快適性をめぐって」は、予備討論を経て、発見を丁寧に醸成させた討議で、そこにも多木の思い入れが感じられるのだが、この座談会で、多木は、青木淳・入江経一・吉松秀樹が発する言葉を噛み締めつつ、自らのパースペクティブを検証し、もどかしさを押し殺しながら自問を続けているように見える。『都市の政治学』のあとがきの言葉を使っていえば、彼にとって都市は、現在（自分自身が置かれている場の組成）を捉えるための方法であったのだが、この頃、その都市が「方法としての輪郭を急速に失っていく」（p.191）ように感じられたというのだ。

世界が捉えがたくなったとき、人は「古き良きもの」（p.36）に安定のための支えを求めようとする（都市デザインでいえば中世都市に根拠を求めるタウン・スケープ派や、都市に認知の錨を据えようとするケヴィン・リンチのように）。しかし一方で（ベンヤミンにならって）多木が強調するのは、世界を捉え難くしている「大きな力」（その力は巨大で複雑な世界を、破綻を避けながら駆動しつづける）はいつも、むしろ「あたらしき悪しきもの」（p.36）をその兆しとして伴うのだということである。ボロか屑のような、まだ意味づけはできないが、おそらくは互いにつながり合っている有象無象ども。『都市の政治学』では、ニュータウン、コンビニ、イベントやテーマパークなどがそれであった。

そうした現象において、巨大な力の作用をひしひしと（多くは無意識のうちにであるが）受けながら、人々はそれに反作用を返す。そうした「界面」のダイナミクスに着目するのが彼のいう「現象学」であり、またそれが政治性を免れえないことを見る視座こそが、『都市の政治学』という書名の所以である。

近代の資本主義社会はあらゆる伝統的な中間的・社会的な結合（共同体）を解体し、個人を析出し、これを資本の運動に都合よいように再編していく。現代都市はそうして形成されたシステムであり、つねに現在の自己を吟味し、資本を動かせる余地を見つけてはそれが活用できるように書き換えていく。これは自己言及の反復であろう。多木が繰り返し持ち出す「ゼロ」という言葉は、おそらくこの自己言及の底に何もないという無根拠さ、空虚さを言い換えたものである。自己言及を長期間にわたり繰り返せば、その空虚さは露呈し、システムは疲弊するが、だからこそ自壊するまで自己の書き換えを続けるだろう。人がもしその危うさやいかがわしさを疑わなければ、このシステムはそこに埋没する彼にそれなりの快適性を与えてくれる。それが資本を動かすことにつながるからだ。イノセントな東京の若者たちを写真家トスカーニが「悲劇の前兆のような天使」と形容したことを多木は伝えている（「溶解する東京」『現代思想』2000.10）。こうした、すでに生きているのか死んでいるのか分からないような自己言及システムのありようを、彼はまた「廃墟」という比喩で呼んだ。

私たちは、多木浩二という知性がこうした「異様な世界」を切実な問いとして発見したのが、1993年頃であったということを、曖昧にせず、記憶し、検討すべきであろう。20世紀前半のベンヤミンや今和次郎、20世紀後半の八田利也、ヴェンチューリ、コールハース、あるいはコンペイトウや遺留品研究所のように、資本主義社会がもたらす「あたらしき悪しきもの」に多くの人々が感度よく反応し、それを捉える方法を模索してきたではないか。多木が感じたのはそれらとどう違うのか。この点は必ずしも明快に論じられているわけではない。バブル経済への言及もなければその崩壊への言及もない。本書の射程はもう少し大きいし、また大きな問いのまま放り出されているところがある。

『都市の政治学』の読者が文字どおり目から鱗が落ちる感覚を味わうのは、私たちが「都市」という語でイメージするのが、たいてい「19世紀のネーション・ステートの首都」を（意外にも無批判に）「普遍化」したものであるという指摘だ。パリ、ロンドン、東京……。こうした近代の首都を一般的・古典的な「都市」であると暗黙のうちに前提し、それがいかに膨張しつつ変質し、捉え難くなっていくかを言挙げするのが、20世紀後半のほとんどの都市論の支配的な（実際にはかなり限定された）枠組みだったのである。

ヨーロッパの伝統都市は、都市国家の形態をとり、強固に統合された共同体としての人称的フィギュアをもっていた。19世紀の首都がそれと違うことは明らかで、領土国家のセンターという形式をとることで、都市共同体としての閉鎖系を解き放ち、資本の活動を集中させることで出自の異なる人々を集めて成長していくとともに、地方都市が模倣すべきモデルとなった。ベンヤミンが捉えようとしたのは、この19世紀以降の首都が先行して噴出させた「あたらしき悪しきもの」であった。逆にCIAMなどが提出した「近代都市」はそれへの嫌悪と批判であり、比較的単純な理念（機械論的モデル）で統御可能と彼らが信じた方法（ユートピア）の表明であった。その無効性を暴露しながら、資本主義の進展は19世紀的首都がまだ手放せなかった伝統的な可視性・人称性から逸脱していく自己運動を止めない。巨大な匿名性と流動性と自動運動が支配しはじめる。磯崎の「見えない都市」や、コールハースの「錯乱」（ダリのPCMの応用）は、それを捉える方法だったということになろう。

しかし、20世紀末期に到ると、このシステムは20世紀中盤から後半にかけてまだ残していた素朴な単純さや暴力性を隠蔽し、きわめて精緻に社会の機微に対して自らを調律するようになった。自己言及的な修正の反復が大きなフロンティアを失い、細かなニッチを丁寧に埋めたり創出したりしはじめたということかもしれない。これが「天使」の安定的再生産の土壌となる。人々は「天使」でいられることが「快適」であるがゆえに、たとえば核家族ばかりの異常なアッセンブリーであるニュータウンを、個性ある夫婦と子供たちの共同体であるかのように装う「デザイン」（建物ヴォリュームの適当な凹凸や記号性の付与）を喜んで買い求める。セックスする男女とその産物としての子供がコンプレクスと裏腹の愛で結合している——そのいかがわしさ（何のために彼らはイエや地域の共同体から切り離され、そんな結合を強いられているのか？）が日常の公共空間ににじみ出してしまうことへの人々の抵抗のなさと、それを支えてしまうデザイン（大きな力と個人との「界面」の調律）こそが、多木が多摩ニュータウンを「性愛空間」と呼ぶ理由である。彼は、多摩に興味をもったほとんど唯一の理由はそれだと言っている。同様に、コンビニは強力なフォーマットを基盤としつつも、各店舗の周辺のサーキュレーションや社会構成の特殊性に即応的に調律されたプランニングと品揃えを、コンピュータによる高度な管理技術で実現した。

誰も都市を動かす主体の位置には立てない。都市とは多様な主体の欲望に満ちた活動が相互作用の末に結果的に生み出してしまう効果であり、誰もが資本主義経済というシステムの延命のために働かされていることに薄々気づきながら、自らの生き甲斐を満たすために自発的に動いているのだと信じられるような構図をつくり出すのだが、それが（都市景観の醜悪ささえのぞけば）あまりにもうまく調律された状態に、多木は不快感と苛立ちを覚えていたに違いない。

しかし、多木が問題視した状況が最初から当然のものであった次の世代にとっては、都市は無意味な空虚なのだと言われてもどうしようもない。彼らにとっては、現代都市の異常さが立ち現れるパースペクティブを示した『都市の政治学』は、むしろ、このシステムには外部はないのだから、内側から当のシステムと手を結びつつ介入の方途を探れと背中を押す役割を担ったとしてもおかしくない（隈研吾による書評「『見えない都市』との総括」を参照、『SD』1995.04）。

誰もがそれぞれの手の届く範囲で意識的に都市を動かす巨大なシステムの一部に介入しうるのだし、そして言うまでもなく、大手デベロッパーと商店街の老店主とでは、その範囲の大きさと作用の影響力には顕しい懸隔がある。多木の議論は、システムの自動性と空虚さを強調しすぎるあまり、主体性の契機とその階層性が軽視され、都市が過度にニュートラルで抽象的なものになってしまう欠点があった。本書の発刊からもうすぐ20年になるが、この間に経済は失速し、既存システムの温存を賭けたネオリベラリズムの露骨な暴力が目立つようになったし、社会の階級性も次第に強まり、首都と地方都市ではまるで別の存在様態を示すようになった。今日の若い世代からみれば、『都市の政治学』は記号論的なポストモダン文化論に近いものに見えてしまう嫌いもある。

ついでにもうひとつ指摘しておきたいことがある。都市というシステムはトップダウン的には統御できないので、資本や官僚制は部分的な操作で期待した一定の効果を出せるような技術を洗練させてきた。そのプロセスを司る複雑なメカニズムが分からずとも、特定の入力が特定の出力を生むための最低限の拘束条件さえ分かればよい。だがそれは、資本主義社会の権力が匿名的なあり方を望ましいと考えたがゆえに政治的に選択された技術であったともいえる。阪神淡路大震災や東日本大震災のような巨大災害に際しては、官僚制と資本はむしろインフラストラクチャーの再建・増強や、テンポラリー・シェルター・コンパウンド（仮設住宅村）への住民の半強制的移住といった、近代的な機械論的モデルを、躊躇うことなく、合法的に、マッシブに動員する。実は、これも20世紀末期になって本格的に実装された体制なのではないかと筆者は考えている。50年前の日本では、プレファブ仮設住宅を3ヶ月で数万棟もつくる能力は産業的にも財源的にも整っていなかったし、何兆円もの税金を投じないと復興できないようなインフラもまだなかった。多木が観察するポストモダンな都市現象の下では、こうした唖然とするような近代性がいよいよ膨れ上がっていた。

多木の「政治学」は、こうした問題を前にするといくぶんナイーブに映ってしまう。その意味では多木の都市論が、第2次世界大戦の終わりと阪神淡路大震災とのあいだ、つまり20世紀後半の社会システムの内部で考えられていたものであることは、最終的には否めないと思う。しかし、我々だってそこから簡単に出られるわけではない。事実、日本国民は自分たちを「天使」のままでいさせてくれそうな政権を2012年末に圧倒的な支持率で選んだ。多木はこうした事態が起るだろうことを予言してもいる（前掲「溶解する東京」）。炯眼である。

多木の都市論の主眼は、一見すると取るに足らない日常的な生活の圏域に走る大小の力の関係を鋭く見極めることで、私たちの生の構造を理解することにあり、それが「人間学」「現象学」「政治学」と呼ばれていたのである。そうした問題設定そのものは、私たちにとってむしろ基本的なものでなければならないし、人間が抗いつつ自ら拘束される、そうした力学のありようを手探りでなぞるような泥臭い知性は、今後ますますその重要性を増すだろう。（建築史家、1970年生まれ）

［論考］多木浩二を読む

建築写真　『建築家・篠原一男——幾何学的想像力』を起点に

『建築家・篠原一男——幾何学的想像力』（青土社、2007）

多木浩二の建築写真を通じて、写真と建築の関係について考える

阿野太一

90年代の後半、私が通っていた大学には幾らか学生運動の匂いが残っていて、写真部にも写真の技術書や古いカメラ雑誌に混じってブレッソン、エルスケンなどの写真集、そしてヘルメットなどが本棚に並んでいた。だから多木浩二という名は『provoke』の活動を通して知ったのだと思う。森山大道に影響されて夜中の街頭を高感度フィルムで撮ったり、「アナタにとってその写真はどんな意味があるのか」などと背伸びした議論をしていた。『デジャ＝ヴュ』No.14（1993.10）の特集「『プロヴォーク』の時代」、西井一夫の著書『なぜ未だ「プロヴォーク」か』（青弓社、1996）は、それこそ何度も繰り返し読んだ。多木と建築についての関わりを知るのは、ずっと後になってからである。

『provoke』1号は1968年11月に中平卓馬、高梨豊、多木浩二、岡田隆彦によって刊行される。多木による女性の顔の写真も巻頭に掲載されている。2号では中平に誘われた森山大道が参加するも、1969年8月の第3号をもって活動は終了する。その後、1970年に総括集としての『まずたしからしさの世界をすてろ』（田畑書店）を刊行。その後に与えた影響からすると活動というよりも運動といった方がしっくりくる。

ここでは、当時の写真をとりまく状況を『なぜ未だ「プロヴォーク」か』から引用しつつ、『建築家・篠原一男——幾何学的想像力』（2007）に掲載された多木の写真と写真についての三つの短い文章を読んでみたいと思う。

> しかしなぜか篠原さんから写真を頼まれるのです。ところが六〇年代末の「provoke」など、写真についてのいろいろな活動の苦い結果、私は七〇年代に入る頃には、もう写真は撮らない、かわりに写真を見ること、それについて書くことに限定しようと決めていたので頼まれることが苦痛でした。私は写真を撮ることは巧みではありませんが、写真化された世界を考えることはすばぬけていたのです。結局、断りきれないまま「谷川さんの住宅」、「上原通りの住宅」まで撮っています。写真を撮るか撮らないかは、私自身の問題ですが、

その辺は思いやりはなかったですね。なぜ私に写真を撮らせようとしたのか、今もって分かりません。彼には写真が分かりませんでしたからね。（多木浩二「篠原一男を憶う――坂本一成氏によるインタヴュー」『建築家・篠原一男』、初出：『ka』31号 2007.06）

「もう写真は撮らない」とは写真家として撮ることを止めたということであり、『なぜ未だ「プロヴォーク」か』では多木の希望により写真の再録すらも見送られる。そのくらい当時撮影した写真に「苦い結果」という意識を持っていたのに、なぜ篠原をはじめとした何人かの建築家の作品については撮影を継続することにしたのだろうか。

「なぜ私に写真を撮らせようとしたのか、今もって分かりません。彼には写真が分かりませんでしたからね」と、写真についての話は唐突に結ばれる。建築家が写真家に撮影を依頼するのは、建築を写真として記録、伝達することを目的としていることが普通である。しかし多木が論じてきた写真の多くは建築や言葉に添えられる図版としての写真では無いし、そもそも建築を写真で表現するという素朴な表現自体を疑うようなところから始まっているのだから、多木がそのような目的で建築写真を撮影したとは考えにくい。おそらくは、篠原の建築を写真で表現しようとしたのでは無く、「写真になにが可能か」の実践であったのだ。「写真は既存の概念という媒介を破壊して人間と世界との直接的なつながりを回復しうるかもしれないものだし、それは、ふたたび新鮮な思想や言葉をよびさますものになるかもしれない」（多木浩二「写真になにが可能か」『写真論集成』岩波現代文庫、初出：前掲『まずたしからしさの世界をすてろ』）。

続けて、ふたつある写真パートのうち、第1パートを見ていく。

篠原さんとつきあって、まさか建築写真を頼まれるとは想いもよらなかった。いきさつは忘れたが、思い返してみると最初に撮影を頼まれたのは一九六八年、「花山南の家」だった。当時私は和光大学の教職にあったが、写真に関して言うと「provoke」なる同人誌を出そうとならず者の集団を構成していたので、小ぎれいな住宅の写真を撮ることなど考えたこともなかった。だがそこはなんとか説得されて、とにかく撮った。結局、「花山南の家」のあと、「鈴庄さんの家」「篠さんの家」「未完の家」「同相の谷」「谷川さんの住宅」「上原通りの住宅」などを撮ったが、いくら撮っても一枚くらいしかまあまあというものしかなかった。篠原さんはその一枚を意外にも大切にしていた。第一パートはそういうものを集めた。（「写真 1」前文、p.32）

花山南の家（p.33）

やや低めの視点。三脚を構えレンズをライズし、画面のバランスをとるように少し左へシフト。2本の磨丸太がすぐ目に飛び込んでくる。立て掛けられた梯子が重なっているのも意図的だと感じる。『篠原一男―― 16の住宅と建築論』（美術出版社、1971）、『篠原一男』（TOTO出版、1996）でも同じカットが掲載されている。本書と比較して高めのコントラストだが、整ったトーンといえる範囲。

花山南の家（pp.34-35）

照明が自然光に比べて効いているところから夕方か。アイレベルはかなり低め。テーブルの上面が見える程度。座った人の視点くらい。おそらく左側に見える扉とペンダントの重なりを見ながら周到にカメラの位置を決定している。『篠原一男—— 16の住宅と建築論』では6 × 9（大型カメラ）を使用したと思われる良く似た構図のカラー写真が使われている。2枚の写真では、梯子と花瓶の有無、照明の位置、蛇の目傘の位置、カップの向きが変わっており、カット毎に隅々まで気を配って丁寧に撮影されていることが窺われる。カラーポジを入稿してモノクロ化したことで、1枚目とトーンが異なるのか。

この《花山南の家》が、多木による篠原作品、最初の撮影。同時期に撮影されたであろう村井修による写真と比較して一歩も引く所は無く、多木の高い撮影技術が良くわかる。『新建築』1969年1月号、『SD』1979年1月号の誌面からは、視点が高く記録的で構成的な村井の建築写真に対して、多木の写真には叙情的な印象があり、撮影者の視線を感じさせる瑞々しさがある。特に『新建築』でも表紙となっている写真と本書2枚目の写真を比較してみると、そのことが良く感じられると思う。ここから「私は写真を撮ることは巧みではありませんが」という多木の「巧み」さとは技術的な上手さではないのがわかる。1968年5月竣工、翌年1月号の『新建築』の掲載から、『provoke』創刊と近い時期に撮影していると思われる。

新建築社には写真部があり、誌面に掲載される写真を撮影しているのだが、多木と村井という外部の写真家を起用した経緯についての詳細は不明。その後も『新建築』では篠原作品について多木による写真での掲載が続き、その写真の初出の多くは『新建築』であるが、ここでは篠原自身による写真の選定意図を考慮して、本書でとりあげた写真の比較対象としては作品集を中心に参照していきたいと思う。

鈴庄さんの家（pp.42-43）

《花山南の家》に続いて撮影。1968年3月竣工だが、なんらかの経緯で撮影が後になったのか。非日常的に低い視点。床に直置きに近いアングル。一眼レフによると思われる撮影で、高温現像と思われる現像過多による濃いネガ。白く飛んだ壁。焼き込んで汚したような障子の白。ハイキー。

『篠原一男—— 16の住宅と建築論』では、視点を座卓の上面とツラ位置とした、つまりもう少し高い視点での別カットが、上下をトリミングし見開きで掲載されている。焼き込んで壁はアレた粒子で灰色。湯のみが無くなり、床にクッション、左手に椅子が配される。テーブルをよけペンダントの光がカーペットに落ちているのが微かにわかる。比較すると、本書に掲載されている写真は、《花山南の家》のアプローチから一転して、建築の構成を見せることを拒否しているかのような写真にも思える。

同相の谷（pp.40-41）

手持ちでの見下ろし。《鈴庄さんの家》と同様の現像。多木の写真は、以後もおおざっぱに言えば同じトーンが続いていく。コントラストの高さから、ガラスに映り込んだ椅子が一見するとわからず、ガラスの透明さを際立たせている。

「亀裂の空間のなかの第1の階段を上がると、ガラス壁の向う側に、まったく同形の第2の階段が繰り返すように置かれている。このガラス壁は、二つの世帯の透明な境界」（篠原一男「写真解説」『篠原一男2――11の住宅と建築論』美術出版社、1976、p.164）。

『篠原一男2』では、さらにコントラストが高く、本書では見えている映り込んだ椅子の足さえも消えかかっている。同作品集ではその他にも見上げ／見下げの写真を掲載しているが、山田脩二による写真と見開きで組み合わされて、お互いに共鳴しているような構成となっており見応えがある。1971年4月竣工。

同年『SD』1971年6月号に牛腸茂雄・関口正夫の写真集『日々』（私家版、1971）への多木の書評「牙のない若ものたち」掲載。桑沢デザイン研究所で大辻清司に指導をうけた二人によるスナップショットは「コンポラ写真」と称されたムーブメントのひとつとみなされる。現在も「コンポラ写真」の定義は曖昧だが、『日々』という写真集のタイトルからも窺える通り、概ね日常のなにげない風景を、特別な技術を使わずに撮影した写真というのが共通点である。

それを多木は厳しく批判する。「だが、創作にとって方法、すなわち美学とはつねに一種の詐術（ワナ）なのだ。そしてこの詐術をあくまで詐術と心得ることによってのみ、既知の世界から未知の世界をかいまみさせる仕掛けになる筈である。これはそう容易なことではない」。「それは日常のふるまいの一節を固定するのではなく日常のふるまいとふるまいのあいだの亀裂や空虚を適出しなければならないはずである。かれらが美学を詐術としてひきうけられず、白と黒の手がたい描写に帰着させてしまうのは、美学それ自体の問題でなく、かれらの思想の保守性にほかならないのである」。その裏返しこそ、多木が実践しようとしていた写真にほかならない。

谷川さんの住宅（pp.36-37）1974年11月竣工

広角レンズ、28mmか。ベンチの座面ほどの低い視点。当然、画面の半分は土間の斜面となる。確かにこの建築の主題のひとつであるが、そういった構成的なことは後から発見されたかのような写真に見える。

『篠原一男2』では、視点を右へ移した写真が使われており、さらにコントラストが高く、濃く焼き込まれたプリントは斜面を黒く潰している。しかし、トーンこそ近いものの『SD』1979年1月号、96年版『篠原一男』では、本書での写真が使われており、ある時点から、この写真を選択したということになる。おそらくこの2枚の違いが意識されている場面は少ないと思われるが、多木の撮った写真では最も知られた1枚ではないか。「“夏の空間”の全景、正面水平距離9米、地表の落差1.2米。木のはしごの長さ3.6米。これはセザンヌのアトリエの写真にあったはしごのプロポーションを復元した。地表に草がところどころに生えている」（篠原一男「写真解説」『篠原一男2』p.167）。

上原通りの住宅（pp.38-39）1976年5月竣工

本書のカバーともなっている外観の夜景。かなり暮れてからの撮影。標準レンズを解放で使用したか、画面下部がアウトフォーカス気味。『篠原一男2』でも同じネガの写真が使われたとすると、コントラストを上げたプリントによって、壁を黒く焼きつぶし、空を覆い焼きして粗い粒子のグラデーションを出している。作品集として最後の写真。見開き。当時の言葉で言えばアレボケということになるか。「春の夜の道路側の立面。すぐ前にある街燈の光でアルミ製の3角窓の表面が光る。銭湯がこの裏にあって、煙突からの煙もこの風景に参加してい

る」(篠原一男「写真解説」『篠原一男 2』p.167)。

[編註] 掲載写真はいずれも『建築家・篠原一男——幾何学的想像力』と同じものを用いるようにしたが、上掲の写真のみ原稿が確認できず、似た構図のものを代わりとした。阿野氏が書くとおり、実際の書籍では縦位置の写真である。また、これ以外の写真も、用紙や印刷の違いによる質感の差、トリミングの微妙なずれなどがあるため、適宜、元の書籍のほうを参照されたい。

上原通りの住宅 (p.44)

《花山南の家》の2枚目と同様にカラーからの入稿か。76年の『篠原一男 2』ではカラーでの掲載。巻頭論文「機械と野生」の中で使われている。同じ写真だとすると、元の構図から半分程度のサイズにまで大胆なトリミングを行っている。本来は横位置の写真を縦にしたのか。作品集でのトリムの方がしっくりとくるが、そのまとまった構図を崩したかったのかもしれない。散漫でとらえどころのない、宙ぶらりんな写真。『SD』1979年1月号では、後述の写真家・帆足《ほあし》による似た視点からの写真が掲載されているが、奥の部屋の扉を開けており、こちらの方が建築的な構成はわかりやすい。「〈上原通りの住宅〉45度と光が集まった場所」(篠原一男「写真解説」『篠原一男 2』p.164)。

篠原による解説を読んでもわかるとおり、写真を解説することはとても難しい。写っているものを再び言葉で説明すると、写真自体が単なる何かの説明(45度と光が集まった場所)へと陥ってしまうし、写っていないもの(焼き込まれて見えない草、街燈、銭湯)を言い足すことも有効な方法ではない。このように写真と言葉の関係というのは難しいものであり、一方では言葉とともに流行として消費されてしまう。

> だが、七〇年にはじまる“ディスカバー・ジャパン”や“モーレツからビューティフルへ”といったマス・コマーシャリズムが、ブレもボケもアッという間に取り込んでいく、「感覚の制度化」の前で[…]「プロヴォーク」の試みは、束の間の優位性として流行化することで問題意識を解除され、方法・技術《テクニック》としてたちまちのうちに飲み込まれ使い捨てられる。(西井一夫「“キャパの白痴”へ旅立つのだ」『なぜ未だ「プロヴォーク」か』p.43)

それぞれ国鉄、富士ゼロックスの一大広告キャンペーンを指し、藤岡和賀夫(電通プロデューサー)による仕事である。ディスカバー・ジャパンの最初のポスター(1970.10)が「ブレ」た写真であり、そのことも大きな話題となった。撮影は電通写真部に所属していた飯塚武教。藤岡によればディスカバー・ジャパンは、ディスカバー・マイセルフのことであり、匿名の撮影者による自分探しを喚起するための心象風景であった。「感性」の時代のはじまりである。森山は『写真よさようなら』(写真評論社、1972)以降、82年の『光と影』(冬樹社、1982)まで長いスランプに陥ったといわれ、中平は77年の昏倒を経て83年の『新たなる凝視』(晶文社、1983)まで、雑誌、写真集での発表から遠ざかる。

70年代に入ると「アレブレボケ」は写真の世界でひとつの流行となっていた。それは、篠原一男の作品の写真でも見ることができる。《上原通りの住宅》の場合、『篠原一男 2』に掲載された帆足侊亢《てるたか》（66 年桑沢デザイン研究所卒業、主に広告写真の分野で活動）による、よく似たトーンの外観写真がある。それはトリムを変えて 96 年版『篠原一男』でも多木の写真と組み合わせて掲載され、一見すると多木による撮影かと思わせる。他にも「非日常的に低い視線」で「アレ」たプリントの写真などが相当数掲載されており、クレジットを見ながら作品集を見ると興味深い。見比べることでよくわかるが、それらの写真はいずれも建築に奉仕していると言えるだろう。多木の写真とはそこに決定的な差異が有る。多木は建築にカメラを通して対峙する時に、予め用意された建築写真の枠組みの向こう側へ渡ること、そこで言葉を見つけることを目指していた。

「彼には写真が分かりませんでしたからね」という言葉は、こういった写真の違いに対して理解が無かったことを指しているのではないか。写真を選び作品集として編むこと、それ自体が写真を撮ることに匹敵する仕事であることを写真家であれば誰もが知っている。たとえ篠原の作品集であっても、多木は自身の写真がイラストレーションとして用いられていることについて、どのように考えただろうか。写真についての多木のぶっきらぼうで突き放した様な語り方は、篠原による写真（家）の選択が、多木の建築と写真、そして言葉についての試みを、結果的にひとつのスタイルとして回収してしまったことへの苛立ちのあらわれではないか。

この《上原通りの住宅》をもって多木による篠原作品の撮影は終わる。「頼まれてしぶしぶ撮っていた」というものの、カメラを置くことに明確な理由が無いとは考えにくい。『provoke』という運動が「アレブレボケ」というスタイルの問題に矮小化されて消費されていくことで森山や中平が活動を中断したように、多木による建築と写真の試みも、同様に「問題意識を解除され」はじめたのではないだろうか。本書では、その後に第 2 パートとして 7 枚の写真が示される。

> **これは篠原さんの作品のなかで、いかに写真が撮り難かったかを示す断片である。篠原さんが「視覚的」である空間からそうでない空間へ移行していった頃の思い出である。篠原さんの作品の写真を撮りながら、私は視覚的なものだけでは語れない空間を感じていたのである。別にいい写真が撮れなくても構わなかった。篠原さんに頼まれてしぶしぶ撮っていたのだが、実は知覚の本質に触れていたのである。**（「写真 2」前文、p.138）

「知覚の本質に触れていた」とは、写真には写っていないものへの言及であるが、しかし、この言葉の意味するところと写真は密接に関係しており、逆説的とはいえ建築について「写真になにが可能か」という答えのひとつが示されている。そして建築写真家はなぜ建築の写真を撮っているのかという問いが残された。（写真家、1974 年生まれ）

［インタヴュー］

坂本一成による多木浩二

創作と批評の共振

60 年代後半以降、多木が評論の対象にした同時代の建築家は決して少なくないが、ある時間的な広がりのなかで、複数回にわたって作品を論じた建築家となると数が限られる。本誌の著作目録を参照すれば、篠原一男、磯崎新、白井晟一、伊東豊雄、坂本一成、長谷川逸子、レム・コールハース、妹島和世らの名前が挙げられるだろう。また、八束はじめとは言論活動の面で多くの協同がある。
それぞれの建築家との関係は様々だが、今回インタヴューした坂本一成との関係もとりわけ興味深いものだ。15 歳ほど年が離れた両者は、単に作品と評論だけの関係にとどまらず、人間としての信頼関係に根ざして、深い思想的な交流があった。多木からの影響という点で言えば、それはおそらく先に挙げた建築家の誰よりも、強く坂本に見いだせるに違いない。
このインタヴューは全 4 回、合計 20 時間以上にわたり、多木による批評や多木との関係を軸にしながら、建築家としての坂本の歩みを辿ったものである。そしてインタヴューに続けて、多木が書いた坂本論の主なもの 7 本を再録した。両方の内容を往復するなかで、多木の活動のひとつの軌跡を描くとともに、創作と批評の相互に生成的なあり方を考えてみたい。なお、坂本関連の図版はアトリエ・アンド・アイ 坂本一成研究室の提供による。

多木浩二｜坂本一成　関係年表

年	出来事
1928	＊多木浩二、兵庫県神戸市に生まれる
1943	＊坂本一成、東京都八王子市に生まれる
1964	＊多木、初めての篠原一男論「美しい宣言――デパートの中に建った2つの家―篠原一男展を見て」『ガラス』1964.04。収録：後掲『建築家・篠原一男』。この年から多木と篠原との交流が始まる
1965	＊坂本、東京工業大学4年生で篠原研究室に所属し、多木と初対面。以降、多木の来室時に顔を合わせる。多木は60年代後半から70年代にかけて、篠原の作品を多く評論・撮影（p.108参照）
1971	＊坂本、篠原研を離れ、武蔵野美術大学建築学科専任講師に就任（1977年に助教授）
1976	＊篠原による《上原通りの住宅》見学会に多木、坂本、伊東豊雄ら参加。これをきっかけに多木が伊東《中野本町の家》と坂本《代田の町家》を見学・撮影。以降、3者を中心とし、80年代後半まで定期的に会合がもたれる。また、多木と坂本は武蔵美学生との一連の勉強会を開催
	＊多木『生きられた家』（田畑書店）。前年の篠山紀信写真集『家』（潮出版社）への寄稿文を全面改訂
	＊多木「建築のレトリック［1］『形式』の概念――建築と意味の問題」『新建築』1976.11。同号掲載《代田の町家》《中野本町の家》評を含む。多木による2作の写真も掲載。収録：後掲『視線とテクスト』
1978	＊多木・坂本らで雑誌特集「柱――その意味と構造」『インテリア』1978.04および「部屋――その意味と構造」『インテリア』1978.11。武蔵美学生との勉強会の成果
1981	＊多木「柔かな、かたちのない〈建築〉」『新建築』1981.06。同号掲載《祖師谷の家》評
1983	＊坂本、東京工業大学助教授に就任（1991年に教授、2009年に退職、名誉教授）
1984	＊多木、改訂版『生きられた家――経験と象徴』（青土社）。1993年に再改訂版
1988	＊多木「『関係性』への構想」『建築文化』1988.09。同号掲載《House F》評。収録：後掲『視線とテクスト』
1990	＊多木、東工大で現代建築をめぐって5回の連続講演
1992	＊多木「どこかで見た 見たこともない町――星田の経験を分析する」『建築文化』1992.07。同号掲載《コモンシティ星田》評。改訂版収録：後掲『建築・夢の軌跡』
	＊多木、インタヴュー「新機軸の地域開発『くまもとアートポリス』を検討する」『テレスコープ』8号1992.07で《熊本市営託麻団地》に言及
1993	＊多木・伊東・坂本、編集協力『トリンキュロ――思考としての家具』（大橋晃朗著、住まいの図書館出版局）、鼎談「禁欲から解放へ」（特集「家具のオデッセイ――大橋晃朗の全仕事」）『SD』1993.06
1996	＊坂本・多木、対談『対話・建築の思考』（住まいの図書館出版局）
1998	＊多木・坂本、対談「文化サテライト――函館公立大学の計画案をめぐって」（多木『建築・夢の軌跡』青土社）
2001	＊多木「Sur la Maison SA」（フランスでの坂本の作品集『MAISONS/HOUSES 1969-2001: VERS L'ESPACE OUVERT/TOWARD OPEN SPACE』Éditions du Moniteur）。《House SA》評
	＊多木「空間の思考［2］日常性と世界性――坂本一成の『House SA』と『Hut T』」『ユリイカ』2001.09。同年、2編に分割・改訂され『坂本一成 住宅―日常の詩学』（TOTO出版）収録
2005	＊多木「建築のロゴス――坂本一成とモダニズム」（多木『進歩とカタストロフィ――モダニズム 夢の百年』青土社）。前掲「日常性と世界性」を大幅改訂。再録：『坂本一成／住宅』（新建築社、2008）
2006	＊多木「自由の可能性――『QUICO神宮前』をめぐって考えたこと」『新建築』2006.03。同号掲載《QUICO神宮前》評
	＊多木・伊東・坂本、ギャラリー・間「タッチストン――大橋晃朗の家具」展と同名書籍（TOTO出版）の監修
2007	＊坂本による多木へのインタヴュー「篠原一男を憶う」（前年に逝去した篠原の追悼特集）『ka』31号2007.06。収録：多木『建築家・篠原一男――幾何学的想像力』（青土社、2007）
2009	＊多木・伊東・坂本、伊東《座・高円寺》と坂本《東工大蔵前会館》見学
2011	＊多木、4月13日に肺炎のため82歳で逝去
2012	＊伊東・坂本、対談「伊東建築塾 土曜講座 第3回 多木浩二氏を偲ぶ」司会＝岡河貢
2013	＊『視線とテクスト――多木浩二遺稿集』（青土社）。編集＝多木浩二追悼記念出版編纂委員会（伊東・坂本・白澤宏規・八束はじめ）

※グレーの部分は本誌で再録した多木による坂本論

坂本一成 設計作品

……竣工時の主な掲載誌

①散田の家（1969）
……『新建築』1970.02
②水無瀬の町家（1970）
……『新建築』1971.04 ／『建築』1971.05 ／『都市住宅 住宅第 1 集』臨時増刊 1971.09
③登戸の家（1971）
……『新建築』1971.10
④雲野流山の家（1973）
……『新建築』1974.02 ／『都市住宅 住宅第 6 集』臨時増刊 1974.05
⑤代田の町家（1976）
……『新建築』『インテリア』1976.11 ／『都市住宅』1977.01
⑥南湖の家（1978）
……『新建築』1979.02
⑦坂田山附の家（1978）
……『新建築』1979.02
⑧今宿の家（1978）
……『新建築』1979.02
⑨散田の共同住宅（1980）
……『新建築』1980.06
⑩祖師谷の家（1981）
……『新建築』1981.06 ／『インテリア』1981.09
⑪ House F（1988）
……『住宅特集』『建築文化』1988.09
⑫コモンシティ星田（1991-1992）
……『住宅特集』『建築文化』1992.07 ／『GA JAPAN』01（1992.10）
⑬熊本市営託麻団地（1992-1994）
……『新建築』『建築文化』1994.10
⑭幕張ベイタウン・パティオス四番街（1995）
……『新建築』1995.04 ／『GA JAPAN』15（1995.07）／『建築文化』1995.08
⑮ House SA（1999）
……『住宅特集』『建築文化』1999.08
⑯ Hut T（2001）
……『新建築』2001.08 ／『建築文化』2001.10
⑰南堀江 COCUE（2003）
……『新建築』2003.07
⑱ egota house A（2004）
……『新建築』『建築文化』2004.06
⑲ QUICO 神宮前（2005）
……『新建築』2006.03
⑳水無瀬の別棟（2008）
……『新建築』2008.07
㉑東工大蔵前会館 Tokyo Tech Front（2009）
……『新建築』2009.06 ／『建築と日常』No.0（2009.09）
㉒宇土市立網津小学校（2011）
……『新建築』2011.05

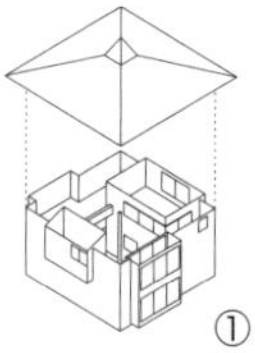
①
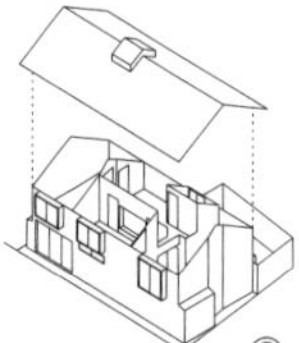
②
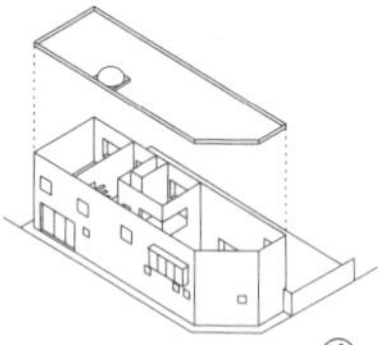
④
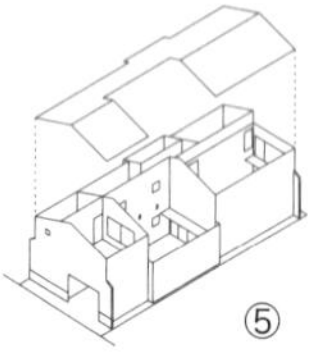
⑤
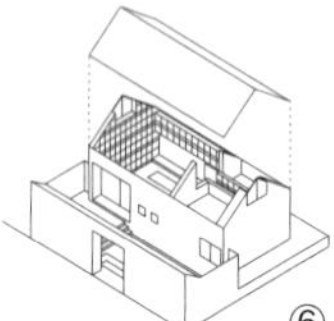
⑥
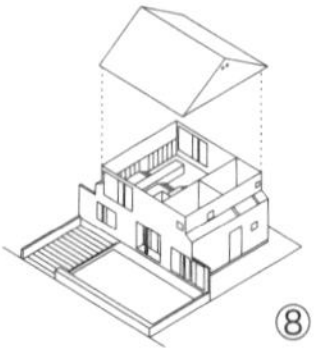
⑧
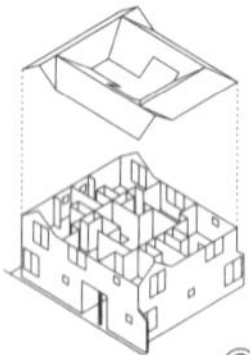
⑨

⑩
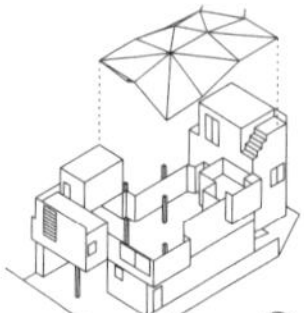
⑪
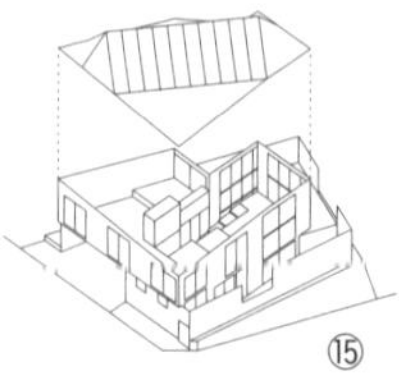
⑮
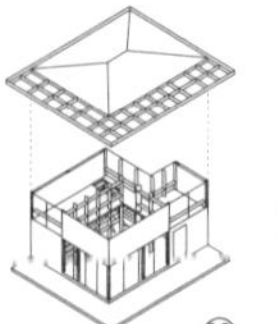
⑯

⑱

⑲

⑳

第1回

1964-1976

多木浩二との出会い
1976年の「再会」
多木が捉えた《代田の町家》
それぞれの空間性――坂本一成と伊東豊雄
多木浩二の篠原一男論
篠原一男論の変遷
《上原通りの住宅》と《代田の町家》

収録：2012年10月12日

多木浩二との出会い

――今日は第一回ということで、一九六五年に初めて多木さんとお会いになってから、七六年に《代田の町家》（1976）の評論が書かれるまでについてお話しいただきます。また、お二人にとって非常に重要な人物として篠原一男さん（1925-2006）がいるわけですが、多木さんが書かれた篠原論を考えることで、お二人の関係性が見えてくるところもあるのではないかと思っています。ではまず実際にどういった出会いがあったのでしょうか。

坂本　七六年からお付き合いが始まって、強い影響を僕が受けることになるわけですが、それまではないんです。多木さんが最初に篠原先生について書いたのは、『ガラス』という雑誌の一九六四年四月号ですね。篠原先生の展覧会について「美しい宣言――デパートの中に建った2つの家―篠原一男展を見て」[*1]というクリティックを書かれた。この六四年の四月というのは僕が東工大の学部の三年生になった時で、僕もこの展覧会は観に行ったんです。そうか建築家というのはこういうことをするのかと、素朴に強い印象を持ちました。ただ、その時は多木さんの展覧会評は読んでいない。もちろん後で知ることになりますが。

で、そこから多木さんと篠原先生のお付き合いが始まることになりますが[*2]、僕は翌年、六五年の四月に篠原研に入る。それで研究室にいると、多木さんが先生のお客さんとし

[*1] 篠原一男と朝倉摂の2人展「デパートの中に建った2つの家」（小田急百貨店）および篠原一男『住宅建築』（紀伊國屋新書、1964）をめぐる評論。

て来るわけです。そういう光景を何度か見た。その時あまり言葉を交わしたような記憶はないのだけども、たまたま僕がその六五年の夏にヨーロッパに行くことになって、多木さんもヨーロッパに行くと。ちょうど海外に自由に行けるようになった翌年でしたか。僕もマドリードに三、四ヶ月いたけれど、日本人には三人くらいしか会わなかったという、そんな時代ですからね。だから多木さんとも、お出でになるなら向こうを一緒に見て回りましょうという話が出た。実際には実現しなかったんですけれども。

それでそのまま僕は大学院へ行って、何度か多木さんがお出でになったところをお見かけした。月に一度か二月に一度くらいだったと思います。あるいは二人で外でお会いになっていたかもしれません。おそらく篠原先生は、作品ができた時にお見せしたり、途中で意見を聞いたり、そういったコミュニケーションがあったのだと思います。ただ、篠原先生は秩序を重んじる方ですから、僕らが直接多木さんとお話しするというようなことはなかった。ただ、先生が多木さんと話された後、先生はお酒が好きでしたから、夕方からお酒を飲む時にみんなを集めて、今の建築の状況に対してどういう見方ができるかといったお話をされて、僕らに意見を求めたというようなことはあったと思います。

――多木さんも坂本さんと初めて会ったときのことを回想しています。

多木――そのころ篠原さんと本当によく会っていたけれども、あるとき坂本さんを連れてきた。そのときから篠原さんが、坂本さんにある期待をもっていたことがよくわかったんです。（坂本一成・多木浩二『対話・建築の思考』住まいの図書館出版局 1996, p.83）

ただ、それ以降、特に大きな接点はなかったと。

坂本　僕は研究室に一九七一年までいたわけですが、その後、入った時は《白の家》の設計が始まった頃で、《白の家》（1966）、《花山北の家》（1965）ができて、《花山南の家》（1968）ができた。あと《山城さんの家》（1967）は大橋晃朗《てるあき》さん（1938-92）が担当して、すごく苦労しておやりになっていたのが印象的でした。それで《未完の家》（1970）、《篠さんの家》（1970）、ここまでかな。だから篠原先生にとっての一つの充実した時期に在籍していたわけですが、僕は学生でいたものだから設計に関わることはありません。現場も竣工した時や撮影の時に観に行ったというだけなんです。他の方々、例えば白澤（宏規《ひろのり》）さんや長谷川（逸子）さん、大橋さんたちはスタッフとしていたけれど、おそらく多木さんとの関係も、スタッフとして関わっていればもうすこし多くの接触があったかもしれない。で、いま思い返してみると、多木さんの「異端の空間――篠原一男論」（『新建築』1968.07）が六八年で、重要な篠原論はほとんど

[*2] 多木本人の回想では「美しい宣言」を読んだ篠原から手紙が届き、それをきっかけに初めて篠原と会ったとされる（後掲「篠原一男を憶う」）。ただ、実際には両者はそれ以前に会っていた可能性がある。「美しい宣言」が掲載された『ガラス』の前号（1964.03）には、篠原一男・近藤正一・池辺陽による鼎談「住宅――現代建築の中心課題」が載っているが、当時多木は『ガラス』誌の編集をしており、その号の編集後記の内容を考慮しても、「編集部」と表記されている鼎談の司会者は多木である可能性が高い。

この六八年から七一年の間に書かれているんですよね。

――その辺りの文章は同時代的に読まれていたということですね？

坂本　もちろん読んでいました。読んでいて、それなりに理解はしていたつもりです。

――あと当時の多木さんの著作としては『ことばのない思考』（田畑書店）が七二年ですね。

坂本　そうですね。それから『ＳＤ』の「装飾の相の下に」の連載は何年になるかな。

――七三年です。それまでは一年単位に『デザイン』で連載をされていて、「変身する建築」が七〇年、「ものと記号の軌跡」が七一年、「書かれたことば」が七二年。
坂本　そうですか。断片的には読んでいると思いますけど、『デザイン』という雑誌は僕にとっては割と遠かった。少なくとも『新建築』や建築の雑誌に掲載されたものは読んでいると思います。でも読んだ時はなんとなしに分かった気になっても、実際にはすこし時間が経つと忘れてしまう（笑）。例えば当時のいくつかの篠原論にしても、言葉の難しさも含めて、他の人がするクリティックとはぜんぜん違うわけですから。その当時の建築の文章で、いちいち辞書を引きながら、言葉一つ一つを吟味しながら読むようなものはそんなになかったと思うんです。それにその頃はなにが重要かなんて分からないですから、多木さんについても色んな文章を読むなかでの一つだった。一生懸命、分からないからさらに深く読み込もうということはなかったと思います。例えば当時、栗田勇さんの白井晟一論（「聖なる空間」『現代日本建築家全集９　白井晟一』三一書房 1970）なんていうのが評価されていたし、長谷川堯さんの『神殿か獄舎か』（相模書房 1972）とか、あるいは川添登さんとかね。多木さんも作家論的なところでは、篠原一男と磯崎新（1931-）、七〇年前後には白井晟一（1905-83）とか、外国人でもジェームズ・スターリング（1926-92）とかピーター・クック（1936-）とか、けっこう多くの人について書いていて、そういう具体的な評論は、それなりに分かった気はしていたと思います。
――坂本さんは七一年に篠原研を出られて、武蔵野美術大学の専任講師になられますが、それからの多木さんとの関係はどういったものだったでしょうか。
坂本　その後は、篠原先生がなにかの時に僕や大橋さんたちを呼ぶことがあった。大橋さんももう東京造形大に勤めていましたから。一つ印象的だったのは、あれはもう七六年に近くなるかもしれませんけど、大橋さんが《椅子または台のようなイス》（1976）を設計した時に、篠原先生が大橋さんを呼んで、その椅子に対してどう思うか話をすることがあった。その時は多木さんもご一緒でした。その椅子に対して篠原先生が否定的なスタンスを示して、途中で席を外してしまった

という、事件に近いようなことがあったのでよく覚えているんですけれども。そういうような会が、そのほか一、二回あったかもしれません。

――ではともかく七六年までは、基本的にはあくまでテキストの上での関係が続いたと。

坂本　そうですね。

一九七六年の「再会」

――いよいよ七六年ですが、この年から伊東豊雄さんも含めて多木さんと坂本さんたちの親密な関係が始まっていく。伊東さんがその時の状況を書かれています。

伊東――この年の夏の夕方、篠原一男と多木浩二に同時に会った。写真家、大辻清司邸、つまり〈上原通りの家〉のオープニングにおいてである。坂本一成も白沢宏規もいたし、長谷川逸子もいた。大橋晃朗らも含めて、後に篠原スクールと呼ばれるような人たちとの付き合いが実質的に始まったのは、この夜以来である。（伊東豊雄『風の変様体――建築クロニクル』青土社 1989, p.91）

こういった篠原さんの住宅の見学会はいつもあったのでしょうか？

坂本　いや、その時たまたまじゃないでしょうか。多木さんはいつもお誘いされていたと思いますが、僕や大橋さんはもう外に出ていましたから。みんなに見てほしいという思いがあったのかもしれません。

――伊東さんとはそれまで面識はあったのですか？

坂本　これは僕の勘違いではないと思うのだけど、僕の三つ目の住宅である《登戸《のぶと》の家》（1971）ができた時、『新建築』の同じ号（1971.10）に伊東さんの《アルミの家》（1971）が載ったんです。その後に伊東さんに呼ばれてどこかでお茶を飲みながら会話をしたような気がするんですよ。伊東さんはすごく積極的で、面白い建築をつくっていくにはどうしたらいいかという、そんな話をした気がする。でも伊東さんはその記憶はないみたいで。ただ、それはそのとき限りで終わっていて、七六年の《上原通りの住宅》の会の時、何人かの人のなかに伊東さんもいて、僕もいたということです。

――お二人の間に長谷川逸子さんがいらしたということでもないですか？

坂本　長谷川さんを間に介していたかもしれませんね。菊竹（清訓）事務所で伊東さんの同僚だったわけで、もう篠原研に来ていましたから。それと伊東さんはその前に篠原一男が審査員をしたコンペティションに入選していたんです（新建築住宅設計競技一九七二）。そこで篠原一男に会っている。伊東さん自身、篠原一男に興味を持っていて、菊竹事務所での活動とともに、建築に対する一つの希望のようなものが篠原一男に投影されていたのではないかな。

――その会があった後に、伊東さんは「篠原一男の住宅に

ついて書く機会を得て、〈白の家〉以降の作品の数々を二日間で一挙に見ることができた」（『風の変様体』p.92）ということですが、それと並行して多木さんが伊東さんの《中野本町の家》（1976）と坂本さんの《代田の町家》（1976）に行かれて、評論を書かれるわけですよね。《上原通り》が五月竣工、《中野本町》も五月、《代田》が七月のようです。それで《中野本町》と《代田》の発表が『新建築』の十一月号。あと九月に多木さんの『生きられた家』（田畑書店）が刊行されています。

坂本　《代田》を見てもらった記憶はすごくあるというか、衝撃的だったんですが、どういう経緯だったかまったく記憶がなくてですね。僕から見てくださいとは言わないと思うんです。意外とシャイですから（笑）。《代田》を多木さんに見てもらった時に伊東さんはいなかったと思うし、多木さんが《中野本町》を見たとき僕はいなかった気がする。その後、早稲田の吉坂（隆正）研の研究会みたいなものに呼ばれて、そのとき《中野本町》を見たことは確かなんですけど。

――当時、吉坂さん（1917-80）が『新建築』の月評を書かれていて、二つの住宅も発表の翌月（1976.12）に触れていらっしゃいますね。《代田》は見てもらったその場で衝撃だったということですか？

坂本　その場で。どういうことかと言うと、《代田》ができた時にあまり周りの評価がよくなかったんです。例えば篠原研の人たち何人かに見てもらった時に、みんな首を傾げるような感じがあった。たぶん僕の前の作品からの期待とずれていたのだと思います。評価されないと同時に、分かってもらえない、視点がぼやけているというね。やれることはやったという自信はあった気がするのだけど、やっぱり違うのかという。そういうことがあったので、そのころ設計が始まった《南湖の家》（1978）は〈ボックス・イン・ボックス〉という、内部空間が一望のもとに成立するような構成になった。つまり《代田》がその場の経験を通して全体が掌握できるような建築だとすれば、そういうあり方は理解してもらえないという感じを持ち始めていた。

　そんな状況のなかで多木さんが見てくれたんです。で、意図みたいなものを僕が語らなくても、理解してくださった。ほとんどこちらの意図を読まれたと言ったらいいのか、世の中にこんなに分かる人がいるんだと、いい意味でのショックでした。それと同時に、僕自身よく分からない、言葉にできないのだけどこう

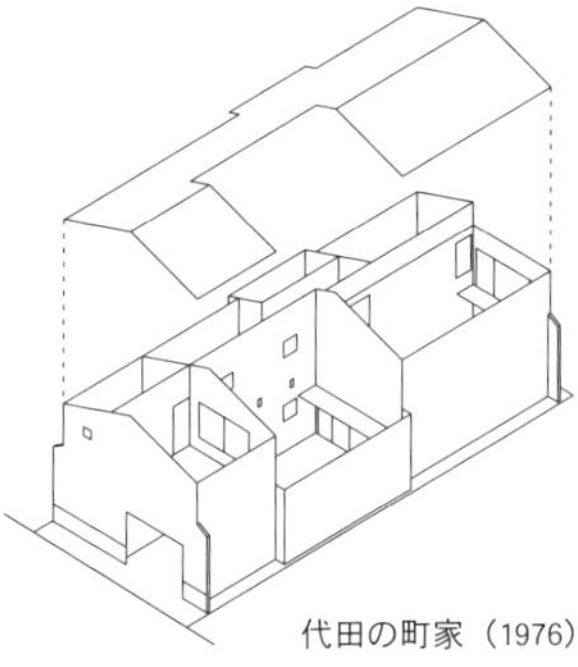

代田の町家（1976）

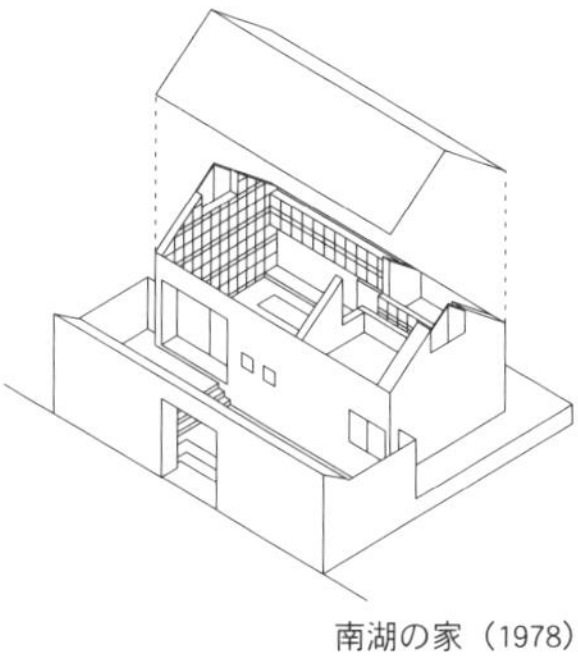

南湖の家（1978）

するしかないと思っているようなことを、それはこういうことではないですか？と、多木さんが読み解いてくれた。

——それは『新建築』の評論（「『形式』の概念——建築と意味の問題」1976.11）で書かれていることと同じ内容ですか？

坂本　同じことかもしれませんが、文章のほうは多木さんの論理に組み込まれているけれど、現場のほうは断片的ですよね。多木さんにとっては構造化されたなかでの言葉だったとしても、僕にとってはそういった断片の集合で、こんなに分かる人がいるのかと思えた。僕にとっては事件に近いくらいのことだったんです。それでその評論から様々なお付き合いが始まった。

多木が捉えた《代田の町家》

——ただ今回、坂本さんが六〇年代末から七六年までに書かれた文章をあらためて読んでみて、こう言ってはなんですが、坂本さんの現在まで続く問題意識はその時点でだいたい出ている気がしました。だから必ずしも多木さんがまったく新しい指摘をされたということではないのかなと。

坂本　そうかな。

——例えば処女作の《散田の家》（1969）において、「具体的な構成要素である箱、柱梁、梯子、デッキなどを一種の記号的な取り扱いで設計することを試みました」（『新建築』1970.02）と解説されているのは、それこそ坂本さんに一貫する〈構成〉の概念ですよね。また、最初期の〈閉じた箱〉というコンセプトに関しても、「だからといって、〈閉じた箱〉は必ずしも社会との、あるいはその地域の環境との社会的接触を拒絶するものではなく、その閉鎖性ゆえ、さらにその社会性を明確にすると考える」（「水無瀬の町家」『建築』1971.05）と社会性を強調されていますし、ロンドンの集合住宅について「私はこの集合住宅の不思議な魅力を完璧な計画性によるのであろうと述べた。しかし、さらに重要なことはその計画を可能にし、成立させ、支えているこの国の社会的な構造、制度なのであろう」（「ピムリコ——建築の『即物性』について」『a+u』1971.11）と、社会制度との関係を問題にされている。同様に大衆性や匿名的な表現への関心も窺えますし、あるいはこれは篠原批判かもしれませんけど、幾何学形態に関して「どう考えてもそのようなところに建築のアイデンティティを見いだすことはできない。つまり建築としてのもののあり方を発見できぬからだ。そしてあるいは規律によってものとしての性格を捨象してしまうことが〈建築〉を放棄してしまうように思われてならないからだ」（「建築・住宅　四つの計画とその性格」『都市住宅　住宅第10集』別冊一九七五夏）と。それから七六年には、「しかしまた、もし社会が歴史的に成立させた文化、あるいは日常的通念から独立したアプリオリな領域が建築にあるなら、前者の意味を消すことあるいは拒否することにより、まったく前面にその領域が現われることを期待していることにな

る。そのような領域が仮にあるなら、そのことを〈建築性〉と呼ぼう」(「住宅における建築性——住宅設計私論」『昭和住宅史』新建築臨時増刊 1976.11)、これは言ってみれば後年の「日常の詩学」に繋がる考え方だと思います。

ですからそうした前提のなかで、ではいったい多木さんの評論になにが書かれていたのか。ただ、これは独立した論文ではなくて、「建築のレトリック」という連載の一部として書かれたものですね。多木さんはそのころ独自に記号学などの勉強をされていて、「建築のレトリック」はその成果を現代建築に当てはめてみるような試みだった。いま読んでもたいへん分かりにくくて、かなり錯綜もしている。全五回ですけど、次回予告のタイトルと実際のタイトルが変わっていたり、おそらく多木さん自身も自分で書いていくことによって認識を切り開いていくような、そういう連載だったのではないかという気がします。

連載の趣旨としては初回の冒頭に書かれていますが、「さまざまな見方、さまざまな理論が可能な建築について、私に、もっとも興味があるのは意味の領域である」と。

多木——「意味」の問題とは、ある「意味」を表現することではなく、物の秩序、関係、つまり「形式」をひとつの契機としてあらわれているようである。[…]現実には建築は物理的な形態をもち、機能を充足し、技術にささえられている。「形式」はこのあらわれ方をきめている。しかし、それは、建築家が理論的に再構成する「思考」とは直接結びつかない。そのような「思考」は、こうしたあらわれた建築の基底にあり、衝動(あるいは欲求)に結びついて、建築を生じさせる深層の構造であり、それが表層の「形式」に達するのは、建築的な要素への変換を介してのことである。したがって、建築それ自体の厚みとは、このふたつの構造のあいだの関係から生じる。(「『形式』の概念——建築と意味の問題」1976.11 [*3])

連載全体で日本の建築家は四人取り上げられるわけですが、伊東さんと坂本さんが対になって、篠原さんと磯崎さんが対になって、それぞれ別の回に出てくる。一種の幾何学的な配置というか、別に誰のことを尊重するのでもないという構成ではありますけど、いま読み上げたような連載自体の問題意識といちばん相性がいいのは坂本さんの建築ではないかなという気がします。ただ、七月に《代田の町家》が竣工して、十一月に連載が始まったという時間的なことからしても、別に坂本さんを論じるために連載を始めたわけではない。多木さんの関心の移り変わりと坂本さんの作品性がたまたま遭遇したということではないか。それが僕の印象です。

坂本 今のお話に対応できるかどうか分からないですけどね、この五回の連載を読んでみると、やはりいちばん分かりやすいのは、伊東さんと僕のことを書いてあるところなんですよ。それは具体的な建物について書かれた部分だから。それ以前に書かれた篠原論も磯崎論も、僕らに伝わったのは基本的に

[*3] 収録:『視線とテクスト——多木浩二遺稿集』青土社、2013

その部分なんです。ところが結局、篠原論にしても磯崎論にしても、背景の理論みたいなもの、他の建築の書き手に比べると圧倒的にその理論の部分がベースになっている。で、この五回の連載はそういった理論がずっと書かれている。記号論的な捉え方と言ったらいいのかな、それを多木さんが整理され始めた。そういうことが重なっているので分かりにくいと思うんです。いや、もちろん分かるところもあるから面白いんですけどね。完全なる哲学書は難解で歯が立たないのだけど、多木さんの文章は分かるところがある（笑）。

例えばね、さっき長島さんが抜き書きしてくれた僕の文章に「記号的な取り扱い」という言い方がありました。読み返してみると、僕の文章はものすごく大味なんです。「記号的な取り扱い」というのは、そこに存在している建築の実体そのものではなくて、ある関係のなかで実体を超えてイメージ化して、抽象化して捉えること、それを示しているのだけど、結局その言葉を定義できていない。でも自分はそれでも通じると思ってしまっているわけです。そういった曖昧なことが、その後、多木さんと色んなお付き合いをしていくなかで、どんなことを捉えようとしていたのか分かり始める。で、そういうことを後から考えると、多木さんが「建築のレトリック」で扱っていた建築の意味の問題は、ぼやけた状態で僕のなかに内在していたかもしれない。

例えば《代田の町家》では、縁甲板の壁を白くペイントしています。一般的には、明るくて白いほうがいいから白く塗る。たぶん僕にもすこしはそういう部分があった。でもそれだけだったら最初から板でなくてもよかったわけです。わざわざ板にペイントしているのは、やはりその板が持っている属性を保ちながら排除する、つまり意味のコントロールをしている、それは消費文化に対しての坂本の身ぶりが投影されている、というふうに多木さんは言うわけですが、言われてみるとそうだなあと思うんですね。でも僕のほうは直観的にしているわけ。多木さんはおそらく他の建築家よりそれは強かったのだと思う。それは共鳴しあったかもしれません。

——具体的にもうすこし、《代田の町家》の評論で、こんなことまで分かるのかということを教えていただけますか？

坂本　まずね、「否定の身ぶり」と書かれているのだけど、これは確かによく分かるんです。一つの文化に対してなかなか肯定できないなにかがある、それを否定する身ぶりによって自分の空間が成立する。それと、アンビヴァレントであると。多木さんは最初の篠原論（「美しい宣言」1964.04）のなかで、篠原は二元論的思考だと言っているんですよね。それとナルシシズムの建築だと。あの時点で既にそういうところを見抜いている。で、良い悪いの問題ではなくて、僕はたぶん二元論的ではない。アンビヴァレントということは純粋に二元論に分けられないことの一つの現れだと思うんですよね。それと

ナルシシズムというのは、それ自体である種の表現を伴うことになってくるわけですけど、それもたぶん僕にはあまりない。

それとあの評論で重要なのは、サンタグムとパラディグムという二つの軸によって伊東さんの建築と僕の建築を分けているところです。もちろん僕はそんなこと認識していませんでした。伊東さんのサンタグムというのは、統合的なまとまりをどうやってつくり出すかということですね。それはすごくよく分かる。つくり出す世界の面白さ。一方、僕のほうはつくり出す世界と言うよりも貫いている世界と言ったらいいのかな。それはものの選択によって成り立っている。そうやって全体のあり方を構造化して見るすごさを感じました。

——例えば坂本さんは《水無瀬の町家》(1970)の発表時に、「補助的な空間」ということを言われていました(『新建築』1971.04/『建築』1971.05)。それはメインの空間ではないのだけど、全体の関係を取り持っているような部分ということですね。ですから初期の〈閉じた箱〉や〈ボックス・イン・ボックス〉においても、既に関係としての空間のあり方が見られる。そういったあり方への志向は坂本さんのなかで通底するのだと思います。

坂本　なるほど。僕の初期、というか今もそうかもしれませんが、圧倒的に篠原一男との関係によってスタンスができている。先ほど多木さんは篠原一男について、最初から二元論的だと見抜いたと言いました。ある場所を分断して二つに分ける、その分節によって場所をつくっていく。そのことは僕も直観的に感じていて、それが僕の実感に合わないわけです。僕のなかには、ある種の「関係」が世界をつくっているという気持ちがあった。だからいま《水無瀬》について長島さんが言ってくれたようなことをつくりたかったと思う。「日常性をうけとめ、現実化しているのはこの複合的な分節においてである」という多木さんの指摘も、そういう関係性を読み取っていたのだと思います。

それぞれの空間性——坂本一成と伊東豊雄

坂本　それともう一つこの文で面白いのは、「この部屋のなかでわれわれが動いてもそれにつれて空間がざわめいたり、流れだしたりしないのである。またどの部屋に入っても、息をのむような感動をうけるとか、感覚的世界にまきこまれるようなことはない」という辺り。つまり、どういう身体的な関わり方であろうと、それと独立した建築の存在が常に全体をつくっている。経験しなければ分からない部分は当然あるのだけど、身体にまとわりついて分かるような空間ではない。僕の場合、建築を経験するということはそういう存在を見いだすことなんです。良い悪いは別にして、それがたぶん僕の建築が持っている建築的なあり方なんでしょうね。
——この多木さんの評論のなかで、先ほどの「否定の身ぶり」やアンビヴァレントというのは、それまでの坂本さんの

文章からも読めることだと思うんです。おそらく関係や構成というのも。ただ、「人間から隔絶したような質をもつ」とまで書かれていますけど、こういった超越的な空間の性質は坂本さんご自身では言語化していなかったところではないでしょうか。

坂本　実は《雲野流山の家》(1973)で、建築を即物的にしたいという言い方をしているんですね(「乾いた空間——即物性と存在性」『新建築』1974.02)。誤解されやすい言葉でもあるのだけど、僕にとってはそういう意味だったと思う。だからさっきの「記号的な取り扱い」と同じで、僕の直観的な言葉ではそれ以上説明できない。それを多木さんが可能にしてくれたと。

——そこに入った人の存在によって空間の質が変わらないということは、まさに坂本さんの建築の本質という気がします。例えば伊東さんの《中野本町》を多木さんが撮られた写真に、内部を女の子が走っているものがある。あれはまさに現象する空間ですね。伊東さんがよく建築の理想的なイメージとして例に出されるのは、広い野原みたいなところに桜の木があって、そこに人が集まって場を幕で囲うと空間が立ち上がる、そこで宴があって、それが終わって幕を引き払うとまた元の原っぱに戻る、そんなイメージです。だからそれと対照的な気がします。

坂本　多木さんは《中野本町》についてそれに近いことも書かれていますよね。「この建築全体は動きとよどみの分布として構成される。しかし、この分布は変化するディナミスムであり、決して固定していない」(「『形式』の概念」1976.11)。

——坂本さんと伊東さんは、お互い言っていることはこんなに近いのになぜ建築はこんなに違うのかと仰いますが、僕

中野本町の家(伊東豊雄設計、1976)　撮影＝多木浩二

はある時、それを象徴するのがカラオケの好き嫌いではないかと思ったんです。伊東さんのカラオケ好きは有名ですけれども、カラオケはまさに先ほどの宴の場のようなもので、人が集まって楽しく騒いで、それが終わるとまた静かな場所に戻る。で、おそらく坂本さんはカラオケがそんなにお好きではないと思うんです。カラオケの空間というのは盛り上がった人は盛り上がって、すごく心地いい、高揚があるけれども、そこに乗っかれない人にとっては抑圧的にもなりかねない。多木さんがカラオケ好きだったかどうか知らないですが、おそらく好きではなかったのではないかという気がします。

坂本　見たことも聴いたこともないですね（笑）。

——そして多木さんと坂本さんが共通して、空港の空間が好きだと言われていますね。

坂本　あー、そういうことか。

——その空港の空間はカラオケの空間と対照的に位置づけられる気がします。要するに空間に働いている力が一方向ではない、浮遊したような感触。まあこの分類は冗談に近いですけど、個人がある共同体に属して他の個人と一体になれる場所と、個人が個人でいられる場所。どちらも建築にとって必要な質だと思いますが、坂本さんはどちらかと言えば個人が個人でいられる、あるいは個人が建築と向き合える場所にリアリティを感じられている。そしておそらく多木さんもそちら側だったのではないか。

坂本　うん。そんな感じを僕も受けます。例えば繁華街の雑踏に紛れ込むことによって逆に孤独感を楽しむ、そういう感性は色んなところで言われますよね。多木さんとそんな話をしたことはないけれど、もしかしたら多木さんにも僕にもそれはある。

——例えばその二つの空間の質を個人主義と全体主義と言ってみると、多木さんの思想には個人主義や相対主義、体制に対する批判的意識というものが強くあった。全体主義と言ってしまうと政治的な意味で極端すぎますが、それを相対化する志向性が、建築の作品を見る時にも感覚的に作用していたように思える。

坂本　なるほど。

——そこには多木さんの戦争体験もあるのかもしれません。それは世代的なものでもある一方、多木さん個人の思想の根っこにもある気がします。

坂本　精神が自由であることに対しての思いは強かったと思いますね。それを圧迫するような社会や制度に対しての距離をすごく感じていた人だと思う。

多木浩二の篠原一男論

——全体主義や体制に対する多木さんの批判意識は誰が見ても明らかにあった。そしておそらくそうした思想のなかで、建築で最初に篠原一男を見いだしたのだと思います。要する

にシステマティックな「機械の論理」でつくられる建築に対して、個人の情念や衝動によってつくられる篠原一男の初期の住宅に惹かれた。それは個人による個人のための空間だったからではないか。

坂本　その通りだと思います。やはり六〇年代の初期の篠原一男、つまり建築の主流ではない篠原一男の一面を、多木さんはそういうふうに見ることができた。ただ、その後に篠原一男が変質してきた。また多木浩二もますます認識を深めていった。そうしたずれが、その後の二人の関係になったと思う。

――篠原さんが亡くなった後、坂本さんが多木さんにされたインタヴューで、多木さんが篠原一男のどこにいちばん触発されたかという話をされています。

多木――篠原さんを知ることによって建築について考えるようになった私は、建築を「人間の生」が空間的に具象化したものと考えていましたから、建築という空間はたんなる一部分の関心ではなく、なにを考えるにしても常に関連しています。[…]とにかくお互いにフォルマリズムの理解には到達しました。見えていない精神に形を与え、形式化するのが建築である、と。[…]「この建築はいいな」と思うとき、今でも私のなかに「精神に形を与える建築」という感覚は生き続けているのです。それは、建築という形式の言語でないと語れない意味を、感じ取らせることと同義です。だから単なる美的なミニマリズムは評価しません。言葉では言い表せない空間の質があって、建築がこれからも生き続けるならそこしかないというところです。（「篠原一男を憶う」聞き手＝坂本一成、『ka』31号 2007.06 [*4]）

この辺りのことは多木さんの他のお仕事、文化論やまなざしの研究、あるいは『生きられた家』（1976）にも繋がるところがある気がします。つまり、篠原さんが『生きられた家』に対して建築の本質的な思考ではないと批判したのはよく知られた話ですが、その篠原一男から受け取ったものが『生きられた家』に通じているのではないかと。

坂本　篠原一男の初期、例えば《土間の家》(1963) とかね、民家に近いような作品には僕も「人間の生」のようなものをすごく感じるし、多木さんがそれを受け取るのはよく分かる。それは『生きられた家』という、経験的なものに対する思考と連続するわけですけども。

ただ、篠原一男はだんだんとそこから離れて先鋭化していく。その結果、『生きられた家』は建築としての論理ではないと言うわけです。それは磯崎さんもそうだった。考えてみれば僕

土間の家（篠原一男設計、1963）　撮影＝大辻清司

[*4] 収録／引用出典：多木浩二『建築家・篠原一男――幾何学的想像力』青土社、2007

もこの本が出た七六年当時、やはり篠原的な思考のなかにいたと思うんです。もちろん違いはあったとしてもね。『生きられた家』の書評をどこかから頼まれたことがあったのだけど、書けなかった。だから篠原先生が『生きられた家』を建築の問題ではないと言った時に、僕も真正面にはそういうふうにしか受け取られなかった気がする。僕ですらという言い方は変だけれども、そのくらい多木浩二のことを理解していなかった。そうしたこともあって、多木さん自身が、『生きられた家』は建築論ではないと言うことになったのだと思います。

――『生きられた家』はたびたび改訂されたわけですが、まず一九八四年に大きな変更があって、タイトルも『生きられた家――経験と象徴』（青土社）になる。そのとき〈空間図式〉という概念についての論考も追加されます。

多木――人びとは生きるためになんらかの手段で自分の環境を分節するが、その分節には時代、民族、個人によってそれぞれ固有の図式が刻みこまれているように思える。社会あるいは個人は、現実をなんらかの表象を介してその図式に同化している。このような図式を仮に「空間図式」とよんでおこう。（『生きられた家――経験と象徴』1984, pp.68-69）

この〈空間図式〉は建築的・空間的なものと思想や文化を繋ぐ興味深い概念ですが、そのアイデアが篠原さんの建築論から来ているように思えるんです。例えば日本建築に「空間の分割」といった空間の特質があると篠原さんが書かれているのは、まさに〈空間図式〉と言えるのではないかと。

篠原――それぞれの民族には固有の民族的な空間視があるといい得るのではなかろうか。私たちの生活のなかに生きている空間とは均質に連続するユークリッド的空間ではなく、いわば歪《ひずみ》をもった空間なのである。（『住宅建築』紀伊國屋新書 1964, p.23）

坂本　なるほど。

――多木さんは『生きられた家――経験と象徴』のなかではルロワ＝グーラン（1911-86）を援用したりしてそこを説明していますけど、意識的か無意識的かはともかくとして、もともとのイメージは篠原一男から来ていると言えなくもない。

坂本　さっき言った《土間の家》は、ちょうどその『住宅建築』が出た頃ですね。だからそのとき篠原一男は、日本の空間をそう位置づけていた。ちなみにパウル・フランクル（1878-1962）の『Principles of Architectural History』（1914）という、日本で香山壽夫さんが訳した本がありますが（『建築造形原理の展開』鹿島出版会 1979／改題『建築史の基礎概念――ルネサンスから新古典主義まで』2005）、実は香山さんが訳す前に、英文の本で多木さんと勉強会をしたんです。バロックの時代の話なのだけど、分割と連結という話が出てきて、そうか、篠原先生以前にこういう思考はあったのかと思った。篠原先生はおそらく知らなかったと思います。完全に自分の論理だった。パウル・フランクルは『生きられた家』でも言及されていますけど。

――多木さんはその後、パノフスキー（1892-1968）などもフォローしていきますが、やはり六四年時点の篠原さんの作品と言説で、そうした空間のあり方に興味を持ったというのは十分ありえる気がします。あるいはもともと多木さんにそうした素質があって、それを篠原さんに目覚まされたと言えるのかもしれない。結局それは多木さんの建築以外の仕事にも広がっていったし、多木さんの建築評論も多くは〈空間図式〉的な考え方に基づいている。

坂本　僕がしたインタヴューで、多木さんにとって建築は関心の一部ですねと言ったんですよ。そんなに深い意味で言ったのではないのだけど、多木さんがそれにかなりこだわった。

多木――建築が関心の一部だというのは正確ではありません。それは一部ではないのです。哲学的、人文学的な思考というのは、具体的なあらゆるものを関心の対象にします。哲学の学説そのものはある意味で専門領域ですが、そもそも哲学とは世のさまざまな領域を横断し、具体的なもので思考を試し、そこから時間や空間における真理を発見するものです。（「篠原一男を憶う」2007.06）

ちょっとこの辺に関係あるかもしれませんね。

――空間認識の形式性が思考の形式にも繋がるし言語の形式にも繋がる、そういう考え方ですよね。もちろんそれを篠原一男ひとりの影響とするわけにはいかないとしても、それなりに大きいように思えます。

坂本　あるかもしれない。

――で、坂本さんにおける篠原さんの最も大きな影響というのも、あるいはその辺りにあるのではないかと思うんです。多木さんと坂本さんの対談で、多木さんが「建築には精神的な内容があるという［編註：篠原の］主張を、正面から受け継いだのは坂本さんではないか」（『対話・建築の思考』1996, p.33）と言われていますが、この連続性は重要です。

坂本　精神性というのは、建築がつくり出す世界というよりも、そこに貫かれているものを言っていると思うんです。建築がエンターテインメント的な面白さをつくり出すというふうに僕はあまり考えていない。それは篠原一男にも共通する部分で、他の建築家とはいくぶん違うのかもしれない。一般的には、かたちの面白さによって人が楽しめるかどうかというほうに行きがちですから。

――坂本さんの初期の〈閉じた箱〉は篠原さんの自律的・完結的な空間の影響下にあったと言われますけど、ただ、二十歳そこそこの学生が活躍している建築家の研究室に入ったら、当然なにかしらの影響は受けると思うんです。そのとき僕がより決定的な影響だったと思うのは、むしろ建築を〈閉じた箱〉だとか、あるいは〈家型〉だとか、そういうふうにコンセプトで捉えることではないかなと。それこそ多木さんが受けた影響と同じで、建築を人間の生の形式として捉えるということだったと思うんです。篠原さんと坂本さんとで形

式の質は違うとしても、形式として捉えるということ自体は共通する。

坂本　ただ僕は、形式はあくまで出発点でしかない。多木さんもそれに近いことを言っていたと思うけども、形式がなにと重なるかが問題であって、形式自体の意味はそれほどの問題ではない。やっぱり篠原一男は形式を幾何学と重ね始めていった。それに僕は同意ができなかった。

――それは幾何学に限らず、ある種の原理主義に対する疑問ではないでしょうか。それが幾何学ではなくて、日本の伝統的形態だったとしても違和感がある。要するになにかに偏っていることが。

坂本　それはそうかもしれません。極端なイデオロギーに向かうことに対して、僕は駄目なんでしょうね。

篠原一男論の変遷

――それでは具体的に多木さんによる篠原論を見ていきたいと思います。最初に僕の見立てを言うと、先ほど申し上げたように、まずは個人の生の空間として大いに共感する。その後、篠原さんの建築も変遷していくし、多木さんの視線も変遷していく。そしてある時点から篠原評価が変わってくるわけですが、その変わり方が、どうも坂本さんの建築の性質に近いような部分を評価していくようになる。もちろん篠原建築も後期の《ハウス イン ヨコハマ》(1984)などまで評価し続けるわけですけど、一九七六年に坂本さんと接触する以前にも、多木さんの視線の対象が坂本さんに移っていくことが納得できるような思考の展開が見られる気がしました[*5]。

坂本　それは僕にはなんとも言えないところだけども。

――まず「美しい宣言」(1964.04)があって、次が「異端の空間」(1968.07)ですね。これは後の「篠原一男の世界」(1969.04)と多く重なりますが、「異端の空間」のほうが感情的に書かれていて、それが「篠原一男の世界」で整理されたという印象があります。ただ、「異端の空間」のほうが気持ちが入っていて面白いと見る人もいるかもしれない。

坂本　直接的ですからね。

[*5] 多木浩二による主な篠原一男論(※は収録:『建築家・篠原一男――幾何学的想像力』青土社、2007)
・「美しい宣言――デパートの中に建った2つの家―篠原一男展を見て」『ガラス』1964.04　※
・「異端の空間――篠原一男論」『新建築』1968.07　※
・「仮象性の主張」『インテリア』1969.01　※
・「篠原一男の世界」『デザイン』1969.04
　→「篠原一男についての覚え書――『花山の家』まで」『ことばのない思考』田畑書店、1972
　→同『視線とテクスト――多木浩二遺稿集』青土社、2013
・「続・篠原一男論――〈意味〉の空間」『新建築』1971.01　※
・「住宅と都市」対談=篠原一男、『多木浩二対談集・四人のデザイナーとの対話』新建築社、1975　※
・「〈花山第4の住宅〉を見て」『インテリア』1981.01
・「Oppositions: the intrinsic structure of Kazuo Shinohara's work」『Perspecta』No.20、1983.06
　→「主題の変遷と基本的構造――篠原一男論・序説」『建築文化』1988.10
　→「幾何学的想像力と繊細な精神」『建築・夢の軌跡』青土社、1998.03　※
・「形の意味――ある建築の印象」『東京新聞』夕刊 1987.11.14　※
・「Fragments and Noise: The Architectural Ideas of Kazuo Shinohara and Toyo Ito」『Architectural Design』1988.05-06
・「力と浮遊するもの」『建築文化』1988.10
・インタヴュー「篠原一男を憶う」聞き手=坂本一成、『ka』31号 2007.06　※

——最初の「美しい宣言」では、「人間の住まいについての、きびしい追求とともに、共感せずにはいられない理想が感じられる」とか、「一見すれば、芸術至上主義と見誤れなくはないこの態度は、通俗的な建築家至上主義へのアンチテーゼとして、なによりも意味ぶかい」などと位置づけています[*6]。四年後の「異端の空間」でも、やはり丹下健三(1913-2005)やメタボリズムを「外在性の論理」とする一方で、篠原一男は「ひとりの具体的な人間の欲望、息づき、愛し、憎み、正気と狂気のあいだを行ったり来たりしている人間の実存」といった側に位置づけられる[*7]。こういった多木さんの思考は、この頃だと『プロヴォーク』(1968-69)[*8]の活動や万博批判もあったりします。「私には欲望する肉体を失った文明など興味がない」というのは激しい言い方で、多木さんも後で言い過ぎたと思われているかもしれませんが、そういう背景を持って篠原一男を見ていた。これも同じ「異端の空間」からです。

多木——かれは環境とか、外部とかいわれるものから切断された空間をとりあげる。それは、人間をさりげなく外部に溶解させた日常性から切断し、ひとりの具体的な人間の実存をすくいだそうというかれの決意とつながっている。具体的な人間というのは世界に向かって開かれているはずである。しかしこれを主体とした空間が、閉じたものから始めなければならないことは、まさに現代の逆説というほかはない。(「異端の空間」1968.07)

ここでは日常性は重要視されていない。建築は社会と繋がっているべきだけれども、そのためにもいったん閉じざるをえないという認識です。その完結的な形式があってこそ、人間の根源的な生を発見できると。そしてその形式の抽象性が極限まで高められたのが《白の家》(1966)というわけですね。

白の家(篠原一男設計、1966)　撮影＝多木浩二

多木——この全体性は、なかにいる人間の意識に挑む。空間がひとりの人間の存在の世界への挑みのあらわれであることの可逆として。それは、根源的な生命を発見されるようにし向ける。日常性や習慣は、この形式のなかで切りおとされているから、人間の意識はそれにすがりつくことはできない。(「異端の空間」1968.07)

坂本　たぶんこの辺は僕が篠原一男の最も強い影響下にあった頃ですから、僕の出発点でもあるわけです。

——ただ、ここで一つキーになるのは、次の《鈴庄さんの家》(1968)の論じ方だと思うんです。

多木——私は内部に入ったとき、はじめ視点がとめどなくさまようのを感じた。「茅ヶ崎の家」でのあの衝撃的なスケールと厳

[*6][*7] 収録/引用出典:前掲『建築家・篠原一男』
[*8] 多木および写真家の中平卓馬・高梨豊、詩人の岡田隆彦によって創刊(1968.11)された、今では伝説的な写真同人誌。サブタイトルは「思想のための挑発的資料」。2号(1969.03)から写真家の森山大道も参加するが、3号(1969.08)で廃刊。

格さも、「白の家」の息をのむような完結性も、またわれわれの視線をすいよせる柱もなかった。不思議なことであるが、ここでは広さがつかめない。一室空間にはちがいないが、流動し、定形をもたぬ超越的な形式が、かつては情念の豊かな可能性に向かってあてはめられた形式を溶解してしまったのだろうか。[…]この空間には、抽象化された外部が挿入されている。屋根をへだて窓の向こうにある風景のことではない。(「異端の空間」1968.07)

ここでは篠原建築の特質とされた完結性が相対化されている。先ほど《山城さんの家》が興味深かったと言われましたが、《鈴庄さんの家》について、この多木さんの論じ方はどう思われますか?

鈴庄さんの家(篠原一男設計、1968) 撮影=多木浩二

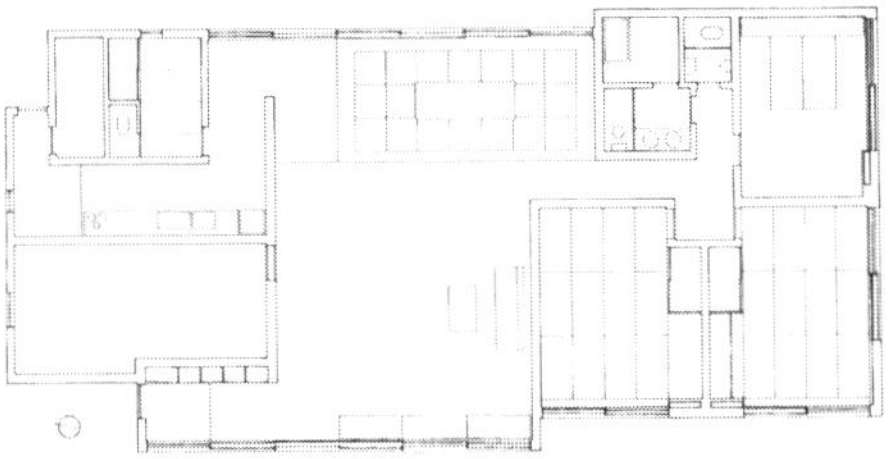
鈴庄さんの家 平面図 1/400
出典:『篠原一男 住宅図面』彰国社、2008、p.52

坂本 《山城さんの家》に比べて《鈴庄さんの家》は、その当時の僕にはよく分からなかった。言われてみればそうかなというぐらいの感じですね。多木さんほど理解して、評価はできなかった。

――篠原さん自身はどういう認識だったのでしょうか。うまくいったとか、いかないとか。

坂本 分かりません。ちょっと弁解もしていたかな、施主の好みの問題という意味で。

――今のお話を聞いて、実は納得するところがありました。つまり《鈴庄さんの家》が建築としてそれほどうまくいっていないという認識が坂本さんにあって、もしかしたら篠原さんにもあったかもしれない。それなのに多木さんがああいう評価をしたというのは、やはり多木さんの思想がそこにそれを見いだしたかったということではないか。要するに抽象化された完結性ではなく、異質な外部が挿入されているようなもののほうが好ましいという価値観ということですが。

坂本 そうですかね。

――ただ、この論文の時はまだ可能性を見いだしきれないというニュアンスなんです。

多木――私には、まだ「開かれた空間」やその哲学を信じることはできない。篠原がつねに根底においてきた存在の形式と空間の思想は、その本質ゆえにまだ外部へ開かれない。このよう

[*9] 収録/引用出典:「篠原一男についての覚え書――『花山の家』まで」、前掲『視線とテクスト』

に閉じることによって、芸術としてはより完全に閉じることが、より完全に具体的な人間の回復につながるのが現代の逆説ではなかろうか。（「異端の空間」1968.07）

それが翌年の「篠原一男の世界」［*9］では、もっと積極的に《鈴庄さんの家》を評価している。ここではトポロジーという言葉を出したりして、「住宅を一室空間から、多室の空間の秩序、空間群による空間としてとらえる方向を示している」、「さらにより包括的な『意味の次元』を空間の分節構造として操作する方法をもちはじめた」と捉えつつ、そこに多木さんは「自分なりに共感する」と書かれているわけです。

多木――一方で情念をうけとめる最小限の空間の形式を理解できると同時に、私の実感のなかには、その逆のことも存在したのである。それは私自身の矛盾であって篠原一男の問題ではないのだが、私にとっては、住宅よりも、都市のほうが記号論としてのみならず、はるかに自分の情念にとってさえも焦点をあわせやすいところである。（「篠原一男の世界」1969.04）

この多木さんの見方が、言ってみれば坂本さんの建築寄りの見方でもある気がします。《鈴庄さんの家》に都市的なものを見ているわけですが、都市というのはメタファーで、例えば他律性や多様性、他者性だったり、後の『生きられた家』にも通じるような意識ですね。

坂本　確かにね。やっぱり《鈴庄さんの家》は、さっきの「貫かれている精神」という言い方をすると、弱い気がするんです。でも多木さんは積極的に作品に意味を見いだしていきたいというスタンスだから、そうするとどうしてもそこに現象している空間のあり方に意味を見ざるをえない。その場合、都市性云々を評価するという論理は理解できる。そして事実、その後、篠原一男は本人が「亀裂の空間」と言うような外部を取り込む方向にいくわけです。それは多木さんの指摘があったからなのか、本人がそういう方向を見いだしていったのか、分かりません。《鈴庄さんの家》は曖昧だけど、「亀裂の空間」のほうはすごく形式性が強いわけですからね。

――実際、多木さんはこの時これだけ熱心に論じているのに、八三年の『Perspecta』の論文［*10］では《鈴庄さんの家》には触れていないんです。あの論文は篠原建築の構成的な側面を時系列で追ったものなので、当然入っていておかしくないはずなんですが。だからもしかしたら、多木さん自身も後から考え違いがあったと思われたのかもしれない。

坂本　そういうふうに理解できなくはないですね。

――ともかくその後、「続・篠原一男論――〈意味〉の空間」（『新建築』1971.01）ではこうなります。

多木――小説を読むときにわれわれは自分自身とだけ対話するように、「白の家」はひとりで読まれる空間であり、他人との関係を規定しない空間であった。しかし「鈴庄さんの家」で私が感じた空間は、人間たちが構成し携えている空間であり、それは自己を含めた他者との関係のなかで生じるものであった。そ

［*10］「Oppositions: the intrinsic structure of Kazuo Shinohara's work」『Perspecta』No.20、1983.06（日本語版初出：「主題の変遷と基本的構造――篠原一男論・序説」『建築文化』1988.10）

してこの関係とは、実はそこにいる人間を決定づける空間である。（「続・篠原一男論――〈意味〉の空間」1971.01［*11］）

この時は他者性を含む空間がかなり明確に理論づけられている印象です。《篠さんの家》（1970）なども、そこからの展開であると説明されている。また、以前は排除すべきとされていた日常性ですが、同時期の篠原論ではないところでは、その価値を指摘されたりもしています。

多木――たしかに芸術はこの日常性を表現によって暴力的に破壊しようとするが、日常性そのものを建築からすっかりのぞいてしまえるわけではなく、生きることのある種の日常的なリズムやテンポは、むしろ技術的に扱える部分としてものこるだろうし、同時に、このような日常性と生の構造を対比させていくなかで、建築をあるいは環境を再びとらえなおす必要があるからである。そのとき、日常性がまたちがった相のもとでいつのまにか建築を性格づけているものとして見出されるかもしれないのである。（「変身する建築［5］時間をうけいれる建築――環境の原像2」『デザイン』1970.05［*12］）

で、四年後だからだいぶ先なのですが、その流れで『多木浩二対談集・四人のデザイナーとの対話』（新建築社 1975）での篠原さんとの対談がある。この時はまさに「住宅と都市」［*13］というテーマ設定が多木さんによってされていました。

坂本　あの対談は最初のところで篠原一男が都市論を語りますよね。それに対して、多木さんは自分と関心の異なりが多いと言っているんです。篠原の都市論は「都市計画とかデザインとかいう場合の都市に対する批判であって、都市についてのイメージと住宅とはむしろ保留にされている」、そういう言い方をしている。これは二人のギャップですね。つまり篠原一男は都市計画、都市設計の問題として都市を位置づけている。

――伝統や幾何学に依拠して「確かなるものだけを追い続けてきた」という篠原さんに対し、多木さんは「ピュアな形でものを考えていくというよりは、むしろいろいろなコミュニケーションが成立するためにはコミュニケーションに伴った雑音のようなものがかなり重要な部分を受け持つのではないかというような考え」があった。それは《鈴庄さんの家》に指摘したような外部性であって、そういうものが無視できない、それを含めて都市を問題化していくべきではないかという主張が前提になった対談という気がします。

多木――都市というものもやはり生きられたシステムとしてでしかない。［…］多分、私が記号学へ関心を抱くのはそのためだと思います。記号のアナーキーな分散としての都市、人間の存在を媒介するものとして都市という概念がずっと昔から働いてきたように感じてきたのです。（「住宅と都市」1975）

ただ、先ほど坂本さんが指摘されたように、この後、割と

［*11］収録／引用出典：「『意味』の空間」、前掲『建築家・篠原一男』
［*12］収録：前掲『視線とテクスト』

篠原さんがこういうことを言い始める。もし多木さんから篠原さんに対する影響があったとすれば、ここがいちばん大きな部分かなと思うのですが。

坂本　その後、篠原一男が積極的に、そういう開かれた世界との関係を構築しようとし始めたことは事実ですね。

――で、多木さんが篠原さんに対して、都市性を考えるべきではないかと言ったのは、そのまま『生きられた家』の問題でもあるのだと思います。例えばこの対談ではハイデッガー（1889-1976）のことも出てきたり、あるいはこんなことも言われています。

多木――篠原さんがたとえば萩の人っけのない道路で体験したような一つの空間、あるいはどこかに書いていらっしゃいましたけれども、ある海辺にいらしたときに建物と建物の間から垣間見える海、その垣間見える海こそ真に篠原さんにとっての海だと書いていらした、そういったいろいろな体験から一つの原像ができ上がっていく。それを処理する形式的な操作として抽象という次元が出てくるんじゃないかと思うわけです。そうすると、篠原さんの抽象は、全体で意味が形成されてくるプロセスの中でみると、一種の象徴機能です。だから篠原さんの住宅が街と重ねられるという意味で都市につながってくるのも、空間が抽象されているのも別に不思議なことではないような気がするのです。（「住宅と都市」1975）

つまり記憶や経験が形式をつくっていく。そこを多木さんが重要視するのは分かる気がするんです。自分の奥底にぐつぐつとあるもの、それは同時に時代性や文化性も含んでいるわけですが、それが個人の創作の源泉になっている。もう一つ、もっと直接的に〈生きられた家〉について言っているところもあります。

多木――篠原さんがいろいろな実験をぶち込まれるのもいいし、都市の原像をぶち込まれるのもいいんですが、そうしてでき上がる住宅建築も、その芸術的な概念も、結局それに住まう人間の問題から始まるのじゃないかということです。さっき、存在に形式を与えるといったその存在は、住まう存在である。［…］もう少し普遍化した生存のところから住まい手の問題を考えることもできないだろうか（「住宅と都市」1975）

これは七五年ですから、『生きられた家』が出版される前年です。ここで篠原さんに対してこういうことを言っていたということは、つまり『生きられた家』が建築論であり、建築家の問題であると当時考えていた一つの証拠になる。

坂本　そういうふうに思います。

――『生きられた家』についてはは次回あらためて話題にしたいと思っています。

《上原通りの住宅》と《代田の町家》

――そういった過程があって、翌年、篠原さんの《上原通りの住宅》（1976）が完成します。あの住宅については、八三

［*13］収録／引用出典：前掲『建築家・篠原一男』

年の『Perspecta』の論文で詳しく論じられています。

坂本　あの論文はどこまで扱っていましたか？

――《上原通りの住宅》(1981)を到達点としつつ、その後も《高圧線下の住宅》(1981)まで触れられています。それと八八年に『建築文化』に日本語版が載った時、《ハウス イン ヨコハマ》(1984)と《東京工業大学百年記念館》(1987)も追記というかたちで論じられています(「力と浮遊するもの」『建築文化』1988.10)。ただ、その部分は『建築家・篠原一男――幾何学的想像力』(青土社 2007)には収録されていません。

坂本　そうか、それは外しているわけですね。

――《上原通りの住宅》は「建築のレトリック」でも取り上げられていますし、ここでようやく先ほどの《代田の町家》の話と重なってきますね。多木さんの《上原通りの住宅》の見方は次のようなものです。

多木――このシステムは、全体が先にありそれを分割したかつての方法とは逆に、異質な要素が集合し、要素が一つ付け加わるたびに新たな状態が発生していく過程としての建築にほかならない。もし、それをシステムと言うなら、互いに差異があるという規則に従う要素の隣接からなるシステムである。[…]建築を、あらかじめ予想された意味から自由にする[…]文化的な意味の浸透から逃れた形式の組み合わせから意味が始まる(「主題の変遷と基本的構造」1988.10 [*14])

ここでふと思うのは、例えばこの「要素の隣接からなるシステム」なり、「予想された意味から自由にする」なり、これはある時期に坂本さんがこういう建築をつくりたいと言っていた、まさにそのものではないでしょうか。

坂本　なるほどね。

――例えば「建築のレトリック」では《代田》について隣接関係や意味のゼロ度という指摘がされていますが、《上原通り》についても実は同じようなことが書かれている。

多木――「上原通りの住宅」を例にとれば、この手法の底にある認識は、世界が多様であり、中心化され得ないというばかりではなく、なによりも、意味作用そのものを、意味するものと意味されるものの結合と考えることをやめているのである。(「建築のレトリック[3] ラショナリスムとフォルマリスム」『新建築』1977.03 [*15])

ただ、逆に言えば、そのなかで《上原通り》と《代田》を比べると、二人の作家の違いが見えてくるような気もします。坂本さんは多木さんの《上原通り》についての評論はどう読まれましたか？

坂本　同じように思いますね。例えば今あなたがピックアップしてくれた部分も。

――《上原通り》は、坂本さんから見ても篠原一男の最高傑作ということでしたが、それはどういった理由によるのでしょうか。

坂本　予定調和じゃないんですよね。もちろん一つのまとま

[*14] 収録／引用出典：「幾何学的想像力と繊細な精神」、前掲『建築家・篠原一男』
[*15] 収録：前掲『視線とテクスト』

上原通りの住宅（篠原一男設計、1976） 撮影＝多木浩二

りを持っているのだけども、それが非完結的であり、篠原一男のなかで珍しく開放系であると。そしてスケールやなにかも含めて、それが日常的なレベルのなかで行われている。常識から考えれば、あの建物がバランスがいいなんて飛んでもない話なのだけど、僕にとってはすごくバランスがいいんです。

――動的なバランスということですね。

坂本 そう。極端でないことはないのだけど、それも含めて全体的に相対化されてしまっている。フォルマリズムと言えばフォルマリズムですけど、やはりスケールがいいんでしょうね。《ハウス イン ヨコハマ》もかなりいいなと思う。フォルマリズムは、あるスケールを持った瞬間にものすごく図式化してしまうわけで、《上原通りの住宅》はそれに至る寸前の際どさでバランスが取れている。

――で、「要素の隣接からなるシステム」であったり、「意味の浸透から逃れた形式の組み合わせ」だったり、この辺りはまさに坂本さんが七六年以前からこういうものをつくりたいと言っていたあり方だと思うんです。

坂本 そうかもしれませんね。それぞれが独立して自律しながら、ある関係のなかで全体が成り立っている、そういうあり方を僕も言っていました。

――ですからこの多木さんの指摘は《代田の町家》にもある程度言える。

坂本 ただそれは、僕の作品のなかではもうすこし後、たぶ

ん《House F》(1988)になるんでしょうね。《代田》の場合は、例えば多木さんも言っているファサードの二面性の問題、つまりアンビヴァレントなものが内在しているというようなことが強いて言えば重なるけれども、それはやっぱりちょっと違う。そういう意味では、篠原一男のほうが表現力があるから、それができているということかもしれない。

——私の言い方で言うと、お二人の違いは、やはり坂本さんは常識人であったというところではないかと（参照：坂本一成インタヴュー「建築にしかできないこと」『建築と日常』No.0, 2009.09）。要するに既存のトポスを無視できない。それが《代田》と《上原通り》の大きな差ではないかと思えます。

坂本　それはそうかもしれない。

——そしておそらく多木さんも、坂本さんほどではないかもしれないですが、常識人だったのではないか。

坂本　んー、それは同意できるか分からない。多木さんもけっこう狂気の人ですよ（笑）。ただ、やっぱり多木さんは文化人なんでしょうね、知的な。

——やはり日常性があるのは《代田》ですよね。《上原通り》も都市のメタファーではあるかもしれませんが、実際の都市と繋がっているのは《代田》ですし、ある種の社会性があるのも《代田》のほうですね。《上原通り》もそれぞれの要素は関係性のなかで在るけれども、住宅全体としては自律的。

坂本　それを言うならば、《上原通り》は関係性が前面に出てきているのに対し、《代田》のほうは重ねられている。だから《代田》はどういう視点で見るかによって一挙に変わってしまう。でも《上原通り》はそういうことはないと思うんですよね。そのままで世界をつくっている。

——《上原通り》と《代田》のどちらがより傑作かと多木さんに聞いたら、もしかしたら《上原通り》と答えられるかもしれないですが、先ほどから見てきた《鈴庄さんの家》からの流れであったり、多木さんにもともとあった記憶や経験、日常性や社会性みたいなことへの関心を考慮すると、多木さんに近しいのは《代田》のように思えます。

坂本　それは言えそうですね。この後、かなり近いコミュニケーションが始まるわけですが、最初のほうで話したように、知的水準からすると僕と多木さんでは雲泥の差ですよ。でもあれだけの共同作業をさせてもらえたのは、やはりなにかあったのだろうなと思う。自分ではちょっと分かりませんけど、例えば僕の建築のあり方、それこそ常識人的なと言ったらいいかな（笑）、物事へのスタンス、消費社会に対する距離の取り方とかも含めて、割合と多木好みのところがあったのかもしれない。いま考えるとそんな感じはしなくもないですね。

——常識と言うと誤解を招くかもしれませんが、倫理観みたいなことでしょうね。その辺りが次回以降の多木さんの坂本論で出てくるかもしれません。

第2回

1976-1984

多木との勉強会
多木・伊東・坂本の共同戦線
『生きられた家』と現代建築
『生きられた家』からの理論的展開
建築の図像の研究
《祖師谷の家》の位置づけ
共同戦線のその後

収録：2012年11月2日

多木との勉強会

――前回は一九七六年の《代田の町家》の評論まで伺いました。その後、多木さんと私的なお付き合いに発展していくということですが、その辺りの展開をお聞かせください。

坂本　僕は記憶力がなくて具体的なことがあまり思い出せないんですが、あれ以降、かなりの密度でお会いするようになりました。多木さんは個人的な対話を好まれる方で、勉強会のようなことをずいぶんした。実際には多木さんが先生で僕が生徒みたいなものですけどね。僕はその頃、武蔵野美術大学に勤めていたので、当時学生だった鈴木明さんとか、武蔵美《むさび》の学生たちと一緒に勉強会が始まった。鈴木さんは、多木さんが特集をまとめた「都市の経験――〈記号分析学〉の次元として」（『新建築』1976.03）に関わっていたこともあってですね。それで七八年に『インテリア（JAPAN INTERIOR DESIGN）』という雑誌で「Language of Architecture」という特集が二度続けてある（「〈柱〉――その意味と構造」1978.04／「〈部屋〉――その意味と構造」1978.11）。多木さんと僕とでけっこう大きな特集を作るということで、その話し合いが多くありました。

――あの特集が勉強会のきっかけだったんですか？

坂本　うーん。第一回が七八年の四月号だから、遅くとも準備は七七年から始まっていますよね。だから大きくはその特集のための勉強会ということと、もう一つは、かつての建築論を読み合わせた。読みながら多木さんの考えを聞いていっ

た。多木さんはフランス語は問題ないし、ドイツ語もできるみたいだし、英文もみんなで手分けして訳しながらですね。どこかで出版するということではなくて。メンバー以外の人たちを呼んで、例えばオットー・ワーグナーの研究をされていた山田孝延さんに来ていただいたり、イタリアのラショナリズムの建築を研究していた鵜沢隆さんを交えて話をしたり、そういう断片的なゼミもありました。

それから僕はそんなに仕事に恵まれていなかったのだけど、伊東さんも一緒に、その後いくつかできた建物を観てもらったり、また伊東さんの建物を観に行ったりもしています。ですから武蔵美の僕のゼミの連中が一つの集まりで、もう一つは多木さんと伊東さんと三人、場合によってそれに白澤さんが入ったり、造形大に行かれた大橋晃朗さんが入ったりした。大橋さんが入って、家具についての勉強会をするようなこともあったわけです。

先に建築論の勉強会のほうを言うと、ウィトルウィウスの『建築十書』(B.C.1c)から始まって、アルベルティの『建築論』(1485)、パラーディオの『建築四書』(1570)。アルベルティとパラーディオは、まだ邦訳が出ていなかったんじゃないかな。それからロージエやブレー、デュランやペローなど近代まで。必ずしも一回で一冊ではなかった気がします。でね、ウィトルウィウスはもちろんその前に翻訳で読んでいたのだけど(『ウィトルーウィウス建築書』森田慶一訳、東海大学出版会1969)、でも当時の技術論のような感じで、ちっとも面白いと思わなかった。それが多木さんと読んだ時にすごく面白いんです。ギリシアの文化がローマに持ち込まれているということや、ローマの技術の問題、やっぱりそういう当時の文化や社会を知っていて、それとの関係を分かっているか分かっていないかが決定的なんでしょうね。各章ごとに武蔵美の連中が担当して、訳しながら、結局それに対して多木さんが解説することになる。そうやってヨーロッパの建築論を系譜的に読んで、かなりの時間を過ごしたと思います。

——武蔵美の勉強会の頻度はどの程度でしたか?

坂本　一ヶ月に一回くらいだったかな。『インテリア』の編集会議のほうはかなりの頻度だったですね。それは武蔵美の学生だけではなかったけれども。あまり記憶がはっきりしませんが、半月に一度はあったと思います。場所は祐天寺にあった多木さんの事務所でした。この「Language of Architecture」は、当時、社会的な状況のなかで建築が解体あるいは拡散すると言われていたことに対して、建築性みたいなものを考えてみようということでした。多木さんもそういう考えがあったと思うし、僕も篠原研で勉強した後で、建築自体のあり方を意識していた。第一回が「柱」で第二回が「部屋」、それと本当はもう一回、建築全体の外形の問題を扱おうという話があったんですが、それは結果的になくなりました。それで柱と部屋に関して、多木さんが社会性や文化性を中心

として文章を書き、僕のほうは具体的な建築自体の構成のなかでの論として書いた。基本的に多木さんは多木さん、僕は僕でという感じでした。それを途中の段階で話しながら、学生たちも一緒になって、短いコラムや図版を作っていった。

――「柱」と「部屋」の文章ですが、『建築に内在する言葉』（坂本一成著、TOTO出版 2011）に収録した際［*16］、坂本さん自身でかなりカットされましたよね。

坂本　はい。

――その当時の他の文章と比べてもかなり直すところがあった。それは特集に間に合わせるということも当然あったのでしょうけど、内容的に見ても、ご自身の設計のためのスタディのような雰囲気が感じられたんです。

坂本　んー。

――それと、もちろん歴史的な広がりは格段にあるとしても、どちらかと言えば多木さんとの親交が始まる以前の問題意識で書かれているように思えました。例えば「部屋」のほうだと、〈コスモスとしての空間〉と〈形式としての空間〉の二つを対比されていますが、そこでの論じ方は〈コスモスとしての空間〉を消去するような感じで、それは最初の《散田の家》から通じる坂本さんの思考ですよね。先ほどのお話では、執筆部分はそれぞれ別の作業だったと。

坂本　そうです。多木さんは僕の原稿について、まったくというほどなにも言わなかった。僕がこれでいいかどうか聞いても、いいんだよそれで、という感じでした。それを二度やったわけです。僕の文章はいま読み返してみると読むに耐えない文章で、多木さんの包容力の大きさを感じますね。確かに多木さんの影響はそれほどなかったと思います。

――多木さんが若い人と共同で作業する場合、必ずしもいつもいつも口を出さないわけではないようですね。

坂本　そうらしいんです。それは僕もその後に聞きました。僕は一種の圧力というか、こうしなければいけないというのはまったくなかったですね。

――あくまで想像ですが、多木さんが共同で仕事をするのは、なんらかの物書きの方が多いと思うんです。でも坂本さんはそうではなく建築の作り手ですし、また先ほど申し上げたように、もし自分のためのスタディという意味合いを持った文章なのだとしたら、多木さんもあまりそこで口出しして型に嵌めなくてもいいと思っていらしたのではないかと。

坂本　多木さんは基本的に、なんというかな、謙虚な人だから。人を立てるというかな。こちらにとっては先生みたいなものだけど、多木さんは一緒に勉強している仲間というふうに見ようとしてくれた。たぶんそれは僕だけではなくて、みんなに対してそうだと思うんですけどね。

――「Language of Architecture」の後、「平面をとおして――建築を語ることば」（『GA HOUSES 4 日本の現代住宅一九七〇年代』1978.10）という文章を書かれていますが、拝読する限り、

［*16］「柱の意味の基盤――実体と表徴のあいだに」「部屋の意味の基盤――異化と同化のあいだに」『建築に内在する言葉』

それも同じような問題意識のなかにあるように思えます。文末に（197709）と書いてあるので、もしかしたら出版の一年前くらいに脱稿されているのでしょうか。

坂本　そうかもしれません。

――ですからおそらくこの文章辺りまでは、多木さんの影響がまだあまりない。で、どこで変わるかというと、やはり「〈住むこと〉、〈建てること〉、そして〈建築すること〉」（『新建築』1978.12）ではないかと思います。一つの転換点になっている。

坂本　そうですね。

多木・伊東・坂本の共同戦線

――その文章に触れる前に、先ほど武蔵美の勉強会の他に、多木さんと伊東さんとの三人の集まりがあったということでした。おそらくその会で、〈生きられた家〉というものを議論する過程があったのではないかと思うのですが。

坂本　どうですかね。確かに伊東さんも、長谷川逸子さんや白澤さんも、いわゆる家型［*17］の枠組みのなかで住宅をつくっていた。当時、篠原スクールと呼ばれていた人たちのなかで、誰だったか、「もしかしたら篠原スクールではなくて多木スクールじゃないの？」と言ったくらいなのだけど、それくらい多木さんの影響力は強かったんです。ただ、僕自身は《代田の町家》（1976）が竣工した時に、《南湖の家》（1978）の設計がほとんどできていたわけです。ですから家型的なものが多木さんの影響によって展開したとは言えない気がする。重なっていたというのが正確でしょうか。

実は多木さんのなかで家型は「Language of Architecture」の「柱」の回（1978.04）で既に出てきているんです。ところがその後の家型の概念とは違う。僕も「家形を思い、求めて」（『新建築』1979.02）を書いた時は「形」という字を使っていて「型（タイプ）」になっていない。だからそのへん明解でないんですよね。多木さんは後に「イコンと象徴――建築の神話力をめぐって」（『白井晟一研究Ⅱ』南洋堂出版 1979）で書かれるような家型のイメージをお持ちだったのかもしれませんが、『生きられた家』の初版（1976）ではそれがまだ出てきていない。

家型の住宅に関しては、《南湖》の後の《坂田山附の家》（1979）も《今宿の家》（1979）も、多木さんのパブリッシングされたコメントはないのですが、伊東さんがこの三作について書いてくれています（「曖昧性の背後に浮かぶ概念としての家」『新建築』1979.02）。それは当時の僕らの空気を代表しているかもしれません。実際に伊東さんも《笠間の家》（1981）や《花小金井の家》（1983）辺りまでは家型的なものをつくっていたし。僕も《散田の共同住宅》（1980）、《祖師谷の家》（1981）まで、その延長のなか

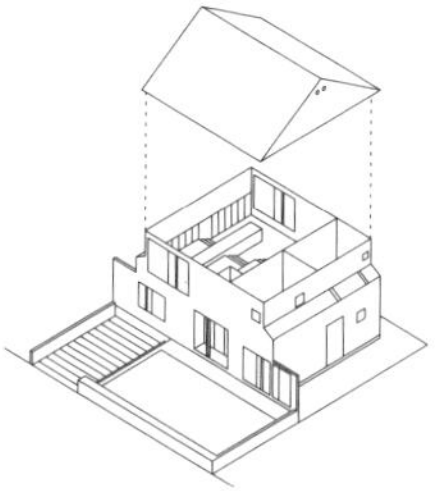
今宿の家（1979）

［*17］家の元型を想像させるような形象。狭義では、切妻などの三角屋根を持つ住宅。後述の「イコンと象徴――建築の神話力をめぐって」（1979）などにおいて、多木が理論的展開をした。

にあった。多木さんには一応すべて観ていただいて、《南湖の家》ができた時は写真まで撮ってくださったんですけど、結局その写真はプリントしたものは見ませんでした。

——私も多木さんの影響が作品に指摘できるとしたら、《南湖》《坂田山附》《今宿》ではなく、《祖師谷》であり《House F》(1988) なのかなと思います。ただ、言説の面での影響というのはそれより前に見られると思うんです。

坂本　そうですね。

——これは伊東さんが当時を振り返った発言です。

伊東——僕らも'60年代にすでに大学は卒業したから、篠原さんや磯崎さんが'60年代に登場されて、丹下さんやメタボリストたちの建築に対しての批判というかたちで、多木さんがいわれる芸術、あるいは社会への拒否をテーマに掲げた建築をつくられ始めたとき、学生の出たてであったわれわれ世代はかなり同調したし、その旗のもとに付いていった感があります。ところが、直接的には篠原さんの建築のもともっている表現の強さみたいなものに対して、どうも付いていけない。その辺りは多木さんからずいぶん焚きつけられて (笑)、坂本さんにしろ、長谷川さんにしろ、私にしろ、〝篠原攻撃〟をそそのかされて (笑)、尖兵のようなかたちで、いかにそのシンボリックな表現を柔らげるかとか、消すことができるか、という試行錯誤がずいぶん続いたと思うんです。(多木浩二・伊東豊雄「建築をつくる根拠への問い」『建築文化』1989.11)

冗談半分で言われていますけど、でもここまで仰るということは、多木さんもそれなりのスタンスを取られていたのではないかと。

坂本　伊東さんが言われている通りです (笑)。やはり当時、篠原・磯崎の二人は力を持っていた。多木さんはその前まで二人をバックアップしていたわけですが、二人ともアーティスティックな方向に進まれて、多木さんの思いとのずれが生じ始めていた。磯崎さんは他を批判して「大文字の建築」と言っていたけれど、むしろ自分が「大文字の建築」になっていったという気がするし、篠原一男はますます力を誇示するような、強い表現を伴ったフォルマリズムになっていく。

——ただ、篠原さんに関して言えば《上原通りの住宅》ができたのは七六年ですよね。多木さんはそれを最高傑作と仰っているわけですから、そんなにいきなり、最高傑作をつくった人を「攻撃」するでしょうか。

坂本　まあ「篠原攻撃」と言っても一種のゲーム的なものですよ。

——単に方向性の違いだけではなくて、それにプラス、これは邪推ですけれども、実際に『生きられた家』という本が否定的な扱いを受けたということに対する反撃ということでもあったのかなと思うんです。多木さんが『生きられた家』について振り返る時、建築家に批判されたとあらゆるところで言っていますよね。多木さんにとってそれがどれほどの出

来事だったのか、僕には想像を絶するところがあります。『建築・夢の軌跡』（青土社 1998）の序文では「ある建築家は正面から私をなじった」とさえ書かれていましたけど、これは出版から二〇年以上経った後の文章なわけです。篠原さんにしても、別に多木さんを全否定するつもりはなくて、もっと同時代の評論家としてのあり方に期待していたゆえの反応だったという気がするんですが。

坂本　もちろんそうです。ただ、それは一種の象徴的な出来事であって、『生きられた家』への批判が引き金というよりも、それに代表されたという感じなのかな。僕はもうすこし純粋に、フォルマリズムによる芸術性に対しての違和感を感じ始められたのではないかなと思う。ゲーム的と言ったけれど、やっぱり相手になるというか、問題にせざるをえない建築家はその二人だったんですよ。

――その集まりはどういうふうに？

坂本　それは色々ですね。多木さんの事務所の時もあったし、我々の建物を見学しに行くこともあった。例えば伊東さんの《ホテルＤ》(1977)は菅平のほうかな。それから浅草でドジョウを食べに行こうなんて言って、そこでお喋りしたこともあったし、多木さんのお宅でということもあったかもしれない。

――打倒篠原・磯崎というのは具体的にどういう内容でしたか？

坂本　例えば、あのスケールがこの構成と重なることによって、威圧的な建築の力を生んでいるのではないかとか、磯崎さんのマニエラ論がどうだとか、篠原先生の最近の文章、あの方向が本当に可能性があるのだろうかとか。当たり前ですけど個人批判的なことはなにもないです。そしてそれは同時に、自分たちの検証でもあったわけだから。

『生きられた家』と現代建築

――やはりそういった議論が坂本さんのなかではまず「〈住むこと〉、〈建てること〉、そして〈建築すること〉」(1978.12)に結びついていったのだろうと思います。建築の経験的な側面や生活から生まれる質をきちんと位置づけられた。それは『生きられた家』なり多木さんとの交流の影響が見られるのではないかと思えました。当時、『生きられた家』はどう読まれましたか？

坂本　いま考えてみればすごく自然な本ですが、当時の我々は経験されるものとしての建築というような概念をたぶん持っていなかった。実際には我々は経験をしているわけですけど、そこに意味があるとは思っていなかったんじゃないかな。磯崎さんにしても篠原先生にしても、社会学的な、文化人類学的な考察であるというふうに思われたと思う。僕は特に否定的ではなかったと思いますけど、より積極的に自分の表現の問題として、それを考えることができなかった。

ただ、後から考えてみると、それは個人的な一人一人の経

験の問題ではなくて、人間全体の生存に関わってきたような、あるかたちのなかに人間の存在があるのだということをクリアにしてくれていることが分かった。最近もほら、例えば住宅の設計をする時、抽象的な人間ではなくて、実際のクライアントと話をしながら、その人の具体的な生活のなかでの位置づけをするという考え方がありますよね。でもそういうことではなくて、個人を超えた世界と関わることで、建築をより大きな広がりのなかで捉えることができる。「〈住むこと〉、〈建てること〉、そして〈建築すること〉」というのは他愛ない文章なのだけど、僕なりの素朴なレベルでそういうことを書いていた。結局《祖師谷の家》の設計まで、自分の建築観を『生きられた家』に重ねるようなことをしていた、と言えなくもないと思う。

――前回お話ししたことですが、多木さんは七五年の篠原さんとの対談（「住宅と都市」）の時点で、篠原さんの建築に対しても〈生きられた家〉的な視点の可能性を認識されていた。例えば篠原さんの伝統論は、まさにいま坂本さんが仰った文化人類学的な視野を持つものなので、必ずしも水と油ではない。それが『生きられた家』という本が出て、それを篠原さんが否定したというなら、やはりそこにはどこか誤解があったのだろうと思います。

坂本　ええ。例えば僕は《土間の家》（1963）って大好きなんです。それは僕だけではなくて、篠原一男がよかったのは初期のあの辺ではないかと言う人がけっこういる。それは『生きられた家』に通じるような、民家との関係のなかで成立していると言ったらいいのかな。やっぱり《白の家》（1966）以降に先鋭的なフォルマリズムに変わっていった。

――ですからそもそもは、抽象的な形式も『生きられた家』的なものも、よい作品においては一体化しうる可能性がある。『生きられた家』の初版（1976）と改訂版（1984）を比較してみて［*18（p.125）］、例えば次の部分は改訂版でカットされているんです。

多木――哲学者でも歴史家でもない私にとって、この生きられた家が示す二重性［編註：現象学的側面と社会学的・意味論的側面］は、つねに、現代建築に対比的なところに見出され、それとの関連で問題になってきた。いわば、私にとって生きられた家を語ることは、間接的に現代建築のおかれた位置を複雑な文脈のなかでさぐることにほかならなかった。もちろん、現代建築それ自体を論じるわけではない。（『生きられた家』1976, pp.36-37）

つまり初版では、『生きられた家』はやはり現代建築との関係のなかで考えていると書かれている。

坂本　一方、それに対して九八年の『建築・夢の軌跡』の序文ではこうありますね。

多木――私の建築についての関心は、最初から二つに分かれていた。歴史社会学者のノルベルト・エリアスが文化には知的創造と普通の人間の生活という二面があるとしたのと同様に、建

築という概念にも相互に無関係ではないが異なる審級で考えられるべき二つの空間が含まれている、と考えていた。建築は太古から人間の文化の核心にあったが、近代以後は建築の意匠が自立性をますにつれてこの二つの審級の分離は明確になり、また関連も以前より複雑化してきた。建築に関して私はこの両方の文化について語ってきた。（「建築の思考――はじめに」『建築・夢の軌跡』1998）

自分は〈生きられた家〉と〈建築家の作品〉のずれをずっと引きずっているのだと。まさに『生きられた家』の初版と同時期に「建築のレトリック」の連載が書かれていることもそうですね。「建築のレトリック」を読むと、『生きられた家』を書いた人の文とは思えない。で、僕らは建築家として「建築のレトリック」のほうに、分からないながら親近感を持っていた。ただ、長島さんが言うように、最初『生きられた家』を書いた時は、二つの統合をする意識があったのかもしれない。それが改訂版では分離する方向になってきたのではないかと。

――これは初版からあったところです。

多木――たとえば、以下のいくつかの章で、日本の空間をあつかっている。[…] 積極的に伝統の美学をとりだすことではないが、家のように、身体にまとわりついた空間では、身体に刻まれている文化のコードを意識しないではいられなかったからである。しかし、いったんこのような意味での伝統に注目し、しかも、それを伝統主義化しないかぎり、文化というものの民族性は、いきなり、もっとも広い人類学的時間と空間のなかにひきだされてしまわざるをえない。生きられた家を考えてきたひとつのメリットはそこにあった。というのは、そのとき、生きられた家と建築家の作品という空間の二極的対立が問題の表面から消え、生きられた家が、ことば、技術、図像、社会的な空間、宇宙というさまざまな文脈の展開の交錯として出現し、それは建築家の作品も同様であるからであった。（『生きられた家』1976, pp.38-39）

つまり人類学的な時間で見ると〈建築家の作品〉も〈生きられた家〉のなかに包含される。例えば二章の「空間の織り目」では、鴨長明の『方丈記』（1212）から始まって日本の空間論が展開されていますが、この辺はとりわけ建築論としての問題意識を感じさせます。つまり日本の建築について、「軽く、非実在的で、ほとんど物質的な重量を感じさせない」とか、「まぼろしのように一時的な現象にすぎず、固定し持続する印象をあたえない」、「日本の空間は、空間を外面的に明快に限定する境界があいまいなまま現象している」、「われわれにとって空間とは出来事にすぎないのである」（pp.43-46）などと書かれるわけですが、こういった指摘は《シルバーハット》（1984）や《House F》（1988）、あるいは八〇年代の「軽い建築」、「透明な建築」にそのまま繋がっていく気がします。

坂本　そうかもしれない。

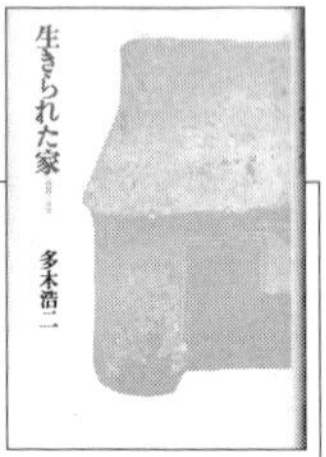

[*18]『生きられた家』初版と改訂版の目次構成の比較
右側、改訂版の各節タイトル後の【 】内は、その節の基になったテキストを示す。数字の場合は初版の【章－節】。ただし、書き下ろされた個所も少なくなく、いずれの文章も細かく手が入れられている。

『生きられた家』田畑書店、1976.09

はじめに
1 生きられた家
1-1 生きられた家とは
1-2 建てることと住むこと
1-3 かつて、家は……
1-4 家と巣の比較
1-5 複雑さの隠喩
2 空間の織り目
2-1 空間は出来事にそって発生する
2-2 一時的にあらわれる物
2-3 場所の連鎖
2-4 おもてとうら
2-5 物と記号
3 時間のかたち
3-1 ふたつの時間
3-2 外からの侵入者
3-3 仮泊の家と家の廃墟
3-4 痕跡の宇宙
3-5 家の記憶
4 小さな世界
4-1 家のエロス
4-2 感覚的な世界としての家
4-3 自分のための家
4-4 家と無意識
4-5 光と闇
5 家のパラドクス
5-1 家の境界
5-2 まがいものの軌跡
※ 5-3 「人形の家」と「子供の家」
5-4 メディアとしての記念物
※ 5-5 顔のない家
※ 5-6 捨てられた家の風景
※ 5-7 おわりに——記号的虚体の解体へ

※は改訂版では削除

『生きられた家——経験と象徴』青土社、1984.03

1 生きられた家
1-1 生きられる空間 【1-1】
1-2 建てることと住むこと 【1-2】
1-3 かつて、家は…… 【1-3】
1-4 家と巣の比較 【1-4】
1-5 隠喩としての家 【1-5】
2 空間の織り目
2-1 空間の発生 【2-1】
2-2 仮象としての物 【2-2】
2-3 場所の連鎖 【2-3】
2-4 おもてとうら 【2-4】
3 住みつくかたち
3-1 ことばと空間 【書き下ろし？（原典不明）】
3-2 空間の図式 【「イコンと象徴」】*a
3-3 内部からの生成 【「イコンと象徴」】
3-4 時間テキストのなかの空間 【「映画の図像学 2」】*b
3-5 家の境界あるいはコスモロジー
【5-1】＆【「記号としての建築」】*c
4 欲動と記号
4-1 家と無意識 【4-4】
4-2 感覚的な世界 【4-2】
4-3 光と闇 【4-5】
4-4 物と記号 【2-5】
4-5 小さな次元 【4-1】
4-6 ブリコラージュ 【4-3】
5 象徴とパラドックス
5-1 痕跡の宇宙 【3-4】
5-2 かくされた図像 【「イコンと象徴」】
5-3 アーキタイプ 【「イコンと象徴」】
5-4 象徴の両義性 【「イコンと象徴」】
5-5 常識の世界 【5-4】＆【「記号としての建築」】
5-6 まがいものの役割 【5-2】
6 時間と記憶
6-1 時間のさまざまな位相 【3-1】＆【3-2】
6-2 記憶と空間 【3-5】
6-3 時間のない家 【3-3】
エピローグ 小さな劇場 【「視線とテクスト」】*d
あとがき

*a ——「イコンと象徴——建築の神話力をめぐって」『白井晟一研究 II』南洋堂出版、1979
*b ——「映画の図像学 2」『ユーロスペース「鉛の時代」』欧日協会、1983
*c ——「記号としての建築」『説き語り記号論』山口昌男監修、日本ブリタニカ、1981
*d ——「視線とテクスト 第 2 部第 12 回 虚妄の都市（2）都市の経験七」（『現代思想』1983.09）第 14 章「小さな劇場」（1984 年改訂版のエピローグは、1993 年再改訂版『生きられた家——経験と象徴』では「演劇本能あるいはやわらかな宇宙」として第 6 章第 4 節に収録、代わりのエピローグが書き下ろされている）

——また、日本の建築に対比される西洋の建築は、『『空間』が象徴化する』」、「物質と物質的でないものが対比される二元論的構造」(p.48) などと書かれていて、こちらはその当時の篠原さんや磯崎さんの建築に対する認識と重ならなくもない。

坂本　そうですね。意識的かどうかはともかく。

——多木さんは基本的に日本建築については、西洋建築と比べてほとんど書かれていないですよね。

坂本　知らなかったわけではないとは思いますけどね。どうして言及しなかったかは分かりません。

——ですからここでは日本建築史としてではなくて、現代建築論として日本建築を見た。そこに当時の批評的な意味を見いだしうる。

坂本　そう思います。ただね、初版の時に〈建築家の作品〉を位置づけるという意識は、僕はあまりなかったと思うんですよ。やはりあくまで一つの人文学的な家の考察であって、あまりそこにこだわらないでいいような気がする。

——確かに『生きられた家』では〈生きられた家〉と〈建築家の作品〉の関係を厳密に問うつもりはなくて、そこはひとまず保留にしつつ、〈生きられた家〉を論じるというものだったと思います。ただ、僕が若干こだわるのは、この本のその後の受け取られ方なんです。

例えば実際『生きられた家』を読むと、体系性がない、様々な問題を含んでいるものなのに、それを括る〈生きられた家〉というタイトルのインパクトが強いことで、多木さんの意図とは正反対に、結果的に問題系を閉じてしまったところもあるのではないか。また多木さん自身この本を振り返られる時に、建築論ではないと頑なに仰るわけですよね。それもむしろ本の可能性を狭めてしまうことになったのではないか。建築に限らず写真にしろ美術にしろ、多木さんの評論は、その作品の背景にある時代や文化の構造みたいなものを読むのが一つの特徴だと思いますが、それを考えると、〈建築家の作品〉も〈生きられた家〉の広がりのなかで読まれてしかるべきではないかと思うわけです。

坂本　それは一つのイデオロギーとして分かりますけど、でもね、〈概念としての家〉と〈生きられた家〉の乖離という問題はやっぱりあるわけです。それは建築の作品化と言ったらいいのか、建築の表現がそこに介在し始めた時に起こる。〈生きられた家〉が、文化や社会が時間の経過のなかでつくってきた人間との関係の結果であるとすると、それに対して建築家が建てるということはどういうことなのか。〈建てること〉と〈住むこと〉が乖離してしまった現代に、〈生きられた家〉と〈建築家の作品〉をぴったり重ねるのは無理ではないか。それが僕の「〈住むこと〉、〈建てること〉、そして〈建築すること〉」の論旨だったわけですが、多木さんだってその二つが重ねられるとは思っていないはずですよ。

——僕はその「重ねる」というイメージがあまり湧かなく

て。例えば建築以外も含めたあらゆる作品において、多木さんの認識として、その作品に〈生きられた〉質が見いだせる作品が面白い作品ということにならないでしょうか？

坂本　それは大きいでしょうね。

――だとすると、こう言ったら身も蓋もないですが、面白い建築には〈生きられた家〉が内在している、という言い方ができる。

坂本　なるほど。いいと思います。歴史的・文化的な厚さがそこにあるという。

――ですからそういう認識があれば、〈生きられた家〉と〈概念としての家〉の関係は特に厳密に定義しなくてもいい。ただ、それが最初から乖離していて、それをなにかの方法によって重ねるということになってくると、なかなか出口のない話になるのかなと。

坂本　やはり建築家としては、ある種のテーマ主義みたいなもので、特別なものを提案しないと建築にならないという意識があるわけです。ところがそれによって、〈生きられた家〉に通底するような、ある時間のなかで人類学的につくられてきた建築との関係がなくなってしまう。また逆に、あまりにも〈生きられた家〉を前提としすぎると、それはそれで膠着したものに繋がっていく。多木さんもそういうことを言っている気がしますし、僕も常にその対立的な問題を考えてきた。

『生きられた家』からの理論的展開

――おそらくそうした視座を持たれた出発点が、七八年の論文「〈住むこと〉、〈建てること〉、そして〈建築すること〉」だったわけですね。それまでは割と、むしろ〈生きられた家〉は設計から消去するべきものだと。

坂本　それはたぶんこういうことじゃないかな。行きすぎた消費社会あるいは資本主義社会がもたらす文化に対しての嫌悪感を僕は持っていた。そしてそれがあまりにも建築に付着している。だからそれを排除するのは僕は当然のことだと思っていたのだけど、なかなか周りに理解してもらえなかった。それを多木さんが初めて理解してくれた。で、そういうとき僕が「意味を消す」と言っていたのは、社会が付着させる意味を外すことによって、建築が持っている空間の本質的なあり方が出てくるはずだという意図でした。だからすべての文化性を消すということではない。僕もやっぱり民家や集落は好きだったし、素朴な、慣習化されて作られてきたものに対しての敬意は持っていたと思うんです。

――あの論文では〈日常としての空間〉に対して建築家は〈零度の座標〉を提示するものだと書かれています。

坂本――その座標は具体的な物によって構成されるが、それ自身は抽象的なものである。それは人の生活の直接の形式ではなく、住まう場の形式を成立させるものであり、さらにその形式を成り立たせる構造を含んだ構築となる。（「〈住むこと〉、〈建てる

こと〉、そして〈建築すること〉」1978.12［*19］）

この〈零度の座標〉というのは、言ってみれば処女作の《散田の家》（1969）を発表した時に書かれていた「記号的な取り扱い」からずっと連続する。

坂本　まあそうですね。「意味を消す」ということも含めて連続している。degree zero というのはバルト（1915-80）が言っていて、たまたまいい言葉があったということでそれを使ったのだと思います。

――ただ、初期から連続する考え方だとしても、「〈住むこと〉、〈建てること〉、そして〈建築すること〉」では、『生きられた家』以外にハイデッガーやバシュラール（1884-1962）なども引用して、それを〈日常としての空間〉に対するものとしてきちんと定義づけられた。あの文章で子どもの頃に橋の下のバラックに住んでいた家族について書かれている通り、そういう日常に対する眼差しは、表に出てこなかっただけで坂本さんにもともとあったわけですが、あそこでの論理化は、その後の坂本さんの思考に厚みを持たせることになった気がします。いわゆる芸術的な方向に振り切らないのが坂本さんの本質であるというのは、七六年の『形式』の概念」（1976.11）で既に多木さんが把握していたことですね。

坂本　そう思います。

――この〈零度の座標〉は、言ってみれば『形式』の概念」で多木さんが書いた〈トポス〉という概念とそのまま重なると思うんです。

坂本　そうかもしれません。

――例えばこの「〈住むこと〉、〈建てること〉、そして〈建築すること〉」では『生きられた家』から次の文が引用されています。

多木――生きられた家から建築家の作品を区別したのは、ひとつには住むことと建てることの一致が欠けた現代で、このような人間が本質を実現する「場所」をあらかじめつくりだす意志にこそ意義を認めなければならないからである。（『生きられた家』1976, p.20）

この「場所」というのが〈トポス〉であり、坂本さんが書かれた〈零度の座標〉です。つまり多木さんは『生きられた家』で「建築家の意義は場所をつくることだ」と書かれ、そのすぐ後《代田の町家》について「この建築には場所がある」と指摘しているわけなので、『生きられた家』で提示した建築のあり方の可能性を坂本さんの建築に見たと言える。

坂本　そういうことでしょうかね。

――で、坂本さんとしてはそのすぐ後、三つの住宅とともに「家形を思い、求めて」（『新建築』1979.02）という文章を発表されます。そのなかではもう〈記憶の家〉というような言い方がされて。

坂本　degree zero は論理的にはありえても現実には成立しない、その意味の消去がしきれないところに〈記憶の家〉があ

［*19］収録／引用出典：前掲『建築に内在する言葉』

るということを言っている。

——ええ、そしてその図像が家形であるということですね。

坂本——家形は人の住まうことへのあこがれの対象かも知れない。それは遠い記憶の奥底の人の住むところへの根深いイコンを成立させているといえる。あるいはそのことは人間という集団の無意識にもち合わす住むことへのイメージを形成しているかも知れない。(「家形を思い、求めて」1979.02 [*20])

そしてこの後、四ヶ月後くらいに「建築での象徴作用とその図式——両義的なことの内に」(『新建築』1979.06) が発表されます。この文章は家型の考えをさらに進めたものですが、実はこの一九七九年六月というのは多木さんの「イコンと象徴——建築の神話力をめぐって」を収録した『白井晟一研究II』が出版された月でもあるんです。だから二つはほぼ同時に出ているわけですけど、それにも拘わらず、内容がすごく似通っている。

坂本　僕も久しぶりに読み返してそう思った。

——それが不思議だったのですが、今日、坂本さんが「イコンと象徴」の出版前のゲラをお持ちだというのを知って、納得しました。

坂本　でも僕はそんなに書くのが早いわけではないので、多木さんのゲラを読んでから書いたということではないと思います。内容が似ているとしたら、前からそういう議論をしていた可能性がある。

——確かにそういう感じもします。

坂本　ともかくその後も含めて、「イコンと象徴」は僕にとってかなり印象的でした。考えてみると「家形を思い、求めて」で書いた〈記憶の家〉ということは、「建築のレトリック」でほとんど多木さんに指摘されていたわけです。だから家型という言葉はなかったにしても、物や空間の時間を超えたあり方、あるいは人類学的なあり方、おそらく僕のなかに、そういう空間をつくっていきたいという思いがあった。僕の希望的な言い方になりますけど、建築に対するそういう僕の思いと、多木さんの文化や社会に対する認識が「イコンと象徴」で重なったのではないかという印象がある。

——すごく力の入った文章ですね。「白井晟一研究」に寄稿しているのに白井晟一の名前が出てこないという恐るべき論文(笑)。

坂本　そう(笑)。で、今回長島さんが調べてくれたところによると、改訂版の『生きられた家——経験と象徴』(1984)に「イコンと象徴」が部分的に組み込まれていたわけですね。そういう意味で『生きられた家』も、改訂版が出た時に、より連続感を持てるようになった。事実、「イコンと象徴」に影響されて、僕自身の建築論が展開していくことになるわけですから。

——はい。この「建築での象徴作用とその図式」ではかなり明解に、おそらく現在まで続くような方法が定式化されて

[*20] 収録/引用出典:『坂本一成 住宅―日常の詩学』TOTO出版、2001

います。

坂本——つまり、私たちは歴史的にさまざまな建築の形態をつくってきた。またそれに関する思考を成立させてきた。その形態や思考の内に、表層上の状況と必ずしも関わりのない基本的な性格があるのではなかろうか。さまざまな時代や状況、そして地域を超えて建築に関わる形態や思考の最大公約数的に存在する〈建築の概念〉、あるいはそのことによって構成される、個人を超えて、しかもそのことを知ればどの人間にも存在するであろう建築の客観的形式、そのような建築の固有性の定着と、そこからの違犯、侵略、冒険といった図式の内に、もうひとつの象徴作用をもたらす枠組みが形成されていると思われてならない。(「建築での象徴作用とその図式——両義的なことの内に」1979.06 [*21])

ただ、よく読んでみると、ここで言われているようなことは「『形式』の概念」で多木さんが既に指摘していることでもある。

多木——坂本の関心は、さしあたり、建築をまったくちがった構成におくことではなく、あたりまえの構成材の関係である。つまり、それがかれの探究に先立ってひとつのトポスがきめられる。[…] 坂本一成の論理的な作業のはてに、結局、機能しかあたえられていない具体的なものがひびきあう世界があらわれる。そこでは、はじめに、さしあたり、ステレオタイプなトポスを設定したことが解除され、あらたなトポス、つまり建築の概念があらわれる。(「『形式』の概念」1976.11)

坂本　ははは。

——ともかくお二人の関係は、単にメディア上で作品と評論が行き交うというだけでなく、水面下でもパラレルに進んでいた。後世の研究者はこの辺りは分かりにくいところかもしれません。

坂本　でもね、僕は例えば家型という概念を言葉として持つ以前にかたちとして出す。多木さんはそれに反応して、自分の理論として家型論を展開させていく。そんな感じがします。

——僕も今回のインタヴューで、多木さんが坂本さんに与えた影響だけではなく、坂本さんが多木さんに与えた影響も見えてくるといいなと思っていたのですが、その具体的な一つは家型の部分になるのではないかという気がします。「イコンと象徴」では三角屋根の家型がドームと比較されて、俗なものとされている。

多木——[編註:ドームは] 重要な特別の家と結びつき、宇宙を象徴する球状の形態につながる道を選びとって、単なる住いのアーキタイプとは別の、いはば「聖」なる方向を辿ったものであろう。そう考えるなら、ここでいう「家型」は、このアーキタイプが「俗」なる方向を辿りなんの特徴もない普通の家の経験に結びつきながら、人間が最初に家を創造することに含まれる象徴的な意味のすべてを潜在的にもっているとしても不思議ではない。(「イコンと象徴」1979.06)

[*21] 収録／引用出典:前掲『建築に内在する言葉』
[*22] 収録:前掲『建築に内在する言葉』

この辺りの書き方は、坂本さんの作品があってこそ出てきたようにも思えたのですが。

坂本　んー。ドームやヴォールトはより特別なものに結びついていくだろう、切妻みたいなものは日常世界のなかに浸透していくだろう、ということは多木さんの認識ならば十分想像できるわけですけどね。

――坂本さんのなかでそれが論文化されるのは「建築での象徴作用とその図式」の一年後、「覆いに描かれた〈記憶の家〉と〈今日を刻む家〉――建築でのアイデンティティと活性化・建築の外形を例として」（『新建築』1980.06［*22］）ですね。これは例えばユングのアーキタイプやドームと家型の話など、より「イコンと象徴」を参照して、前の論文から展開されています。

建築の図像の研究

――さて、そのくらいの時期から、設計活動と並行して、坂本さんの本格的な研究活動が始まります。つまり一連のイメージ調査［*23］と博士論文「建築での図像性《イコノロジー》とその機能」（1983）ですが、そのきっかけを教えてください。あるいは多木さんとなんらかの関係があったのでしょうか。

坂本　イメージ調査は、多木さんにそういうことをすればと言われたことはないです。いちばんの動機は建築の構成論を考えていった時、でもやっぱり建築が社会的に決定されるのはイメージの問題が大きそうだと思ったことなんです。だから社会のなかに浮遊するかたち、格好良く言えば人々の集合的な無意識みたいなイメージをはっきりさせたかった。そこにはもちろん家型や多木さんの思考との関連もあったかもしれません。

最終的にはかなり面白い結果が出たんです。つまり、そういうイメージは消費社会のなかでは情報がつくっている。住宅の写真を沢山見てもらって、例えばこれは好きかどうか、つくりやすそうかどうか、新しく見えるかどうか、そんな他愛のないことを聞いているのだけども、その結果をまとめると大雑把に六つか七つの類型に分類される。でね、ハウスメーカーの住宅は、どんな特別なかたちであろうと、ぜんぶ一つの分類に入ってくる。つまり人々はかたちがどうであれ、同じ類のものであると認識している。一方、僕の建物はぜんぶ倉庫みたいなものだと認識される。それくらい人々は、言ってみれば正確に、相対的な関係のなかで物のかたちを見ている。それはすごく面白かった。

――そういったことは『生きられた家』でも、「近代デザインの錯誤は、物が人間によって生きられるときに、生じる記号的変貌を推測しえなかったことにある」（pp.67-68）などと書かれていますね。

多木――かれ［編註：ジャン・ボードリヤール（1929-2007）］の論理では、消費とは社会のなかで可動性をもった中産階級に固有な

［*23］「〈建築のイメージ調査〉報告」『日本建築学会大会学術講演梗概集』1982-86（全29回）、「建築の形象での図像性に関する研究」『日本建築学会計画系論文報告集』1985-89（全10回）、いずれも共著。

社会的戦略であり、そこでは物は実質的な機能だけでなく、社会的な記号となり、消費はこの記号の積極的な操作になる。［…］おそらく、現在の大衆によって生きられる家は、空間と時間の商品性から考えない限り理解できない面をもっているように思われる。（『生きられた家』1976, p.147）

坂本　ボードリヤールの〈使用対象〉と〈所有対象〉という考え方にはかなり影響を受けました。もちろん僕も多木さん経由で知ったわけですが、『物の体系』（1968）の訳者後書きにも「ボードリヤールの仕事の重要性を最初に訳者に示唆されたのは多木浩二氏である」（宇波彰訳、法政大学出版局 1980）と書いてある。今日のハウスメーカーの住宅のようなものが成り立つ最大の理由は住宅が〈所有対象〉になってきた、それが僕の学位論文の考え方の大きな柱だったわけです。

——そこで「Language of Architecture」の第三回に予定していたようなテーマで論文を書かれたと。論文の謝辞には篠原さんと平井（聖）さん、あと多木さんのお名前もあります。篠原さんからはなにか指導はあったのでしょうか？

坂本　ない。まったくなかったです。あ、一つだけありました。それは結果的に無視したようになりました。

——なんですか？

坂本　意匠の論文なのに図や写真がまったくない、なにか図版を入れろと（笑）。

——確かに「かたち」について論じているにも拘わらず。やはり内容としては多木さんに近しい。引用の出典だけ抜きだしてみても、多木さんが書いているものと重なる部分が多い気がします。

坂本　具体的に書いたものを見せて意見を聞いたりということはなかったと思いますけどね。例えば住宅を〈所有対象〉と位置づけた時にこのことはどう考えたらいいのでしょうかというような話は聞いたりしたかもしれない。

結局、論文の結論は、〈建築の空間〉は「かたち」の問題と無関係に成立しないのだということです。内部の空間と外部の外形の関係によって〈建築の空間〉は成り立っている。そういう構造を持っているものは建築以外にはありえない。極端に言えば住むための空間は洞穴でもなんでもいいわけです。でも洞穴には外部はない。また逆に大きなオブジェがあったとすれば、それは外形は持っているけれども内部は持っていない。でね、これは無意識なのだけど、僕は展覧会でも雑誌でも、必ず内部の写真と外部の写真を両方出すんです。僕にとってはそれぞれ独立したものではないんですよね。つまりその両方によって成立している関係によって、建築が意味を持っている。

——ですから博士論文もいわゆる学者的な論文ではなくて、建築家の実践における問題意識があったと言える。なぜこういった論文を書いたのかという問題意識が結論に近いところにあります。

坂本──図像性を排除した構成的形式として建築を捉えることにはそれなりの純粋性が認められる。しかし、その図像性を排除した、抽象性と単純性においての建築は、建築の認識論、意匠論としてのひとつの形式でしかありえず、それは建築自身が、そこで受け止める世界を狭いかたちで閉じてしまうことになる。

（「建築での図像性とその機能」1983［*24］）

おそらく〈建築の空間〉を考える時に、座標空間的な認識が支配的だったという前提があって、それに対してかたちや図像の重要性を述べられた。

坂本　かたちが持っている意味、それ自体が絶対ということではないのだけど、その意味が建築の空間の大きな条件になっている。ただ、ふつう図像学というと、かたちの様々な意味を問題にするわけですが、この論文ではそこを問題にしているのではなくて、建築という概念のなかで、あるいは建築の空間のなかで、図像がどういう意味を持っているのか、それを問題にした。

──そういった意識は、一般の世俗的な建物も〈建築〉に含めるような意識ですよね。僕はそこに、掛け値なしの現実のなかで建築を考えようとする意志を感じます。それをわざわざ『生きられた家』的と言わなくてもいいかもしれませんが、結局なんでもありというか、「芸術空間」だけでもないし、「生活空間」だけでもない、「座標空間」だけでもない、そういう現実ですね。

《祖師谷の家》の位置づけ

──ただですね、この論文を書かれて以降の作品を見ると、むしろそうした図像性を重視しなくなっているような印象を受けます。家型というのは図像の問題だったと思うのですが、そこにこだわらなくなってきた。

坂本　そうですね。それは次回以降の話になるわけですが、《祖師谷の家》（1981）の頃には、僕自身も家型という形式のなかでマニエリスティックな方向に来ている、あるいは類型化し始めているのではないだろうかという思いがあった。例えば空間を家型のように文化的な意味合いによって捉えるのではなく、より即物的な実体として捉えたらどうか。確か伊東さんとの個人的なお喋りのなかで、フラードームのように必要な架構だけつくって、そのなかで自由にプランを考えればいいのではないかと話し合ったりしました。

──博士論文の提出は八二年の年末ですが、その時期あまり雑誌で文章を書かれていないのは、論文に集中されていたということでしょうか。

坂本　そう簡単には書けないので、その通りです。

──ですから論文の執筆と並行して《祖師谷の家》ができる。その時の多木さんの評論（「柔かな、かたちのない〈建築〉」『新建築』1981.06）の書き方が興味深くて、新しい指摘があまりないというか、新しい指摘をするつもりもあまりないような。

［*24］収録／引用出典：「建築における図像性」、前掲『建築に内在する言葉』p.305。坂本の博士論文「建築での図像性とその機能」は、その後「建築における図像性」として『建築文化』誌上で再構成され（連載全5回、1985.07, 08, 09, 11, 1986.02）、後年『建築に内在する言葉』に収録された。

坂本　それまでのことを整理して書かれている感じですね。《代田》以降の、いわゆる家型の時代の三つも含めて評論していて、《祖師谷》はその三つとは違ってきているという位置づけでした。それは外形の違いもあるし、内部の構成法もかなり操作的になっている、と。この操作的ということは、僕はその当時のポストモダニズムの状況と無関係ではないと思うのだけど、多木さんはそのことには触れていない。あくまで一つの建築のなかでのあり方として、イコン的な家型のかたちが消え始めて、「『建築』はもはや、柔かい闇の中から立ち上がってくる、かたちのないものになるのではないか」と書いている。結局この時には、家型の解体を伊東さんと三人で議論した後なんでしょうね。

祖師谷の家（1981）

――最初からざっと見ていきましょうか。冒頭、「どこかで見たことがある、という印象」、つまりデジャ＝ヴュ（既視感）が言われています。「それはこの建築が、人びとによって生きられた『家』の記憶に照応するイメージを持っているということになる」と。

この文章では括弧書きの「家」という言葉が何度も出てきますが、これはすべて「生きられた家」と読み替えてしまっても問題ない気がします。「人間が経験することによって生じる『家』と、建築家の創造としての『建築』は、別々の次元で考えられるものであり、その次元のあいだには埋め難い裂け目がある」は、まさに〈生きられた家〉の定義とも言えるものですよね。そのなかで「この住宅は『家』の建築化を試みるものである」と書かれているということは、つまり《祖師谷の家》は〈建築家の作品〉と〈生きられた家〉を統合しようとするものとして位置づけられている。

坂本　はい。

――これは伊東さんも含めた勉強会で、この二つの統合が大きなテーマになっていたということでしょうか？

坂本　そうですね。伊東さんもその後何度も発言されていますが、〈概念としての建築〉と〈生きられた家〉の統合ができるのか、我々は常にその二つの間で引き裂かれているのではないかと。だからいくぶん諦めもありながら、可能性があるかどうか分からない二つの統合に対してずっと関心を持ち続けていた。

――「『家』と『建築』は、絶対的に対立するというより、対立するように『建築』が定義されてきたといったほうがよい」という文もあります。ここでの「建築」はいわゆる「大文字の建築」ですね。「本来矛盾するこのふたつを統合しよう

としたときに、否応なく『建築』の概念も、『家』の意味も根本から問題にならざるを得ない」ということなので、「大文字の建築」自体への批判的検討とも読めます。

多木――すでに「建築」と「家」という対立概念を意識せざるを得なくなった建築家は、その両方がすでに十分疑わしく、この対立をどのような新しい視野の中で関係づけることができるかを考えなければならなくなっている。（「柔かな、かたちのない〈建築〉」1981.06）

これなんて当たり前のように書かれていますけど、「対立概念を意識せざるを得なくなった建築家」というのは、坂本さんや伊東さんなど、ごく少数のはずですから、この辺りを読むと、批評家と作家が面と向かい合っているというよりは、一緒に同じ問題に向かっているという印象があります。

坂本　まあ、そうでしょうね。

――それで、《祖師谷》までの住宅の総括として、「『家型』は『建築』と『家』を結びつける最初の手がかりになっていたようである。『家型』は『生きられた家』の隠喩的表現であった」とありますが、しかし家型は「いち早くステレオタイプ化しやすいものでもあった」と。

坂本　ええ。だから過渡的なものとしての位置づけをされている。家型がステレオタイプ化する運命にあると考えると、そこからの転換の方向を必要とする、それがこの方向ではないか、という結論でしょう。

――おそらくですけれども、この多木さんの評論が当時雑誌に載ったのを坂本さんが読まれても、特に驚きはなかったのではないかという気がします。つまり《代田の町家》についての評論で「ここまで分かってくれる人がいるんだ」というような意味での驚きですが。実際、同じ号で坂本さんも同じようなことを書かれていますし（「住宅という建築の〈家〉化――見えるものの向こう側」『新建築』1981.06）。

坂本　そう。どちらかと言えば、すごく整理されたという感じかな。僕の文章も、もちろん相談して書いたわけではないのだけど、同じことの裏表のような内容だった。だいぶ後の《QUICO神宮前》(2005)の時もそんな印象があるんですよね。

――坂本さんも「どこかで見たことがある」というような〈記憶の家〉としてのあり方について書かれていますし、「ひとつの家型を放棄している」ということが設計者としてもうすこし具体的に説明されている。いずれにしても図像に重きを置かなくなっている。

坂本　というよりも、図像のステレオタイプ化を避けたい。結局、多木さんはそうは書いていませんが、もうマニエリスム化しているんですよね。《祖師谷》の前の《散田の共同住宅》（1980）にしても、レトリックを駆使して、レトリカルな操作という方向に進んでいることへ

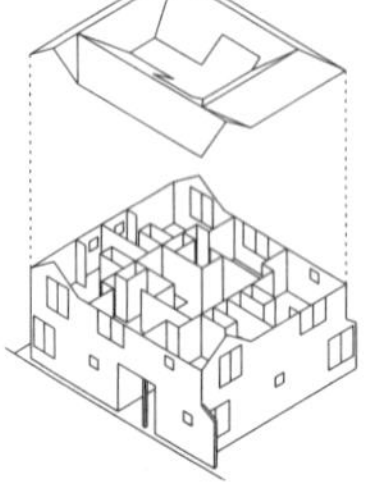
散田の共同住宅（1980）

の物足りなさを感じていた。逆に言うとそれはそれなりの成果もあって、人によっては僕の建物で《祖師谷》がいちばんいいと言う人もいるくらいなんです。確かに色んな水準では、もしかするといちばん完成度が高いかもしれない。でも果たしてこれの続きがあるのだろうかと。それは僕だけではなくて伊東さんも感じていたし、多木さんも我々を見てそう感じ始めていた。これはよく覚えていますけど、三人でお喋りしていた時に、これをこのまま続けることはまずい、一挙にゼロに戻すような、もっと自由なあり方の可能性を求める必要があると言っていました。

共同戦線のその後

──今日最初に伺った武蔵美の勉強会はいつまで続いたのでしょうか。

坂本　えーと、やっぱりその頃ではないかな。八〇年代の初めの頃か。僕が東工大に移るのが八三年ですから。

──伊東さんとの会は?

坂本　会というよりは断続的に会っていたという感じですが、多木さんもだんだんと、もう建築は面白くないというようなことを言い始めて、一緒に会うことが減っていく。多木さんが事務所を払ったということもあるかもしれません。それで僕は電話で話すことが多くなった。だいたい夜一〇時とか十一時とかから平均一時間くらい喋っていたと思います。

──頻度はどのくらいですか?

坂本　なにか原稿が終わった時にかかってくるとかね。久しぶりですねという時もあったりして、そうすると一ヶ月ぶりくらい。でも平均して一ヶ月に一度よりもうちょっと多いくらいかな。例のプロジェクトは進みましたか?というような話になって、それで研究室に来ていただいたり。東工大で連続講演をやってもらったこともあります。それは篠原先生が辞められてからだから、九〇年頃かもしれません。伊東論や長谷川論、コールハース論もあったと思う。

──伊東さんと三人で、打倒篠原磯崎というのはいつ頃まででしたか?

坂本　えーとね、伊東さんの事務所で、八代の博物館（1991）の途中の段階に何度か会って喋った記憶がある。でもその頃はかなり断片的になっていて、まさに「打倒」と言っていた感じから僕らの実感が離れてしまっていたんでしょうね。ただ、八〇年代の後半になって、伊東さんが大橋さんの家具をかなり使い始めて、それで多木さんも大橋さんも東京造形大学にいらしたから、大橋さんも含めて断片的に会うことはあった。本当の最後は、伊東さんの《座・高円寺》（2009.06）。でもその時はもう多木さんのお体の調子がよくなかったこともあって、そんなにお喋りはできなかった。だから僕の《東工大蔵前会館》（2009）を見学していただいた時ですらその辺まで続いてはいたということです。電話では、亡く

座・高円寺（伊東豊雄設計、2008）

東工大蔵前会館（坂本一成設計、2009）

なる一年くらい前までは月に一、二度、研究室にもかかってきたりして。ただ、伊東さんもそうだと思うのだけど、強く印象に残っているのは、やはり七六年以降八〇年代後半までのことですね。すごく濃密な時間だった。

――それでも一〇年くらい続いたということですよね。いま振り返られて、その時間は坂本さんにとってどういうものでしたか？

坂本　まずその前まで、社会性がないというようなことを言われ続けていて、自分の方向性についてよく分からない状態が続いていた。それに対して多木さんが初めてその方向でいいと言ってくれて、社会性がどういうものか分かり始めた。結局、僕がいくつか長い文章を書き始めたのも、そういう思考を可能にするような座標を多木さんによって与えられたせいかもしれません。ゲーム的に篠原磯崎批判をやっていたというのも、やっぱり楽しいことだったんじゃないですかね。そのことによって僕の方向性がかなり決まった。伊東さんもたぶんそうだったと思う。

――八四年の竹山聖さんによるインタヴューで、先ほどすこし触れた「平面をとおして――建築を語ることば」（1978.10）の頃からかなり問題意識が変わったと言われています。

坂本――自分が求めていた〈固有な建築性〉とはヴィトルヴィウス以降の西欧思考による建築でのことでしかないのではないか、とその括弧付建築をより相対化して考えるようになったのではないかと思います。［…］建築がたいへんフィジカルなレベルでの形態、構成の内に直接的に成立する、と私自身考えてきていたと思われるふしがありまして、その後、フィジカルな構成はメタフィジカルな内容の単なる受皿にすぎないのではないか、と思い始めた（「平面をめぐるディスクール」聞き手＝竹山聖、『都市住宅』1984.04）

この辺りは、自分がこれでいいんだと勇気づけられたのと同時に、それまでの自分を相対化するような意識ですね。

坂本　そうです。ただ、結局また構成論には戻っていく。フィジカルな即物的なものを目指して意味を消すと言いながら一種の意味論の世界に入っていくのだけど、それが家型を放棄し始める辺りからもう一度構成論的なほうへ行った。その引き金も多木さんが作ってくれたのかもしれないわけですが。

第3回

1984-1996

家型から、より自由な建築のあり方へ
転換点としての《House F》
《コモンシティ星田》の「息苦しさ」
多木と建築界との距離
ふたつの空港論
現代社会とどう向き合えるか――『対話・建築の思考』
理念と現実――《幕張ベイタウン・パティオス四番街》
坂本一成の方法論
多木とアカデミズムとの距離
知識人とは何か

収録：2012年11月20日

家型から、より自由な建築のあり方へ

――前回は、伊東さんも含めた三人の集まりと並行して家型の展開があって、それがマニエリスムに陥り、限界を感じられたということでした。坂本さんはそこから《House F》(1988) に至る様々なプロジェクト案が出てくるわけですが、まずはその過程を伺います。ご自身では「〈かたちとしての建築〉から〈環境としての建築〉へ」（『建築文化』1986.06）まであまり詳しく書かれていませんね。多木さんや伊東さんとの関係、あるいは博士論文やイメージ調査との関係でお聞かせください。

坂本　《House F》は一九八八年に竣工しています。設計はその二年前くらいから始まっていますが、《祖師谷の家》は八一年だから、実際に建ったのは七年ぶりだったわけです。ただその空白の間に《Project KO》(1984) と《Project S》(1986) という計画案があって、その他にもいくつかコンペ案をつくっていました。

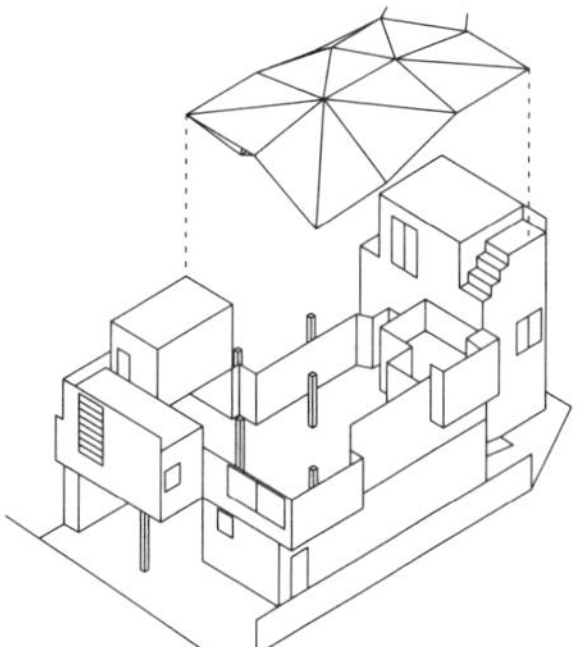

House F（1988）

前回のことを思い出しながら話しますと、多木さんと伊東さんと三人で会ってお喋りする時に、家型というような意味の操作のなかで完結した建築より、もっと即物的な建築を展開でき

ないだろうか、そういう議論をしていた。確かに囲うということは建築の存在理由の一つですが、それを相対化しながら、ある広がりを求める。自由な架構と自由な領域による建築のあり方が、たぶん今まで自分たちが考えてきた建築のあり方、あるいは一般的な建築の考え方を相対化する力を持ちうるのではないかということです。敷地の全体に領域が広がり、場合によっては敷地を越えて周りの環境の一部として位置づけたい。それと同時に、家型というのは基本的に切妻ですから限定された方向性を持つ。それを高さ方向も含めて自由な可能性を持つような建築のシステムに替えたい。当時こういう言葉を使っていたか分かりませんが、伊東さんともお互いそういう感性のなかで模索していた気がします。伊東さんの《シルバーハット》(1984)と僕の《Project KO》がだいたい同じ時期ですが、伊東さんのその後の活躍は皆さんご存じの通りで、そこからどんどん展開されていくわけですけど、僕はそんなに仕事もなくて、八八年にやっと《House F》が実現した。

Project KO(1984)

Project S(1986)

——第一回で取り上げた『Perspecta』の篠原論が八三年でしたが、あれについて多木さんは、象徴論的な読みから生成論的な読みへ自分の興味が変わったし、篠原さんの作品もたまたまそう変わった、だからああいう書き方になったと言われていました(「篠原一男を憶う」2007.06)。「イコンと象徴」が七九年ですから、その後の四年間で重心が移ったということになりますね。この多木さんの変化は、同時に伊東・坂本の家型的なものから構成的なものへの変化ともパラレルだと思うんです。

坂本　『Perspecta』の論文は、実体の構成が成立させている構造に、より建築の可能性を見たいということだったと思うんです。篠原論の出発の時点では、象徴としての意味の問題だったのが。僕らもまさにその辺から構成論に移っていくわけですから、そう言われてみれば無関係ではないかもしれない。実際、多木さんのあの論文はすごくしっくり来ましたし。

——既に「イコンと象徴」の時でも、象徴を「多少とも胡散臭いものだと考える傾向」に言及したりして、象徴論を相対化して見ているような雰囲気はあります。だいぶ後になってから、河合隼雄さん(1928-2007)との対談で、多木さんがアーキタイプは還元主義ではないかと言われているんです(「芸術と心理療法のあいだ」『心理療法とイメージ』河合隼雄編、岩波書店2000)。要するに家型と言ってみても正しい家型なるものはな

いわけで、なんでも「これは家型だ」と言うことができるし、それ以上の話にはならない。そういう認識が多木さんを象徴論から遠ざけたのではないかと思います。ただ一方で、「じつは『意味の生成』は建築から考えたことではなく、[…]言語における象徴や比喩について考えるうちに辿り着いていた」(「篠原一男を憶う」2007.06)という多木さんの言い方にはなんとなく違和感があって、言語学や記号論の論理をそのまま建築に適用したというよりは、それこそ坂本さんや伊東さんと建築を考えるなかで、そういう論理が浮かんできたという部分もあるような気がします。

坂本　ええ。そういう概念を使うと建築の説明もしやすくなったというくらいの感じだと思いますね。でもその辺りの理論的な問題は、僕らにはちょっと分からない。きちんと読み込めば、多木さんの広がりがもっと見えてくるのではないかと思います。

転換点としての《House F》

——これは後の《コモンシティ星田》(1991-92)の評論の文章ですが、「彼は、かつてなにをつくっていたにせよ、『House F』をつくった時点で、建築にかんして長いあいだこだわってきたにちがいないある境界を越えていた」(「どこかで見た　見たこともない町——星田の経験を分析する」『建築文化』1992.07)と。確かに坂本さんの作品歴で一つだけ転換点を見いだすとすれば、やはり《House F》になるのかなという気がします。

坂本　まあ、そうでしょうね。

——そこで僕が気になっているのは、そこでのテキストと創作との関係です。たぶん作家には色々なタイプがあって、例えば最初になんらかの言葉があってそこから創作を展開させていくタイプと、創作の後に事後的にテキストを見いだしていくタイプ。そういった観点で見ると、坂本さんはおそらく後者という気がします。ただ、この《House F》前後に限っては、研究や議論が具体的に作品の質の前提になっているように思えるんです。

坂本　仰ったように、僕は論理やテーマを考えて次の新たな設計をしていくというタイプではないですね。どちらかと言うと、直観的にいけるかいけないかということの積み重ねで来ている。ただ、《House F》では、現実の状況と自分たちがやってきた経過とにリアリティのずれを感じ始めていたわけです。状況というのは具体的なクライアントの条件や社会的な動きとか、様々なことがあるわけですけども。このくらいのずれならばいいのかもしれないけど、でもこのままだとソフィスティケーションしていくしかないという感じですね。ソフィスティケーションが目的になるようなことは世の中にいくらでもありますが、その頃の自分たちにとってはそこに意味を見いだせなかった。やっぱり言外にある方向性を求めようとしていた。それが構成の問題に絡んできたという気が

します。

――数年前、ギャラリー・間の二〇周年で『日本の現代住宅1985-2005』（TOTO出版 2005）という分厚い本が作られました。ギャラリーがオープンした一九八五年以降の作品を対象にしていたわけですが、例外的に八四年竣工のものとして、《ハウス イン ヨコハマ》と《シルバーハット》が選ばれているんですね。あの時期の住宅はまだそれほど歴史化されていませんけど、《シルバーハット》は現代住宅の一つの起点として見なされることがある。《House F》は四年遅れましたが、伊東さん、坂本さん、多木さんのトライアングルが一つの建築的なジャンプをして、それが建築界や建築史に影響する、それは僕は非常に興味深いと思ったんです。

坂本　長島さんも『住宅70年代・狂い咲き』（エクスナレッジ 2006）という本を作られていましたけど、七〇年代には強いかたち、強い図式のオブジェ的な建築が沢山あったわけです。それが八〇年代になって、当時は家型がかなり、篠原研の関係者だけではなくて広がっていた。家型的かどうかはともかくとしても、穏やかなあり方の建築、そういう方向に来ていた。それもあって、伊東さんにしろ僕にしろ、家型が惰性的になっていると感じたわけです。ただ、状況的にはどうだったかな。《シルバーハット》はもちろんジャーナリズムも評価していたし、多くの人の賞賛を得ていましたが、やっぱり批判的な人もいたと思う。《House F》も批判は当然あった。今から考えれば《House F》にしても《シルバーハット》にしても、いくぶん極端ではありますよね。事実、あれを続けるのは大変なことですから、その後は、あの方向ではやっていない。例えば《コモンシティ星田》の個々の建物は、《House F》でまとめた架構法をそのまま継続させたわけではない。でも継続させなくても、家型的なものからずれて、軽いかたちでいいという方向に、だんだん広がっていった。

――多木さんが書かれた《House F》の評論「『関係性』への構想」（『建築文化』1988.09）はどう読まれましたか？

坂本　この文だけではないですが、自分が言葉にできない部分が言葉になっている、その新鮮さは感じました。面白いのは、多木さんが書いた文章を順番に追っていくと、そこでなにが問題なのか、そこでどういう可能性があるのかといって、それを次々と引き受けていっている。今回連続して読み返してみて、それはすごく感じました。多木さんが自分のストーリーで見ようとしていたのか、あるいは僕をそちらのほうに持っていこうとしていたのか分かりませんが、この文でも《祖師谷》の時の家型の可能性みたいなことをやっぱり冒頭で引き受けて、それを整理している。

――多木さんがそれぞれの評論のテーマを次に展開させているというのは、やはりそこで必ずしも坂本建築を論じるというだけでなくて、そこに自分を重ねているからという気がします。小林秀雄（1902-83）がデビューの評論で、「批評の対

象が己れであると他人であるとは一つの事であって二つの事でない。批評とは竟《つい》に己れの夢を懐疑的に語る事ではないのか！」（「様々なる意匠」『改造』1929.09［*25］）と書いていて、そういう感じが僕はします。

坂本　なるほど。

——例えばこの評論では、関係や生成という言葉が出てきますね。

多木——もはや隠喩という全体化する方法ではなく、構成すること、あるいはもっと正確には、つぎつぎと現われてくるものの間に関係を生み出すこと、が問題になる。言い換えると、換喩的な逸脱性、不定形性、つまりあちこちと部分的に動きつつ、生成する手法が構成秩序となり、限定できない領域の動的な組織化が意識され始めたのである。［…］多様な要素の関係性は新しい秩序を知覚させると同時に、人間の生きている現実の相対性を感じさせる。これは、ある意味では人間の生そのものである。

（「『関係性』への構想」1988.09［*26］）

前回『生きられた家』を読んだわけですが、あの本の全体は、章よりも細かい節という単位の組み合わせで成り立っている。まさに「多様な要素の関係性」です。改訂版で全体の構成を組み替える手つきなどを見ても、例えば家型のように全体として均整の取れたプロポーションを保つのではなく、要素同士のバランスで読書の空間を生成させる。だからテキストと建築の違いはあっても、実はどこか通じているところがある。

そう考えると、多木さんがこの評論を書いた時も、そういう自分自身を後押しするというか、ご自分の世界像を投影しながら書いていたのではないかという気がします。

坂本　そうですね。多木さんのすべての建築批評がそうだったかどうかは分かりませんが、少なくとも僕の建物について書かれている文を読む限り、ご自分の思想的な問題を重ね合わせていくというかな。

今の長島さんの話で言うと、多木さんはかつての自分の文章を組み換えて、違うところに使われることが多くある。ヴァリエーションをつくっているわけではなくて、各々の文脈によって変形させていく。で、僕も例えば展覧会で模型を出す時、前からあったエスキス模型や竣工模型に手を加えることが多い。結局、展覧会で新たに作ったものはほとんどないんです。そんなことも、どこかで繋がっているかもしれない。

——そういったことは、多木さんの〈空間図式〉という概念でも説明できるのだと思います。おそらく哲学者でもいくつかのタイプがあって、世界を大伽藍のようにして、ぜんぶ構築しようとする人もいれば、複数の断片やそれらの関係によってそれを示すという人もいる。『対話・建築の思考』(1996)で、多木さんが坂本さんの作家性をフランスのモラリストに近いと言われていましたが、パスカル(1623-62)やラ・ロシュフコー(1613-80)、あるいはベンヤミン(1892-1940)にもそういうところがあるのかもしれませんけど、体系立った全

［*25］引用出典：『小林秀雄全作品1 様々なる意匠』新潮社、2002、pp.137-138
［*26］収録：前掲『視線とテクスト』

体ではなく、自分の実感に根ざした断章で表現する、そういうところは坂本さんと多木さんに共通するような気がします。

《コモンシティ星田》の「息苦しさ」

——では《コモンシティ星田》の評論「どこかで見た見たこともない町——星田の経験を分析する」(『建築文化』1992.07)に移りたいと思います。ここではまず《星田》を二回観に行ったということが書かれていますが、確か《QUICO》の評論でも竣工前に観に行ったということでした。そういうのは割と普段からあったことなのでしょうか。

坂本　確かに《祖師谷》も途中一回、架構ができた頃に来てくれました。僕がそんなに沢山建物をつくっていないせいもあるかもしれませんけど、言われてみればそうですね。でも《星田》の場合は一期ができた時と二期ができた時、結局その二回だったと思います。

コモンシティ星田（1991-92）

——この評論は若干批判も含んでいます。すこし詳しくお聞かせいただきたいと思いますが。

坂本　最初に読んだ時は、ああ厳しいなと思いましたね。例えば中心性が強くてツリー状の構成を感じさせる特異な島だという言い方をして、完結性が非常に強いと。それは実は僕も感じてはいた。でも、まずコンペの条件自体が二層で均質的につくるというものだったんです。例えば高さ方向にしても、色んな建物が入るつくり方のほうが可能性があると思っていたのですが、それができなかった。そのしんどさも感じていたものですから。

それと《星田》での問題は、大きくは、通俗的な家のタイポロジー化とその分布だというわけですね。これは評価とも読めるけれど、多木さんは「通俗的タイポロジーは社会的建築における概念的なアプローチのひとつであった」と言っている。ただ、配置のほうは、僕は自然発生の集落のような、セミラティス的環境への修辞をしていたのだけど、それが不完全だと指摘されている。でも《星田》の住居群は、空虚な世界の可能性を見いだすことはできそうだと。ふつう空虚というのは否定的な意味で使われますが、「この空虚さがあるからこそ、それを見るもの、経験するもの、とくにそこに住んでいく人びとがみずからこの『場所』に自分なりの生の意味を備給していくことができる」。だけど、これが結論的なのだけど、《星田》の社会性は不十分であると。そこでその後、巨大な空港のロビーの話が出てくる。

多木——私はこうした空間を比喩的に示すとき、どこか見知らぬ国の巨大な空港を思い浮かべることにしている。そこではたしかに巨大な力の作用のなかに、他者が行き交い、しかも個人

は何の保証もない不安を包みこみながら、これほど自由に解放された空間はないからである。そんな空間を内包する建築がないものだろうか。(「どこかで見た　見たこともない町」1992.07 [*27])

そしてその可能性が次の《熊本市営託麻団地》(1992-94)にはあるのではないか、そんなところで終わっていた。

——そういう批判的な見解は、実際に見学した時に話されることはあったのでしょうか?

坂本　そんな感じはあったと思いますね。

——多木さんは一期と二期で印象が変わったと書かれていますが、おそらく本当に繊細な問題だと思うんですね。図面や模型ではなかなか分かりにくいような。最初の時は断片性から生成する魅力というようなことを仰っていて、二度目は「ラティス化する配慮の細心さが息苦しい」と。

坂本　確かに一期のほうが全体に大らかで、二期のほうが詰め込んでいるんです。

——その時に設計者がその方法や形式の質をもっと上げるとすれば、どういうやり方があったのか。要するにここで多木さんは「配慮が息苦しい」と言われているわけですから、じゃあ配慮しなければいいのか、ということになりますよね。でも、むしろもっと配慮を突き詰めていった時に、自然発生的な自由さに到達できるということもあるのかもしれない。

坂本　多木さんが言うことで今でも分からないことの一つなのだけど、僕のつくった空間はすごく厳密で、すべてに行き届いている、それは結局、徹底した坂本の支配なのではないかと、そういう思いを持たれていた。それは実は連れ合いにも言われたことがあって、僕の建物のなかにいると僕に見られているような気がすると。「坂本町ゼロ番地」も同じなのだけど、坂本が残ってしまう。

例えば昔はほとんど自分でスケッチをして、矩計図も描いて、自分でぜんぶ決めていたのですが、それをある時からあまりしなくなる。たぶん自分がやればやるほど、ある枠組みのなかでどんどん追い込んでいくことになるから、それをもっと緩いものにしたかったんです。つまり、例えば家具なんかにしても、そこまでコントロールしなくてもいいのではないか。ミクロコスモスとイマゴ・ムンディという言葉がありますが、完全に秩序化した世界ではなくて、他を許容できるような世界、それを可能にしたいと今も思うのだけど。

——そういう問題は、例えば他のジャンルの作家でも共有しうると思うんです。文章を書く人ならば、自分の文体を獲得するとともにその文体からいかに自由でいられるか。画家ならば自分の引く線をいかに超えていけるか。ただ、建築が他と違うかもしれないと思うのは、多木さんのように鋭い人や、奥様のように坂本さんをよくご存じの方が意識的に見る場合と、もっと日常的に使用者が体験する場合との違いがある。普通の人はやっぱり、一期と二期のその差はなかなか分

[*27] 前掲『建築・夢の軌跡』(1998)に改訂版「どこかで見た、見たこともない町」が収録されているが、引用は初版によった。

からないと思うんです。だからといって、どうでもいいというわけではもちろんないんですけれども。

坂本　もちろんそういう話もあるのだけど、実際、一期と二期のつくり方にも差があるんですよ。二期をつくることによって全体が構造化されてしまう。いくらそれをラティス的に持っていったとしても、やっぱりその構造が前面に出てきてしまうんですね。一期と二期で違いますねと多木さんに言われて、僕もその通りですと言った記憶がある。

——《星田》の時に書かれた「構成の形式としての建築」（『小さい建築に大きい夢を——世紀末を突きぬける言葉と形』アーキテクチュア・オブ・ザ・イヤー展実行委員会 1994）という文章に、ウィリアム・フォーサイスのダンスの例がありました（フランクフルト・バレエ団『失われた委曲』）。

坂本——そこには、ほとんど中心が存在せず、一人一人の踊り手が同格的に舞台を構成し、しかもそれぞれはまったく独立して自由に、一見思い思いに動いているように見える。しかし、この中心を喪失した舞台は崩壊していないどころか、密度の高い空間を形成していた。（「構成の形式としての建築」1994 [*28]）

同じようなことをバリの絵画についても指摘されています。

坂本——マクロ的に見れば一様で均一的、そして混沌とした曖昧な場の広がりがあり、ミクロ的に見ればそれぞれの部分が独立して場をつくり、それらは活発な生命力が与えられている。さらにこれらの各場は、独立しながら柔らかな関係をもって、他の部分と、そして絵画の縁を越えて外部に連続している。（「構成の形式としての建築」1994）

坂本　ある方向に行きすぎた強いイデオロギーが色んなことを硬直させる、そんな思いが僕のなかにある気がするんです。だから今も常にやりすぎないようにする。全体が部分の有機的な関係のなかでできていると同時に、その部分をそれぞれ独立させたい。設計をしていて、一部を変えると全体をやり直さなければならないという状態ではなくて、これをこちらに動かしたって全体には影響がない、そういうふうにしたいという気持ちがある。でもそれが実現できていないのでしょうね。

——昨年の塚本（由晴）さんとの対談でも《星田》の話はありましたが、坂本さんとしては「ひとつひとつのかたちが固定しているわけではない、だけどどこかで連続している」というタイプとトークンの関係は達成できたということでしたよね（「〈建てること〉の射程」『建築と日常』No.2, 2011.12）。

坂本　それはそうですね。多木さんはあまり言っていなかったと思いますが、個々の建物も、単なるヴァリエーションを沢山つくるということではなく、固有のトークンがつくり出す意味はけっこう重要視していた。地形との関係などの具体的な部分で、世界との関わりを持たせた。

——多木さん自身は「坂本さんは各戸ごとに、どんなに細かい変化をつけた設計をしたかを説明してくれていたが、そ

[*28] 収録／引用出典：前掲『建築に内在する言葉』。前掲『坂本一成 住宅—日常の詩学』にも収録されている。

う説明しながら彼自身もその変化が必要ではあったが、大して重要なことでもないと知っていた」と書かれていますね。多木さんのほうがもっと抽象的に全体の構造を見ている。

坂本 そう思う。

――で、この建築で一つ、コミュニティという大きな問題がありますが、最後に空港の話が出てきているので、それと一緒に語るということでもいいかもしれません。

多木と建築界との距離

――先日お送りした多木さんの「トランジット・ゾーン――ゼロの空間」(『思想の舞台』新書館 1996)という文章ですが、これは『CASA BRUTUS』(1996.05)に最初に掲載されたものです(「ゼロの空間――定住を逸脱した人びと」)。多木さんとしては『都市の政治学』(岩波新書 1994)を出されて、『10+1』の編集委員(No.1-4, 1994-95)も終わった頃ですね。空港について書かれていて、当時の多木さんの興味をよく示している文章のように思いました。つまり、単に一個の作品としての建築のあり方ではなく、資本や国家などまで絡んだ空間のあり方。それこそ社会との関係の問題です。そこには建築家批判も含まれるわけですが、読んでいただいて、いかがでしたか。

坂本 九六年だと、建築家の作品論はあまり書いていない。例えば伊東さんが展覧会をするとか、長谷川さんが作品集を出すとか、そういうかたちで国外向けには多少書いていたと思うけれど、建築家の作品論に対してあまり興味を持てなくなった、そんな時期だったと思います。ただ、建築や空間自体に対して興味が薄れたわけではなくて、社会性などとの関わりのなかで、建築や空間を考えていきたいということだったでしょうか。

――では先に多木さんが建築界から離れていったことに関してお話を伺いましょうか。以前、僕が企画して八束さんと対談していただいた時の多木さんの発言で、こういうものがあります。七六年に『生きられた家』を刊行して建築家から批判されたという文脈なのですが、「建築批評をまともにやろうという気持ちは、その頃はっきりあったのですが、この後くらいからそういった意識が薄れていきました」(「人間のための住宅を考える――『生きられた家』をめぐって」『昭和住宅メモリー』エクスナレッジ 2005)と。また、例えば八三年に『新建築』が「総合建築時評」ということで話を聞いていまして。

多木――はじめにお断りしておきますが、私は建築に対してある距離を持っています。それはひとつには他に関心を持つものが多い結果ですが、もうひとつは建築そのものを批評するというより、自分の中では建築を手がかりに文化を理解するひとつの方法を持ってきたからです。ですから建築家の世代がどうであるか、つぎのホープはどこにいるかという見方は、私にとってはほとんど意味をなさないのです。(「安定/流動をめぐって――現代を横断する建築家の視野」『新建築』1983.12)

これは坂本さんや伊東さんと議論をされている時期だと思うのですが、ともかく対外的にはこう言われている。さらにそこから一〇年後の九三年にも、「伊東豊雄さんのどの建築がいいか、長谷川逸子さんの思想や活力が面白いか、そんなことは私ほど遠くにいる人間には、たいした意味を持つことではないのです」（「建築の可能性に向けて」聞き手＝編集部、『GA JAPAN』5号 1993.10）。この時も伊東さんや長谷川さんとのお付き合いはあったはずですが、多木さんにこう言わせるなにかがあったと。こうした多木さんの言動は、坂本さんの目にはどう映っていらっしゃいましたか？

坂本　確かに多木さんは、自分は建築業界の人間ではないんだということは常々言っていました。やはり建築の可能性に対してかなり思い入れたけれども、それを超えた建築家の作品という概念、あるいはその社会性の欠如に対して違和感を感じたのかなと思う。

――ただ、それはもしかしたら建築界だけではないような気がします。今回『アサヒカメラ』を通覧してみたところ、七〇年代には写真についての作家論や時評もかなり精力的に書かれているのですが、それが八〇年代に入る前にぱったりとなくなる。だからもっと広い意味で、執筆活動に対するスタンスを変えたという可能性もあるかもしれません。

坂本　建築界全体と関わっているという気持ちはずっとなかったと思いますね。多木さんにとっては伊東さんにしろ僕にしろ、自分の思考を空間的に展開できる素材として見いだすことができたということではないかな。かつて多木さんが、建築家は書いたり喋ったりしても自分の作品があるからそこでリアリティの担保ができるというようなことを言われたんです。僕らは文章を書くしかないからね、と。だからやっぱり多木さんは建築について書くことで、つまり物があることによって、より自分の思想を表現しやすかったのかもしれない。

それと、多木さんは頼まれると意外と嫌だと言えない人なんです。僕自身は直接自分から書いてほしいと頼んだことはないんですけどね。多木さんはいつもなんとなく曖昧に「まあ書いてもいいけど」というような態度で、それで僕が雑誌社に「多木さんが書いてもいいと言ってるんですけどどうします？」と言ったり、そんな感じでした。ただその一方で、以前書いた、ある作家論の続きを書いてほしいという依頼があった時には、その後の作品に対して自分がいいと思えないから書けないとも言われていた。黒を白とも言い換えられるようなレトリックを持っている人が、そういう意味ではすごく正直ですね。だからやはり建築界に対してなにかを訴えるという気持ちではなくて、自分の思想的な思いを建築の評論に託していたのだろうし、だんだんと自分の思想的な問題を投影しやすい方向に進んでいったのだと思う。

――ただ、例えばこの時期、比較的多木さんの近くにいらした八束はじめさんも、昔は建築批評をされていたのがそこ

から離れていった。もちろん八束さんは八束さんで事情があったのだと思いますが、八〇年代以降で建築界のほうも変わったという面はないでしょうか。もちろん多木さんは下の世代の建築家でも、妹島（和世）さんなどには言及されているのですが。

坂本　確かに現代の建築家に対してあまり興味を持たなかったということは事実なのだけど、例えばレム・コールハースとは、ある距離感は保ちつつ関係はあったみたいですね。《シアトル中央図書館》（2004）ができた時かな、写真を撮ってほしいという話もあったみたいで、結局行ってはいないと思いますけど。ただ、コールハースについても、現代の資本との生々しい関係のなかで見ていたと思う。

――多木さんがそうして建築界から離れていったなかで、申し上げたように八束さんとは近くなります。最初は岩波の「20世紀の芸術」（全9巻 1988-90）の編集委員をご一緒されたようですが、同時期に『ユリイカ』の臨時増刊でル・コルビュジエ特集（1988.12）を共同編集されたりして、『10+1』になる[*29]。そこでは建築より都市に関心が移っていきますね。

坂本　そうですね。八束さんの知性に対しても共感していたのではないかと思います。

――都市というのは色んな論点がありますが、例えば『都市の政治学』を読むと、必ずしもマクロな視点を重要視している

わけではなくて、あくまで個人や日常性を構造づけるものとして都市を観察されています。

多木――現代に生きているわれわれを超えた諸力と、われわれ自身の力との関係を知るにも、さまざまな出来事があらわれる場としての「都市」という枠組みがとりあえず意味をもつかもしれない。（『都市の政治学』1994, p.6）

次の一節は、「家」が「都市」になったというだけで、ほとんど『生きられた家』と同じ問題意識のように思えます。

多木――文化には二つの区別が必要である。ひとつは［…］知的産物を生み出すことである。しかしもうひとつは普通の人間生活である。［…］本書をごく日常的な、しかしきわめて現代的な出来事の、ほとんど現象学的な記述から始めたのは、たんに話が分かりやすいからではなかった。それらの凡庸きわまりない出来事に、人びとは現代社会に作用している力の過剰な働きを感じるだろうし、どの出来事もゲームとしか言いようがないのに気づくに違いないと思ったからであった。（『都市の政治学』1994, pp.192-193）

ですから建築から都市へ関心が移ったとしても、連続するところはあった。多木さんの都市論はどうご覧になっていましたか？

坂本　七六年の『新建築』に載った「都市の経験――〈記号分析学〉の次元として」（1976.03）は、まさに〈生きられた都市〉なわけですね。ただ、僕は今でもそうかもしれないけど、

[*29] このあたりの経緯は、八束はじめ「多木浩二さん追悼再論：建築論を通して」（10+1 web site、2011.06、http://10plus1.jp/monthly/2011/06/yatsuka.php）に詳しい。

意識的に都市を問題にしていなくて、なかなか入っていけないという感じかな。

——でも今日の話題である《House F》や《星田》は、家型からの開放という意味で、都市との関係が強くなっていったということではないですか？

坂本　そうなのだろうと思う。ただ、知識として理解はできるのだけど、なかなか身体的に実感が持てないんですよね。それはたぶん僕の限界じゃないかな。

——建築家の領分の問題かもしれませんが。

坂本　それもあるかもしれない。

ふたつの空港論

——そうした多木さんの関心の移り変わりのなかで、やはり空港論が面白い［*30］。坂本さんも共感されるものだと思いますが、なにかお話しされたことはあったでしょうか。

坂本　断片的にそういう空間の可能性を話した記憶はあります。九一年、磯崎さんが取った奈良の市民ホールのコンペで僕らがつくった計画《Project NAR》は、まさに空港のロビーがイメージできると思います。三階の共通ロビーから大ホールや小ホールを含む色々な場所に下りていったり、あるいは駅のほうに繋がっていくとかね。様々なコネクションを持つ広大なプラットフォームがこの案の中心だった。そんなことを話題にして多木さんともお話しした記憶があります。

——《星田》の評論は九二年なので、だとするとその評論が書かれる前に、お二人の間で空港を話題にされることがあったということですね。

坂本　そうかもしれない。

——《星田》の評論での空港に対する興味は、ただ単に鉄とガラスで開けているとか、そういう物理的な意味だけでなく、そこに社会的な意味、共同体的な意味が重なっていた。で、先ほどの『思想の舞台』には「エアポート・ロビー」という文章も載っています。初出は『ダンスマガジン』の九二年八月号なので、《星田》の評論とほとんど同じ時期です。こちらは割と実際の空間の描写がある。そこで集合住宅と比べたりしているので、もしかしたら《星田》のこともどこか頭にあったのかもしれません。

坂本　これ驚きましたけど、はっきり書いていますね。

> 多木——共同体という幻想をもって集合住宅をつくったり、団地を建設したりするのは、私からいうと無意味なことに見えてしかたがない。隣人と関係ないのが現代の都市であろう。隣あったのは偶然のことである。仲良くなるか他人のままで止まるかも偶然のことである。ということは都市では、関心を共有できる場所は必要なら作りだせるのである。つまりもはや都市が意味をもつという幻想さえ棄てたほうがいいのではないか。（「エアポート・ロビー」1992.08）

それこそ多木さんが今の震災後の状況を見たら、なんと言

［*30］インタヴューで挙げた以外に、多木の主な空港論としては、大澤真幸との共著で「エアポート」（『10+1』No.2、1994.11）がある。また『都市の政治学』でも空港を論じている。

うかな。

――さすがにこれは今の状況と照らし合わせたら、多木さんも言い過ぎたと思われるのではないですか？

坂本 いや、けっこうこれが本音なんじゃないかな。この過激さはあったと思う。

――その九二年の文章では、オランダのスキポールなどいくつかの空港の空間が好きだと書かれているのですが、九六年の「トランジット・ゾーン」になると、もう空港の具体的なかたちはなく、プログラム的な話に終始しています。

坂本 どの権力からも拘束されない、その自由さを確保しながら、そこから出ることはできないような不思議な場所。空港という場所が持っている特異性に自分の思い描く世界を見いだしていたということだと思います。

――建築のかたちや空間よりも、それを凌駕する、もっと大事な問題があるという宣言ですよね。文章の後半を読むと、建築家への批判として意識して書かれていることが分かる。

多木――建築家がいろいろご託をならべようと、住専問題を引き起こした異様な金融と政治の仕組みのなかに建築家は見事に巻き込まれているのだ。何千万かのローンを組ませて、ぺらぺらに安っぽい住居を提供しているシステムがあるだけだ。[…]エアポートの経験はささやかなものだが、人間の定住、都市の観念に根本的な亀裂を入れる。（「トランジット・ゾーン」1996）

坂本 場所の社会性ということに対して建築家は無頓着なのではないか、それを空間的な形式で解決しようとしたり、現実の世界をなぞって追認したりしているに過ぎない、そんな意味合いですね。

――僕は場所の社会性というより、もっと具体的に国家や共同体の現実と関われるかという問いかけに思えました。ここで重要なのは「他者を含めた人類を、自分のこととして感じうるかどうか」という視点だと思います。単に空港の空間が心地よいというだけでなく、人々が所属から離れてバラバラであるからこそ、他者が他者として、個人が個人として浮かび上がってくる。

坂本 トランジット・ゾーンという場所があることで、我々がいかに社会のなかで権力に縛られているかを知ることができる。ただ、僕はやっぱり「エアポート・ロビー」のほうが空間の問題が書かれていて、ある種のシンパシーを感じる。「トランジット・ゾーン」のほうはもっと社会的な問題、プロパーの問題という気がしました。

現代社会とどう向き合えるか――『対話・建築の思考』

――ともかくこの空港論で多木さんの当時の問題意識、建築へのスタンスが窺えるのではないかと思ったわけです。という流れで次にお二人の対談録である『対話・建築の思考』（1996）にいきたいと思います。これは書

籍なので量もありますし、ぜんぶを読み返すというのは難しいですが、まず企画の経緯などを教えていただけますか。

坂本　僕は記憶力が悪くてぜんぜん駄目なんですよね。住まいの図書館出版局で植田実さんが色んな人の本を作っていて、僕にも書いてくれということだったかな。

――序文を読むと、多木さんのほうが対話をしたかったと書かれていますが。

坂本　そんな書き方ですね。多木さんと対談をしてそれを本にしましょうというのは、少なくとも僕から提案することはありえない。多木さんは時々そういう提案をするんですよね。確か《幕張ベイタウン・パティオス四番街》(1995) ができて、それを見て、それでちょっとお喋りしましょうよという話になった。だから枠組みは完全に多木さんがつくっているんです。

――普段お話しされていたことと比べて、対話の内容はいかがですか?

坂本　特別な感じはないと思います。多木さんは割合と質問するんです。あれはどういうことだったんですか?とか、こういうことじゃないの?とか。ほとんどそういう感じでできている。それで三日間話をして、もちろん多少削ったりもしています。

――基本的には時系列で、全体の三部構成「建築としての独立住宅」「都市と建築の政治学」「崩壊する共同体での集合住宅」は、このタイミングで妥当な気がしました。ただ一方で、初期の頃からのお話だとはいえ、今日話題にしてきたような多木さんの問題意識が全体を覆っている印象もあります。

坂本　その通りだと思う。

――それは例えば社会との関係であったり、坂本さんの作品に通底する人間性、そしてその当時の最新作であった集合住宅の問題が強調されている。今日はかなり端折って抜き書きしてきました。まず冒頭部分で「坂本さんの追求してきたのは、建築というものが、それ自体として備えている思考の形式なのかもしれない」(p.10) とありますが、その後に出版された『建築・夢の軌跡』(1998) では、まさに「建築の思考」というタイトルの序文で、次のように書かれているんですね。

多木――それぞれの対象によって語り方は異なるが、[…] 私の関心は彼らのなかに見られる建築についての思考であり、顕在化させてはいないが、それらが私の哲学的思考と交差するかぎりでの議論である。そこには建築の思考があり、それが私の思考のなかに内面化する。建築が異様な社会的現実のなかに立ち上がるという困難な条件をもっていても、小さな建築という空間の姿で、それを超えていく方法を探究しているかぎり、私はいつまでも建築に魅力を感じつづける。(「建築の思考――はじめに」1998)

これはまさに「建築の思考」というものがあるから自分は建築に興味を持つと言っているわけで、それが坂本さんとの対談のタイトルになっている。対談ではこうも言われています。

多木——いま私にとっての政治学の問題は、知識人とは何かをもう一回考えなくてはならないところへ来ているのですが、建築家は必ずしも知識人とはいえない面をたくさんもっているし、変に知識人ぶったらとんでもないスノブになります。でも、もののあり方で、知識人的なものの言い方をする建築家というのは、数が少ない。坂本さんは、余計な哲学だの社会学だの、その他もろもろのディシプリンを振り回すわけではない。だけれども、建築の知識人化を考えていました。その知識人の定義は、ちょっとむずかしいんですが、今日の主題である建築の思考（建築に内在している思考）を自覚しているかどうかは、そこにかかっていると思います。（『対話・建築の思考』1996, p.73）

知識人というのをどう捉えたらいいのか、なんとも言えませんが、少なくとも社会的な位置づけではあるでしょうから、「建築の思考」というのも社会性がキーになりそうな気がします。それと前回もすこし触れましたが、次の指摘は僕にはとても興味深いです。

多木——坂本さんの場合には、フランス語の意味におけるモラリストとしての精神性ともいうべきものを感じる。日常性のなかに非日常性を見いだし、それをもう一度、日常性に嵌め込んでいく、そんなやり方なんです。（『対話・建築の思考』1996, p.32）

ただ一方で、こうも言われている。

多木——坂本さんの建築は精神的な部分をたぶんに含んでいて、それがモラリストという意味での精神性です。しかし私の思うところ、禁欲ばかりでなく、放蕩だって精神の営みなんです。同時に坂本さんにとっては、そこで、自分の入り込む世界がだんだん苦しくなってくる。（『対話・建築の思考』1996, p.75）

同じような指摘は先ほどの《星田》の評論にもありましたし、《House F》の評論にもありました。おそらくこの問題意識が多木さんにこの対話をさせた要因であるのかなと思います。つまり、そういった坂本さんの精神性が現代社会とどう向き合えるのかという。

坂本　うん、そうですかね。

——多木さんは坂本さんの活動に「ある種の政治的姿勢」を見ていらした。

多木——その政治的姿勢というのは、たとえば象徴性を高らかにうたうことをむしろ抑え、ヒエラルキーをもった空間の構造を抑えるというかたちになる。それはきわめてデモクラティックな政治の思想を建築の中へもち込んでいたともいえるわけです。（『対話・建築の思考』1996, p.107）

そこに共感されていたわけですが、坂本さんの活動が個人住宅から集合住宅に移行するにつれ、社会との関係性が変化しつつあると多木さんは思われていた。

坂本　そうだと思います。確かに市民社会を理想化しているような部分が僕にある。性善説と言ったらいいのかな。例えばゲートのない、オートロックのない建物を街に広げていきたい。それは当時は特に強かった。でも現実はぜんぜんそん

な社会ではないわけです。僕もだんだんとリアリスティックになるから、例えばゲートがないということは逆に人に入りたいという欲望を生ませるのではないか、そういう意識を持ってきた感じはあります。

——ただ、マンションの共有部分をつくらずに、プライヴェートを直接パブリックに接続するというのは、コミュニティというものの危うさを自覚しているという意味ではむしろ性悪説とも言える。

坂本　なるほどね。だからたぶん等価がいいんです。囲い込みとかヒエラルキー、階層化が楽しくない。僕の父親の実家は八王子の郊外の村だったわけですが、やはり僕は村の歴史みたいなものをまだ知っている。そういうことも関係しているかもしれない。で、僕は戦後になって直接的ではなくなっていたけれど、多木さんはそういう時代に育った人だから。

——多木さんはコミュニティといっても、村社会というよりは国家的な全体主義の経験だったかもしれませんが。

坂本　それはそうですね。で、今もいくぶんそういう傾向があるけれど、いかにコミュニティを形成するかというのが建築の、特に計画学的なテーマにあった。

——例えば個人と共同体に関する多木さんの発言ですが。

多木——私のように建築家でない人間にとって重要なことは個人なのです。本当に重要なのは個人と社会との関係です。私が建築の批評家でなければ、普通の人間にとって建築なんてどうでもいいのです。建築がどんなに独自性を主張しても、この問題に対しては個人と社会のインターフェイスの機能で充分なのです。（『対話・建築の思考』1996, p.180）

これはまさに先ほどのエアポートと同じ話で、建築の設計者にとっては身も蓋もない。それから《星田》に関して。

多木——個がパブリックに関係することで初めて個であり得るのはまったく同感です。私もつねに主張していることで、個は絶対の主体として存在するのではなく、パブリックあるいは他者を自覚しないと存在しない。（『対話・建築の思考』1996, p.184）

ハンナ・アーレント（1906-75）が書いていることですが、プライヴェートとパブリックという時に、プライヴェートは「欠如している」（privative）という観念を含むらしいんです（『人間の条件』志水速雄訳、ちくま学芸文庫 p.87）。プライヴェートというと人間にとっての大事な部分を守っているようなイメージがありますが、その逆であると。アーレントも多様で相対的な世界像を持っていた人で、「人間にとって世界のリアリティは、他人の存在によって、つまり他人の存在が万人に現われていることによって保証される」（『人間の条件』p.321）とも書いていますから、かなり通じるところがある気がします。

坂本　確かにそういう感じがします。

理念と現実——《幕張ベイタウン・パティオス四番街》

——この文は《幕張》に関してですね。

多木——きわめて息苦しいところがある。息苦しいというのは、坂本さんはこの企画が生まれるような社会に、乗れていないということです。（『対話・建築の思考』1996, p.200）

坂本　ははは。

——この対談の後にも似たような批判的見解はあります。

多木——ところが坂本さんについて書くたびに思うのだが、建築の概念、概念的建築についてあまりにも厳密に考え詰めており、正直なところ私にも付いていきかねるところがある。[…]ひとつの危惧を感じる。坂本さんの探究では、建築から詩的な魅力が失せはしないか。この厳密さをいったんは宙吊りにしておいて、得体の知れない未知なものを建築の形式で問いかけていく奔放さがあってもいいのではないだろうか。（『建築・夢の軌跡』1998, p.182）

ただ、後年の《QUICO神宮前》（2005）の評論では身体的快楽や自由さが言われていたりしますから、表裏一体になって出たり引っ込んだりしている問題意識なのだと思います。ともかくこの対談では具体的に集合住宅というビルディング・タイプに即した疑問としてある。

多木——坂本さんは、一見、形式主義的に（あるいは禁欲的に）構成と言いますが、本当はそういう複雑な諸関係を貫いていることを、建築よりに「構成」といってみているだけかもしれませんね。もっともコンセプチュアルに建築を捉える方法です。そのコンセプトが、最初から都市を取り込んでいるか、あるいは本当に建築の形式だけをコンセプチュアルに捉えているかの際どい曖昧さ、そこへ到着しているような気がするんです。（『対話・建築の思考』1996, p.209）

つまりコンセプチュアルな建築が可能かどうか。それは個人住宅ならばできたけれども、分譲のマンションという、極めて社会的な建物でどうなのか。この時のお話では、坂本さんはベストを尽くしたというような発言だったと思いますが、いま振り返ってみていかがですか？

坂本　《幕張》は都会のマンションであり、日本の代表的なデヴェロッパーの仕事、しかも千葉県の企業庁という役所が委員会を組織

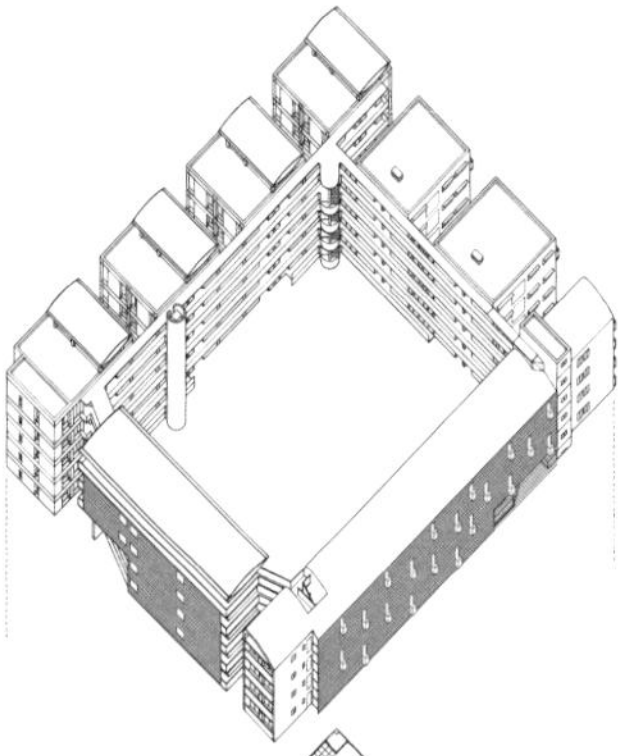
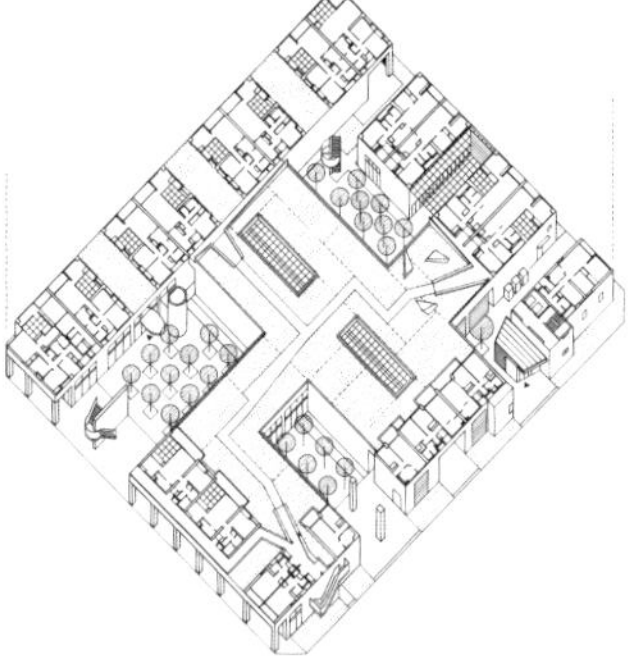

幕張ベイタウン・パティオス四番街（1995）

しているという、非常に強い制度のなかでのプロジェクトだったわけです。具体的に建物の高さや一階の階高を揃えるとか、道路に対してほとんど隙間のない街路型にするとか、そういう意味でのコードももちろんあるのだけど、それに加えてマンションの商品としてのレベルの問題。端的なのはオートロック、パブリックと共用部の分離、そういう点で僕のそれまでの主張と対立するような条件だった。だいたい引き受けるかどうかもだいぶ迷ったくらいでしたけど、それでもこれが社会の現実であって、それと関わっていくなかに現代の建築のリアリティがあると考えた。だから僕の理念と現実とをどうやって拮抗させるか、それによってリアリティを獲得しようとした。例えば中庭までパブリックを入り込ませたり、そのための工夫をしたわけです。だけど直接的に資本が牛耳っている世界とぶつかっているわけですから、多木さんはその辺のしんどさを読み取ったのでしょうね。多木さんから見たら拮抗関係を超えていたのかもしれない。

——多木さんの認識としては、そういう現実に坂本さんがうまく乗れていない。でもそれは乗ろうと思えば簡単に乗れるわけですね。それこそデヴェロッパーのマニュアルに則ってつくればいい。それで設計料ももらえるし、作品として建築雑誌にも載る。ただ、もちろん多木さんはそれがいいとは思わない。その時、坂本さんの方法や思考がこういう現実にどう対応できるのか。それは同時に多木さんの問題でもあったのだという気がします。

坂本　だから僕はあそこで批判されたとは思っていなくて、多木さんが現代の最も大きな力だと思っている資本主義社会の一つの現れに対しての嫌悪感、それをそこに重ねていた。事実、我々の案はそこにどっぷり浸かっているわけではない。だからそこで戦わなければならないこちらへの同情みたいなものかもしれない。いずれにせよこの後、そういう現実のなかに建築的な意味を見いだしていくという考え方が僕にとって重要になったのは事実です。

坂本一成の方法論

——『対話・建築の思考』では最後に多木さんからアドバイスがあるわけですね。「構成の構造にわからないXを挿入したらいい。自分にはまだわからないものを入れちゃったほうがいい」(p.213) と。もっと大らかにということでしょうか。

坂本　そうだろうね。

——篠原さんも伊東さんもそうやってつくっているよと言われるんですが、坂本さんはやっぱりこう応えられる。

坂本——構想をどう実現するかが私にとっての最大限につくることです。たとえば、いけるとかいけないというのは、自分が構想できなかったことの発見ではなく、まだないけれども、自分では構想できている。そういうものを実現することかもしれません。(『対話・建築の思考』1996, pp.213-214)

よく篠原さんの建築は自律的で、坂本さんの建築は他律的という対比がされますが、こうした発言を考えると、実は創作の思考としては、坂本さんのほうが自律性が強いと言えるのかもしれないと思ったんです。ちょっと唐突にデカルト(1596-1650)の文章を抜き出してきました。有名な『方法序説』(1637)で、デカルトが自分固有の方法について語っているところです。

デカルト——その方法というのは、それによって私の認識をだんだんに増し、少しずつ高めて、ついには、私の凡庸な精神と私の短い生涯とをもって私の認識が達しうる最高点にまでいたりうる、と思われるような、方法である。(『方法序説・情念論』野田又夫訳、中公文庫 pp.9-10)

デカルトは近代合理主義の権化として最近はあまり評判がよくないですが、モラリストの一人として数えられることもあるので、先ほどの多木さんの指摘と繋がりうる。また、次回取り上げることになりますが、坂本さんをモダニズムの系譜に位置づけた「建築のロゴス——坂本一成とモダニズム」(多木浩二『進歩とカタストロフィ——モダニズム 夢の百年』青土社 2005)にも通じるところがあるかもしれない。デカルトの「私は考える、ゆえに私はある」(p.43)というのは、言ってみれば自分がいま持っている認識を徹底的に疑問視して相対化していった時、最後に「私」が残るということですよね。それは後になにも残らないような機械的な相対主義より、だいぶいいと思うんです。また、その相対化を可能にさせるのが「この世で最も公平に配分されている」(p.8)良識(ボン・サンス)ということならば、以前、僕が常識感覚(コモン・センス)を指摘させていただいた坂本さんの思考と通じるところがある気がします(坂本一成インタヴュー「建築にしかできないこと」『建築と日常』No.0, 2009.09)。

坂本 メタレベルとしては理解できますが。

——このデカルトの方法論との関連を感じさせるものとして、坂本さんが大学の研究室で取り組まれた、建築の構成論を蓄積していく作業があるような気がします。多木さんは坂本さんの研究活動はどうご覧になっていたのでしょうか? 多木さんご自身は、例えば著作集や全集を出すのに抵抗があったというお話を聞いたことがありますが、それは知の体系化への違和感だったと思うんです。

坂本 イメージ研究は多木さんとの絡みで出てきた部分がありますが、構成論のほうは、僕が学会なんかの活動の話をあまりしなかったこともあって、議論したことはないかもしれません。やっていることはご存じだったと思いますけどね。ただ、自分の意識としては、構成論はあくまで自分の認識を相対化するのに有効だということです。そこで蓄積した体系を使ってなにかをしようということはない。ミイラ採りがミイラになるようなところもあるかもしれませんけど、おそらく研究を設計に利用しようとするアカデミックな建築家から

は最も遠いところにある。

——《House F》についての評論でこういう文があります。

多木——もしこうした意味で要素間の関係性だけを論じていくと、かりにそれが建築を限定的ではなく、重層的、生成的に捉えるとしても、あるいはもはや視覚的形態の構成を問題にするのではないにしても、再び、形式的操作に陥る可能性が出てくる。坂本一成の言う「関係性」の最大の意義は、構成要素の関係ではなく、まだ不確実なものを含めて人間の住む世界（社会、環境、そのほか言い方はいろいろあろうが）との開かれた関係を問うことにある。（「『関係性』への構想」1988.09）

これは〈関係としての建築〉という概念の諸刃の刃というかジレンマですね。おそらくデカルト以降の近代合理主義が批判されるのは、こういった部分で世界に閉じてしまうからではないかと。

坂本　この多木さんの文は僕も非常に印象的でした。

——それと呼応するようにも見えましたが、数年後に坂本さん自身もこう書かれています。

坂本——私が現代建築に向かい合うとき一番大きな関心は、そこに成立している場や空間に貫かれている現代社会に対する洞察、現代人に対する認識、広義での世界とのかかわりであり、直接的な分節・統辞といった修辞的レヴェルの構成ではない。

（「環境・関係から空間形式・構成形式へ」『建築文化』1992.07［*31］）

ある種の直観、感覚が先にあって、それを実践するための形式なり構成。

坂本　というよりも、やっぱり自分の直観や感覚がなにかの枠に囚われているのを外すため、どちらかと言うとそっちですね。この前の『建築構成学——建築デザインの方法』（坂本一成ほか著、実教出版 2012）も、基本的にはタイポロジーを問題にしているわけですが、世界はこういうタイプの建築によって成り立っているということを認識したい。そうすればそれを超えていく方法も見いだしうるだろうし、別の問題を提起することもできる。結局、イメージ調査も構成論も、それによって新たななにかを見いだすということではない気がします。多木さんもなにかの評価をする時に、まず論理があるのではなくて、直観的に面白さを感じて、それはどういうことなのかを後から考えると言っていました。

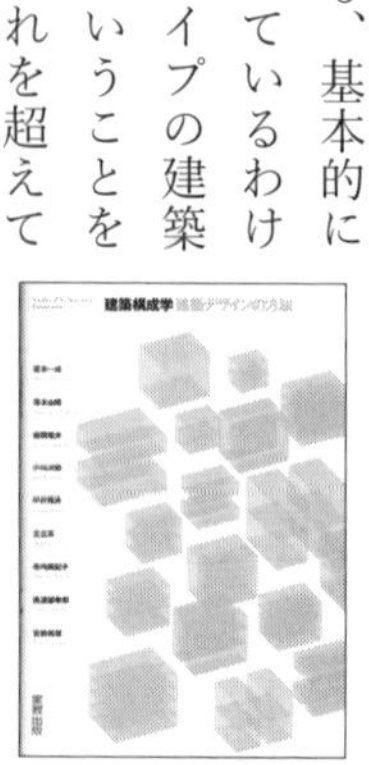

多木とアカデミズムとの距離

——今の話ともやや繫がるかもしれませんが、多木さんにおけるアカデミズムとの距離といったことを伺いたいと思います。多木さんはもちろん大学の先生でもあったわけですが、基本的に組織というものとは距離を取ろうとしていたように見える。例えばこんな文章があります。
多木——教育が無意味だというのではない。教師であることも

［*31］収録／引用出典：前掲『坂本一成 住宅—日常の詩学』

ひとつの重要な社会的役割である。教師にも利点はあった。嫌な仕事はしないでも、なんとか食っていける。しかしそれはデザイナーにとっては致命的であった。たとえ九九パーセントまで、ろくでもない仕事をしていても、現実世界でデザインによって生きることは、残りの一パーセントでデザイナーとしての思想を社会化する機会が生まれることを意味する。大学にいるとそれは免除されている。愚かな人間はデザイナーとして大学にいることを権威のように錯覚することもある。しかし理性的でその痴愚をすっかり見ぬいていた大橋さんにとっては大学にいることは苦痛であった。（「家具を彷徨った人」『トリンキュロ』大橋晃朗著、住まいの図書館出版局 1993）

それとついでにと言ってはなんですが、坂本さんのこんな発言もありました。

坂本——僕は教師ほど嫌いな職業はなかったんです（笑）。本当に教師は信頼できなかったですね。（『もっと知りたい建築家——渕上正幸のアーキテクト訪問記』TOTO出版 2002, p.85）

八三年に坂本さんが武蔵美から東工大に移られるという時、多木さんが反対されたそうですが、それはどういうことでしたか？

坂本　やはり東工大は、東大ほどではないにしても、国立で国家権力とも関わっている、ある社会の枠組みのなかに位置づいている。芦原義信さん（1918-2003）がかつて武蔵美から東大の教授になるとき僕に言われたことですが、「東大の教授は誰がなってもいいんだよ」と。つまり教授が誰かということよりも、東大の教授ということ自体が社会的な意味を形成している。東工大も東工大でそれなりの社会的な制度のなかにありますからね。それと東工大では篠原先生の下になるわけだから、その辺も理由だったかもしれません。武蔵美の美術学校が持っている自由さ、精神的な面での自由さも含めて、それが拘束されるのではないか、そう考えられたのだろうと思います。

——それはアドバイスという雰囲気だったんですか？

坂本　まあ、けっこう本気に近い冗談というか。大橋さんもそのとき同じような意見だった。

——建築家がプロフェッサー・アーキテクトとして大学にいるということ自体は特に？

坂本　これも冗談で、「学校なんて辞めたら？」ということはしょっちゅう言われていました。大学というのは社会の体制を擁護する立場になりかねない、それがあまり楽しくなかったのだと思う。それに対して常に批判的であってほしいと。

——坂本さんの「教師ほど嫌いな職業はなかった」という発言はどういう意図でしたか？

坂本　それは他愛ない、子どもの時の印象なんです。僕にとっては先生はたった一人だけど、先生から見れば僕は生徒四〇人のうちの一人ですよね。そのずれみたいなものが子どもゆえに理不尽に感じられて、なんとなく信頼できないという感

じがあった。僕に言ったのと同じことを他の子にも言ってるじゃないかというようなね。そんなこともあって、教師になるなんて夢にも思っていなかった。それが結果的に教師になってしまった(笑)。

――子どもゆえにと言われましたが、子どもの直観としてヒエラルキー構造を見いだしたという言い方もできるかもしれないですね。

坂本 もちろんそこまで深くは考えていませんけどね。だから、教師になっても辞めたい辞めたいと思っていた。

――あ、そうなんですか。

坂本 そう。で、いつでも辞められると思っていたわけです。でもそれも結果的に、気がついたら辞められなくなっていた(笑)。四〇過ぎくらいまではどうにでもやっていけると思っていたけれど、四〇代の半ばくらいになってくると、もうそこで切り返すのがしんどくなってくる。で、もう成り行き。だからもちろん模範的な教師ではない。たまに卒業生でそう言う人がいるのだけど、坂本から具体的な教えを受けた覚えはないと(笑)。だからきっと仲間というつもりなんですね。多木さんも僕より十五くらい上でしたけど、先生面したことはぜんぜんないし、常に対等な立場で対応してくれた。僕にもいくぶんそういう傾向があったかもしれません。

――多木さんがアカデミズムを疑問視したのは、やはり自分の自由な思想や執筆活動に影響するということもありましたか?

坂本 うん、そうでしょう。社会の体制にコミットするのを潔しとしなかった。常に自由な立場のなかに自分を置きたいということだったと思う。そういえばかつて篠原先生と話していて、僕が多木さんが大学に行きたがらないということを言ったのかもしれないけど、篠原先生が「東大の教授でも行きたがらないかな」と言われたんですよね。で、僕はなおさらじゃないでしょうかと答えた覚えがある。篠原先生は、能力のある学生がいるところならば行くのではないかという意味合いだったと思いますけど。

――でも僕が知らないだけかもしれませんが、あまり「多木浩二の弟子」という人が思い浮かばないですね。

坂本 やっぱりさ、例えば僕も自分が言葉を専門にする活動をしていたら、多木さんと付き合えないなと思いますよ。多木さんを超えないながらも同等な立場に自分を置くということは、かなり厳しいような気がする。僕は建築家としての立場があるから多木さんと話ができた。もちろん色んな意味で多木さんに影響を受けた人は大勢いると思いますけどね。

――おそらく多木さん自身も弟子や後継者を育てるという意識がなかったんでしょうね。

坂本 まったくない。むしろ拒否したいというくらいだと思う。

――ただ一方で『プロヴォーク』(1968-69)に始まり、小さなサークルは数々組織されていますよね。坂本さんと伊東さ

んとの集まりもそうですし、有名なところでは「都市の会」[*32]であるとか。

坂本　結論的に言うとね、本来はほとんど誰も必要ではなかったと思う。自分の目と頭だけで十分だったのではないか。でもお喋りは好きだったんですよね。それと人から信頼される人だったから、色んなジャンルの知人がいた。詳しくは知りませんけど、議論をしたりする時間はけっこう使っていたと思います。本人が気を許すので僕らも本音で喋れる。

――割と年下の人と付き合うことが多かったようですね。さっきの話の繋がりで言うと、個人は他者と向き合ってこそ自己でいられる、そういう感触があったのではないでしょうか。

坂本　それはあると思う。だから別に僕の発言を期待しているということではなくて、喋っていることによって、自分のなかで思考が整理されていくというかね。自身との対話を自他の対話によって増幅させるような。

――多木さんは徒党を組むのを嫌って、個人として自律的であった一方、仕事の内容としては他律的というか、言ってみれば編集の意識があったような気がします。対談も多くやられていますし、著作での図版の引用などもかなり多い。個人の主体性を前面に押し出すというよりは、様々な体系の断片を結びつけたり重ねたりすることで、生き生きした場を生成するような創作の仕方に思えます。

坂本　そう思う。図版類も沢山集めて、そのなかで世界を見いだしていきたいという感じだった。例えば本を読むのはすごく早くて、一度読むとだいたいどこになにが書いてあるか覚えてるんじゃないかという印象があるのだけど、多木さんは自分が読んだ本をときどき並び替えると。つまり、あることを書こうという時に、それに即して本棚の本を並び替える。それで考える。そうやって編集するというか、文脈をつくっていく。それも図版を沢山並べて考えることに近いやり方だったのかもしれません。

知識人とは何か

――最後にエドワード・サイード（1935-2003）の『知識人とは何か』（1994）という講演録からいくつか文を引いてきました。サイードはかなり活動的な人で、現実の政治的な問題に積極的にコミットしたので、多木さんの活動とは比べられない部分も多いのですが、ここに抜き書きしたような部分は、まさに今日お話ししてきた多木さんのことを指していると言っても過言ではないという気がする、というそれだけのことなのですが。

サイード――知識人とは亡命者にして周辺的存在であり、またアマチュアであり、さらには権力に対して真実を語ろうとする言葉の使い手である。（『知識人とは何か』大橋洋一訳、平凡社ライブラリー p.20）

同――まもるべき砦となる職務もなく、また、まもりを固め

[*32] 市川浩（1931-2002）、河合隼雄（1928-2007）、多木浩二（1928-2011）、中村雄二郎（1925-）、前田愛（1931-87）、山口昌男（1931-2013）によって1977-78年頃に結成された研究会。原則的に月1回、明治大学の中村研究室で開かれることが多かったという。

て防御すべき縄張りもない知識人には、つねに、不安定で遊牧民的なところがある。それゆえ知識人には、虚飾と尊大な身振りよりも、自己に対する冷笑こそ似つかわしく、言葉を濁すことよりも、ずけずけものをいうことのほうが似つかわしい。しかし、そうなると、このような表象行為をつづける知識人には、やむをえないことながら、政府高官とは、お近づきになれないし、彼らから国家的な名誉を授かることもなくなる。これは孤独な、むくわれない生きざまといえば、まさにそのとおりである。けれどもこれは、長いものには巻かれろ式に現状の悲惨を黙認することにくらべたら、いつも、はるかにまともな生きかたなのである。(pp.23-24)

同——亡命者とは、知識人にとってのモデルである。[…]たとえほんとうに移民でなくとも、故国喪失者でなくとも、自分のことを移民であり故国喪失者であると考えることはできるし、数々の障壁にもめげることなく想像をはたらかせ探究することもできる。すべてを中心化する権威的体制から離れて周辺へとおもむくこともできる。おそらく周辺では、これまで伝統的なものや心地よいものの境界を乗り越えて旅をしたことのない人間にはみえないものが、かならずやみえてくるはずである。(p.109)

同——アマチュアリズムとは、専門家のように利益や褒賞によって動かされるのではなく、愛好精神と抑えがたい興味によって衝き動かされ、より大きな俯瞰図を手に入れたり、境界や障害を乗り越えてさまざまなつながりをつけたり、また、特定の専門分野にしばられずに専門職という制限から自由になって観念や価値を追求することをいう。(p.127)

坂本　うん、当てはまりますね。

——この辺りのことは次回、まとめの段階でもう一度話題にできればと思います。亡命者というのも、もちろん多木さんは実際の亡命者ではないですが、今日の空港の話にしろ、ベンヤミンへの関心にしろ、多木さんが親近感を持つようなあり方という気がします。

坂本　やっぱり国という枠組みから解放されたい、日本国民を辞めたいという思いは強かったんじゃないかな。

——建築というのは基本的に定住するためのものなので、そこには必然的になんらかの共同体の枠組みが重なっているはずですが。

坂本　だから僕は多木さんとかなり近い志向性はあると思うけど、多木さんほどにはなれない。自分の感覚で言うと、多木さんはその辺のボーダーの問題に対して、非常にこだわっていたという印象があります。

第4回

1999-2012

《House SA》と《Hut T》の論じ方
坂本建築の日常性と世界性
芸術家の魂
多木が坂本論に託したこと
モダニズムの可能性
《QUICO 神宮前》と建築の自由
多木浩二の存在

収録：2012年12月6日

《House SA》と《Hut T》の論じ方

——今日はいちおう最終回ということで、坂本さんの作品としては《House SA》(1999)と《Hut T》(2001)、それから《QUICO 神宮前》(2005)がメインの対象になります。まず《House SA》ですが、これは多木さんによる発表時の評論というのはないんですよね。それまでは《代田の町家》(1976)以降、《祖師谷の家》(1981)、《House F》(1988)、《コモンシティ星田》(1991-92)、あとその後の《QUICO 神宮前》も、坂本さんの作品歴でキーになりそうなものの時は、発表と同じ雑誌で評論が載っているわけですが。

坂本 そう言われてみるとそうですね。

——《SA》は特に坂本さんのご自邸ですから、もちろんプロジェクト段階からお話もされていたでしょうし。それが若干不自然かとも思いました。

坂本 ただ、多木さんも建築雑誌にあまり関わりたくないという、そういう感じはずっとあったんですよね。《QUICO》は『新建築』に書いてくれましたけど、もうその頃はほとんど建築雑誌に書いていないと思う。

——『新建築』だと《QUICO》の評論が二〇年ぶりですね。

坂本 ええ。で、結局《SA》と《T》について『ユリイカ』に書いてくれたのが二〇〇一年ですよね（「日常性と世界性——坂本一成の『House SA』と『Hut T』」『ユリイカ』2001.09）。そのとき連載でいくつか建築関係の作品を取り上げて、伊東さんと山

House SA（1999）

Hut T（2001）

本（理顕）さんと、妹島さんもあったかな。一つ一つは割合と長い文章で、現代の建築家への興味はずっと持っていらした。あるいは建築雑誌自体もあまり多木さんに評論を求めなくなったというのもあるかもしれません。

――『ユリイカ』での評論も、必ずしも坂本さんの作品を書こうというのが発端ではなくて、あくまで連載のなかの一つの回としてですよね。連載のタイトルが「空間の思考」なので、「建築の思考」という坂本さんとの対談からの連続性を感じさせると同時に、建築だけに限らない広がりも意識されていたように思える。私は勘ぐって、多木さんが《SA》の理解が難しいと言われているので、書くのに時間が必要だったのかなという気もしたのですが。

坂本　それはよく分からない。そんなことはないと思いますけど。『ユリイカ』に書かれたものを読むと、多木さんらしい理解のされ方だと思うわけですし。ただ、その後も二〇〇八年か九年辺りだったと思いますが、一段落したらすこし分析的に僕の仕事を追って書くようなことがしたいと言ってくださっていた。だからここですべて書き尽くしたということではなかった気がします。

――多木さんは初期の篠原論のなかで、「作品とは、未来の作品によって本質をあきらかにする」（「篠原一男の世界」1969.04）と書かれていましたが、この「日常性と世界性」という文章でも、《T》ができたことによって《SA》の意味が分かったと書かれている。ただ、僕はもしかしたらそれだけではなくて、その後の《QUICO》ができたことによって、《SA》と《T》の関係があらためて整理されるのではないかという気がしたんです。それが今日の見通しなのですが。

坂本　《SA》と比べると《T》のほうは単純ですからね。規模の違いが大きいと思うけれど、分かりやすいと思うんです。伊東さんなんかも《T》は評価してくれたけど、《SA》はやっぱり分からないという感じだった。たぶん多くの人は、建築の積極性みたいなことは評価してくれたとしても、でもどこかでなんなんだろうという思いがあった気がします。

――《SA》の発表から二年後に書かれた「日常性と世界

性」ですが、当然多木さんは、坂本さんが発表時に書かれた文章を読んだり、実際に坂本さんともお話しされていたと思います。ただ、僕は今一つこの評論がうまく飲み込めないんです。文章の大枠としては、《SA》は最初よく分からなかったけど《T》を見て分かるようになった、《T》にはない思想の深みが《SA》にはある、そういうことですね。でもよく分からないのが、なぜ《T》を見て《SA》が分かるようになったのかというのが一点。それと肝心の《SA》にはあって《T》にはないものというのもよく分からない。

坂本　いや、僕も同感ですね。何度も読み返したんですけどやっぱりよく分からない。基本的にこの文章は、僕の〈構成〉という概念について最も詳細に位置づけてくれた文章だと思うんです。それは一方で解体的であり、一方で構築的であるという、両義的な意味を持っていると。でもそれは複雑な考えですから、もしかしたら最初《SA》を見た時には確信が持てていなかったのかもしれない。もちろん僕の解釈ですが、やっぱり《T》はフィジカルな意味での構成は単純明快で、一挙に全体が掌握できる。だから詩的な意味も見いだしやすいということだったと思うんです。ところが《SA》は断片的なものが統合されているわけで、その断片を経験しないと全体の統合が分からない。断片がどう絡んでいくかという複雑さがあると思うし、多木さんが言う解体的であり構築的であるということが、断片のどういう結びつきのなかで見えてくるか、その文脈がフォーカスされるまでに色んな方向性がありえる。

――ただ、《SA》と《T》を比べるとそういうことは言えると思うのですが、《SA》以前の作品、《House F》なり《代田の町家》まで遡っても、必ずしも《T》のように一望できる構成ではないですよね。それなのに多木さんは《SA》がターニングポイントだと書かれている。ですから実体的な複雑さや一望できないという以上に、《SA》によく分からないものがあったという気もしなくもない。

坂本　例えば外観の構成でも、二階の部分がちょっとせり出して、静的な調和状態をずらしている。多木さんは社会との接触面でのバランスを調整していると書いていたけれど、ある成り行きのなかでのずれみたいなものが一つの世界のイメージをつくっていく、そういうことはそれまであまりなかった気がします。それまでは、図式的とは言わなくても、それなりに意図が理解できるようなずらしだったのが、《SA》はその辺りがぼやけていると言うかね。だからそういうことに意味を見いだそうとして分かりにくかったのかなとも思いました。

――ではともかく具体的に多木さんの書かれたことを見ていきますと、まず《T》について。

多木――坂本が目的としてきた内部／外部の関係を消滅させ、完結しないことを目指す構成（レトリック）でできているので

ある。内外のきっぱりした分離をもつ、言い換えれば完結性をもった建築は、それ自体として孤立している。このような孤立を開き、さらに建築を自由な状態に置こうとする思考の背後には社会があり、さらにより概念的にいうと世界がある。彼が長年目指してきた構成とは、現在の都市環境のなかでの建築のあり方を求めたためであった。彼の構成はモナド的なものの正反対を求めている。それはブルジョワジーが求めてきた閉鎖的内部空間を解体するという意味で、政治的な意味を暗々裡に含んでいるのだ。(「日常性と世界性」2001.09 [*33])

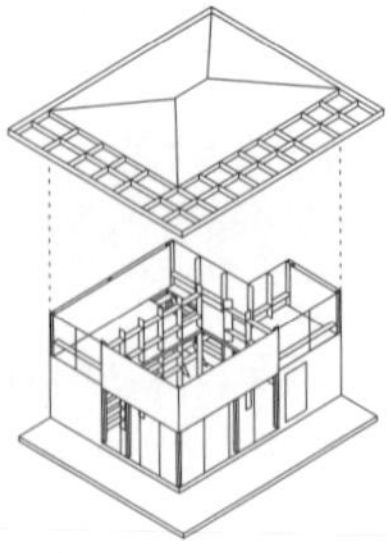

Hut T (2001)

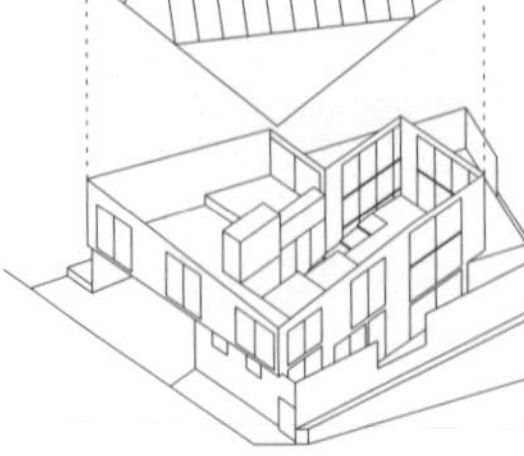

House SA (1999)

これ自体は説得力があって興味深い指摘なのですが、よく分からないのは、じゃあこのこと以上に《SA》にはどういう思想の深みがあるのかというところなんですよね。

坂本 そう、《SA》だって同じという気がする。

——単に《T》が開放的で透明性があるというだけでなく、その背後の社会との関係まで指摘されていますし、これこそまさにタイトルの「日常性と世界性」ではないかと思える。それで《SA》についての記述はこうです。

多木——床が分離し、重層し、階段で結合していくかわりに、住宅全体にわたって床の連続を中断することなく高いところから低いところまで繋いでいるのである。その結果、螺旋状の動きに従って、次々と場所が分節されて現れてくる。[…]これらの異なる場所にはいかなる壁も、いかなる間仕切りもないことを忘れないようにしよう。螺旋の形状が場所に必要な連続性と不連続性を生み出しているのである。[…]「House SA」では、床の連続と不連続によって、これまで建築家が無意識であった制度から建築を開放しようと努力することに重点がおかれた。(「日常性と世界性」2001.09)

でもこれは、《T》は壁があるけれども開放的というのと、《SA》は壁がないけれども分節と連続があるというので、同じレベルの話ではないかと思えるんです。つまり、単純にプログラムや規模の違いによってそれぞれそうなっているというだけで、この説明で《T》よりも《SA》がすぐれているとは言いにくい。

坂本 ただ、単純な構成で成立している《T》のあり方に対して、やはり世界はそう単純ではない、世界の複雑さをよりメタファーとして含んでいるのは《SA》のほうだというふうに受け取れるかもしれない。

——でもそれは、あの敷地に別荘を依頼されて、あの規模ならば、どうにもならない問題のような気もします。坂本さ

[*33] 前掲『坂本一成 住宅—日常の詩学』に、2編に分割・改訂され収録(巻頭「構成を求めて」/巻末「『House SA』と『Hut T』——日常性と世界性」)されているが、引用は初版によった。

ROMANESQUE ARCHITECTURE
NEOCLASSICAL AND 19TH CENTURY ARCHITECTURE
RENAISSANCE ARCHITECTURE
MODERN ARCHITECTURE
GREAT ARCHITECTURE OF THE WORLD

んご自身は《T》の発表の時、《SA》でもできなかった家型の解体がようやくできたと言われていますよね（「浮遊し、拡散するミクロなスペース」聞き手＝編集部、『新建築』2001.08）。

坂本　《SA》は2×12材を使っていますが、その材の幅のぶん、内部と外部を隔てる殻を残してしまった。一方《T》のほうは2×10材で、しかも殻の部分でない、内部で用いているので、《SA》と比べればその隔絶が弱まっている。そのことは確かに意識していました。

坂本建築の日常性と世界性

──「日常性と世界性」では、そのタイトルにもある通り、日常性が重要な概念として出てきます。ただ、こう言ってはなんですが、《SA》は坂本さんの作品のなかではどちらかと言うと非日常に近いのではないでしょうか。作品としてそれが悪いというわけではないですが、例えば一般の人があの広がりのなかで睡眠を取るのはけっこうきついようにも思えます。だからその点でも、多木さんの論理の組み立てに違和感がありました。

坂本　確かにあの構成は僕の作品のなかでも最も一般的ではないと思う。寝る場所も間仕切りがなくて、大きな空間の一部としてある。でも僕たちにとっては、あれは日常なんですよね。ぜんぜん違和感ない。確かに僕も、寝室というのはそれなりの小さなスケールで囲まれたものだと思っていたし、そういうものをつくってきた。でもね、たぶん体育館の広い空間でぽつんと寝るようなしんどさは、あそこにはないんですよ。それは空間の構成の問題で、螺旋による一定の囲みと覆いによって寝る場所ができている。個人差の問題にまでなると分かりませんが、場のあり方としては日常的なんじゃないかな。だから多木さんがあそこで日常性ということを持ち出すのは、僕は違和感はないんです。例えば同じような螺旋の構成にしても、スケールがもっと大きかったら、あるいは逆に小さかったら、成り立たないと思う。まさにエキセントリックな、非日常的な空間になる。

──多木さんは「日常性と世界性」で《SA》が坂本さんの作品歴のターニングポイントだと書かれています。ただ、前回も話題にしましたが、僕は坂本さんのなかでターニングポイントを指摘するとしたら《House F》のほうかなと思うんです。《SA》がターニングポイントであるという指摘がぴんとこないのは、この文章の結論、つまり「日常性と世界性」ということについて、こう書かれているわけですね。

多木──むしろ彼は建築の構成によって日常生活を考察する重要な視点をあたえているのである。なぜならば彼の目指すものは人間が物理的かつ形而上的な世界に住みつく仕方なのだ。彼にその思想があるから、小さな住宅の設計をほとんど煩瑣ともいえるほどの検討に晒し、あたらしい生存の実践が可能な「構成」方法を見出したのである。私は「Hut T」の快い暗示に誘わ

前ページ：House SA（1999）　撮影＝ホンマタカシ

れるだけでなく、「House SA」の構成に、あらゆる人間が生きてきた、生きている、これからも生きるであろう世界についての思想を見出すのである。「House SA」を作りだすためのすべての想像力は、この思想に基礎付けられている。彼は場所を構成するが、それは、それを通して人びとが日常性と世界性との関係を理解できるようにしているのである。言い方を変えると、ここでは日常性とは、自己をこえ、家族をこえ、都市をこえ、さらには国家をこえて、人間が世界に住みつくための始まりなのである。(「日常性と世界性」2001.09)

ただ、これはどうも《SA》に限らず坂本さんのそれまでの活動すべてに掛かっているように思える。さらに言うと、坂本さんが一九七八年に書かれていた次の文章とほとんど同じ内容に思える。

坂本――私たちが〈住んでいる〉ということは、〈家〉という実体の内に〈住む〉とともに、〈家〉という概念の世界に〈住んでいる〉ことであることをまず理解する必要がある。つまり、先の座標ないし座標を決定している文化的世界を人間が持つことが〈住むこと〉であるということになる。そうすると、その概念を建てる、つくること自体が人の〈住まう場〉をつくることになるのではないか。誤解を恐れずに簡単に述べると、私たちは空間の内にいると同様に文化の内にいる。そのことを私たちは〈住んでいる〉と言ってよいのではないかということだ。そして〈建てる〉ということはその文化をつくることではないのか。〈住むこと〉はそれに関わる思考を持つことではないのか。さらにそして、その世界の意味が〈建築〉と呼ばれる概念ではないか。(「〈住むこと〉、〈建てること〉、そして〈建築すること〉」1978.12)

これはまさに「日常性と世界性」ではないでしょうか。

坂本　日常という言葉は、たぶん二〇〇一年の展覧会のタイトル(「住宅―日常の詩学」ギャラリー・間、2001.11-2002.02)、あれ以前は僕は意識的に使っていないと思うんですよね。つまり、日常という言葉によって概念を括るのがいいのではないかと、その頃に気づき始めた。それは多木さんの影響もあったかもしれないし、なんとも言えないのだけども。ただ、いま長島さんが指摘してくれた七八年の時の文章も、確かに言われてみれば、直観的にその問題を捉えている。

――ですから《SA》と目指す世界像は違うにせよ、《水無瀬の町家》(1970)にしろ《代田の町家》(1976)にしろ、「それを通して人びとが日常性と世界性との関係を理解できるようにしている」という意味では通底している。

坂本　それは変わっていないと思います。住宅を設計するということはそういうことだと考えてきた。

――そう考えてみると、やはり《SA》がターニングポイントであるとは言いにくい。僭越ながら僕が思うのは、この評論は最初から「日常性と世界性」という結論ありきで書かれたのではないか。つまり『ユリイカ』の連載で色んな建築家

を扱うなかで、坂本さんに対してはぜひこのことを書きたいと思われていて、そこから《SA》と《T》を題材に全体が組み立てられていったように見えるんです。

坂本　ターニングポイントという指摘は、僕は読んだ時の印象にあまりないんですよね。言われてみればそういう文があったなという程度で。つまりね、もともと僕は次々と更新されていく建築より、そこに貫かれている世界が建築の本質的な部分ではないかと考える節があって、多木さんもそこに共感されていたと思うんです。だからターニングポイント云々というのも、論理を分かりやすくするという表記上のレトリックでしかないように思う。結局、この後の「建築のロゴス――坂本一成とモダニズム」(2005)も、「日常性と世界性」に部分的に手を入れるくらいで、かなり重なっているわけです。だから多木さんは僕の作品をいろいろ探っておられながら、もうだいたい収斂していた。坂本の建築を例にして建築論を書くとすれば、こういう切り口がよいと。

さっき僕が直観的に書いていたと言いました。でもそうやって一度書いたものでも、時間が経つにつれて実感とずれてくる部分があるわけです。それであらためて調整して、実感を包含するように言葉を選んでいく。さっきの日常性の話にしても、だんだん書き換えていって、そのうち日常という言葉で括ることになるとかね。そういうことを繰り返して現在に至っているのかなと思うことがある。で、今まで気がつかなかったのだけど、今回多木さんの文章を読み返してみて、多木さんにもそういうことを感じたんです。

――坂本さんが同じことをその時々のリアリティで書き換えていくというのは、僕も『建築に内在する言葉』(2011)の編集を担当した時に感じました。例えば「コスモスとしての空間/形式としての空間」が「表層での象徴作用/基層での象徴作用」から「今日を刻む家/記憶の家」になったりしていく。まったく違う文脈ですが、《QUICO》の評論で多木さんがこういうことを書かれています。

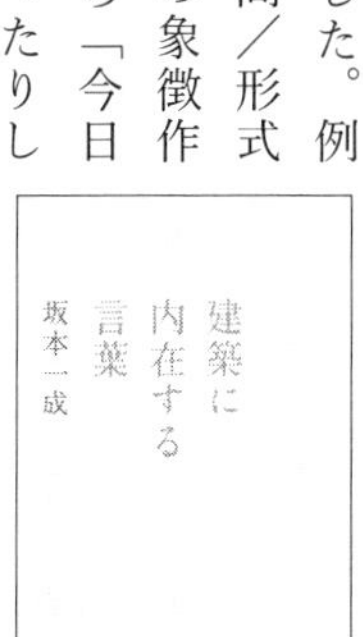

多木――このような書き方をしてくると、同じことを繰り返しているように思われる方もあるだろう。しかし絶えずさまざまな差異を持った面を見せていくのが生成されるものの特徴であり、言説化しようとするたびに様相を変えていくことこそ、生成の本質である。決して繰り返しではない。(「自由の可能性――『QUICO 神宮前』をめぐって考えたこと」『新建築』2006.03)

まさにこういうことではないかと。

坂本　そうか、なるほどね。たぶん僕らはその都度その都度、ある断面でしか枠づけられない。でも同じ問題を対象にしている。

――ただ、こういった生成が可能なのは、やはりその源泉と言うべきものがあって、それが思想や理想、世界像だった

りするのかなと思うんです。多木さんが「日常性と世界性」で書かれていることが、昔坂本さんが書いたことと同じではないかと言いましたが、そもそもあの「〈住むこと〉、〈建てること〉、そして〈建築すること〉」という坂本さんの文章自体、七六年から多木さんとの関係が始まって、その影響が見られだした最初の文章という位置づけをしていたはずでした。そうするともう、お二人の間でなにが始まりなのか、どちらが始まりなのかよく分からない。

坂本　いや、その通りですね。僕もよく分からない。この後の《QUICO》の発表の時も、僕の文章と多木さんの評論と、ほとんど同じことが書いてあるんですよね。もちろん相談したわけでもなんでもなくて、雑誌を見たとき本当に驚いた。

――今回の一連のインタヴューが難しいと思うのは、作家が作品をつくってそれを評論家が評論するという、単純な影響関係の図式では捉えられないところですね。先ほどの生成という言葉を使えば、お二人の活動が重なって、建築なりテキストなりが生成していく。

坂本　知的な水準はぜんぜん違うとしても、干渉し合えるような共通の部分がどこかにあったんでしょうね。

――それから多木さんの評論の特徴として、それぞれ個々の作品論であっても、その都度坂本さんの作品歴をおさらいするんですよね。坂本さん自身の論文も割とそういう性質がある。

坂本　僕は記憶力がすごく悪くて、基本的に後ろを振り返らない。性格としてはそうなのだけど、自分の作品に関してはなんなんでしょうね。もしかしたら一つは篠原先生の影響かもしれませんが、設計している時、今していることがどういうことなのか考えると、やはり単独のものでは位置づけにくい。あるいは他の建築家の作品を見ても、それ一つでは文脈をどう取っていいのか分かりにくい。でも同じ建築家の前の作品や次の作品を見ることによって、文脈が把握できる。たぶん自分でもそうなんです。文章にしても、篠原先生は昔に自分で書いた文章をけっこう引用する。僕はそれはあまりないのだけど、『建築に内在する言葉』で書き下ろした文章(「自由で解放的な、そしてニュートラルな建築の空間」)にしても、講演する時にしても、過去の作品まで触れたほうが文脈を付けやすい。実際には時系列の問題ではなくて、並列ななかに置いているつもりですが、ただ、多木さんが僕のことを書いてくれる時も、そういう文脈まで含めた書き方をされますよね。

――これもやはり「絶えずさまざまな差異を持った面を見せていくのが生成されるものの特徴であり、言説化しようとするたびに様相を変えていく」ということでしょうか。その都度同じ過去を振り返るというよりは、その都度新しい過去が現在に現れてきている。

坂本　そうですね。だからそのことによって未来が分かるというよりは、そのことによって今が分かるというか。

芸術家の魂

――これは吉田秀和さん（1913-2012）が書かれた「ソロモンの歌」（1966）という文章の一部です。何年か前に読んで印象に残っているのですが、坂本さんの作家性はこれに当てはまりそうな気がしませんか？

吉田――私の考えでは、芸術というものは、ある時理論を学べば、あとは芸術家の個性にしたがって創作すればよいというものでもなければ、どだいそんなことは、できないものだと思う。芸術家は、理論を習うよりまえに、幼い時、もっと根本的な体験をしており、そのあとで、いつか、ある芸術作品に触発されて、芸術家の魂を目覚まされ、そこでそれを手本にとり、理論を学びながら、最初の試みにとりかかるというものだと思う。そうして、彼の成長とか円熟とかいうものは、根本的な体験につながる表現にだんだん迫ってゆくという順序を踏むのではないか。この最初の手本が何であるかは、その芸術家の一生を支配する。

（「ソロモンの歌」『ソロモンの歌・一本の木』講談社文芸文庫）

坂本　分かりますね。空間観みたいなものが、ささやかでもあるんでしょうね。ある芸術作品に誘発されて目覚まされるというのは、これはやはり篠原一男との出会いだと思います。あるいは清家清（1918-2005）もあるかもしれない。東工大で建築に進んで、最初に住宅の設計をする時に清家先生の住宅を見たんですが、そこで建築とはこういうことなのかと初めて思った。清家先生の三つか四つの住宅、それも外から見たくらいの感じですけど、見た瞬間に、自分の住宅に対する認識がいかに類型化されたものだったかということが分かった。自分が経験的に知っていた住宅とぜんぜん違うものがある、でも非日常的でもない。そのとき建築を感じて、それから篠原一男と出会った。もし他の大学に行っていたら、他の先生の建築に感じたかもしれませんけどね。

――あまり安易に結びつけるのはよくないですが、幼い時の根本的な体験というのは坂本さんが『こどもと住まい――五〇人の建築家の原風景』（下巻、仙田満編著、住まいの図書館出版局 1990）のインタヴューで言われていたようなバラック的な建物の体験で、その辺は『生きられた家』的な感性に結びつく、のかもしれない。

坂本　疎開の連続みたいにして八王子の田舎に行っていましたからね。だけどそれは子どもだからもちろん特別なことだとは思っていないし、そのことによってなにかが目覚めたということはまったくないわけだけど。

――ただ、先ほどの「〈住むこと〉、〈建てること〉、そして〈建築すること〉」にもバラックが出てきたり、そういう体験の蓄積が建築家の活動にも反映していると言えなくはないですよね。いや、建築はふつう十八か十九で大学に入って、専門教育を受けて学ぶものなので、それまでのその人の人生から切り離されてしまうことが多いと思うんです。でも例えば画家が美術大学に入って以降の問題意識で絵を描いていたり、

小説家が文学部に入って以降の問題意識で小説を書いていたりしたら、そういう人たちの作品はおそらく面白いものではない。やはりその人の人生全体から生まれてきたような作品にこそ価値がある。吉田秀和さんの文章で書かれているのもそういうことではないかという気がしました。

坂本　まあ最後のほう、「根本的な体験につながる表現にだんだん迫ってゆく」というところまでは分かりませんね。

――言葉を書き換えていくという先ほどのお話とも繋がりますが、次々と新しい問題を設定して展開させていくというタイプの作家がいる一方で、矛盾があってずれがありながらそれを調整していくというタイプの作家がいる。言ってみればテリトリーを広げていくタイプと掘り下げていくタイプの作家がいて、別にどちらがよいというわけでもないでしょうけど、おそらく坂本さんは後者なのだと思います。

坂本　言葉だけでなくて物にしてもそうなのだけど、ある物をつくると、どこかで現実とずれが生まれていくんですね。その不整合をどうやって調整していくか。そのことによって自分の思考を展開させていく。それは自分が設定していた概念の偏りや思い込みを外していくことで、自由度を上げていくことになるのだと思います。

多木が坂本論に託したこと

――『ユリイカ』の論文に戻りますと、僕の認識では「日常性と世界性」という結論ありきで作品論が組み立てられていったように思えるわけです。それは、「日常性と世界性」が坂本さんの一つの本質だという指摘であるとともに、多木さん自身がぜひそのことを言いたかった。

坂本　そうですね。

――多木さんは九〇年代後半から、日常性や倫理、理想主義の重要性を色んなところで言われているんですね。それは建築の分野に限らず、例えば『戦争論』（岩波新書 1999）です。

> 多木――われわれは世界に住みついている。われわれは理性なり感情なりに従い、自らの生き方によって世界への住みつき方を決めている。この住みつき方が日常性と呼ばれるものだが、それはとるに足りないものではない。実質的に世界を立ち上げているのはこの日常性であり、それはあきらかに国家や法に束縛され、近代技術に影響され、ルーティン化されたスタイルをもっているが、それでも人びとにとってなにものにも替えがたい価値がなお残るのだ。それが文化であり、社会的な認識はそこに根ざしている。多くの誤謬を含む主観的経験にはちがいないが、それが壊れると社会的な秩序は崩壊しはじめる。（『戦争論』1999, p.91）

多木さんが歳を取られるとともに様々なレベルでの倫理観が薄れていっている、それに対する危機感が、例えば建築の分野に関する発言でも見られます。

> 多木――これは建築が解決できるとは思わないけれど、いま人間

の平等が失われていて、不平等がものすごく広がっている。だから、人権もどこかに行ってしまった。そういったことまで視野に入れた上で「理想主義」と言ったのですが、そういう理想主義はどこかで持つべきです。情報社会が人間に及ぼす影響と同時に、政治や経済や人間の存在の問題が建築に影響を与えると思います。それを解決する答えを建築の形であらわすことを言っているのではなく、そういうものなしにやると、いつまでたってもメタ言語は生まれてこないという気がするわけです。こんなことを言うとばかにしか聞こえないような言説ですけれど、僕はどうでもいいからそういうことを言いますが、建築の世界では、そこがあるかないかは情報社会を考えることと同じくらいのウエイトである。今人間も社会もおかしくなっているわけで、その中で建築をつくることは、人類の能動的な活動に意味を与えることができるかどうかという瀬戸際まで来ているわけです。(「建てるということ──多木浩二と若い建築家3人との対話」座談=多木浩二・奥山信一・安田幸一・坂牛卓、『建築技術』2003.02)

ですからそうした日常性や倫理に対する問題意識が『ユリイカ』の坂本論にも重ねられている。論理の展開としては強引にも見えますが、そういう結論がぜひ言いたかった。あのテキストはそういうふうに読めました。

坂本　多木さんの文章は読み返してみて、ちょっと文脈がずれるとまったく違う面が見えてくるんですよね。だからこそ「日常性と世界性」と「建築のロゴス」のような書き換えも可能なのだと思いますけど、今の長島さんの結論ありきという言い方も、それはそうだとしても、その結論がどういう方向性を持つかということは、たぶん読み方によって違ってくるのではないかな。

──多木さんの倫理的な問題意識というのは普段お付き合いされて感じられましたか?

坂本　そういうことで議論したことはほとんどないと思う。言わずもがなということだったのかもしれません。例えばもう日本国籍なんて外したいよとか、日本を脱出したいなとか、断片的にぼやきっぽく話すことはありました。僕は多木さんほど敏感ではないから、日本国籍でもなんでもいいという感じでしたけど。建築の話としては、建築が資本主義社会の道具になっているとか、消費社会に包含されているとか、当然そういう認識は持たれていました。でもだからといってそういう現実に対して過剰な反撃を求めたりはしてはいない。行きすぎたイデオロギーに対しての距離をどうやって取るかというようなことはずいぶん議論した気がします。

──その多木さんの政治的なものに対するスタンスは、八〇年代以降、建築が面白くないと言われていたことと通じるかもしれないですね。つまり現代建築に批評性がない。建築界隈での批評性ではなくて、社会や政治なり歴史なりに対する批評性が感じられないから建築が面白くない。

坂本　そうでしょうね。それはあると思う。

――そうした考えがこの「日常性と世界性」に託されているように読めます。小さな住宅を設計することでさえ、社会や政治に対して批評的でありうると。

坂本　そうかもしれない。だから建築家がブルジョワジーの住宅を設計するようなことに対しても、疑問を持たれていた気がしないでもない。僕はたまたま特別な階層の住宅ではなかったわけですが、そういう小さな住宅が生みだす世界への共感はあったと思いますね。

――ただ、多木さんが日常性の重要性を主張されているとしても、それは例えば坂本さんの建築と篠原さんの建築を比べて、篠原さんの建築が非日常的だからといって、必ずしも篠原的な非日常性を批判しているわけではないですよね。大きなシステムによって自動的にできあがるような、人間の生の実感が持てないものに対する批判であって。

坂本　そうでしょうね。篠原一男に対しては、非日常的なものを日常的な世界に入れ込むということで評価されていた。例えばスケールが極端に大きな住宅をつくるということは非日常的なわけですが、それを日常に包含するようなかたちで位置づける。逆に言えば、いかに日常性を保持しながら非日常的な世界をつくりだすかということです。

モダニズムの可能性

――さて、『ユリイカ』で「日常性と世界性」を書かれた三年半後くらいに、それを書き換えた「建築のロゴス――坂本一成とモダニズム」(『進歩とカタストロフィ――モダニズム 夢の百年』2005［*34］)という文章が発表されます。書き換えというか、半分以上重複している文章ですね。私が「日常性と世界性」に違和感があったのは、要するに《Hut T》より《House SA》のほうがよいということの論理が分からなかったからですが、「建築のロゴス」では《Hut T》に関する記述はカットされている。もちろんそれはそれぞれの発表媒体にもよるわけで、「日常性と世界性」は作品論を主体とした「空間の思考」という雑誌連載の一部だったのに対し、「建築のロゴス」は建築や芸術の領域で二〇世紀を捉えようとする単行本を形成するものだった。つまりその意味で《Hut T》に関する記述をなくしたとも言える。ただ一方で、これも僭越な限りですが、やはり多木さん自身も「日常性と世界性」の論理に無理を感じられていたのではないかという推測もできるかもしれない。坂本さんはこの二つの文章の違いをどう読まれましたか?

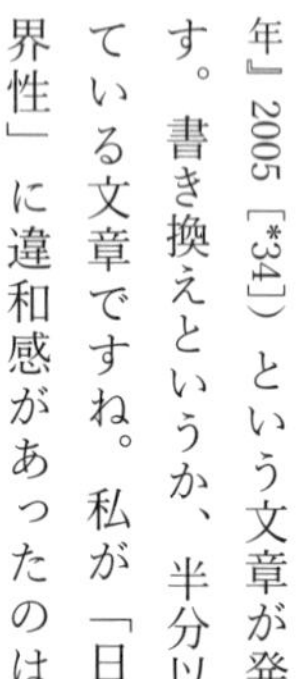

坂本　いま仰ったように、「日常性と世界性」はあくまでも《SA》と《T》に関しての文章です。ただ、その二作を具体的に論じてはいるけれど、やはりそれまでの僕の建築全体に対しての評論でもある。特に〈構成〉という概念を位置づけようとしてくれている。それはある意味で僕への挑発でもあっ

［*34］再録：『坂本一成／住宅』新建築社、2008

て、〈構成〉によって制度的な意味を解体して世界との関わりが持てるはずだ、もうちょっと頑張れよという感じだったと思うんですね。それに対して「建築のロゴス」は『進歩とカタストロフィ』という本に収録されている。近代に対するスタンスというのは多木さんの一つのテーマでもあるわけですが、その本のなかで建築におけるモダニズムとの関係という文脈をつくっている。その時に《SA》が扱いやすかったんでしょうね。だから「日常性と世界性」からその部分を残した。

——ただ、あの本自体が『ユリイカ』での連載を基にした本なので、例えば山本理顕さんについての評論（「そこに風景があった」）は雑誌に掲載したものがほとんどそのまま収録されています。ですから「日常性と世界性」の一部を残したというより、むしろその内容を大幅に変えているということに、なんらかの意図を見るべきかもしれません。

坂本　そうでしたね。同じ素材を使っていくぶん文脈をつくり直したと。近代建築との直接的な距離感を書いているわけではない気がしますけど、その歴史的な文脈のなかで位置づけてくださったものだから、僕としてはとても嬉しい文章です。

——内容としては、「日常性と世界性」の世界性のほうをもうすこし理論づけているという印象です。フッサール（1859-1938）の引用は『ユリイカ』の連載ではリベスキンドの回で書かれていたものですが（「神話と幾何学——ダニエル・リーベスキント（1）『マイクロメガス』」2002.12）、単行本にまとめるに当たって坂本さんのほうに組み込まれた。それも近代という文脈のなかでの位置づけであるわけですが、必ずしも近代批判ではない。むしろモダニズムに可能性を見ている。

多木——二〇世紀は、これまでなかった建築を発明したのだ。それとともに後半になると、モダニズムを超えようという野心を培ってきた。しかしこの発明品はちょっとやそこらの思い付きで超えられるようなものではなかった。近代建築そのものが、もう少し深いところに根ざした発明であったのだ。われわれは依然として近代の延長に生きている。しかも技術の進展とともに時代は大きく様変わりし、われわれの生きる環境も大幅に変わった。その条件のなかで、二〇世紀が発明した建築がなんであったかを考え、建築を現在の条件のなかでそこからどのように解き放つかをひそかに考えていたのが坂本一成である。（「建築のロゴス——坂本一成とモダニズム」2005）

坂本　時代性の問題もあるけれど、多木さんも若い時はもっと近代批判のイデオロギーが強かった。だから僕も意外でした。近代を超えるというのはそれほど単純なことではないということですよね。

——近代において建築が本質構造（相対的存在）を求めるようになって、〈構成〉という概念が成立した、言ってみれば建築家という主体の自律的な思考を前提にして、その主体が建築を相対化し、抽象化し、レトリックを組み立てる、それがモダニズムであると。「建築のロゴス」のロゴスというのは、

文章のなかで直接説明されているわけではないですが、おそらく坂本さんの本のタイトル『建築に内在する言葉』と同じことを指しているだと思います。多木さんは一方で、以前から坂本さんに対してロゴスだけにならないほうがよいのではないかとも言われていたわけですが、基本的にここではそのロゴスに可能性を見ている。それは「ファンタジーを自由に駆使するだけ」の建築に対する批判意識が勝ったということでもあるかもしれませんが。

坂本　やはり人類学的な建築のあり方と言ったらいいのかな、それは歴史や伝統を伴うようなものですが、そういう地平のなかに我々の文化が形成されている。ロゴスというのはそこを含むわけです。

――そういえば坂本さんと多木さんの「開放／解放」の言葉の使い方が微妙に違いませんか？

坂本　それは僕も読んで意外だったんです。「解放」のほうは「制度化した建築の概念を、根底から変える」という意味でだいたい同じだと思いますけど、「開放」のほうですね。

――ええ。

坂本　「開放」は、僕はもっと直接的に、外部の環境に開かれるものだと考えていた。でも多木さんに「近隣関係に開くことではなく、それは文化的な世界一般に向かって開くことである」と書かれると、あ、そういうことなんだと、半信半疑で納得したというか。確かに僕が言う環境という言葉を比喩的な意味も含めて捉えれば、そう言えなくもないなと思いました。

――ですから多木さんが言う「開放」は、坂本さんが言う「開放」と「解放」の間くらいの意味を示しているのではないかと思えました。

坂本　そうですね。

《QUICO 神宮前》と建築の自由

――次の《QUICO 神宮前》(2005)が、多木さんが坂本さんの作品を公に評論した最後になります(「自由の可能性――『QUICO 神宮前』をめぐって考えたこと」『新建築』2006.03)。《SA》から六年後くらいですね。一つ気がついたことで、この《QUICO》の発表の時に坂本さんは「都市に立つ形なき外形、そして都市の日常への連続と広がり」(『新建築』2006.03)という文章を書かれていますが、ここでの「日常」は「日常の詩学」(『坂本一成 住宅―日常の詩学』2001)という時の「日常」とはニュアンスが違っている。つまり「日常の詩学」のとき目指されたのはあくまで「もう一つの日常」であって、「日常」自体は割と退屈なものとして捉えられていた。それがここでは「日常」自体をもっと肯定的に見ていらっしゃる気がします。それはもしかしたら、多木さんが日常性は重要だと言われていたことに呼応しているという気がしたのですが。

坂本　確かに呼応しているかもしれません。一九七〇年前後、

それこそ〈閉じた箱〉と言っていた頃は、都市は住宅と対立するようなものだった。それがその後、だんだんと対立するような場所ではなくなってきた。むしろ外の世界に連続させることによって、自閉した内部空間が解消できる。そういう都市の現実との並列関係、それを都市の日常だと考えて言ったわけです。それを多木的日常と言えばその通りだと思います。

——数年前に、坂本さんは自分の最高傑作は《QUICO》だと言われていました。多木さんはどういう認識でしたか？

坂本　多木さん自身はそういうことは言わなかったですね。部分的には、これよりこっちのほうが深みがあるとか、そういう言い方はされるのだけども。僕自身は新しいものが今までつくったもので一番いいと思いたい。だからこれを書いてくださった時は多木さんもそう思ってくれていると思っていたけれど、実際のところは分かりません。その後、《東工大蔵前会館》(2009)ができた時にも断片的なお話はしましたが、お体の問題もあって、評論を書かれるようなことはなかった。《宇土市立網津小学校》(2011)はプロジェクト段階で模型と図面を見てもらうことはあったのだけど、実物を見てもらうことは叶わなかった。

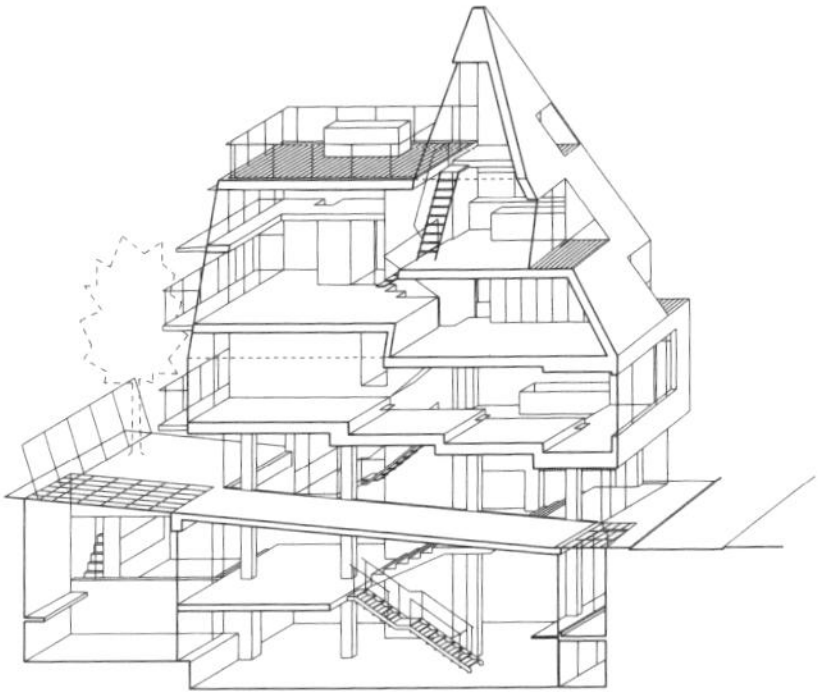

QUICO 神宮前（2005）

——先ほど申し上げたように、私はこの《QUICO》の評論を読んで、あらためて《SA》と《T》が位置づけられたような印象があります。どういうことかと言うと、まず「自由の可能性」で書かれている「図と地」の関係や都市的な環境との関係というのは、《T》からの展開のように読めました。《QUICO》の構成の形式は螺旋形なので、普通に見れば《SA》の展開と言えると思うのですが、先ほど引用した多木さんの「『Hut T』は、坂本が目的としてきた内部／外部の関係を消滅させ、完結しないことを目指す構成（レトリック）でできている」という文などは《QUICO》の論じ方に通じる。つまり決して《T》の方向に可能性がなかったわけではなくて、言ってみれば《QUICO》は《SA》

と《T》の両方を発展させたようなあり方ではないかと。

坂本 それは初めての見解ですね。僕はそんなふうにまったく思っていなかった。しかし、そういうふうに言えなくもない。

――《T》は機能にしても周辺環境にしてもかなりシンプルなので、割とピュアな外形になっている。《QUICO》はそれが都市の雑多な環境に入って、ショップと住居の複合として、ああいうかたちに変形したと言いますか。

坂本 そうですね。「図と地」というのがそれが建つ周りの環境との問題と言えばその通りです。《T》はあの自然の傾斜のなかでどういうふうに存在できるかということだったわけですが、そういう意味では《QUICO》だって、まさに都市の雑多な、法規制やなにかでつくられている場所にどうやって漂わせるかということだった。

僕自身はあの文章は、世界への自由や希望を標榜できる建築という作品論として受け取りました。でも最初に読んだ時、いくぶん舌足らずな印象はあったんです。ストンと終わってしまって、もうちょっと突き詰めてもらえなかったかなという。

――『新建築』という媒体として、あまり長い文章が載らなくなってきたということもあるかもしれないですね。

坂本 その可能性もありますね。

――ただ僕は、坂本建築に対する最後の文章としても納得できるというか、なにかを言い切っているわけではないですが、エッセイとしてまとまりを持っている気がします。《SA》にしろ《T》にしろ、あるいは《星田》や《F》、《祖師谷》でも、完全に手放しに褒めているという感じではなかったのが、この文はそうした批判的な見解が含まれていない。それは実際に僕が見た《QUICO》の印象とも齟齬があるものではなかったですし。舌っ足らずというのはどういう点ですか？

坂本 内部の構成の話に入って、いきなり説明的なんですけども、それが終わって「建築にもたらされる自由」という章でまとめになる。そこに至るまでにもうちょっと話があるのではないかなという印象を持ったわけです。どういう理由で自由と言えるのかがもう一つほしかった。実はそういう思いはこの文章だけではなく色々あるんです。多木さんの論理は一挙に抽象化される。話の内容は分かるけど、もうすこし説明があると、よりリアリティを持って受けとめられるのではないかという感じですね。

――ただ、この結論部分は「日常性と世界性」や「建築のロゴス」で示された可能性を、自由というキーワードで展開させているように思います。

多木――確かにひとつの建築物はこの秩序のない都市に社会学的、形式的秩序をもたらすことはできない。だが廃墟と生命が切れないことは承知の上で、なお世界への希望をもたらすことはできる。[…] われわれはこの建築の中にいて、現実の生活ではなかなか見出しにくい自由を感じているのである。坂本さんが「日常の詩学」と言う時、このことを言おうとしてきたので

ある。大都市の中でほとんど匿名に近い条件にある建築の中に、詩的な意味でしか語り得ない理想を見出すことができるように建築を構成することを指していたのである。[…]建築を経験する側から言うと、その中で自らを自由だと感じることができるかどうかを、建築を判断する基準のひとつと考えてもよい。建築によって拘束されるのではなく、解放されることが経験できればよいのである。(「自由の可能性」2006.03)

坂本　逆に言うと、嫌な建築は拘束されているんですね。前にインタヴューをしていただいた時にも言いましたが(「建築にしかできないこと」『建築と日常』No.0, 2009.09)、ある種の感性があればそこに窮屈さを感じる。それはその場では感じなくても、空間によって解放されるような経験をした時、事後的に感じるかもしれない。拘束というのはイデオロギーか社会格差か分からないけれど、それがふと解放される、そういう空間こそ理想的だと、多木さんも書かれているのだと思います。

——確かあの時のインタヴューでは、そうした空間の自由について「分かる人には分かる」という言い方をされていたと思います。そう言うと一種のエリート主義にも聞こえてしまうのですが、例えば僕自身も『建築と日常』を発行していて、みんながみんな分かってくれるとは思っていない。ただ、その時に『建築と日常』が「分かる」かどうかの感性というのは、必ずしも建築学科を出て専門知識を持っているとか、色んな歴史的建造物に興味があるとかではない。

坂本　そうですね。そういう問題ではない。

——もっと根っこの部分の感受性。だから「分かる人には分かる」というのは、「分かる必要がある人には分かる」というような。

坂本　それは面白い言い方ですね。高級でゴージャスな世界で豊かさを感じられる人もいれば、逆にそういうことでは豊かさを感じない、ある種の解放性にこそ豊かさを感じる人がいる。あるいはそれは一人の人のなかでも両方あることかもしれない。それはもうすこし人間としての感性なんだと思う。その感性は知識によってつくられることもあるだろうけど、でも知識とか教養が直接必要ということではない。やはり教育がイデオロギーをつくるわけです。それで感受性が悪くなることもある。でもそのイデオロギーを外すことがもう一つの教育でもある。認識を広げて、イデオロギーを相対化する。

——前回抜き書きしたサイードの『知識人とは何か』にこういう一節があります。

サイード——知識人がいだく希望とは、自分が世界に影響をおよぼすという希望ではなく、いつの日か、どこかで、誰かが、自分の書いたものを自分で書いたとおりに正確に読んでくれるだろうという希望なのだ。(『知識人とは何か』pp.99-100)

坂本　それは分かりますね。

——多木さんはご自分のことを「雑学者」だと言って、ジャンルに囚われずに興味の赴くまま色んなことを対象にすると

言われていました（『雑学者の夢』岩波書店 2004）。でも一方で、自分の活動が社会に対してどう影響するか、そういう社会的・公共的な意識も高かったのだろうと思います。ただ、七〇年の万博批判の頃はまだ直接的な発言もありましたが、だんだん直接性を潜めていって、例えば『天皇の肖像』（岩波新書 1988／岩波現代文庫 2002）にしても直接的な天皇制批判ではなく、学術的体裁を備えている。坂本さんが直接政治的な活動をするわけではないというのと同じで、多木さんも直接的なメッセージとして文筆活動をすることは避けていた印象があるんです。

坂本　それについて言葉にするのは難しいですが、少なくとも社会や人に対して謙虚な人でしたね。表面上はそう見えにくいかもしれませんけど、謙虚というのは、自分を売り込まない。世界への悲観とか、カタストロフィを常に感じていながら、僕が今まで出会った人のなかで最も謙虚な人だと思う。僕なんかも多木さんにしたら本当に馬鹿に見えた可能性は十分にあるわけだけど、そうでありながら、それぞれの存在を尊重するという意識を同時に持っていた。それは逆にすごく自信があったのではないかという気もしますけどね。

――多木さんと長年お仕事をされてきた編集者の方から伺ったエピソードですが、印刷所から届いた新刊を多木さんのところに持っていく。その時、他の著者ならば喜んで手にとって眺めたりするのだけど、多木さんはそうではない、むしろだんだんと不機嫌にさえなってくる。要するに、またこんな本を書いてしまったという意識らしいんですね。それを聞いてとても多木さんらしいと思いました。それは謙虚ということでもあるでしょうし、理想が高いということでもあるかもしれない。きっと多木さんは、誰か特定の他者に対してではなく自信があったのだろうと思います。でももっと抽象的な社会や歴史に対しての自信は持ちえなかったのではないか。それはそうした大きな世界に対しての想像力を持っているがゆえの自信のなさであり、誠実さだと思うんです。倫理観と言ってもいいかもしれませんが。

坂本　そう、その倫理観は感じますね。例えば経済に牛耳られている社会のなかにどっぷり入り込むような人たちとか、その制度のなかで動いている物事に対しては批判的な意識を持っていた。

――たまに多木さんが「自分は所詮人文系の人間だから」という卑下したような言い方をされていますが、言ってみれば、建築家はそれなりに楽天的でないとできない、未来を信じていないと建てられない。

坂本　やっぱり多木さんは批判的に社会や世界を見てしまうから。

――つくる人というより見る人ということなんでしょうね。

多木浩二の存在

――さて、だいぶ長い時間お話を伺ってきました。多木さんが書かれた評論としては、《代田の町家》の七六年から《QUICO 神宮前》の二〇〇六年まで、ちょうど三〇年。

坂本 へー、三〇年。

――やはり三〇年にわたって評論家と作家が併走するというのは稀なことだと思います。人間関係が続くということはあっても、作品とテキストの緊張感を持った関係が続くというのは、建築の分野に限らずあまり聞かない。だいたいお互いを必要としなくなって離れていったり、喧嘩別れしたりするのかもしれませんが。もちろん多木さんがご存命ならば、もっと関係は続いたでしょうし。

坂本 確かにね。

――で、あまりに大雑把な質問ですが、今回振り返っていただいて、坂本一成にとって多木浩二はどういう存在だったでしょうか?

坂本 まず多木さんは建築の評論家として、僕だけでなく皆さんにとって有力な人だったと思います。だけど、さっき多木さんは謙虚だと言ったけど、僕も謙虚だと思うんですよ(笑)。だから変な言い方だけど、求めなかった。例えばなにか書いてほしいとか、見てほしいとか。本当にそう?って言われるかもしれませんけど、僕からはほとんどアプローチしていないんです。お会いするのも多木さんのほうからだったし、電話も僕からかけることは、必要以外まずなかった。僕は多木さんを煩わせてはいけないという気持ちがすごくあった。だから多木さんのプレッシャーにはなっていなかったと思う。

電話はなにか書き上げた後とか、一段落するとかかってきました。いま建築ではこういうことを考えている、というような感じですね。僕は必ずしもイエスマンではないですが、多木さんが書く建築以外のものに対してなかなかフォローできないこともあって、それに対してあまり聞くこともなかった。でも却ってそのほうが多木さんも話しやすかったのかもしれません。

――僕が外から見て勝手に思うことですが、お二人の関係がエネルギーとエネルギーがぶつかり合うようなものでなかったということもあるでしょうし、あるいは十五歳くらい歳が離れていて、また知的な面ではやはり多木さんが圧倒的だったので、そういう差が関係を持続させたということもあるのかなと。

坂本 そうですね、あえてこちらから対抗しようということはないから。

――あと多木さんが建築界にいたわけではないというのも関係しているかもしれないですね。建築界にいたら特定の作家とばかり付き合っているわけにもいかないでしょうし。

でもお二人が謙虚というお話がありましたけど、坂本さん

は割と素で謙虚という印象を受けるんですが、多木さんは意識的に、謙虚でない状態をよくないと考えていたから、自ら律して謙虚であったのではないかという気がします。

坂本　そう？　あのね、たぶん篠原先生も同じだと思うけど、ものすごく我が儘だとは思いますよ。鋭い直観を持って世界に関わろうとする人間にはそういうところがあると思う。だけど多木さんは、少なくとも僕の前では完全にコントロールしていた。それは知性と言ってもいいかもしれない。

――では作家としての坂本さんの歩みに対して、多木さんの存在はなにをもたらしたでしょうか？

坂本　最大は、この方向でいいのだということ。もちろんそれは悩まないでいいという意味ではなくてね。こういうやり方でいいという自信を持たせてくれた。二番目はそれと重なるかもしれないけど、自分がもう一つ整理できないことに対して助言をしてくれた。問題をクリアにしてくれた。仮に多木さんと出会わなかったとしても、同じようなことをしていた可能性は高いと思うけど、でももっと紆余曲折があって、やっていることがぼやけていたかもしれない。

あ、でもなかにはね、多木さんとの関係を切るべきだと言った人もいたんですよね、複数。そのほうがもっと坂本は広がるはずだ、多木さんの傘のなかに入っているんじゃないか、と。まあ、そうだったのかもしれない。でもそれでいいんじゃないかと思った。

――十五歳くらい離れた、教師と生徒にも近いような関係とはいえ、もちろん多木さんの評論のすべてが啓蒙的なものではない。多木さんもそれだけだったら退屈していたでしょうし、もうすこし坂本さんとのインタラクティヴな関係があったのだと思います。多木さんはなぜ坂本さんの評論を書き続けたのでしょうか？

坂本　それはなんとも言えないですけど、長島さんが言われるように、ある種の源泉、僕のものの見方に、ご自身の考えと近いものを感じられた。僕は積極的に政治運動をするわけでもなんでもないけれど、やはり性格的な部分で政治的なんでしょう。それでその部分が多木さんの政治的な部分と重なっている。結局、僕は理想的な建築や環境や社会を求めているわけで、その理想はなにかと言うと、少なくとも全体主義ではない。国粋主義でもないし、極端に世界を裏返そうというわけでもない。ブルジョワジーの世界でもない、格差社会でもない。つまり、よい意味での市民社会で成立するような環境を望んでいる。それは僕だけでなくてみんなそうかもしれないけど、いわゆる強いイデオロギーから乖離した世界を理想とするところがあった。そのとき多木さんからすれば、それはもうすこし開かれたかたちで書けるはずだ、あるいはもうすこし違う側面で見ることができるはずだ、そういう気持ちがあったかもしれない。

――多木さんはどちらかと言えばつくる人ではなくて見る

人だと、先ほどもすこし話に出ました。今回多木さんの評論を読んでみて、言ってみれば役割分担のようなことかなと思ったんですね。人間や社会に対する認識の根源的な部分を共有して、お互い建築は重要だと思っていて、その上で、つくる人と見る人。うまく落ちをつけすぎかもしれませんけど。

坂本　いや、そんな気もしますね。我々は建築をつくっていくし、多木さんは空間を思考に換えて、言葉の問題にされた。

——ではそうして多木さんが書かれた坂本論を、他の人はどう読めるでしょうか？

坂本　あるインタヴューで古谷誠章さんが言ってくださったのだけど（坂本一成インタヴュー「当たり前のようで当たり前でないものを…」聞き手＝古谷誠章、『INAX REPORT』No.186, 2011.04）、僕の仕事が雑誌で出て、それに対して多木さんがどういうふうにコメントをするかということの繰り返しが面白かったと。確かにそれは僕のことだけではなくて、例えば伊東さんの建物に対して、こちらが意識的に見ている枠組みを超えたところで、多木さんが言葉にする。ああ、そういうことだったのかと発見することがけっこうある。それはもちろん多木さんの評論に限ったことではないですけど、その度合いが大きい建築論だったと僕は思う。多木さんのクリティックは我々の建築に対する認識を広げてくれる。建築の外にいた人で、本当に建築を相対化して見れた希有な人ですね。

栗田勇さんがかつて三一書房の『現代日本建築家全集』（全二四巻 1970-75）をつくったあと新聞に書かれたことだけども、あれはいわゆる文化人と呼ばれる人たちが必ず登場してエッセイを書いているんですね、でもそれが失敗だったと。結局、建築の問題について本当に分かっている人がいないということに気づかされた、文化人が書くのは史蹟散歩か技術礼賛か、もう一つなんだったかな、そのどれかであると。そういうなかで多木さんは建築を他の世界と等価に語って、建築を意味づけた。建築の存在がなんなのかということを知らしめてくれる人だった。多木さんがいなくなったということは、僕にとってものすごく喪失感があるわけだけど、たぶん建築をやっている者にとって、そして社会全体にとっても、かけがえのない人だったと思います。

——では今回はこんなところで。長々とありがとうございました。

坂本　ご苦労様でした。

［主要評論再録］多木浩二による坂本一成

「形式」の概念——建築と意味の問題【部分】（1976）
柔かな、かたちのない〈建築〉（1981）
「関係性」への構想（1988）
どこかで見た　見たこともない町——星田の経験を分析する（1992）
日常性と世界性——坂本一成の「House SA」と「Hut T」（2001）
建築のロゴス——坂本一成とモダニズム（2005）
自由の可能性——「QUICO 神宮前」をめぐって考えたこと（2006）

坂本一成へのインタヴューに引き続き、多木が 30 年にわたって書いてきた坂本論を再録する。冒頭の年表で示したとおり、上記の 7 本が対談などを除いた多木による坂本論の主なものである。インタヴューとの併読を勧めるのはもちろんのこと、そのほか、例えば多木と坂本の対談集『対話・建築の思考』（1996）と重ねて読むことで浮かび上がってくるものも少なくないかもしれない。同様に、多木による一連の篠原論をまとめた『建築家・篠原一男——幾何学的想像力』（2007）、複数の作家論や建築論をまとめた『視線とテクスト——多木浩二遺稿集』（2013）、そして坂本自身の論説集『建築に内在する言葉』（2011）なども、この評論群をめぐる読書の網の目を豊かに広げるだろう。また、各評論には対象となった作品の図版もなるべく載せるようにしたが、図面などのより詳しい情報は、初出の建築誌や坂本の作品集『坂本一成 住宅—日常の詩学』（2001）、『坂本一成／住宅』（2008）などを当たられたい。

※再録にあたり、底本とした文章中の明らかな誤字や脱字、作品名の誤記などは、その後の改訂版があるものはそれも参照しつつ、最小限の範囲で適宜改めた

建築のレトリック1

「形式」の概念　建築と意味の問題

『新建築』一九七六年十一月号（《代田の町家》同時掲載）

※このテキストは以下の三章からなるが、ここでは坂本一成の《代田の町家》を論じた第三章第二節のみを掲載した。

I　象徴の死と象徴的欲求――考察のパースペクティヴ
II　非言語的な意味のしくみ
　1　さまざまな意味
　2　「意味」から「形式」へ
　3　この「形式」と近代建築の関係――共存と違犯
　4　建築の厚み、「表面」と「深さ」
III　「形式」としての建築
　1　探求のふたつの軸
　2　原・エレメントと具体物――「代田の町家」
　3　メタファーとコントラスト――「中野本町の家」

III・2　原・エレメントと具体物――「代田の町家」

「代田の町家」(1976)は不思議な表情をもっている。一見なにげなく、おだやかでさえありながら、決して素朴ではない。非常に具体的につくられた住宅のように見えながら、むしろ、驚くほど抽象的である。日常性に対する配慮は細かになされているが、この確かさの下に発見するのは、この建築をなりたたせている、ある種の強靭な否定の身振りである。日常性という皮膜の下に、まったく別の過程が進行している。坂本の関心は、さしあたり、建築をまったくちがった構成におくことではなく、あたりまえの構成材の関係である。つまり、それがかれの探究に先立ってひとつのトポスがきめられる。そのなかに、「代田の町家」の、不思議な印象の中心には、このアンビヴァレンスがひそんでいる。ある日、だれかがこの皮膜をとりのぞくと、まったく予想のつかぬ別の世界があらわれてくるかもしれない――そんな夢想に駆られるほどである。この建築のファサードは、アンビヴァレンスを最初に印象づけるものだ。見ようによっては安定感があり、大地に根をはやした家のイメージがある。同時に、大地はおろか、背後の建築自体にさえ脈絡をもたないかのように置かれたかたちにも見える。しかしどちらが意図されたのでもないことはすぐにわかる。背後に関係がないわけはない。もともとはこの建築の断面としてかたちづくられ、それがたまたま外形としてあらわ

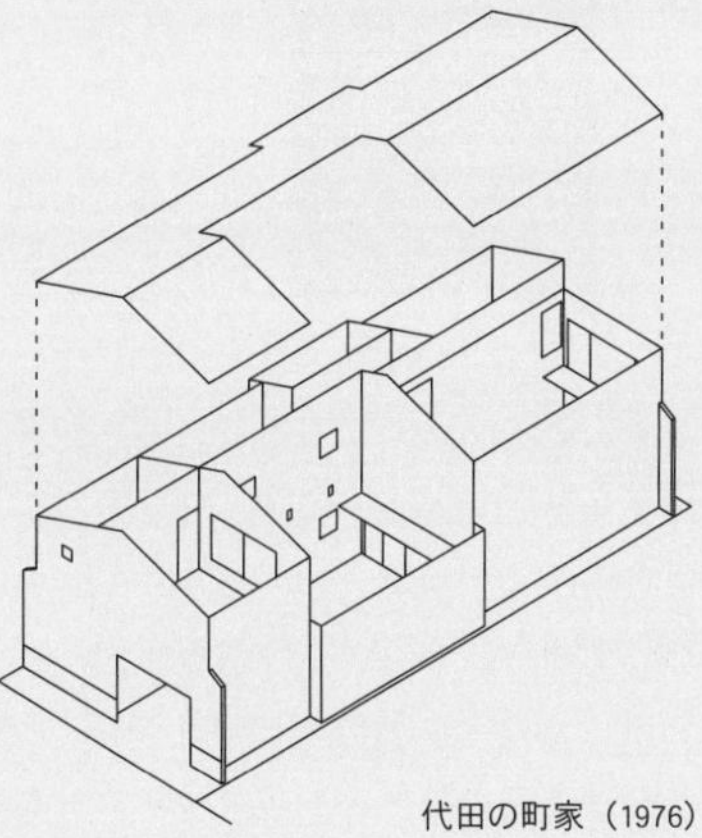

代田の町家（1976）

［編註］『新建築』での連載「建築のレトリック」の初回（全5回）。同じ号には多木が撮影した《代田の町家》の写真も掲載された。連載はすべて『視線とテクスト――多木浩二遺稿集』（青土社、2013）に収録。

れてきたときに、さらに特別な意識の対象になったものだ。ふつうの二階よりやや低めで、両側の下方に張りだしがつけられ、それが安定した印象と、ファサードがファサードとして自立的に扱われたことの両方を示すのである。

よくみれば、このファサードはきわめて厳密にプロポーションが検討され、屋根の勾配や張り出しの高さ、大きさなどがきめられている。つまり、そこに潜在的なパラディグムの軸がある。ところがそれはいかなるイメージにも結びつかない。むしろ次第に家のかたちについて、われわれがごく一般的に知っているステレオタイプに近づいていく。比喩的ないい方をすると、選択されたものはヴィジブルというよりも、コンセプチュアルなのである。斜めから見ようと、見上げようと、正対して眺めた図形としてのかたちの記憶が存在している。つまり、そのとき、われわれは、この建築家が、さまざまに可能なはずの建築の外形におけるイメージ、あるいは「表現」、もっと一般的に「現象するもの」に、疑いの眼をむけていることに気がつくのである。

奥行きのながいこの住宅の内部は、きわめてうまく考えられている。この建築家にとってプランニングは基本的な作業のひとつである。さして広くないはずのこの住宅は、部屋数が少ないにもかかわらず、実際以上の広さを感じさせる。リビングや寝室だけでなく、階段室や中庭がそれぞれ自立した場所になり、しかもそれらは等価なもののように分散され、隣接しあう。「広さ」と感じたのは、この分散的な性格にもとづき、長い敷地のなかに内部と外部を配置し、進入の方向の変化を組合わせることからつくりだされた分節の複合性にほかならない。日常性をうけとめ、現実化しているのはこの複合的な分節においてである。そこへ、重要なポイントがくる。トポス、つまり建築の空虚な論理的マトリクスは変えないから、パラディグマティックな系列は、固定したエレメントの上にあらわれる。かれが、空間というまとまりにフィギュールを見出さず、床、壁、天井などにこだわる理由はそこにある。たしかにリビングはもっとも大きく、生活の中心である。しかし、それはわれわれ

代田の町家（1976）　撮影＝多木浩二

の内部に現象するイメージとしての空間ではない。ファサードで発見したのと同様に、この部屋のなかでわれわれが動いてもそれにつれて空間がざわめいたり、流れだしたりしないのである。またどの部屋に入っても、息をのむような感動をうけるとか、感覚的世界にまきこまれるようなことはない。床、壁、天井にかこまれ、限定されただけの空間なのである。かれはヴィジブルな経験にあらわれるものより、より客観的なものを求めているように思える。「客観的」といういい方はあまり正確ではないかもしれないが、とにかく、空虚な部分よりも、それを限定する床、壁、天井の方がはるかに強い性格をもっている。リビング、階段室、中庭、それに玄関の左手にある便所の床、つまり、台所をのぞく一階の床は大理石の床である。しかし、それは感覚的な自然物の性質をもつというより、ひとつの硬い、限定された面である。つまり、それは石の厚さを喪い、深さのない表面になる。リビングの壁は縁甲板の上を白いペンキで仕上げてある。この場合も木は感覚的な性質を喪い、奇妙に表面化する。これはふたつの異なる問題を含んでいる。ひとつは、選択が物につきまとう意味の排除という基準で行なわれることである。かれの考えをトレースしてみると次のようになる。あらゆる物が、社会化されている現在では、すでに文化からあたえられた二次的意味と物の混同が生じている。たとえば木はもはや人間が自然的な環境のなかで生きていたときの木ではない。自然を喪ったが故に木はそれ自体ひとつの文化的な意味として動きはじめる。こうした「意味」は、もはや木そのものから自立し、それだけで成立ち、それは社会が形成する言語的な意味(「意味されるもの」)の制度のなかにある。

建築がこのような意味をどう操作しようと、あるいは無意識にそれを使おうと、結局は、語られることばの外にでて建築の語りを形成することはできない、という考え方である(実際にはもうひとつアイロニーという方法がある)。かれを焦だたせるのはブルジョワ文化であり、マスカルチュアであり、キッチュ的なもの(ネオ・キッチュ)である。建築はそのようなものに対する批評として成立する。それは広い意味では、言語を管理する社会に対する批評である。もうひとつの問題はファサードにおいても、空間においても、現象と物とのあいだに問いがなげられていることである。つまりかれが求めているのは、見るものによってうつろう影ではなく、もっと確実に建築的なものである。しかし、もの自体をおいかけているわけではない。それは存在的ではなく、フィギュールにすぎない。そのことは床や壁という物において、それが物理的にもつ厚さ方向が否定され、表面だけが自立することと重ねて考えなければならない。そのとき、かれが求めているものが、建築というものをなりたたせる原-エレメント、あるいはエレメントに先立つエクリチュールの痕跡のようなものであることがわかってくる。しかし、この強い意味の零度への欲求の先には、「建築は建築である」というトートロジイの危険がなくはない。しかし、面的な

エレメントに対するこのような態度は、立体化した物——たとえばディテールの場合には、かなり変化する。つまり、そこに非象徴的な具体物があらわれてくる。

リビングの南側の壁には、高い窓があり、その下辺に狭いデッキが張りだし、その真下にはコンクリートのベンチがある。これらは、まったく飾り気がなく、ものとして存在しており、これにくらべると、壁からつきだしている食卓も、棚もあいまいなものになる。また、こうしたエレメントに限定された空間は、不思議なことにある種の親近性がある。それは決して床や壁や天井などのテクスチュアからくるのではない。それらはむしろ人間から隔絶したような質をもつからである。この居心地のよさは、いわゆる「身体の空間」に近いものを感じるからであるが、とすれば、天井の高さ、壁のプロポーションなどから生じてきている。これは「代田の町家」でもっとも具体的な世界だ。しかし、実際にはこの寸法は、空間が象徴化し、表現になることを消すための用具である。それが身体のスケールに近づくのは決して偶然ではない。しかし、この具体性を感じたとき、私は奇妙なことに気づいた。つまり、ごく具体的であるのは、実は、まったく抽象的な図の上に示されうる幾何学的な位置、壁、床、天井などの位置関係であり、本来なら可触的であり、感覚的であるはずの面材の方が、きわめて抽象的、あるいは中性的なのである。この逆転した関係が、この建築の独得の思考である。

この逆転した関係がかれの建築についての概念、つまり可能性としてのトポスを暗示している。それは、空間のゼロ度に、ものがあらわれてきてあたらしい日のように存在しはじめる世界なのだ。坂本一成の論理的な作業のはてに、結局、機能しかあたえられていない具体的なものがひびきあう世界があらわれる。そこでは、はじめに、さしあたり、ステレオタイプなトポスを設定したことが解除され、あらたなトポス、つまり建築の概念があらわれる。

代田の町家（1976） 撮影＝多木浩二

柔かな、かたちのない〈建築〉

『新建築』一九八一年六月号（《祖師谷の家》同時掲載）

祖師谷の家（1981）

　坂本一成の新しい住宅（「祖師谷の家」1981）を見ながら、どこかで見たことがある、という印象が強く残った。この既視感《デジャ・ヴュ》は私だけのものではなかった。何人かの人から同様の感想を聞いた。既視感とは、以前に見たものを再び目にしたときの印象を指すのではない。もともと私たちは、日頃から家に住み、他人の家を見ることも多く、その結果私たちの中には、沈澱し隠れてしまった無数の家の記憶がある。新しい現実に触れたとき、その現実のイメージが潜在する記憶を選択して浮かび上がらせるので、私たちはいま見ているものをどこかで見たことがあると感じるわけである。したがって、坂本一成の建築が、多くの人びとにこのような経験をさせたとすれば、それはこの建築が、人びとによって生きられた「家」の記憶に照応するイメージを持っているということになる。

　この住宅は「家」の建築化を試みるものである。こういってしまうと簡単なように聞こえるが、実はかなり厄介な問題に直面せざるを得ない。というのは、人間が経験することによって生じる「家」と、建築家の創造としての「建築」は、別々の次元で考えられるものであり、その次元のあいだには埋め難い裂け目があるからである。本来矛盾するこのふたつを統合しようとしたときに、否応なく「建築」の概念も、「家」の意味も根本から問題にならざるを得ない。「家」とは、人間が実際に生きた時間の結果であり、人びとの欲望や社会的な制度から生じてきたさまざまな記号に蔽われたものである。それはもはや物理的な構築物でもなく、また必ずしもまえもって予想できるものでもない。人間と建物の実際の関わり合いから経験的に見出される時間と空間のイメージだからである。私たちはこの「家」のイメージに人間の生存の厚みを見出さざるを得ないが、同時にそれは、建築的にはなんでもよいのであって、目を蔽うような茅屋から成金趣味までそれはそれなりの意味が見出される。それは建築にとって本質的なものから無限に逸脱していることも認めないわけにはいかない。これに対して「建築」は、もともとさまざまな建築物の上位概念であり、それ以上にあらかじめ現実を超えるか、少なくともそれを支配するある種の理念なし

には成立しないものである。かつては様式的でモニュメンタルなものとして構成される「芸術」であり、西洋の古典主義的伝統に属する美的記号であった。これは近代建築を経過することによって解消されるどころか、本質的に合理的機能的な思考に基づく世界としての、近代的な制度の中にむしろ明確に位置づくようになった。

「家」と「建築」は、絶対的に対立するというより、対立するように「建築」が定義されてきたといったほうがよい。現実の社会での実状から見ても、それは基本的に対立を免れないものである。別のいい方をすれば、それは聖なるものと俗なるものの対立である。しかもこの対立は、おたがいに他方の意味を問い掛けるような対立なのである。「家」は「建築」に対し、果たしてそのような本質的な理念が現実に意味を持つのかと問い掛けるであろうし、「建築」が「家」をそのまま認めてしまうには「家」があまりにも醜く、グロテスクであることを明らかにする。

つまり、すでに「建築」と「家」という対立概念を意識せざるを得なくなった建築家は、その両方がすでに十分疑わしく、この対立をどのような新しい視野の中で関係づけることができるかを考えなければならなくなっている。さらにこれまでの「建築」とは違って、社会の表面に浮かんできた商品化住宅では、住宅がイメージの中で成立し、操作され、住みつかれているという事態が生じてきた。それは「建築」でもなく「家」のイメージでもなく、イメージとしての「家」という第三の次元である。ここではさまざまな他の表現との関係が起こり得るのである。それは単に、建築家が多少の手を貸して計画面や表現面を向上させればいいという状況ではない。むしろそれは、消費社会の神話的構造そのものが、ようやく「家」というレベルに達したと見るべきであろう。こういう状況の中で、古典主義以来の建築家の女神である「建築」の概念も、もうひとまわりもふたまわりも広げた視野の中で見直さなければならなくなっているわけである。おそらく坂本一成は、こうした建築の「社会性」にきわめて敏感な建築家であり、しかもなお人間の住む「家」の根源的な姿を、「建築」として見出そうとしている建築家のひとりであろう。

坂本一成は、「意味を消す」ということばに端的に表われているように、大衆社会で付着してくるさまざまな意味《コノテーション》から建築を解放させることをはじめた建築家である。しかも、建築家の美的表現と思われているものが、すでに大衆社会の中のイコンである場合も少なくないことに対しての批評として生じていた。かたち、空間性、素材などが、ただ建築という全体の関係の中で占める以上の意味を持たないように見出せないだろうか。彼は大衆社会への批判を、直接的には「建築」における意味論のレベルで進め、その結果、きわめて抑制された建築を構成するようになっていた。

彼がこの表現のミニマリズムから「家型」という一種のアーキタイプを意識的に用いるようになったとき、すでに消極的か

つ間接的に、大衆社会を批判することではなく、そこに象徴的な作用の次元で、建築の心的な働きを確かめようとしたのである。この「家型」は、確かに大げさな宇宙論にも聖なるものにも結びつかないが、人びとに生存の根本的な記憶を見出させるものであった。彼はここでもいろいろな矛盾の中に立たざるを得なかった。つまり大衆消費社会こそ、象徴によって支えられているものであるが、この象徴は、一面では文化の表面を蔽う記号世界に属し、そこでは消費社会の神話を受け入れざるを得ないが、もう一面では、同じ象徴が、それこそ忘却されていた根源的な「家」を見出すという二重性（矛盾）の中にあることを認めねばならなかった。いずれにせよ、「家型」は「建築」と「家」を結びつける最初の手がかりになっていたようである。「家型」は「生きられた家」の隠喩的表現であった。

坂本一成の思考に一貫して流れてきたのは、いまつくられる住宅は、もっとも普遍的、あるいは永遠の主題（「住むこと」あるいは「生きること」）を、紛れもない現在のことば（形式）によって語ろうとすることである。「家型」というイコンは、この両方を可能にするものとして選ばれ、つくりだされたのであるが、それは、もはや切妻面のシルエットでさえなく、人びとを生存の根本的なイメージに結びつける、心的な過程を引き起こすものでさえあればよかった。反面「家型」は、「建築」としての首尾一貫性をつけさせるものであり、十分に普遍化され、生きられた「家」の持つさまざまな二次的意味を拭い去ることが可能であったが、逆に、いち早くステレオタイプ化しやすいものでもあった。この「家型」は今回の住宅にはない。「家型」が放棄されたことは、「建築」――すでにぎりぎりにミニマル化されていたこの概念まで放棄されたことを意味するのであろうか。それとも、新しく「建築」へ「家」を統合する視野が見出されたのか。あるいはもはや「建築」を新しく定義し直すことであったのか。

確かに、今度の住宅のもっとも大きな印象は、初めにあげた既視感と並んで、全体として、まとまった像がなかなかつかみにくいということである。多すぎるほどの部屋部屋を通り抜けながら、複雑な迷路のような印象は残るが、外形でも、視点がうまく定まらないようなところがある。最大の原因は、これまでの彼の作品では、比較的単純な「家型」が全体を支配していたのに対し、今度の住宅では、「家型」が予想できる部分で確実にそれを壊し、全体を単一のイメージで把握することができなくなったことである。

たとえば正面はふたつのまったく性格の異なる屋根の組合せからできている。L字型のプランの分節を反映したといえばそれまでだが、それにしてもこの曖昧なファサードは何を意味しているのであろうか。子細に見ると、異質な部分のコラージュの下に「家型」の痕跡が見える。ヴォールトの外側についた低い短い屋根は、現在の左半分のかたちに基づく「家型」の名残りのように見える。こうして見ると、全体に統一性を与える方

法と、部分を自立的に扱う方法の二重性が、どうやらこの建築全体に働いているのではないかという気がしてくる。連続と不連続、全体化と部分化など二種類の操作を絶えず働かせ、その衝突、組合せ、ずれなどで全体が曖昧につながりながら構成されていくのではないかと思われる。

こうした曖昧さのひとつの原因は部屋数が多いことにも、それらを群化し、分離し、かつ一点に結び付けるという生活上の要求条件をこなすことにも関係があろう。しかしそれだけならば、木部を黒くし、壁を白くした仕上げなどの説明はつかないであろう。それらの表面的な印象どおりに、たぶん彼は、伝統的な「家」のイメージと関わり合ったにちがいない。これまでの坂本一成を知るかぎりでは、意外に思えるくらい、ひとつひとつの部屋のイメージには、人間がまだ手によって生き、自然と共存していた時代のもののような印象がある。私たちが「家」のイメージというとき、昨今の不動産広告に現われるイメージの「家」のような世界は問題にしにくいものである。意識すればするほど、どちらかといえば、古い家を想い描くのであり、それは明治や大正の日本の住宅の中に長く残ってきたものである。だがその古さをあえて選ぶ理由はなんだろうか。最初に述べたように、今度の建築は既視感を感じさせる。それはほとんどいつになっても変わらないものを引き出そうとしたからではないか。

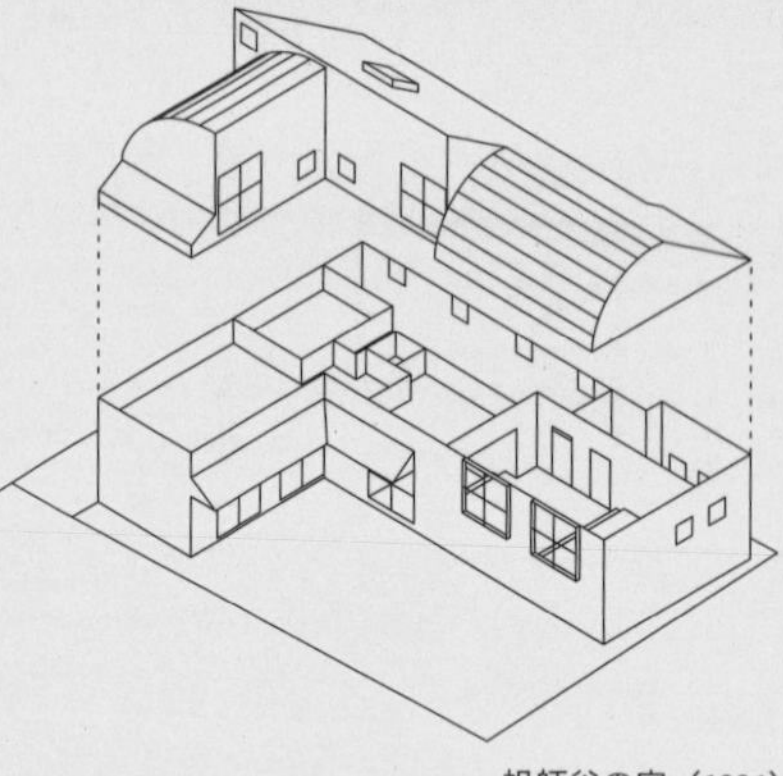
祖師谷の家（1981）

おそらく坂本一成は、複合した条件を統合しようとしたとき、「家型」という固定したイコン、ひとつの蔽いの限界を避けることにしたのであろう。その結果「家型」のように人びとを根源的な家のイメージに誘うアーキタイプから、ある意味では操作的でもある手法に移行することになった。外形にひとつの象徴的まとまりを与えることから、各部屋部屋を貫く「家」のイメージを操作する手法そのものに移ったことは、そこに生じる曖昧さに、新たに「建築」を見出そうとしていると思われるのである。その限りでは「建築」はもはや、柔かい闇の中から立ち上がってくる、かたちのないものになるのではないか。

坂本一成が今度の建築で試みたことは、結局、操作という枠組みの中で「家」を「建築」に内面化することではなかったろうか。古い「家」をあえて取り込むことも、手法という空間的枠組みの中に、時間の指標のように漂わせようということではなかったろうか。

「関係性」への構想

『建築文化』一九八八年九月号（《House F》同時掲載）

坂本一成が、興味深い変化を実現し始めた。一つは完成したばかりの『House F』（1988）である。といっても、『Project KO』（1984）あるいは軽井沢のコンペでの計画案（『Project KA』1985）など、『建築文化』一九八六年六月号や『現代建築一空間と方法10 坂本一成』（同胞舎出版 1986）に纏められている幾つかの計画で、すでに示されていた方向であるが、現実に建築としてその方向が実現したのは『House F』が初めてである。坂本の建築に接するのは、考えてみれば七年ぶりである。一言にして言えば、坂本一成は『House F』によって「家型」の時代ないしは『祖師谷の家』（1981）などの移行期から完全に抜け出し、空間を構想する自由さを獲得し始めた。緻密すぎる思考や論理によって妨げられていた想像力が解き放たれ、これから何かが始まるのではないかという期待感をいだかせるような新鮮さがある。この自由さを裏書きするもう一つの計画が、『Project Urban Complex in Shinjuku』（『Project UC』1987）の場合である。ここには以前の坂本一成の思想や感性からはちょっと予想できない、カオティックな都市とのダイナミックな対応がある。彼のどこに、こんな

House F（1988）

［編註］収録：『視線とテクスト——多木浩二遺稿集』（青土社、2013）

Project UC（1987）

遊戯的でもあればアナーキーな衝動があったのであろうか。私は坂本に、あまりにも禁欲的イメージをもちすぎてきたのかもしれない。

しかし、坂本一成の建築作品も言語的実践も、いわば〃建築的なもの〃という概念の周りで展開してきたことは事実である。もちろん、概念から始まるのではなく、つねに具体的な建築の構成においての探究であるが、私から見て他の建築家とどうしても違って見える点は、人間と建築にある根底を見いだそうとする姿勢にあったと言ってよい。つまり一方では、〃建築的なもの〃を概念として論理的に追求しつつ、建築の形式そのものを求め、同時に建築をとおして世界を認識しようという姿勢であった。坂本の建築には、極端にアグレッシヴな面がないのも、これと関連している。彼は建築を、人間が世界を受容する経験と重ねながら考え直そうとしていたのである。

ある時期までの彼の建築の概念は、人間の意味の空間的形式の探究とも言えたし、空間の形式によって人間を時間的存在として考えようとしていたとも言えるかもしれない。そうした意味と形式の関連し合うさまを、彼は形式的には「家型」と呼んだり、時にはもっと抽象的、概念的に「記憶の家」と言ったりしていた。人類が生きてきた記憶のなかにある、建築像の抽出である。「記憶の家」とは、言い換えるならば、存在の歴史性を人びとに思い出させるものである。もし建築にそれが可能ならば、人びとに生存の根拠を与えることになろう、と彼は期待したのである。こういう言い方をしたからといって、彼が歴史主義であったというのではない。むしろ、その反対に歴史主義的要素を一切排除して、家への記憶は「家型」という徹底的にミニマルなかたちでしか表現されなかった。彼は、建築家としては、その概念的な形式を置くことで、建築が現代社会という得体の知れない状況のなかでもちうる批評性を最低限、確保しようとしたのである。彼は現代において建築も人間もあらかじめ確実な意味をもっているとは思っていなかったし、だからこそある意味では、世界にたいして受容的、ある意味では否定的という両義的な手法によって、不確実な世界との関係を捉え直そうとする試みをしていたのである。

その後、家型の建築の系列がほぼ飽和点に達したことを知ったかのように、彼は多様な建築のイメージが、人びとにどのように受け止められているかの調査と、それに基づく膨大な建築

の図像学的意味の研究を行なった。ある社会のなかに浮遊する建築の概念（建築家の抱く概念ではなく）は、人びとが建築を知覚的に受容する様相をとおしてしか把握できないからである。この調査と研究は、彼の創作上の論理からの必然的な帰結であり、より社会的な視野への展開でもあったが、その結果は、彼の建築の方法に直接何かを付加したというより、意識的か無意識的かは判らないが、この図像学的研究の過程をとおして、逆説的にも、彼が建築の形式にたいして抱いてきた図像学的な意味論をゆっくり解体していったように思われる。

この研究の成果を云々しているのではない。それは興味深い研究である。一般の人びとの建築への好みは、確かに社会的な所有の欲望と結びついている。しかもその欲望は具体的には、中産階級の生活様式や、階級そのものの崩壊と切り離せない。したがってその研究は、欲望の社会心理学的研究との関連を潜在的にもっていて、そこから引き出せるかぎりでの図像学的意味は、これとの相対的関連のなかにしかなかった。つまり、すべての意味は社会的に形成され、しかもそもそも社会的意味とはそのように相対的なものではないか、あるいは世界はこうした関係以上に何を確定できるであろうか、といった認識論的な問いと向かい合わねばならなかった。

したがって、その研究が彼にもった意義は、あからさまには語られてはいなくとも、消費社会を単純にイデオロギーとして批判することの不可能性が判ってきたこと、言い換えると、資本の意味が単なる経済的な意味を超えて拡大され、ほとんど文化を包含してその産出に係わる〝力〟になっていることなどの認識ではなかったかと思われるのである。そうなると、それまでの彼の創造を条件づけ、かつ拘束もしていた〝意味の消去〟という批判的手法自体を否定するわけではないが、自然とそこから解放されることになったとしても不思議ではない。

彼自身の言葉に、〝記憶の家〟に替わって〝今日《こんにち》を刻む〟という言い回しが現われてきたのはなぜか。坂本のような思想の建築家にとっては、この〝今日〟という言葉が単に恣意的、風俗的なものであるはずがない。言い換えるならば、彼にとって、建築の意味（したがって人間の意味）を照合する〝時間〟が変わったのである。坂本一成の思考のなかに、常に時間の概念が見え隠れすることは見逃してはならない。彼は、それによって建築と人間の両方についての思考を展開する場を示しているのである。だが、もし〝建築的なもの〟を現在という時間に関連させる限り、それは歴史的に変化する概念になる。つまり、建築は決して固定したものではなく、いつも同じものではない。

もともと坂本一成のなかには、建築概念（建築的なもの）そのものの同一性（時間を超えて普遍的なもの）への懐疑があったはずである。だからこそ、同一性としての建築性の追求に駆り立てられたのである。「家型」は、このような意味での同一性を示すものである。この懐疑は単純な同一性の否認に達したのではない。同一性と非同一性とが微妙な弁証法的関連にあると

いう認識に変わっていったように思われる。〝今日〟といって現在性を強調しても、ある種の文化的伝統は否定できないし、そうかといって文化的連続性を全面的に信頼することなどできるわけはない、という認識であったと言ってもよかろう。建築的なものという概念を、その都度、決められればいいというのではないし、でたらめに変わっていけばいいというのでもない。例えば彼は物理的、技術的、機能的な建築と実体的ではない情報を置き換えたり、建築とパフォーマンスを意図的に混同するようにはならなかった。建築の根拠としての確実な生活がなくなったような現在では、ともあれ、すべてが相対化した世界についての知識(情報)が出発点になるということを意味していたのである。その上で、建築的、非建築的な多様な関係にいかなる秩序を与えるかが、彼の探究の主題になっていった。

坂本一成の建築の概念は、領域の概念と構成の概念を下位概念としてもっていた。もっとも彼は架構の概念に非常に力点を置いているが、それは上位の概念であるからである。この領域と構成の統合から形式が生じるし、同時に架構の概念も生まれる。したがって、架構と形式とはほとんど同義語、すくなくとも不即不離の概念と言ってよかった。これは彼の以前の作品において、「家型」なる形式が、領域の確定/構成という実践といかなる関係をもち、概念的な「家型」が実体的な架構にたいしていかなる位置を占めていたかを考えてみると、明らかになることである。したがって「記憶の家」を離れ、「今日を刻む」というときは、この「家型」が消滅するときであり、この変化は、当然、架構が変わり、領域、構成といった実践的概念自体の内容がすっかり変わったことも意味する。事実、『House F』において、もっとも顕著な変化は、かつての切り妻の架構にたいして、自由な、ある意味では不定形の架構である。『House F』をはじめとして、新しいプロジェクトでは、架構と平面が厳密に一体化していないのであり、あきらかに領域や構成の概念はその秩序の細部にまで生きているが、もはやそれぞれすっかり意味や機能を変えてしまった。

この変化は、本来的にレトリックの問題でもある。つまり、建築の実践の可能なトポスがどのように変わったかということであり、いわゆる変形操作が可能になったかである。いかに坂本一成が〝意味の消去〟と言おうと、家型や記憶は隠喩という全体化する形式の皮膜に包まれていた。したがって決して閉じる気はないのに、世界にたいしては、ある意味ではこの形式によるネガティヴな応答しか取りえない面があった。それにたいして、現在という時間に力点を置くとき、もはや隠喩という全体化する方法ではなく、構成すること、あるいはもっと正確には、つぎつぎと現われてくるものの間に関係を生み出すこと、が問題になる。言い換えると、換喩的な逸脱性、不定形性、つまりあちこちと部分的に動きつつ、生成する手法が構成秩序となり、限定できない領域の動的な組織化が意識され始めたのである。

坂本一成から「形式」が消えていった。同時に、以前からあったものの、「関係性」の概念があらためて中心に登場してきたのである。

『House F』の構成は、その大きさに比べると予想外に複雑である。確定した視点から眺めうる外観はない。つまりファサードがない。それは欠落というより、むしろ見るものに正面をはずして見るように誘いかける形をもっている。どれか一つの面がいわゆるエレヴェーションとして、グラフィカルに形成されているのではない。幾つもの部分が組み合わさって全体が出来たという印象が、最初に人びとに与えられる。断っておくが、そのことは知覚されるものとしての建築を無視しているのではない。坂本の建築は、かつてない豊かな印象を与える。材質も空間も、おろそかになっているのではない。

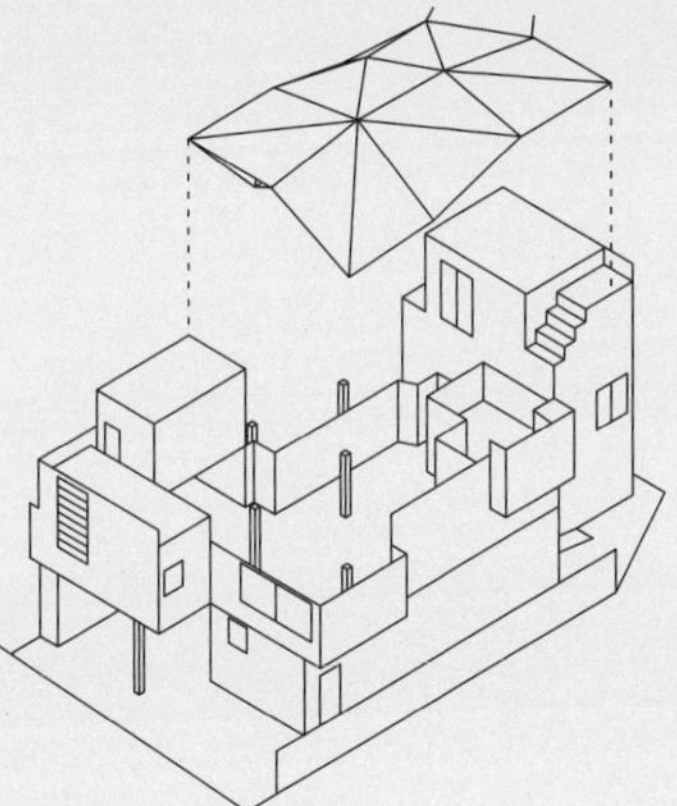

House F（1988）

その内部に入る運動の線は、幾つもの動きに細かく分岐し、その動きがレヴェルを変えて合流し、さらに細分化して流動する。この運動が、全体を幾つもの場の連続する網目のように構成しているのである。あるいは逆に、この網目が運動するように構成されていると言うべきかもしれない。これら個々の部分の関係づけは意識的に行なわれ、よくも組み上げたと思わせるほどに複雑化している。そのスケールに比して、各部分の関係をあまりにも厳密に考慮していることからくる一種の息苦しさがないわけではない。正直なところ、『House F』を見る人間は、空間の新鮮さと息詰まるような建築家の思考を二重に味わうことになる。『House F』はおおまかに見ると、前部の小さなRCのキューブと後部のRCによる幾つかの個室の重なりが突き出し、その間に一応グリッド状に割り付けられた柱が並んで、その上に極めて自由に架けられた屋根がつないでいる。この屋根の下は広間である。したがって技術的、形態的に異質な単位の混在が目差され、そのように対比的な意味での複雑さが主題であるかのような印象を受ける。果たしてそうだったのか。

『Project KO』に始まり、『House F』を含む一連の計画の共通性は、こうした形態的対比ではなく、むしろ床面と架構との相対的な自立性と、それらの間の関係性に

Project KO（1984）

ある。すべての屋根は林立する柱の上に架かる自由なトラスの架構によってつくられ、床は自由に層を変えて生活機能の場をつくる。もしこの水平的要素を一次的要素とすると、二次的には内部の間仕切、外部の壁面がくる。こうした全体のなかでの役割のハイアラーキーの違いは本質的ではない、と坂本は言うかもしれない。確かに、その点にあまり固執することは意味がない。重要なことは床、屋根、壁その他の構成的要素を分離し、それぞれに分離可能な機能を与え、その上でそれらを関係づけることに、建築の生成する仕組みを見ようとしたことである。最初の『Project KO』の場合には、この要素の分離が非常に意識されたようである。あきらかに分離された一枚のファサードが立っていた。このファサードを、建築を社会に関係づける記号として機能させていたのである。しかし『House F』では、ファサードと呼べるものはなくなっている。もはや要素の分離より、それらによって建築全体をどう構成するかが、問題になっていた。

こうした要素の分離によって、坂本一成にとっての建築的なものとは本来、複雑でしなやかな〝関係〟の概念以外のなにものでもなくなったのである。それぞれの要素が厳密には一体化しないことが、それぞれが全体にたいしてもつ限定力を相対化し、同時にこのことが部分の全体への関係、関係としての全体に自由を保証することになったものである。こうして坂本は、以前の建築にあった形式性を完全に取り払おうとしたのである。確かに『House F』の場合には、RC部分と自由な屋根の部分との形態的混在が目立つが、それを方法として考えるよりも、それもこうした関係づけの一つの具体例として見るほうがよい。

だが、もしこうした意味で要素間の関係性だけを論じていくと、かりにそれが建築を限定的ではなく、重層的、生成的に捉えるとしても、あるいはもはや視覚的形態の構成を問題にするのではないにしても、再び、形式的操作に陥る可能性が出てくる。坂本一成の言う「関係性」の最大の意義は、構成要素の関係ではなく、まだ不確実なものを含めて人間の住む世界（社会、環境、そのほか言い方はいろいろあろうが）との開かれた関係を問うことにある。

確かに『House F』は現実の個人の住宅であり、当然、ある特定の家族が住み、生きていく空間である。個人はある意味では何ものにも還元できないから個人である。こうした家族の生活様式、趣味や欲望、思想などに建築家が影響されることも、それが現実の計画の出発点であることも否定できない。しかし同時にどんな場合でも、生活とはある空間的所与への適応である。それは人間の本質でもある。例えば都市や社会的空間もそのよ

うな所与の一つではあるが、生活に適応という本質があるからこそ、建築に意味を構成する作業、言い換えればフィクションとしての建築に可能性も残されるわけである。『House F』が特殊な条件に対応して偶然に生じた作品ではなく、一連の確立された方法に基づいているのも、この可能性に依存しているわけである。人間は虚構と適応のこうした関係のなかから、ときにはより良い条件を見つけようとするし、ときには建築という空間を超えた社会（都市）全体に及ぶ計画を展開させることもある。特に後者の場合に、すでに触れた資本（経済的な資本だけをさしているのではない）の機能が端的に現われる。というより、資本はいかなる場合にも人間の地平を形成するものである。

　個人の住宅を扱う場合には、建築家はこうした地平全体に係わっているという感触はあまりもっていない。しかしこうした個別の条件にしても、社会から完全に切り離されているわけではない。個人の家を意匠としてそれぞれ差異化し、多様化すれば、それでいいというわけではない。というのも、すでに多様性自体が資本の活動の一部であるからである。したがってある意味では、建築の方法、したがって建築の意味機能とは、こうしたトータルシステムにたいしてどのような関係を取っているかということを含んでいる。おそらく建築家がもっとも無意識的であるのは、この関係であろう。

　坂本一成の建築が私の興味をひく一つの理由は、彼自身がどれほど意識しているかはともかく、建築の方法を展開させるときに、この関係を取り込んでいることである。おそらくそうでなければ、建築の図像学的研究などしなかったろうし、『House F』を含む一連の方法的系譜も出てこなかったであろう。しかしその意識が、建築家にとって有利に作用するかどうかは判らない。あるときにはそれを意識することが、そうでなければ活動したであろう生命を、かえって萎縮させることだってありうるわけである。世界にたいしてどのような視野をもつかは、どのような建築の方法をもつかに表われる。私が坂本に見いだすのは、もはやフォルマリスムでないのと同様に、その構成や領域の捉え方が単純な批判意識ではないことである。坂本は、建築を社会化しようとしているのでもない。

　例えば彼の建築の概念の基底をなしている領域の概念が、どう変わったか。「家型」の時代には、限定的な作用をもっていた領域概念も、限定については消極的な意味しかもたなくなっている。わざわざ限定を申したてなくても、どのみち、社会的な所有関係、他との関係によって限定され、それを敷地と呼んでいるわけである。広大な拡がりのなかでならば、限定することには象徴的な意味があった。古代以来の宇宙論は、建築や都市を内部と外部の関係によって規定することから始まっていたことを思い出せばいい。かつての坂本の理論のなかでも、領域概念はほとんど同様の形而上学に支えられていた。実際には、領域の概念はむしろ逆に限定された条件から始めなければならないのは自明である。

微妙なことだが、いまや坂本の領域の概念は、この限定を裏返すように機能している。限定から解放すると言えば、言い過ぎである。そんなことはありえないからである。しかし、少なくともそこがミクロコスモスではないことを知覚させるようなフィクションとして空間を編むことはできる。つまり領域の概念は、すでに触れたような、要素の関係性としての建築を、不確実な世界との関係への問いに拡大するようになった。

この結果、架構はあらゆる方向に自在に延長されるものになり、それまでの屋根覆いのように限定するものではなくなったし、形式性もほとんど問題ではなくなった。もっともそれが、どちらから始まったかは定かではない。『Project KO』の場合では、架構の概念はまだ床面とそれほど相対的自立性をもっていないが、それはむしろ空間が限定されている状態を抜けていないからかもしれない。そこから方向性をもたないところまで（あらゆる方向性をもつことでもある）の架構の変化が、こうした領域概念に、したがって空間に変化を引き起こしたのかもしれない。

こうしてみると、坂本一成の長いブランク（実作がなかったというだけのブランクである）は、ひそかにこうした社会的地平にたいする視野を拡げ、建築がそこに依存すると同時に、そこから離脱する空間であることを明らかにする期間であった。形而上学的な意味で求めていた宇宙論的根拠は、現代ではこうした地平と重なっていたのである。その認識から、建築そのものの様態を一挙に変える思考を押し進めていたのであろう。『House F』は豊かであるが、同時に不安なものを含んでいる。多様な要素の関係性は新しい秩序を知覚させると同時に、人間の生きている現実の相対性を感じさせる。これは、ある意味では人間の生そのものである。

確かに『House F』の系列の建築は動くロボットに似ているし、彼自身そう言ったことがあるように思うが、坂本一成はそこで換喩に基づきながら、隠喩を新しく蘇らせたわけである。彼の建築は、強力な形式にものいわすのでもなく、かといっていかにも現代的な表層の感性を漂わせているのでもないが、こうした両義性を織り込んだ動的な生命を、矛盾まるごと機械として隠喩化している点では極めて新鮮である。しかもその機械は決して「独身者の機械」（カルージュの定義によると、愛を死に変える技術である）には似ていないのである。

つまり、その両義的建築にはほとんどペシミスムがないことを指摘しておく必要があろう。かりに『Project UC』が充分に練られたものでなかったとしても、そこにあふれる遊戯性は自由な生命への期待を暗示している。

どこかで見た　見たこともない町

星田の経験を分析する

『建築文化』一九九二年七月号《コモンシティ星田》同時掲載

1　はじめに

数年前に「House F」(1988) を見たとき、この建築家にある概念上の変化が生じているのがはっきり読み取れた。「House F」が完成した作品であるか、さまざまな試みがうまく帳尻があっているかどうかはどちらでもよかった。この種の概念上の変化にうすうす気づいたのは「祖師谷の家」(1981) のときであった。その後、まったく作品を発表しないままですでに数年が経過していたから、その印象は特に強かった。星田 (「コモンシティ星田」1991-92) の住居群を見たとき、「House F」とは外見はどこか似てはいるが、もはやそこに建築の形態を実験的に追求する坂本さんの姿はなかった。彼はアンチ・フォルマリスムという対抗的、否定的な態度だけで建築をつくっているのではなかった。まったく別のことがおこっていたのである。それは与えられた条件がそうだったからとはいえない。ある概念上の試みの変化があったのである。さらに熊本の集合住宅 (「熊本市営託麻団地」1992-94) を見ると、そこでは、彼は確実に社会的な建築の方法をためし、それを見定めようとしているのが明快にわかった。それらの建築は彼の現代社会と人間の存在様態への洞察のあらわれであって、他の建築家のように想像力を誇示する建築家の「作品」をめざすという意図はまったく消えていた。これらの実施されつつある建築と並行して彼はいずれも当選しなかったいくつかのコンペのための計画案をつくっている。それらは住居でないから、星田、熊本の場合とは異なるが、あたらしい建築についてのパースペクティブでは通底していた。そこでもいままでの彼の考え方とは違った建築が感じ取られた。私が久しぶりに坂本さんについて書くのは、こうしたさまざまな形で生じている変化の根底にある、ひょっとすると彼自身にも意識されていないなにかを突き止めたいと思うからである。短い文章で意をつくせるかどうかはわからないが、坂本さんが「House F」を経過して、星田を経て熊本にいたるまで、なにを志向してきたかに多少の考察を加えてみようとおもっている。たしかに彼の建築は地味で渋い。たちあらわれる姿は華やかさを欠いているし、余計な装飾も、過度の洗練もない。しかし抑制のきいた手法のなかで、彼が試みようとしていたのはこの人間の存在が曖昧になりつづける社会のなかで可能な建築の概念的形式を見定めようとする思考であった。そのことに人びとはあまり気づいていない。

[編註] 改訂版「どこかで見た、見たこともない町」が『建築・夢の軌跡』(青土社、1998) に収録。「前後関係を明確にするために多少、前後を入れ換え、加筆し、捕捉している」(同書 p.182)。

2　坂本町ゼロ番地

まず星田を眺めよう。最初に坂本一成さんの星田の戸建ての住居の集合を見たのは、第一期工事が終わった頃だった。それから大分経って、二期工事が終わった時点でもう一度訪ねた。中央緑道と呼ばれている外部に通じる通路もできあがり、集会所も完成し、いたるところに水路の水も流れていた。この二回の訪問でうけた印象は意外なほど違っていた。どちらかというと半分できた一期目の方が、いくつかの道に沿って並んだ住戸は、変化に富んだ豊かな表情があり、ごく自然に展開していく景観からは多様性をより強く感じさせた。部分的につけられたパステル・カラーの変化も新鮮であった。多分、未完であることが、まだ断片でしかない住居の列に多様性を期待できる表情をあたえる上で有効に作用していたに違いない。計画の概要は百十二戸におよぶ独立住居を、分離しつつ、関連させ、活き活きとした環境を構成するように配置するという課題であった。そのひとつの根幹をなしているのがさまざまに格づけされた道を、緻密に絡み合わせて住居を連ね、住居のあいだに進入させ、複雑な網目《ラティス》を構成することであった。この目標はかなりな程度まで実現できている、と私は思った。

二度目の訪問の際に受けた印象はかなり変化していた。全体が完成するにつれて、一期に感じていたような断片的な未完の表情は消えていたのである。私には中央の集会所とそこを貫いていく緑道とが全体に対してもっている中心性が意外に強く

コモンシティ星田（1991-92）

感じられた。もちろん水路と道路、道路のいくつかのレベルが、できるだけ全体が中心性をもたないように工夫されているのを理解するのは容易であったし、その配置が緻密に計画されているのはよく分かった。しかしこの緑道から次第に下位の道路に枝わかれしていくさまは、思いのほか、トゥリー状の構成を感じさせた。もちろんそう言っていいかどうかはとまどいがある。ただ、かつて感じた断片性、完結しないまま開かれているという印象はかなり薄れていたことはたしかである。むしろ以前にもったその印象の方が不正確であったのかもしれない。出来上がってみると、この地域はまわりの環境からやはりかなり特異な質をもった島になっていた。

　できあがった地域がある種の完結性をもって見えるのも、当然といえば当然であった。二・六haにおよぶこのスロープ状の敷地は、自動車道に周囲を囲まれたひとまとまりの地域であった。この境界は中央緑道によって地域を外部に開こうとする意図をこえて強かった。そこに建った百十二戸の住居は個々に作品として論じるものとは言えないまでも、この道路の外にあるあまりにも質の悪い住居群にたいしてはやはり異質なレベルをもった「坂本一成の建築」であることは、その屋根の形式、RCと鉄骨からなる構造や外壁と開口部の形態等々、一戸一戸がもっている表情からいっても否めない。ここは「坂本町」であって無署名ではなかった。つけ加えて「ゼロ番地」というのは、意味のゼロ度には到達している、という暗示である。一期を見た

コモンシティ星田（1991-92）　配置図　1/2,000

ときにはまだ未完成だったから、ひとつの道の眺めにしても拡散的状態だと思えたし、断片性が知覚され、その断片性から生成する魅力を感じたのである。しかし緻密な配慮のもとに構成され、このスロープの上に散布された住居の全貌があらわれてくると、その配慮が緻密に中心化を避け分散を計画されていることはよく分かったが、ラティス化する配慮の細心さが息苦しいほど見えてくるというパラドクスが起こっても不思議なことではなかった。二戸の隣接した住居を関係づけるには、細かい工夫が必要であった。北側斜面という不利な地形と日照の問題があり、同時に配置は人工的に感じないことが望ましかった。だがこうした慎重にして自然な配置はできあがったときには、そこに加えられた工夫は、なにもしなかったように消失してしまうべきものではないのだろうか。しかしそうはいかないのである。私はさまざまに分節された要素の配置の仕方について計画学的な用語による説明を受ける。その説明に理論的に納得すると同時に納得しないものが残るのである。断っておくが、私は星田の計画を評価しないのではない。「坂本町」と皮肉はいったが総体としてはどんな場所もひとつとして同じではなく、多様性がいたるところで経験できる変化に富んだ町並みができていることを見逃しているわけではない。言い換えると彼の努力の大半は、これはできるだけ自然発生に近づいた人工環境をつくることであったのだから、どこかで見た、見たこともない町ができたとしても不思議ではなかった。

3　建築家かつ計画家

星田の経験は、社会性の真っただ中におかれた建築の様態を考える上での、ひとつの試行という点で、彼にとっても現代日本の建築にとっても重要であったといってよい。得体の知れない「社会性」の次元に晒される場合の建築の様態を考えるという新しい試みである。外側の社会を問題抽出の場とみなして、そこからなんらかの個人的に思いつく比喩を引きだして建築作品をつくるのとは事情がちがった（たとえば伊東豊雄のノマディズムを比較してみるといい。そこには現実に「社会性」にさらされた建築の条件があったわけではない）。端的にいうと大して豊かとはいえなくてもある程度の資金は用意できる階層、つまり現在の日本の中流市民にとって手のとどく商品として建築をつくるという現代社会でのごく普通な条件を押しつけられた上での仕事であった。それは本当にはパブリックとはいえないが、もはや建築家が、個人の施主との関係に依存しながら、その実、建築家個人の表現形式を追求していける場合ではなく、直接的に市場経済的な社会現象かつ官僚的システムと向き合うことを余儀なくされた建築

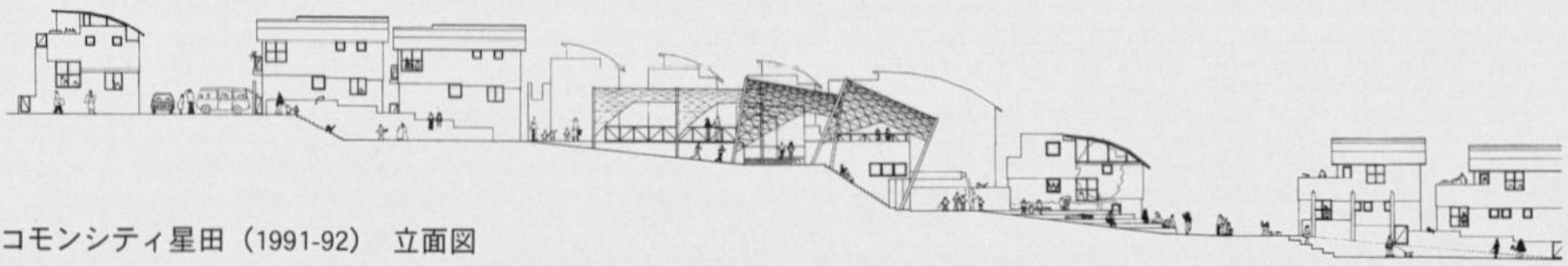

コモンシティ星田（1991-92）　立面図

家／計画家の行為にならざるをえない。

星田を批判的に見ることはきわめて容易であるが、もしそうするならば批判は、まず住宅政策の末端にあらわれた所与の条件（二階建て、3DK・4DK等々というタイプ）に向けられるべきであろう。分譲住宅は、公営であろうと私営であろうと、最初から社会生活の現状の追認とさまざまな慣習の調整妥協の上に成立しているのである。条件と、その条件のなかで建築家がなしたことにたいする評価は分離してみなければならない。必要なのは「建築家坂本」が同時に「計画家坂本」としてそこでなにをしたかを検討することであろう。そのことが現在の建築にどんな意義をもつかを検討することである。極端に理詰めなひとりの建築家が計画家として活動しても、これまでの建築家坂本一成の建築の思考と実践の変遷と無縁なはずはない。

しかしそこから出てきた結果を見ていた私は、二度目の訪問の際、いくつかの興味深いことに気づいた。坂本さんは各戸ごとに、どんなに細かい変化をつけた設計をしたかを説明してくれていたが、そう説明しながら彼自身もその変化が必要ではあったが、大して重要なことでもないと知っていた。本当はここで追求されたのは、たったひとつの「建築」であった。ここでは「建築」とは現代日本の通俗的な家のタイポロジー化にしかすぎなかった。あるいはタイプ／トークンの関係として追求され、個々に作品としての完成度を問題にしてはいなかったのである（この場合のタイプとはもはや所与の条件としての3DK等々のタイプのことではない）。私は星田でのこのタイポロジー的方法を肯定的に受け取っている。さらにここでは配置こそ彼の考え抜いた問題であったが、この敷地での具体的に解決すべき分散配置と「建築」の概念とは相互に関連していた。初期の坂本さんの建築からここまでの行程をまず捉えなおし、ついでタイプ／トークンとしての建築の実践を問うことにしよう。

4 単純化と完結性――「家型」まで

初期から星田にいたるまでの坂本一成さんの建築思想の展開は、おおまかにふたつに分けられる。ひとつは小住宅ながら見せるべき「建築作品」をつくっていた時代であり、それは初期から「House F」までつづいてきた。もうひとつは星田を経て、施工中の熊本の託麻、計画中の幕張（「幕張ベイタウン・パティオス四番街」1995）にいたる集合住宅の展開である。私はこれをひとつの時期から第二の時期への発展とは思っていない。もはや第一の面にあった思考は次の段階のなかで消滅してしまったというのではない。個人住宅を手掛け、独立した建築について探究してきた過程で積み重ねた手法と思考がなければ、星田以後の社会化された条件のなかでの計画の思想はない。だが理論的に論じる場合には、あえてこの二つの面を仕分けて、差異を問題にしなければならないと思う。

しかしさらにこの二面性とは別に、坂本さんには次に述べるような思考の働きに特徴があることを指摘しておく必要がある。

彼の思考は二重に分節しうる行程を辿って動いていく。ひとつの行程は、建築を構想する想像力の基盤としての建築図式の探究である。この図式とは建築そのものの単純化された形式をさすのではない。建築がいくつかの限定された形式的要素で構成され、いわばひとつの要素が他の要素とたがいに関係しあっていることによってのみ要素としての意味をもち、全体として建築という体系をなす、ということを見いだす思考の歩みである。彼自身はこれをしばしば関係性の次元と言い表してきた。もちろんこうした体系からはいかなる饒舌も、いかなる貧しい表現もでてきうるのである。具体的にはいろいろな条件に応じて、この形式を現実に知覚できる建築として展開しなければならないのだが、坂本さんには、こうした想像力の根底をなす建築図式そのものをつきとめようとする傾向が格別に強かったのである。最初から次第に形をなしてくるのは、建築という想像力の源泉である抽象度の高い空間図式である。言い換えるなら、彼の思考は、そうした生成的な産出力をもった図式としての「建築」に向かう傾向をもっていた。そんな「建築」は一種の抽象であり、現実にある感覚的実体形象ではない。そこまで考えるなら、図式という言葉はよく知られたカントの図式機能に近い。

具体的にはいろいろな条件で実在する建築をつくっていく背後には、こうした抽象的な思考が働いていたと仮定した上で、初期の住宅作品から「House F」までの経過をみなおしてみよう。初期の住宅、たとえば「南湖の家」(1978)、「代田の町家」(1976)などの特徴は、ひとことでいうと単純化に向かい、ある意味で完結していたことである。単純化というのは形式上のことであって、その形式をめぐる思考のことではないし、そこで展開されうる生活は単純な形式の方がより複雑化しうるとさえ思っていたに違いない。しかし彼はこれらの住宅で、具体的な作品をつくりつつ、先に述べた意味での図式そのものをできるだけ浮上させるよう還元しようとしていた。さまざまな要素の相互関係だけがあらわれるように、他の一切の剰余をはぎ取ったという意味で単純であったが、その完結性とはけっして作品として自立する完結性ではなかった。しかしそれは同時に現実の家である。だからその図式に近づこうとしていることをイメージとして示すしか方法はない。彼が「家型」という言葉で指示したのはこうしたイメージであった。

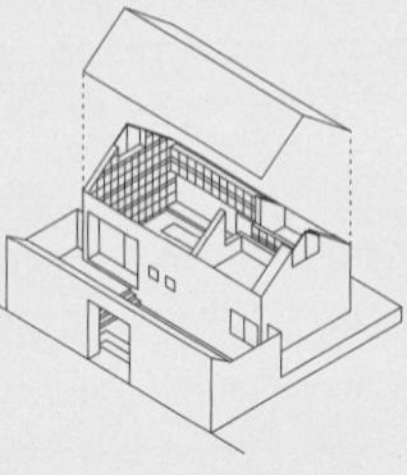

南湖の家(1978)

5 家型からの訣別——「House F」へ

「家型」とは場合によっては保守的になりかねないイメージであった。たとえば後期のハインリッヒ・テッセナウの小住宅を思い出すといい。テッセナウの小住宅が簡素で見事なものであるのと同様に「南湖の家」も「代田の町家」も見事であった。しかし坂本さんが経験しなければならない思考の行程、もうひとつの探究面があった。それは想像力というより、批判的

な思考であった。具体的現実に現象する形象としての「家」の社会における意味論との関係である。しばしば彼は「意味を消す」と主張してきたが、それは消極的、否定的なものであろうか。現在の社会に氾濫している意味の消費活動に、彼は現実を追認する以上の可能性は見ていなかったのである。坂本さんは数少ない社会文化的批評精神の強い建築家であって、少なくとも大衆消費社会において物質以上に商品として消費される意味に、建築が埋没することに疑問をもってきた。坂本さんはかなり長い時間、建築のイメージとそれが消費される関係についての調査研究をしている（学位論文参照）。もし建築に意味を発生させる可能性があるとすれば、もろもろの意味は一旦、零度に帰してしまう必要があると考えていたのである。傍からみていると焦れったいほど、流通するイメージや比喩を避けるように見えるのも、こうした領域に入っていくことを自分に禁じたというより、むしろそれらのイメージの恣意性や形式の幻想に惑わされないというだけのことであった。「意味を消す」というのは単純なアンチ・フォルマリストの発言ではなく、むしろ建築の図式を、本来の意味の豊穣さに向かってひらこうとする遠い期待の表現であった。図式とは能産的な想像力の源泉であるはずなのに、それを言い表すために「家型」というミニマルな還元的イメージを使う矛盾も、こうした意味論的な試行のひとつの過程であったからである。

しかしミニマリスムのイメージは、それなりの想像力のひとつの制約になるし、反復することが無意味になるときが早晩やってくる。多様で一点に絞りきれないことが認識されてきた社会にとって、ミニマリスト的イメージは統辞論的には閉鎖的である。想像力の図式とは、一義的に決めた感覚的な形象で限定できるものではなく、もっと複合的で自由に分節されたイメージを可能にする能産的な無形のものだからである。彼は建築をそれ自体として自立した表現とみなすことにもつねに疑問をもってきた。したがってある形式の表現によって隠喩的な意味の世界を試みるというより、異質なものを隣接させていく方法をとっていた。こうしたミニマリスムからの解放は坂本さんの場合にはすでに「祖師谷の家」にわずかに姿をあらわしている。そこではいくつかの部分が奇妙な連結をしていくのである。しかも内部ではなんらかの連続的空間性を保持する意匠が試みられる。

やがて「House F」で端的な形をとる。「House F」は、一貫した構造体というより、統辞論的にはいくつかの異質な構造を（ある意味では）脈絡なしにコラージュしていったものである。「脈絡なし」というのはご本人には気に入らないかもしれない。もちろんこの「作品」ではこうした異質な要素の統合に意義があった。だがその先に暗示されていたのは、ひとつの個人住居というプレテクストをもった「作品」である必然性がもうないという判断である。そのとき坂本一成さんは、もちろんひとつの作品はつくっていたのだが、多分、その方法、隣接的統辞法だけに関心があったと思える。彼は、かつてなにをつくっていたに

せよ、「House F」をつくった時点で、建築にかんして長いあいだこだわってきたにちがいないある境界を越えていた。ことわっておくが、ここで使われた手法がどこかに生きるだろうといっているのではない。「House F」は、坂本さんにとって、それまでの方法、とくに単純性、完結性、そして一貫した統辞法（家型というイメージ）を清算して自由になる経験であった。「House F」を実践することで、彼はある種の自由、そして作品として形式の力を表現することからは完全に逃れることになった。

6　社会性のただなかで何が可能か

星田で試みようとしたのは、百十二戸の住宅作品を、ひとつひとつ作品としてつくっていくことではなかった。坂本一成さんの星田における最大の関心は、分譲住宅としての条件を満たすあるボリュームをもった住居をスロープ上に分散配置する方法にあって、個々の住宅の意匠にはなかった。というよりこのふたつ、住居のタイポロジーと分布の手法とは関連しているのである。いうまでもなく、このスロープに日照、地形等々を考えて配置していくために、一戸一戸の設計や関係は細かく調整しなければならなかった。個々の住宅の設計とはここではほとんど条件の調整であった。それらはいずれもよく似ているが、すこしずつちがっている。全部で百十二戸の住居は画一的ではなく、三十とか五十とかいった数に達するタイプがある。この作業が想像に絶するものであったことは理解できる。こうした大量のタイプをつくることはどんな意味をもっていたのか。それは商品として画一的でない方がいいということなのか。ある条件のなかで消費者がいろいろ選べる範囲が広い方がいい、ということなのか。たしかに配置される場所により、他の住居との関係により、どうしてもそれだけの差異が生じざるをえない。そういうことを全部容認してもなおそれだけでは、建築家として坂本さんが望んだことを説明することにはならない。そこに生じていたことの意義はあきらかにならないのだ。それは多種多様な作品をつくることが目的ではなかった。

まず条件として分譲住宅という枠があった。彼が、意識的にそういう言語を使っているわけではないが、現代の日本の社会では「戸建ての住居」に住み分けるということは、人びとが習慣的かつ無意識に抱いている観念であり、それは日本の住宅政策が長くとってきた方向であり、おそらく人びとに一種の人生の希望として抱懐されていることであった。建築家が比較的若年の時代に引き受ける仕事の大半がこうした小住宅であることも否定できない。ここで「戸建ての住宅」がいいか悪いかという議論をしているのではない。坂本さんもそういうことにたいしての判断をここで示しているのではない。そのような問いはすでにそういう条件が与えられている以上意味をもたない。そうすると「建築」というものを思考の対象にしてきた人間としてはなにをすべきか。突飛なものも含めてさまざまな形態の住宅が、いまや日本の社会ではつくられている。しかしそれは人

が住むという意味においては同じである。こうして社会的に平均化した欲望の対象をつくる立場に立つとき、建築家はなにを考えるべきか。彼の直面しているのはもっとも通俗的な生活世界である。ここで建築家としてはいくつかの選択肢をもつ。そこにいろいろな視覚的変化をあたえたり、恣意的な引用をして、大衆の趣味を満足させる条件をつくってみることもできるだろう。

7　タイポロジーという方法

しかし、彼には「図式」を含む想像力があった。結論的にいうと、彼の選択は、ひとつの「タイプ」、少なくとも大衆にとっては新奇で、無機的で、自分たちがどうにでもできるような家のタイプをつくることにあった。三十とか五十とかいうタイプがあるという意味でのタイプではない。ここでの「タイプ」はひとつしかない。通俗的なもののなかに「建築」を発見するとは、そういうタイプの発見だという結論であった。実際には架構の方法を決め、RCと鉄骨でつくるという大まかな形態は決まっていたであろう。しかしある標準的原型を決めておいて、そのバリエーションをつくるということではなかった。実際にはそのような手順がとられたとしても、認識論的にここで現実化した過程はそれとは異なる。われわれがバリエーションと見なすものは、タイプの個々の現象する形態（トークン）であり、それらを数多くつくることによってはじめてひとつの「タイプ」が現れてくる。ここでの坂本さんの方法は、このような意味でタイプ／トークン関係——すなわちタイポロジー——の実践であって、彼は建築のもつ建築性の可能的な条件を、個々の住宅の意匠のなかにではなく、「タイプ」に見たのである。トークンが増加すればするほど、タイプの存在がはっきりしてくる。タイプとは一種の抽象的な概念である。現象しているのはトークンだけである。たぶんわれわれはひとつひとつを点検して、それなりによくできていると判断することはできるだろう。しかしそのこと自体はたいした重要度をもってはいないのである。現代まで日本の社会に共有されてきた戸建ての住居というイメージを、概念化してタイプとして認識するという作業である。通俗的な意味での「戸建ての住居」を類型化してみることであった。彼はあらかじめひとつの原型をつくって、それを複製反復して敷地を埋めようとせず、個々の住居の配置の条件に対応して細かくプランを調整し、その結果、見えないタイプを措定しつつ、五十に及ぶトークンをつくりだしてしまわねばならなかった。「作品」という視点で個々の住居を見るなら人は失望するかもしれない。反対にひとつひとつの住居における他との関係づけの細かさに息苦しさを

コモンシティ星田（1991-92）

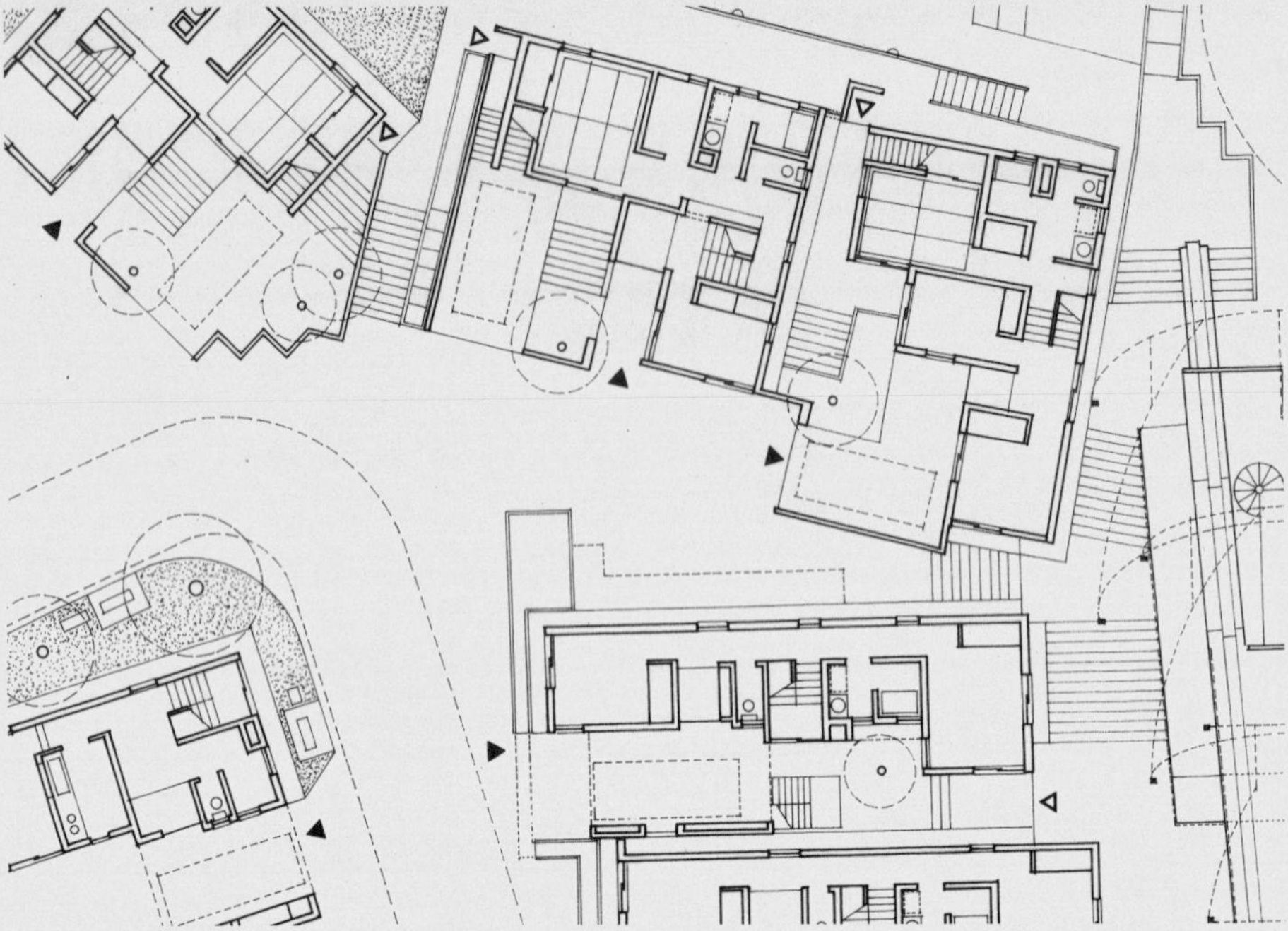

コモンシティ星田（1991-92）　平面図

感じて反発するかもしれない。だが通俗的タイポロジーは社会的建築における概念的なアプローチのひとつであった。通俗の次元では建築はつねに妥協の産物であるが、もしそれが建築であるなら社会的な複雑な諸力を調整して次の社会的ステップへの手がかりを発見するものでなければならない。人びとの無意識に抱懐され、現代の社会が産出している住宅に共通しているなにかを、かりに今手持ちの自前の手段によって具体化してみることであった。だからいくらタイプとはいえ、やはり坂本一成さんの手を感じさせてしまうことはいなめないのである。私が「坂本町」と冗談をいったのもそんな特徴をさしていたのである。私が星田で辛うじて「建築」を感じたのは、無数のトークンからこの「タイプ」を知覚するときであった。

「House F」やその前後につくられたいくつかのプロジェクトからえられたいくつかのボキャブラリーを使いはするが、「House F」と星田のあいだに連続性はない。「House F」はひとつの「建築作品」において、かつての単純性、完結性を解体する実験である。だからそれによって彼は建築という概念の探究を、形式から完全に逸脱させることを経験した。しかしこれを経過した星田では「House F」とはまったく違うことが起こっていたのである。それが坂本さんが建築の建築性を求めてきた建築家としてあの条件のなかでなすべきことであったのである。タイプとはこうして現代社会の力のなかに晒され、もはや絶対的なものとしてではなく相対化された状態での「建築の建築性」であっ

たのである。

8　分散配置の方法

このように見てくると、はっきり浮かびあがるのは、個々の建築の形態でなく（それは通俗的である）、それらを絡みあわせる配置の網目をいかにつくるかという作業である。たしかに、星田での最大の努力は、計画家として百戸以上の住居を北側斜面という悪い条件のなかで布置することにかかっていた。いろいろな解決の方法があるはずである。現在できあがっている星田の場合も、いろいろな解釈が可能である。外側の地域との関係をつけるために、敷地を対角線に走る中央の緑道をおき、そこからいくつかの緑道が枝分かれし、それに通路が絡み、またいくつかの水路が無関係に走って重層化し、いわば網目をなした地帯ができあがる。そこに日照問題をクリアするように住居を配置しなければならない。これを経験するわれわれは二面的な経験にさらされる。ひとつは全体の構造である。あるとき坂本さんはこれを完全に近代的な計画学的な用語だけで説明したことがある。そのとき私は彼の意図を測りかねた。しかしそのとき用語で語ろうとしていたのは、この配置には比喩的情緒的な意味、ノスタルジーはないということであったのであろう。人工的に構成される空間から、可能なかぎりトゥリー状になることを避けたいわばセミ・ラティス的な環境を目指した修辞学的実践であったというのが実相であるかもしれない。だがセミ・ラティスは、本来は自然発生的なものであるから、どこかで見た、という印象を私自身が第一期に感じたように現象としての空間から感じ取ってしまうことがある。それにひとつひとつの家も、見ようによっては、無機的であるようでいて優しい表情をもつように見えなくもない。視線はさまざまな家の隙間を縫って、いろいろな空間を繋いでいく変化にも富んでいる。

だがこうした集合全体になんらかの共同体的意味があたえられているだろうか。坂本さんがわざわざ無味乾燥な計画学的用語で語ろうとした理由はこうした共同体幻想を捨てさってしまうという決意にあったのかもしれない。つまり星田の住居群は、いくつかのデジャ・ヴュ的印象から醒めて考えると、ほとんど空虚な世界なのである。まだいくつかのためらいがあり、あまりにも諸要素を調整しようとするから、意味に満ちてしまう場所が少なくないが、この空虚さこそ、この計画の目指したものであろう。第二期までできるとある種の完結性が生じているし、人工的に形成した以上トゥリー性は免れないものの、その地帯にある種の意味を発見するのは、先に述べたように確立された「タイプ」のためであるのに気づくからである。しかもその「タイプ」とは、彼が長年心掛けてきた意味の排除にも基づいているから、意味論的には完全に無意味である。このタイプの確立と空虚さは重要な収穫である。というのはそれらの自由さは人びとに個人として自らが自由になることを可能にする基盤として計画されたからであり、また一群の住居は特異な島（坂本さ

んの署名性による）をなし、最小限必要な集会所などは備えていても、いかなる意味でも共同性というフィクションは仮定されていないからである。この空虚さがあるからこそ、それを見るもの、経験するもの、とくにそこに住んでいく人びとがみずからこの「場所」に自分なりの生の意味を備給していくことができるからである。つまり、要約すると、一方でタイプをつくりつつ、それを含んだ網目としての場所の関係を、いかに空虚に、いかに可能性に向かって開かれた時間の出発点としてつくりだすかが、坂本さんの星田での経験の核心をなすものであったのだ。

9　おわりに

坂本一成さんのその後の仕事、たとえば熊本の託麻団地、いくつかの計画案等をみていくと、星田の住居群は過渡的なものに見えてくる。ここではまだ完成していないそれらを批評する場でないから、星田を論じてきた締めくくりとして若干触れておくに止める。星田では坂本さんの社会性自体の検討は十分ではなかったし、その社会性のなかでの建築の機能についてもまだ不十分であった。もちろんこの社会というものは定義しにくいものである。それはなによりもまずわれわれの実践から生じる意味と無意味の領域であり、感情や欲望が構成されもすればそれら一切が空虚になる場である。しかしそこには巨大な力が作用している。われわれはその力のひとつとしてのメディアに組織されて生きているし、他方、われわれは個人性を喪失して私性が互いに他者として戯れる場に生きざるをえなくなっているという程度の指摘はできよう。私はこうした空間を比喩的に示すとき、どこか見知らぬ国の巨大な空港を思い浮かべることにしている。そこではたしかに巨大な力の作用のなかに、他者が行き交い、しかも個人は何の保証もない不安を包みこみながら、これほど自由に解放された空間はないからである。そんな空間を内包する建築がないものだろうか。こうして巨大な力と私的な他者性の場とのインターフェイスとしてある建築の位相を的確に見定めることは可能ではないのか。もし今後、建築に可能性があるとすれば、建築はこうした人びと、つまりわれわれが自らを危険と自由の双方に晒された存在として感じることのできる空間として構成されるようになるだろう。それが託麻団地の計画に潜在しているのではないだろうか。言い換えるなら建築はますますヴォイドになっていいのである。そのなかで多系の機能が絡み合い、社会の過程の動的なプログラム（資本主義）の結節点として存在するようになっていくだろう。坂本一成さんの大きな変貌がはじまっている。それは形式の力を表現するのではないが、かつての家型の建築家からは想像できないまったくあたらしい社会的建築の形式（星田では「タイプ」としてあらわれる以外にはなかったが、大きな建築になるとあきらかにその形式として登場するだろう）への移行がはじまっている、と私は感じている。

日常性と世界性

坂本一成の「House SA」と「Hut T」

『ユリイカ』二〇〇一年九月号

1　「構成」の両義的概念

「House SA」（1999）と「Hut T」（2001）を論ずるのがここでの目的であるが、坂本一成の建築を理解するには、あまりにも考えぬかれた概念的な方法に簡単に触れておくのが妥当である。彼のもっとも重要な概念は「構成」である。それは常に両義的な意味をもっている。一方では解体的（deconstructive）であり、他方では構築的（constructive）である。彼が自分の作品について語るかぎり、「構成」はこの両方の作用をもっている。しかも彼は両義性を露骨に顕示することを嫌うから、曖昧さを免れないのである。「House SA」と「Hut T」を論ずるときには、一層難解になる。

　いくつかの集合住宅を除いて、坂本一成は独立住宅を作りつづけてきた。住宅が生活の場であることは言うまでもないが、住宅の条件を満たしつつ坂本一成が一貫して追求してきたのは「建築」とはなにか、という普遍的な問いであった。スケール

[編註] 多木晩年の2本の坂本論「日常性と世界性」（2001）と「建築のロゴス」（2005）は、内容が半分ほど重複している。もともと『ユリイカ』誌の連載「空間の思考」全13回の第2回（2001.09）として「日常性と世界性」が書かれ、数年後、その連載を中心にまとめられた単行本『進歩とカタストロフィ――モダニズム夢の百年』（青土社、2005）内の1編として「建築のロゴス」が発表された。したがって「建築のロゴス」は「日常性と世界性」を単行本に収録するにあたっての改訂版と言える。坂本論以外でも、連載で書かれた現代建築の評論のうち、山本理顕論がほぼそのまま収録されているほかは、伊東豊雄論、ダニエル・リベスキンド論がそれぞれ改訂されている（妹島和世論は未収録）。

今回、この2編の坂本論の掲載にあたり、それぞれ2段組の上下に並行して配置し、なおかつ重複部分をグレーの地にして示している。言い換えると、上段の「日常性と世界性」において無地の部分は下段の「建築のロゴス」ではカットされた部分であり、下段の無地の部分はそこで新たに書き加えられた部分ということになる（ただしグレーの地の部分も完全に同一ではなく、細かく書き換えられている）。

重複部分を示したのには大きくふたつの理由がある。ひとつは坂本に対する多木の認識の変化を見ることである。ただ、それは必ずしも時間的な変化に限らず、それぞれの文章が載る媒体による変化も考えられる。連載「空間の思考」は建築以外の作品も含めた作品論を基調にしているが、単行本『進歩とカタストロフィ』はより広く、様々な建築的・芸術的事象を近代との関連のなかで捉えようとするものである。それぞれの文脈によって自ずと坂本の建築に対する視点も異なるはずであり、その複数の視点を踏まえることで、より立体的な坂本像が見えてくるのではないだろうか。

またもうひとつの理由は、そうした多木の文章の書き換えの手つきを見ることである。この2編に見られるような変更は、『生きられた家』の度重なる改訂に代表されるように、多木にとって通常の必然的な作業だった。それは単に言葉づかいの調整にとどまらず、文章の本質的なあり方まで組み換えるものだと言える。この坂本論を例として、書き換えの手つきをつぶさに見ることで、文章というものに対する多木の認識や、多木の思考の形式がうかがえるのではないかと考えた。

それぞれの評論を個別に読み込もうとするにはやや難のあるレイアウトかもしれないが、2編はすでに「日常性と世界性」が『坂本一成 住宅―日常の詩学』（TOTO出版、2001）に、「建築のロゴス」が『坂本一成／住宅』（新建築社、2008）に再録されてもおり、今回の試みの意義は十分に認められるはずである。

がどんなに小さかろうと、機能がごく当たり前の人びとの日常生活に限定されていようと、坂本はその条件のなかでこそ「建築」について問う意義があると認識していた。なぜなら住宅は建築の原基的な様態であり、人間の生と切り離せず、文明を構成してきたが、住み手の欲望や慣習や趣味の善し悪しにいかに混乱してきたか知れなかったからである。もちろん建築家はつねに普通の人が住宅について無意識に抱くイメージを超えたところで住宅を設計してきたが、それでも坂本一成は、多くの建築家の主張や意匠に必ずしも同調しえないものを感じてきた。それらも絶対的ではない筈だと相対化しながら、独自の「構成」を発見しようとしてきた。

彼は建築がそれ自体として備えている思考の形式を、かなり厳密に追求してきたのである。思考の形式という言い方は抽象的だが、具体的には建築がなんらかの社会のなかで生まれてくるときに形成される空間と物質からなる仕組みである。坂本は思考によって生じるその仕組みを「構成」という方法的な概念のレヴェルでも捉えたのである。われわれは坂本が初期から現在まで、小さな住宅を設計しながら、建築にとって根本的な概念をいかに変化させてきたか、その軌跡を辿ることができる。

2　構成概念の内容は変化する

社会的な外部に対立するような内部空間をもった住宅を設計することから彼の経歴は始まっている。当時の住宅はあきらか

建築のロゴス　坂本一成とモダニズム

『進歩とカタストロフィ——モダニズム 夢の百年』青土社、二〇〇五

近代建築とのスタンス

私は坂本一成についてもいろいろなことを書いてきた。書いただけでなく、昔はよく話し合い、建築の勉強を共にしたものだった。彼の多くの作品を見てきたが、ようやく彼の建築が、近代建築以後の建築のどのあたりに位置するのかを理解しようとし始めたのは比較的最近のことだった。「House SA」(1999)のようなきわめて難しい建築について、頭を悩ましたあとのことである。「SA」がどれほど新しいかどうかという判断をこえて、彼の作品全体を見通してみようという気持ちの方が強くなってきた。そのときになって、具体的な分析よりもきわめて抽象的な考察をしてみる気になった。彼は近代建築についてどのような認識に包まれてきたのか。

House SA（1999）

に「閉じた箱」、あるいは箱のなかにさらに箱をつくるという方法であった。彼はこれらの要素の関係、すなわち構成によって彼は日常的な生活様式を保持したまま、内部空間に非日常性を生み出すことを考えたのである。しかしどこかで表現がクライマックスに到達するような方法は取らなかったのである。たとえば吹き抜けの空間があっても、その高さを誇張しようとはしないのだ。これは坂本が一方で表現しようとしながら他方でそれを抑えようという相反する衝動をもっていたからとも言えるし、建築にそくして言えば、すでに述べたように日常性と非日常性とを共存させようと調整することからきている。彼は建築とはなによりも知的に構成されるべきものであり、その結果として感情をかきたてるよりも、微妙な力関係をもった要素の関係をつくりだすことになったと考えるのが妥当ではなかろうか。

やがて彼は各空間から機能的な意味を消し去り、それらをより中性化した単位として扱いながらそのトポロジカルな関係を考えるようになった。これらの単位の相関的な布置によって建築を発生させようと考えたのである。このとき外形においても意味の変化が起こった。ある建築がある場所に何気なく出現する様を、外形に表わそうと意識するようになったのである。彼はそれを「家型」と呼んだ。「家型」は坂本一成の住宅の切妻面をイコン化したように受け取られたが、彼はむしろ反対にその建築が社会にむきあう、もっとも自然な形式を「家型」と考えていたし、表現性の強いもの、あるいは消費されやすいものか

egota house A（2004）

「SA」のあとに建てられた江古田の集合住宅（「egota house A」2004）を見ながら、そんな気持ちに一層傾いていった。その集合住宅は他の建築家の注目をあまり引かなかったとも聞いているが、私にとっては、昔見た「水無瀬の町家」（1970）からそこにいたるまでの彼の建築を貫く思想の道程を考える切っ掛けだったのである。内部のメゾネットの構成は洗練されているが、それを包み込む建築の存在感は驚くほど強かった。その強さの秘密はどこにあるのだろう、と思いながら、壁面と窓の関係を眺めていたのである。

かねてから私は坂本の建築のかげに、アドルフ・ロースとハインリッヒ・テッセナウという二人の異質な建築家を感じたことがしばしばあった。実際に坂本がロースの無愛想な強さや、テッセナウの優しさを意識したことがあるかどうかは知らないが、私は、坂本のなかに、近代建築を存在論的に考察する意図がひそかに宿っていると思ってきたのだ。しかし彼にとってロースやテッセナウを真似ることは考えたこともなかったろう。第一、時代が違うのである。彼はそうとは自覚しないまま、近代建築を存在論的に考察する意図を抱きながら、具体的には近代

らできるだけ遠い距離をとろうとした結果であった。彼は口癖のように「意味を消す」と言っていたのは、意味作用をもつ記号の過剰な消費社会とのスタンスのとりかたでもあり、そこに巻き込まれないようにしようという意志の表われであった。この頃の家は、固定した型をもつというより、むしろ身体性をもち、有機的にしなやかになっていたのである。

八〇年代にはいる頃から、坂本一成は建築とは「領域とそれを覆うもの」だという想念を抱くようになった。ここで留意すべきは領域の概念である。領域とは、その建築の内部と外部を分かつ境界線ではないことである。領域とはあいまいではあるが連続性をもつ広がりのことで、内部／外部という対立を消すものであった。「覆いは必要な部分にだけ架ければいい」と坂本は言っていた。今から考えてみると建築を、自由にする第一歩であった。領域が強い拡張性をもち、内部と外部とが浸透しあっていく可能性であったことは、現在の町並みに面していると分かりにくいことは事実である。だからそれはいくつかの集合住宅のスケールになると、大まかな都市との連続、かなり精密に分節された各戸のあいだの関係などで見えてくるようになる。

いずれにしろ坂本一成は、まず箱から建築を開放し、次第に建築を自由に解放していく構成を見出す過程を進んでいったのである。「House SA」ではかなり強引にこの構成を試みたが、そこには感じ取れなかった詩的性格が同じ方法の連続のなかで「Hut T」には現れてきた。

建築固有の構成を自分なりの世界認識に応じて再編成しようとしてきたのだ。

二〇世紀は、これまでなかった建築を発明したのだ。それとともに後半になると、モダニズムを超えようという野心を培ってきた。しかしこの発明品はちょっとやそこらの思い付きで超えられるようなものではなかった。近代建築そのものが、もう少し深いところに根ざした発明であったのだ。われわれは依然として近代の延長に生きている。しかも技術の進展とともに時代は大きく様変わりし、われわれの生きる環境も大幅に変わった。その条件のなかで、二〇世紀が発明した建築がなんであったかを考え、建築を現在の条件のなかでそこからどのように解き放つかをひそかに考えていたのが坂本一成である。現代建築は賑やかな言説を生産し、洗練の度合いを高めたが、本来的な思想的課題としてはそんなところにあったのかもしれない。

あるとき私が「SA」を理解しあぐねているのをみて、私が「SA」を美的に理解しようという見当違いをしているのではないか、と批判した人がいた。それに反論しなかったが、美的に観るものではないという指摘は正しい。私についてはまったく的外れであった。たとえばそのファサードの一階と二階がずれているのは、いわゆるミニマルな美ではないかもしれないが、きわめて必然的に見えていたのである。私はそこに内部から生成する動きを感じていたのである。坂本はその動きを「開く」と述語的に表現していた。坂本の建築は、いくつかの重要な概

3　詩的な正確さ――「Hut T」

前節において坂本一成がいかに「構成」を介して建築を自由にすることを求めつづけたかについて触れた。ようやく「House SA」と「Hut T」でこれまでの方法を一変させ、彼独特の言い方では建築を「開放」し、さらに「解放」することを試みることになった。「House SA」で坂本の思考は、これまでの坂本一成の建築のどれにもなかった構成に取り組んだ。その設計がほぼ終わったころから「Hut T」の設計が始まっていた。こちらの方は環境のいい自然のなかに建てられ、必要な機能は少なく、スケールもはるかに小さいので、坂本の考えをより効果的に実現することができた。この両方を見ていると「House SA」と「Hut T」は、相補的な建築で、彼の最近の思考はこの二つを同時に考察することによってよりあきらかになるように思われる。大雑把な言い方をすると、「Hut T」の方が詩的で直観的に入りやすく、「House SA」の方がより論理的な複雑さが形に反映し、細部まで、坂本流に考えぬかれているのでなかなか追跡しにくい。この二つのうち「Hut T」から始めることにしよう。

小さな山荘「Hut T」は、山中湖から富士の方に入った程遠くないところに建てられている。浅い地峡の一方の、そう高くはないがかなり勾配の急な斜面に建っており、前にはひろい空間が開けている。ほどほどの距離から眺めると、「Hut T」は軽やかに浮き上がっているような印象をあたえるし、建物自体は限りなく透明なヴォリュームとして知覚される。そのありさ

念からなるが、大まかに捉えると、生成しようとしている建築全体と、現実界に位置づくときに生じる境界との関係として理解していた。古い作品ほど、このふたつが均衡しているのである。私が彼の建築に強さ、あるいは異様な緊張を感じてきたとすれば、この均衡のせいであり、その均衡が解けていくのは、この「開いていく」動きの方がつよいときである。「SA」の一、二階のずれは、坂本がこの建築についての実験では、ここまで動きの面を出していいと思ったからであろう。

さまざまな概念

坂本一成はじつによく考える建築家である。彼の建築が分かりにくいのも、魅力をもつのもその思考の結果である。考え過ぎて萎縮しないでほしいと思った。けっしてファンタジーを自由に駆使するだけが建築を開くのではない。彼は建築それ自体に備わっている（と思われる）論理を、かなり厳密に追求してきた。論理という言い方は抽象的だが、具体的には建築がなんらかの社会のなかで生まれてくる空間と物質からなる仕組みとして建築家に認識されている図式である。坂本は建築家の思考と外的な空間や物質によって生じるその仕組みを「構成」という方法的な概念で捉えたのである。この構成の概念によって、われわれは坂本が初期から現在まで小さな住宅を設計しながら、建築にとって根本的な概念をそのつど、再検討しながら追求してきた軌跡を辿ることができる。

Hut T（2001）

いくつかの集合住宅を除いて、坂本一成は独立住宅を作りつづけてきた。住宅が生活の場であることは言うまでもないが、住宅の条件を満たしつつ坂本一成が一貫して追求してきたのは「建築」とはなにか、というオントロジカルな問いであった。スケールがどんなに小さかろうと、機能がごく当たり前の人びとの日常生活に限定されていようと、坂本はその日常性のなかでこそ、現代社会において「建築」について問う意義があると認識していた。なぜなら住宅は建築の原基的な様態であり、人間の生と切り離せず、文明を構成してきたが、住み手の欲望や慣習や趣味の善し悪しに掻き乱され、いかに混乱してきたか知れなかったからである。もちろん建築家はつねに普通の人が住宅について無意識に抱くイメージを超えたところで住宅を設計してきたが、それでも坂本一成は、多くの建築家の主張や意匠に必ずしも同調しえないものを感じてきた。どのような方法も絶対的ではないと相対化しながら、もっともニュートラルな建築の存在を発見しようとしてきた。

彼は建築の要素（それが空間であるか、場所であるか、あるいは構造材であるかはともかくとして）の関係、すなわち構成によって彼は日常的な生活様式を保持したまま非日常性を生み出すことを考えたのである。しかしどこかで表現がクライマックスに到達するような方法は取らなかった。たとえば吹き抜けの空間があっても、その高さを誇張しようとはしないのだ。これは坂本が一方で表現しようとしながら他方でそれを抑えよう

まは叙情性を排除した、明晰な言葉で書かれた詩的な散文を読むような快さを感じさせる。もう少し印象を書きつらねておこう。極端に言えば、この小さな建築は、存在しているのに存在していないかのような印象をあたえるのである。少なくとも視覚的には一番外側にあるので、常識なら外壁と理解しそうなガラス面に、外壁らしさを感じないのだ。そのことが全体の軽快さ、透明感を生み出していた。この建築は完結しないで、生成するさなかにあるようである。

しかしこの一見簡素な建築を仔細に眺めるにつれて、それが素朴に作られた建築どころではなく、むしろレトリックとは見えないほどの巧みなレトリックで構成されていることが分かってきた。坂本は私が使うレトリックという言葉に違和感をもつだろうが、それはレトリックについての日本での理解が誤謬に満ちているからであり、彼の言葉で「構成」と呼んでいるものとほぼ同じだと考えておいて頂ければよい。しかしレトリックの方が、実は歴史にも、社会思想にも関係する。「Hut T」が一瞬の直観的閃きで理解できたのに、「House SA」は一度見ただけでは設計者の意図がなかなか理解できず、再訪した上、彼のこれまでの建築の探究の文脈とも関連づけて分析を試み、ようやくある程度まで理解できたのである。そのときでも認識のなかにどこか納得できない翳りが残った。無理がある、と私は思った。しかし「Hut T」を見たとき、この翳りは消えていった。しかし「House SA」での建築家の思考がなくては「Hut T」の詩的な

という、相反する衝動をもっていたからとも言えるし、建築に則して言えば、すでに述べたように日常性と非日常性とを共存させようと調整することからきている。彼は建築とはなによりも知的に構成されるべきものであり、その結果としてロマンティックな感情をかきたてるよりも、微妙な力関係をもった要素の関係の知覚に人を導くことになったと考えるのが妥当ではなかろうか。

このアンチ・クライマックスへの志向は、やがて彼は各空間から用途的な意味さえ消し去り、それらをより中性化した単位として扱いながら、相互のトポロジカルな関係を考えるように導かれた。これらの単位の相関的な布置（すなわち構成）によって建築を発生させようと考えたのである。このとき外形においても意味の変化が起こった。ある建築がある場所に何気なく出現する様を、外形に表わそうと意識するようになったのである。彼はそれを「家型」と呼んだ。「家型」は坂本一成の住宅の切妻面をイコン化したように受け取られたが、彼はむしろ反対にその建築が社会に向きあう、もっとも自然な形式を「家型」と考えていたのであり、表現性の強いもの、あるいは消費されやすい形式からできるだけ遠い距離をとろうとした結果であった。彼は口癖のように「意味を消す」と言っていたのは、Less is more の美学からではなかった。意味作用をもつ記号の過剰な消費社会と、意識的にスタンスをとろうとしたからであり、そのような欲望の社会に巻き込まれないようにしようという意志の

明晰さは生まれなかったのである。

4　建築を完結させない「構成」

この建築の構成を詩的正確さと呼んでもよかろう。具体的にいうと次のようになる。「Hut T」が浮かびあがって見えたのは、テラスの張り出しが、この建築全体を載せているスラブの先端のように見え、かなりの勾配をもつ斜面に水平に置かれるから先端が斜面から離れるからである。その効果でこの建築には浮揚感が生じる。

この建築が透明に見えるのは、一、二階とも外面がガラスで覆われているからではないことに注目しよう。この建築はテラスと同じ大きさの格子状の水平の屋根をのせている。法的に必要な（国立公園であるから）低い傾斜屋根はこの上に置かれるが、格子状の屋根はそこから突き出して格子状の庇となる。庇の先端とテラスの先端のあいだに、実在はしないが、われわれの想像力は虚の面の存在を知覚するのである。普通なら（坂本の用語では制度にしたがうなら、と言うべきであろう）ここに外壁をつくっても不思議ではない。坂本一成はここに不在の壁を作ったのである。この虚の壁の存在こそ、「Hut T」の透明感を誘いだしているのだ。われわれはこの建築の外にいるとき、すでに内部に遭遇しているのである。一、二階を囲っているガラスの多い面は、彼の構成法によって、もはや外壁ではなく、建具による一種の間仕切りのようなものでしかない。虚の壁はあけすけ

表われであった。「家型」の頃の家は、固定した型をもつというより、むしろ身体的で、有機的にしなやかな形式になっていたのである。私がテッセナウとの類似を感じたのはその頃である。

八〇年代に入る頃から、坂本一成は建築とは「箱」ではなく「領域とそれを覆うもの」だという想念を抱くようになった。ここで留意すべきは領域の概念である。領域とは、その建築の内部と外部を分かつ境界線ではない。領域とは曖昧ではあるが連続性をもつ広がりのことで、内部／外部という対立を強調しないどころか、相関するものと考えられた。「覆いは必要な部分にだけ架ければいい」と坂本は言っていた。こうした諸概念は、今から考えてみると建築を、解体し自由にする第一歩であった。領域が強い拡張性をもち、内部と外部とが浸透しあっていく可能性であったことは、現在の町並みに面していると分かりにくいことは事実である。だからそれはいくつかの集合住宅のスケールになると、大まかな都市との連続、かなり精密に分節された各戸のあいだの関係などで見えてくるようになる。

こうして坂本一成は、まず箱から建築を開放し、次第に建築を自由に解放していく構成を見出す過程を進んでいったのである。

建築を「開く」とは

坂本はいろいろ分かりにくい概念を使う。なかでも、建築を「開く」という概念はなにを意味しているのか。あるいはこう

に外部を招きいれる。テラスの上で内部と外部が混じり合う。

こうして「Hut T」は、坂本が目的としてきた内部／外部の関係を消滅させ、完結しないことを目指す構成（レトリック）でできているのである。内外のきっぱりした分離をもつ、言い換えれば完結性をもった建築は、それ自体として孤立している。このような孤立を開き、さらに建築を自由な状態に置こうとする思考の背後には社会があり、さらにより概念的にいうと世界がある。彼が長年目指してきた構成とは、現在の都市環境のなかでの建築のあり方を求めたためであった。彼の構成はモナド的なものの正反対を求めている。それはブルジョワジーが求めてきた閉鎖的内部空間を解体するという意味で、政治的な意味を暗々裡に含んでいるのだ。

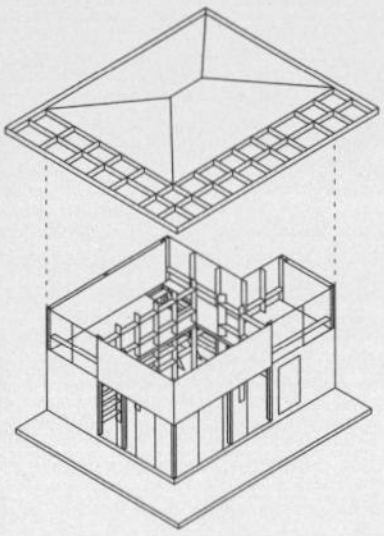

Hut T（2001）

この建築を支えている物理的な「構造」も、彼の構成の概念から生じている。屋根を支え、同時に空間を分節するのは、建築のほぼ中心で直交する格子状の木の壁である。2×10インチの板を格子状に組み合わせている。平面図をご

尋ねた方がいいかもしれない――なにに向かって開こうとしているのか、と。「SA」に関しての彼の文章からすると、坂本は同時にこれが建築をこれまでの概念から「解き放って」いくと考えているようでもある。多分に語呂合わせのように、「解放」と「開放」の二つを使い分ける。トートロジーに見えかねないこの二つのうち、「解放」の方は理解しやすい。それは建築のデザインの方法によって制度化した建築の概念を、根底から変えることを意味する。普通、近代を超えるとはこのことをさしていると思われる。

他方、「開かれた建築」は近隣関係に開くことではなく、それは文化的な世界一般に向かって開くことである。このことを理解するにはフッサールの見事な指摘がある。われわれは本来的に伝統的な文化世界のなかに生きているのであり、建築家の作った建築もそのうちにあることは言うまでもない。フッサールに次のような言葉がある（『幾何学の起源』1936）。

われわれは人類の地平のうちに、すなわちわれわれ自身がいまそのなかで生きている唯一の人類の地平のうちに立っている。この地平はわれわれによってたえず生き生きと、しかもわれわれのそのつどの現在に含まれている時間地平として意識されている。一個の人間性には、それなりの存在様式をもった生活環境としての一個の文化世界が本質的に対応しており、この世界はいずれの歴史的時代と人間性においてもそのつどまさしく伝統にほかならない。われわれはそれゆえ歴史的地平のうちに立っているのであり、この地平にお

覧いただくとお分かりのように実際は、交差点をもたないふたつのカギ状の壁に分離されて建築全体に伸長している。さらに屋根の荷重を支えるための鉛直の柱に鉄筋で筋交いをいれて横力に対して補強している。それは全く目立たないからきわめて簡潔に見えるが、結果としてはこれらの構造部分が相互に関係しあって力学的に成立する仕組みになっていたのである。

同時にこの主構造が空間を分節している。この建築は別荘であるから、大して複雑な機能はいらない。一階は吹き抜けの大きな室とそのまわりに必要最小限の空間が連続しているだけ、しかも坂本一成は建築の重心が高くなるのを嫌って屋根の高さを限定したので、二階は天井高が低く居室としては認められない。しかし実際には自由に振る舞える一種のギャラリーである。それを分節する壁はすでに述べたように格子だから、すべてが視覚的に連続しているのである。いわばあらゆる特性を消した開放的な空間の連続である。こうして従来の建築で建築家が無意識にもってしまう建築の構成から、独特の思考で、あらゆる部分で逸脱し、完結性からも遠い建築を作ることができたのである。「Hut T」は単純であり、スケールも小さく、自然条件にも恵まれたから、われわれは彼の意図をほとんど一瞬のうちに理解できる。

5 「House SA」における建築の脱・制度化

「Hut T」に比較すると「House SA」での試みははるかに複雑

いては、われわれの知識がいかに不明確であっても、すべては歴史的である。しかし、地平は、方法的な問いかけによって開示されうるその本質構造をもっている。この本質構造によって、一般に可能な特殊的問いが予告されている。たとえば諸科学にとっては、それらの歴史的な在り方によって固有なものとなっているような、起源への問いかえしが示されている。(エドムント・フッサール、ジャック・デリダ『幾何学の起源』新版、田島節夫・矢島忠夫・鈴木修一訳、青土社 2003, p.287)

「諸科学にとって」とは、ここでは「建築にとって」と置き換えていい。またこの文章のなかで出てくる伝統とか歴史とか起源とかいう言葉を誤解しないで頂きたい。建築はいかに変わっても、やはり建築として現在の文化的地平に存在することが、伝統の意味であり、その文化世界は歴史的に変わっているのである。つまりここでいう伝統とはいささかも様式的な伝統主義を意味するのではない。われわれの立つ地平において建築は存在しているのであり、その存在性を構成している歴史こそ、現在にほかならないのである。同じ『幾何学の起源』のなかでフッサールはこう述べている。

歴史的にそれ自身において第一のものはわれわれの現在である。われわれはいつでもすでにわれわれの現在の世界について知っているし、自分がたえず未知の現実の無限に開かれた地平にとり囲まれながらこの世界のなかで生活しているということを知っている。(前掲『幾何学の起源』p.296)

である。その結果は、充分、人びとを説得することができたであろうか？「House SA」は、これまで建築家が殆ど無意識に従ってきた制度的な方法から建築を開放しようとしてきた努力の結果である。それぞれの時代には見えないインクで「建築」が書き込まれている。坂本が抜け出そうとしたのはその見えない「建築」（制度）であるから、そこで費やされた思考は、こちらに慎重な思考を強要する。

たしかに彼は「House SA」で、建築を構成する方法を大きく変えた。彼は長いあいだ、建築そのものの脱・制度化について考察を続けてきた。さまざまな時期の作品はそうした思考の歩みを刻みつけている。一九九九年にできた、私人のための小さな住宅「House SA」はそのターニング・ポイントである。これはすでに建てられている作品のなかで、もっとも美しいとは言いがたいが、もっとも大胆な、あたらしい構成をもっている。しかしこの家は住人のために建てられたのであって、それをオブジェとして鑑賞したがる訪問者のために建てられたのではないことを強調しておくのは重要なことだ。そうはいっても、われわれ住人でないもの、建築家や批評家はそれを概念の産物として眺めるものである。なぜならわれわれはその家には住まないが、その家によって住むことについて考えさせられるからであり、その建築家が世界と人間と歴史についてどのような理念をもっているかを推察することになるからである。だがもしわれわれがこの「House SA」を純粋に鑑賞のために訪れると、わ

フッサールが起源を辿ると言うとき、じつはつねに現在を問題にしているのである。この起源という言葉は、坂本にあてはめていくと「近代建築の存在論」と考えてよい。それ以上に遡った形式ではない。

近代建築のオントロジー

そもそも近代建築はなにを目指したのであるか。機能を追求したのか、幾何学的な美を追い求めたのか。インターナショナル・スタイルを生み出そうとしたのであろうか。あるいは古典主義的形式を現代的な方法で実現しようとしたのか。あるいは時間という第四の次元を導入してかつてなかった空間を生み出そうとしたのか。その他もろもろがこれまで近代建築とされてきたものであった。それらは部分的には真理を言い当てているのだが、しかしかならずしも建築を専門とはしていない私にとっては、こうした歴史的事象を否定するつもりはなくても、先のフッサールを引用しながら語ったように、近代芸術は、建築を存在論的に一変させたと感じさせられてきたのである。ここで言っておくべきことは、存在論という言葉には絶対的存在論（形而上学）と相対的存在論（芸術文化）がある。ここでは言うまでもなく相対的存在論であって歴史の関数である。

たとえばロースは建築という概念をもっとも根源的に（起源的に）平俗にいうと裸形で示そうとしたのではなかったか。その時代はもはや装飾の時代ではなかったし、効率的な機械の時

House SA（1999）

れわれは失望するかもしれない。坂本一成は、意識的に外観をデザインすることを抑制しているからである。だから外観にたいして普通の建築にたいするときと同じように美的な感受性だけで対応するなら、理解しがたい異様なものを見せられたような気がするのだ。デザインを放棄するわけでもなく、デザインするのでもないという意図は直観的な理解を超えたところがある。

この外観に比して内部は興味深い。（この建築を論ずるのに内部／外部という言葉を使うのはあまり妥当ではないが、とりあえず生活の行われる場所を内部と呼んでおこう。）内部の構成には異様なほどの思考が費やされている。だから入念に見れば見るほど、この住宅は興味深いものになっていく。坂本一成は、建築の概念の脱・制度化をしようとし、建築の内部に生きるための場所（Lieu）を再発見しようとしたのである。坂本は、今日まで存在しなかったような、内部の構成を試みた。とはいえ外部に比べて内部の価値を強調しすぎるのは考えものである。むしろ「House SA」の構成の根底にあるのは、内部／外部を対立させるこれまでの建築概念を超えることであり、外観の存在様

代であった。時代を動かしている——したがって建築を産出する新しい力学的な技術、建築をつくっている物質とその用法が変わった。当然、建築をつくる言語が変わらざるをえない。私は今うっかり「建築をつくる言語」と言ったが、当然、比喩的に言うと、建築を作る言語が変わらざるをえない。だが彼のもっとも重要な概念「構成」にしても「建築をつくる言語」である。ひとつの単位ともうひとつの単位を繋ぐこと自体が、すでに言語的ではないか。しかもそれは常に両義的な意味をもっている。一方では制度化されたものの解体的（deconstructive）であり、他方では未知なるものに向かった構築的（constructive）であることを考える。彼は、建築が潜在的には本質構造（相対的存在）を求めるようになった近代において「構成」という言葉で作るためのレトリックが生み出される地平を認識しようとしてきたのではないか。私は似たような地平を、ロースとテッセナウという、極端に異なる建築家の探究のなかで見出してきた。だが彼らにしてもそれぞれつくるためのレトリックを持っていたのである。私がレトリックという言葉で言い表わそうとしたのは、その時代の技術によって、非本質的なものを排除しつつ建築それ自体の存在を求めることであった。言い換えれば近代になって建築はようやく贅沢と快楽とキッチュの消費を逃れ、世界に開かれた存在論的な探究をするようになったのである。坂本の探究は、具体的にはレトリックを使いながら、ほとんど無意識に建築の存在論的《オントロジカル》地平を模索してきたのである。坂本は近代建

態はそのこととの関係で考えるべきものであろう。

6　二つの次元にわたる想像力

対象がなんであろうと、多様な想像力の働きが想定できる。ここでは坂本一成の概念的な想像力を、かりに二つの次元に分節して考えることにしよう。ひとつは現実的で具体的なもの、もうひとつは抽象的なものである。これは議論を進めるために必要な仮説としての分節にすぎない。

現実的な次元から始めよう。ある建築家たちは隠喩的なイメージから出発する。そのイメージが、すべての設計過程の進行を導いていく。また別の人びとはあらかじめ構造のシステムを決める。このシステムを発展させて建築を創り出していく。しかしひとりの建築家の場合でも、その人の考え方の展開によって想像力は変化するものである。この文章のはじめに書いたように、坂本一成にとっては「家型」とは、建築の存在様態のことであったが、同時に二つの勾配屋根をもつ形式をよく使ったことも事実である。しかしそのような意味での「家型」も放棄した。ついで躯体と屋根の構造的な分離も放棄した。

「House SA」で彼はなによりも生活する場所を脱・制度化して構成する方法を求めた。ル・コルビュジエが「ドミノ」システムで明らかにして以来、床を柱で支えて重層し、建築を壁から開放するプロトタイプがほとんど常識になってきた。彼はそれをやめることから、生活の場所の再認識を始めたのである。床

築を、存在論的に異なる水準に引き上げて再編成し、建築の可能性を引き出してきた稀なる存在であると言えよう。

構成概念は時代によって変化する

具体的な例をひとつだけ掲げておこう。

対象がなんであろうと、多様な想像力の働きが想定できる。ここでは坂本一成の概念的な想像力を、かりに二つの次元に分節して考えることにしよう。ひとつは現実的で具体的なもの、もうひとつは抽象的なものである。これは議論を進めるために必要な仮説としての分節にすぎない。

現実的な次元から始めよう。ある建築家たちは隠喩的なイメージから出発する。そのイメージが、すべての設計過程の進行を導いていく。また別の人びとはあらかじめ構造のシステムを決める。このシステムを発展させて建築を創り出していく。しかしひとりの建築家の場合でも、坂本一成にとっては「家型」とは建築の存在様態のことであったが、同時に二つの勾配屋根をもつ形式をよく使ったことも事実である。しかしそのような意味での「家型」も放棄した。ついで躯体と屋根の構造的な分離も放棄した。

「House SA」で彼はなによりも生活する場所を脱・制度化して構成する方法を求めた。ル・コルビュジエが「ドミノ」システムで明らかにして以来、床を柱で支えて重層し建築を壁から開放するプロトタイプがほとんど常識になってきた。彼はそれを

が分離し、重層し、階段で結合していくかわりに、住宅全体にわたって床の連続を中断することなく高いところから低いところまで繋いでいるのである。その結果、螺旋状の動きに従って、次々と場所が分節されて現れてくる。

　これは言語学から用語を借用した方が説明しやすい。パラディグマティックに構成単位を選択し、それらをサンタグマティックな連鎖に結合する操作を行ったのである。この概念的な次元を想定したとき「House SA」において構成の単位となる要素を「場所」と呼ぶことにしよう。彼は必要な「場所」をパラディグマティックに選びだし、それらをサンタグマティックに結合している。これは建築を場所の空間的結合あるいは分節として構成する実践を概念化した側面である。「House SA」の場合、その結合は線状をなしているが、それはここだけの問題であって、すべての場合に線状である必要はない。同時にこの抽象的想像力は、意味を消去することにも関連する。「House SA」は、生活以前には意味の零度に位置することになる。人が住みはじめると、物が入り、場所は意味を獲得していくのである。

　こうして現実的、抽象的という二つの次元の想像力は、「House SA」の場所の構成、すなわち関係と分節、さらにあらかじめ意味をあたえないことにおいても相互に補いあって作用する。

7　螺旋状の床の連続

だがそもそも「場所」とはなにか？

House SA（1999）

住宅においては「場所」とは、まず日常生活の出来事が発生する空間である。しかしながらこの定義では坂本一成の「構成」を説明するのに充分ではない。

ある時期から坂本一成は、あらかじめその使用、機能によって限定された部屋――寝室とか、食堂とか、居間とか――の配置と結合によって、住宅を設計する慣習を避けてきた。普通、建築家は豊かなるべき人間の活動性を単純で類型化した機能に還元し、それを家の各部屋に配分することでわれわれを満足させてきた。坂本は、近代建築以来、建築家が当然のごとく受容してきたこの慣習を拒否したのである。彼は、ある時機に部屋の目的機能を消し、それを中性化した。この中性化によって、彼は人間の生活に固有の濃淡を消滅させようとしたのではなく、無意識化して固定してしまった生活と部屋との関係を解体しようとしていたのである。

いまや、われわれは場所の定義ができるようになった。

場所とは家のなかでの人間の活動のシネクドックを現象させる場として定義できる。シネクドックとは修辞学の用語で、部分で全体を表わす比喩である（つまり、人間の多様な活動の部分を受け止めるが、それは全体があってのことである）。こうして「House SA」の内部の構成は、決まりきった機能を与えられた部屋の配置には還元できなくなったのである。坂本はシネクドックとしての「場所」を、メトニミックに（隣接的に）繋がる鎖にしていくのである。その際、繋がり（分節）を壁や建具

止めることから、生活の場所の再認識を始めたのである。床が分離し、重層し、階段で結合していく代わりに、住宅全体にわたって床の連続を中断することなく高い所から低い所まで繋いでいるのである。その結果、螺旋状の動きに従って次々と場所が分節されて現われてくる。

これは言語学的な用語で言うなら、範列的に構成単位を選択し、それらを統辞論的な連鎖に結合する操作を行ったのである。この概念的な次元を想定したとき「House SA」において構成の単位となる要素を「場所」と呼ぶことにしよう。彼は必要な「場所」を選びだし、それらを結合している。建築を場所の結合あるいは分節として構成する住宅においては「場所」とは、まず日常生活の出来事が発生する空間である。しかしながらこの定

House SA（1999）

義では坂本一成の「構成」を説明するのに充分ではない。ある時期から坂本一成は、あらかじめその使用、機能によって限定された部屋――寝室とか、食堂とか、居間とか――の配置と結合によって、住宅を設計する慣習を避けてきた。普通、建築家は豊かなるべき人間の活動性を単純で類型化した機能に還元し、それを家の各部屋に配分する

では行わない。こうして家は人間の私的な活動全体を表象するようになる。あるいはこうも言える。家そのものが、多様な人間活動を分節し、次々に現象させるものになる、と。

これを結び目のある鎖に例えるなら、直線に引き延ばすこともできる。この直線の長さは、与えられた敷地の限界を超えてしまう。「House SA」の敷地は狭いし、かなりの傾斜地である。ここから坂本一成の想像力は、家の実現に向けて動きだす。坂本はこの線を何度か折り畳み、線を螺旋状に巻くようにする。彼はそれを敷地のなかに収めていくのである。

エントランスは傾斜地の高いほうにある。それはちょうど螺旋の中間点に位置する。そこから二本のゆるやかな斜路がある。一方は下り、他方はのぼる。敷地のなかに収めるために線を折り畳んだので充分に長い二つの斜路が、上の部分と下の部分を繋ぐのに必要になった。ひとつの斜路をのぼると、さまざまな椅子が置かれた、気楽な場所にでる。ここからもうひとつの場所が目に入る。その場所は三つのデスクの置かれた水平面が少しずつ高くなる階段状の床をもち、もっとも高いレヴェルまで達する。この二つの場所は、互いにあいまいな状態で浸透しあっている。もっとも高い床は向きを変え、われわれを同じ高さの別の場所に導く。それはもう一度、曲がって最後の場所に達する。それはやや高くなっている。こうして入り口から最後の場所まで登っていくと、われわれは三六〇度回転する螺旋を経験することになる。

ことでわれわれを満足させてきた。坂本は、近代建築以来、建築家が当然のごとく受容してきたこの慣習を拒否したのである。彼はある時期に部屋の目的機能を消し、それを中性化した。この中性化によって、彼は人間の生活に固有の濃淡を消滅させようとしたのではなく、無意識化して固定してしまった生活と部屋との関係を解体しようとしていたのである。

実践を概念化するとこうなる。「House SA」の場合その結は線状をなしているが、それはここだけの問題であって、すべての場合に線状である必要はない。同時にこの抽象的想像力は、場所の意味を消去する。「House SA」は、生活以前には意味の零度に位置することになる。人が住み始めると、物が入り場所は意味を獲得していくのである。こうして現実的次元の想像力は、

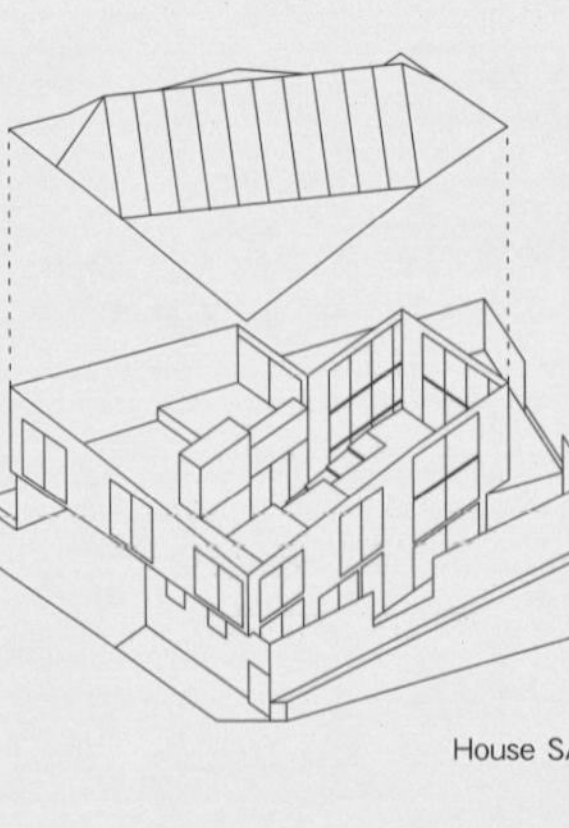

House SA（1999）

今度はもうひとつの斜路を下りてみよう。この斜路には浴室が付属している。われわれは二つの場所が連続する空間に達する。そこから方向を変えると台所に達し、さらにもう一度曲がって納戸にいたる。これらの異なる場所にはいかなる壁も、いかなる間仕切りもないことを忘れないようにしよう。螺旋の形状が場所に必要な連続性と不連続性を生み出しているのである。

8　日常性と世界性

私は「House SA」は住むことを目的にした小さな住宅であり、オブジェとして鑑賞されるものではないと繰り返して言ってきた。しかしそれにしては坂本一成はこのプロジェクトを、驚くべきエネルギーを傾けて練り上げてきた。それは、単に住むことだけでない目的をおくことによって建築家として、構成の概念を一新することができると思ったからである。たしかに先例のない建築をつくりあげた。だがなお誤解を避けることは難しい。

ひとつの問題は外観である。彼は建築を開くと言いながら、「House SA」のような立地条件では外壁がないわけにはいかない。この外壁の曖昧さが人を当惑させるのである。彼ほどの建築家ならば、外観を美的に処理してみせることなど容易であったろう。私自身も坂本一成が外観をデザインすることを望まず、かといって放棄するのではない状態をどう理解すべきか、充分には理解できなかった。彼は構造を徹底的に検討しながら、可能なかぎり内外の分節を曖昧にする構成を心掛けた。外壁のあ

「House SA」の場所の構成、すなわち関係と分節、さらにあらかじめ意味を与えないが、生活が意味を与えることにおいても相互に補いあって作用する。

場所とは家のなかでの人間の活動のシネクドックを現象させる場として定義できる。シネクドックとは修辞学の用語で、部分で全体を表わす比喩である（つまり、人間の多様な日常的活動の部分を受け止めるが、それは全体があってのことである）。

こうして「House SA」の内部の構成は、決まりきった機能を与えられた部屋の配置には還元できなくなったのである。坂本はシネクドックとしての「場所」を、メトニミックに（隣接的に）繋がる鎖にしていく。その際、繋がり（分節）を壁や建具では行なわない。こうして家は人間の私的な活動全体を表象するようになる。あるいはこうも言える。家そのものが、多様な人間活動を分節し次々に現象させるものになる、と。これを結び目のある鎖に例えるなら、直線に引き延ばすこともできる。この直線の長さは、与えられた敷地の限界を超えてしまう。「House SA」の敷地は狭いし、かなりの傾斜地である。ここから坂本一成の想像力は、家の実現に向けて動きだす。坂本はこの線を何度か折り畳み、線を螺旋状に巻くようにする。彼はそれを敷地のなかに収めていくのである。こうして構成は中心のない生成する多様な力を獲得するようになる。

さてこうした内部の構成をどのように開いていくのか。具体的には外部／内部の関係のように見える。だがそれだけのこと

る部分はいつのまにか内壁になり、内外の空間を交わらせている。しかしそのことに気づいたとしても、外観のこの曖昧さ、未完結さに戸惑うことがあっても、不思議ではない。たしかに「House SA」では、床の連続と不連続によって、これまで建築家が無意識であった制度から建築を開放しようと努力することに重点がおかれた。「House SA」に直観的に詩を感じ取ることは困難である。建築が詩的であることと脱・制度的であることとは両立しないものではない。この建築に叙情性を排除した詩的なものを感じとることができるのは、思想の根源にまでたどりついたときなのである。

だから「Hut T」の方がよくできた建築になっていると思いがちである。しかしそうだろうか？「Hut T」には人間の生存の根源を含む深さがない。「House SA」で彼が企てたことは、建築全体にたいする根本的な検討と、人間が生きることについての思考を眺めなおすことをわれわれに促す点では、はるかに深いのである。

つまり坂本一成の建築がわれわれの関心をかき立てるのは、日常生活と「世界のなかで生きること」の関係を認識させるからである。私には、人間は日常生活に慣れすぎて、そのもっとも深く重要な意味を忘却しているように思える。しかし日常とはそんなものであろうか？　極端な例ではあるが、イタリアの作家プリーモ・レヴィの最後の本のなかに、日常性の重要さを語った部分がある。彼はアウシュヴィッツでの経験を語るのだ。

ではなかった。もし彼が「日常の詩学」と言うなら、彼にとってまだ未知の地平が関与している。そしてここで論じていることは、実はこの点にあったのだ。

日常性と世界性

「House SA」は住むことを目的にした小さな住宅であり、オブジェとして鑑賞されるものではないと私は繰り返して言ってきた。しかしそれにしては坂本一成はこのプロジェクトを、驚くべきエネルギーを傾けて練り上げてきた。それは、単に住むことだけでない地平を意識することによって、建築家として、建築の本質構造を一新することができると思ったからである。私が坂本には無意識にしろ、建築への存在論的関心があると述べてきたことはそれを示唆していたのである。

つまり坂本一成の建築は、日常生活を再編し、それとフッサールのいう世界の地平とを結び付けようと努力するのである。われわれは、彼の「SA」の構成を読むとき、彼が「日常性」について何を考えているかを見逃してはならない。人間は日常生活に慣れすぎて、それが人間にあたえる深く重要な意味を忘却しているように思える。しかし日常とはそんなものであろうか？　極端な例ではあるが、イタリアの作家プリーモ・レヴィの最後の本のなかに、日常性の重要さを語った部分がある。彼はアウシュヴィッツでの経験を語るのだ。衣服や靴など、日常的なすべてのものを剥ぎとられたとき、彼の存在は完全に崩壊

衣服や靴など、日常的なすべてのものを剥ぎとられたとき、彼の存在は完全に崩壊してしまった、と書いている。

坂本一成は建築の脱・制度化を主張するあまり、その方法を日常を超えていくものと語りがちである。それは言語表現として、彼の建築の構成を説明するには妥当ではない。むしろ彼は建築の構成によって日常生活を考察する重要な視点をあたえているのである。なぜならば彼の目指すものは人間が物理的かつ形而上的な世界に住みつく仕方なのだ。彼にその思想があるから、小さな住宅の設計をほとんど煩瑣ともいえるほどの検討に晒し、あたらしい生存の実践が可能な「構成」方法を見出したのである。

私は「Hut T」の快い暗示に誘われるだけでなく、「House SA」の構成に、あらゆる人間が生きてきた、生きている、これからも生きるであろう世界についての思想を見出すのである。「House SA」を作りだすためのすべての想像力は、この思想に基礎付けられている。彼は場所を構成するが、それは、それを通して人びとが日常性と世界性との関係を理解できるようにしているのである。言い方を変えると、ここでは日常性とは、自己をこえ、家族をこえ、都市をこえ、さらには国家をこえて、人間が世界に住みつくための始まりなのである。

これらが坂本一成が「Hut T」と「House SA」で実現したことである。

してしまった、と書いている。人間にとってもっとも根本的なものは日常性なのである。

坂本一成は建築の脱・制度化を主張するあまり、その方法を日常を超えていくものと語りがちである。むしろ彼は建築の構成によって日常生活がいかに美的表現よりも重要な意義をもっているかを示そうとしていると言うべきであろう。なぜならば彼の目指すものは、人間が物理的かつ形而上的な世界に住みつく仕方なのだ。彼にその思想があるから、小さな住宅の設計をほとんど煩瑣ともいえるほどの検討にさらし、新しい生存の実践が可能な「構成」方法を見出したのである。

こうして坂本は建築固有の概念としての「構成」に、あらゆる人間が生きてきた、生きている、これからも生きるであろう世界の地平を見出す能力を与えるのである。「House SA」を作りだすためのすべての想像力は、この存在論的思想に基礎づけられている。彼は場所を構成するが、それは、それを通して人びとが日常性と世界性との関係を理解できるようにしているのである。言い方を変えると、ここでは日常性とは、自己をこえ、家族をこえ、都市をこえ、さらには国家をこえて、人間が世界に住みつくための始まりなのである。

自由の可能性

「QUICO神宮前」をめぐって考えたこと

『新建築』二〇〇六年三月号《QUICO神宮前》同時掲載

空間の知覚／身体的な快楽／図と地

私にとって坂本一成さんの新しい建築「QUICO《キコ》神宮前」(2005)を見る経験は、ある種の身体的快楽を伴っていた。私は彼の方法をあまり理詰めに考えるよりも、自分の感じた快楽からこの建築を理解する方が率直だし、多分正解に達する方法だろうと思った。これは主として内部を経験する時に感じたことであるが、よくよく考えれば、その建築そのものが身体的な知覚に起因している。

坂本さんとふたりで「QUICO」を二度目に見に行った時のことである。屋上からその建築の周りを見渡しながら「この建築ほど、それが建つ環境を意識した建築はこれまではなかった」と彼が語ったのをよく記憶している。さらに坂本さんは、この環境とは、目的とする建築が「図」として浮き上がってくる「地」であるとも話した。私には意外ではなかった。すでにこの建築を外から見るだけでなく内からも経験した後であったから、これがいわば空間の知覚的な形成に基づくことは理解していた。坂本さんがこの建築と環境との関係に「地」と「図」という心理学的用語を使うことも、すんなりと理解できた。彼は身体として世界に向き合っていたのだ。彼の言う「地」とは都市という現象に潜んだ時間と空間への知覚であり、「図」とは言うまでもなくそれとの関係を持ちながら発生する彼の建築である。

これまで何度か彼が「建築を開く」と語るのを聞いたことはある。その場合には建築の構成に関わる方法を指していた。この厳密すぎるほど論理的な構成の探求は今でも生きている。しかし今やそれだけではない。具体的な環境への知覚が設計という実践の根底にあった。ここは表参道と青山通りのなす直角の内側にあたり、なだらかに傾斜している地域である。この地域は幅員の広い表通りと違って細い道が入り込み、低い家屋やビルがびっしりと建っている。坂本さんは、ここではさまざまな条件が折り重なった現代の大都市の中に建築をつくることが、身体が直面することによって「地」と「図」に構造化され得る環境抜きにはあり得ないことをあらためて感じたのであろう。

坂本さんにとって建築を構成することとは、たとえどんなに小さいものでも、建築それ自体に自閉することではない。非個人的な「地」という潜在力が「建築家」個人に作用して初めてできているのである。言い換えればひとつの建築は、歴史の現在を日々つくり出している人びとにその発生の一端を負い、し

かもその建築が存在することによってそれらの人びとの精神に何かを新しく誘発するものである。無意識的であるにせよ、人びとがまだ明確には認識していないものを経験させるような建築を「図」と呼んだのである。繰り返すようだが、坂本さんは今回の建築を、仮に環境と呼んでいる世界=「地」からこのような機能を持って浮かんでくる「図」たらしめようとしたのである。だが図をつくるには、相当、思い切った決断と周到な方法を必要としていた。

建築の生成に作用する無意識

当然のことだが、坂本さんはこの建築に要求されている機能を充たすことから始めねばならなかった。ショップと住宅を併せ持つこの建築は、かなり大きな床面積を必要とする。地下を掘り込むことは当然予定されていた。地上部にどれほどのボリュームが可能か。ところが前面の道路は幅員が狭い。したがって地上のボリュームは道路斜線と北側斜線に制限される。坂本さんは、地上部としてこの敷地に可能な最大限のボリュームを求めたが、単純にボリュームを確保しただけでなく、それをそっくり「立体」として建築の形にしようとしたのである。周囲に溢れている建築同様に、コンベンショナルな方法で建築らしき実体をつくることを問題にしなかったのである。そのような判断をした前提には、坂本さんがすでに建築の形態について思考を大きく変換していたからであり、そのことがこの建築でははっ

QUICO 神宮前（2005）

きり現れたのである。この建築は、周りの「地」と共に「図」として構造化されることが望ましかったからである。

結局、多少奇妙な形態をした立体になる。しかも小さな地上階の上に載っているので、宙に浮かび上がった立体のように見える。私も最初は多少奇異な印象を受けたことは事実である。完成されてしまった建築の形態ではない曖昧さ、不定形などに違和感を持ったのである。しかし何度か見ているうちに（そしてあとで触れるように内部を経験するうちに）この未完結かつコンベンショナルでない立体は、周りの建築とは異質であるが、実はすべての近隣の建築が成立する時に暗黙に想定されている見えないボリュームであることが分かってきたのである。そのように考えてくると、この建築の曖昧さや、浮遊しているような印象の由来が分かるようになった。

われわれが目にする建築の外形は、複雑に構成されて有機的に空間化されたこのボリュームを包み込んだ皮膚である。坂本さんは決して人体のアナロジーを使っているわけではないが、この形象にはわれわれの身体の持つ定義しがたいようなものがあり、また人を弾き返す堅固な実体ではないのである。もうはっきり言えることだが、「地」とは雑然とした環境というより、その環境に潜在して、建築の生成に作用している無意識と考えた方がよかろう。しかも常に固定しない生産であり、歴史的に変化する時間の関数である。そして「図」とは、ある意味では時間に属し、ある意味では時間を超えようとする超越性を持った目的である。このような書き方をしてくると、同じことを繰り返しているように思われる方もあるだろう。しかし絶えずさまざまな差異を持った面を見せていくのが生成されるものの特徴であり、言説化しようとするたびに様相を変えていくことこそ、生成の本質である。決して繰り返しではない。

人によっては坂本さんがこのような形象を、建築家の表現として選択したと思うかもしれない。しかしそれは自己表現と無縁ではないが、同時にそこから最も遠いところにある「図」としての立体なのである。その結果、周辺のいかなる建築にも類似しない建築が生まれることになった。私は曖昧という言葉を使いはしたが、周辺の建築と比較すると歴然とした差異に依存しており、単純すぎるほど明快でありながら不思議にもリビドーを包み込んだ皮膚のように感じられるのである。

この不思議な形態を「建築」に現実化しているのは開口部である。もちろん開口部は機能を持っているのだが、ここでは多形的身体のようなボリュームを現実化する記号なのである。だからそれらの開口部の配置に坂本さんは細心の注意を払っている。決してシステム化しないように、しかしランダムになりすぎないように配置しているのである。

内部の構成の透明な深さ／空間の連続と分節

さてこの建築で最も興味深いのは内部空間である。さほど大きくない建築を経験しているのに、閉じられているという印象

はないのである。われわれは内部の構成の透明に入り組んだ深さの中にいる。ここは多少記述的になる必要がある。

　エントランスはふたつある。ひとつは地上階正面からショップに入っていくエントランスである。他方はカンチレバーの下のパーキングスペース（つまり側面）から入る。このふたつに始まる動線は、一方では下方に、他方では上方に向かっている。機能的にはパブリックとプライベートに分けられる。この動線を経験しながら、形態的にはまったく異なるにも拘わらず、私は坂本さんが「House SA」(1999)で獲得した手法を思い出していた。ここでは「House SA」よりはるかに洗練されている。空間の連続と分節が「House SA」と繋がっているのである。「House SA」では、自分のいる場所がいったい何階であるのか決めがたいのを経験した。ここでもそれぞれの空間を何階と見なすべきかにとまどった。彼はドミノ方式の床の重層とは完全に縁を切った建築を構想している。

　まず正面から入る。その空間は奥まで連続しているが、三つの緩やかな階段によって床は次第に下がっていく。つまりこのスキップによって、この空間は地上階と地下一階に分節される。かつ空間的には連続しているのである。この地下一階から折り返すようにかなり長い階段で下っていくと、この建築全体に広がる大きな空間に入っていく。それは地下二階で、ショップとバックスペースに仮に仕切られている。これらの空間の連続と分節を経験するだけで、われわれは不思議な快楽を覚え始めている。

QUICO 神宮前（2005）

　もうひとつのエントランスはパーキングスペースの中程にあり、そこから入ると地下一階と呼んだショップ部分の上を渡るブリッジがある。認識としてはここも地上階であろう。このブリッジの中程から短い階段でオフィス階に上がるか、エレベータで住宅部分に上がるか、どちらかである。住宅部分はまずリビングに入るが、そこから短い階段を下りるとストレージ、同じく短い階段で上がるとダイニングに入る。

　今説明上、ふたつのエントランスからの動

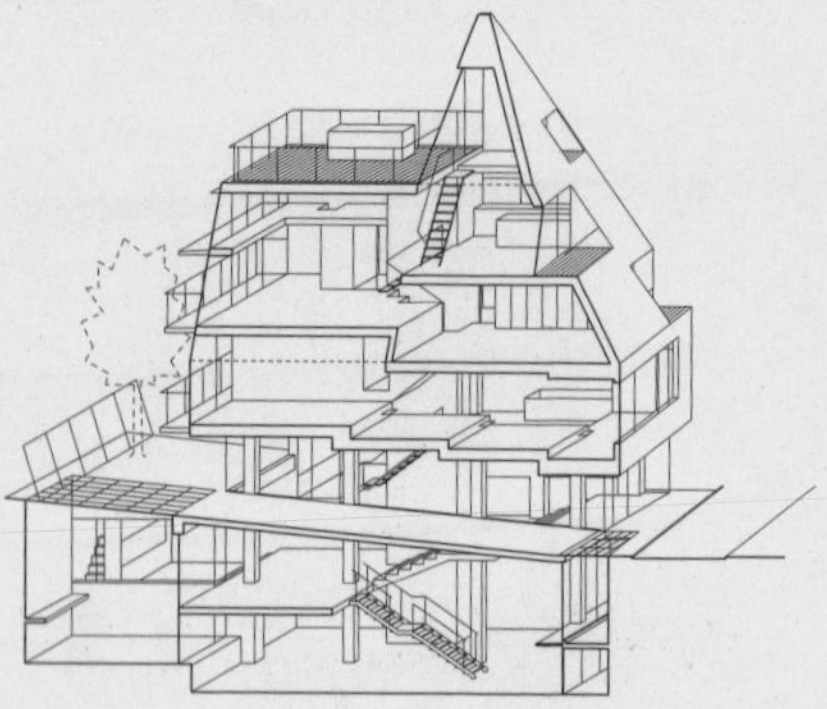

QUICO 神宮前（2005）

線を別々に語ってきたが、実際にはこれらふたつの空間群は上下に重層しているのであり、その重なりは視覚的に交差し、物理的には積み重なっている。このように記述したために迷路のような印象を持たれたとすれば、それは書き方が十分説得的ではなかったからであって、ここで重層している空間群の組み合わせは迷路ではない。この建築のボリュームの中に生じた重層性は、ほとんど信じがたいほど透明に（ある意味では理知的に、ある意味では感覚的に）入り組んでいて、その透明さがわれわれの身体に染み込むように浸透してきて、われわれ自身の身体を透明化しつつ、その豊かな深さの中に引き込んでいくのである。

建築によりもたらされる自由

ここまで辿ってくると、この建築の目指していたもの、この建築によってわれわれにもたらされたものがはっきりとしてくる。彼が「地と図」といった時に本当は何を目指していたのか。この消費的大都市を批判的に語ることは容易である。それは猥雑で空虚であるかもしれない。悲しいほどに哀れであるかもしれない。しかしその時、建築をひとつつくる実践は、この廃墟じみた華やかさを忘れてはいないが、決して否定的でもペシミスティックでもない。確かにひとつの建築物はこの秩序のない都市に社会学的、形式的秩序をもたらすことはできない。だが廃墟と生命が切れないことは承知の上で、なお世界への希望をもたらすことはできる。「身体的な快楽」から始め「透明な豊かさ」に至るまで、この建築を語るのにいくつかの用語を使ってきた。しかしこの「希望」にはもう少し精神的な言い方を加えておこう。

われわれはこの建築の中にいて、現実の生活ではなかなか見出しにくい自由を感じているのである。坂本さんが「日常の詩学」と言う時、このことを言おうとしてきたのである。大都市の中でほとんど匿名に近い条件にある建築の中に、詩的な意味でしか語り得ない理想を見出すことができるように建築を構成することを指していたのである。この建築を身体が構造化する「地と図」から理解しようとしたのも、この建築家が今や建築をまったく新しく構想する企てを明らかにするためであった。建築を経験する側から言うと、その中で自らを自由だと感じることができるかどうかを、建築を判断する基準のひとつと考えてもよい。建築によって拘束されるのではなく、解放されることが経験できればよいのである。

多木浩二と坂本一成

2006年12月12日、『ka』31号のための対談風景

撮影＝本橋良介